管理定量分析

刘法威 / 主　编

许淑芬 / 副主编

东南大学出版社
SOUTHEAST UNIVERSITY PRESS
·南京·

图书在版编目(CIP)数据

管理定量分析 / 刘法威主编. — 南京：东南大学出版社，2024.5
ISBN 978-7-5766-0976-9

Ⅰ.①管⋯ Ⅱ.①刘⋯ Ⅲ.①管理学－定量分析 Ⅳ.①C93-03

中国国家版本馆 CIP 数据核字(2023)第 216755 号

责任编辑：陈 淑　　责任校对：韩小亮　　封面设计：顾晓阳　　责任印制：周荣虎

管理定量分析　Guanli Dingliang Fenxi

主　　编	刘法威
副 主 编	许淑芬
出版发行	东南大学出版社
社　　址	南京市四牌楼 2 号(邮编：210096)
出 版 人	白云飞
经　　销	全国各地新华书店
印　　刷	广东虎彩云印刷有限公司
开　　本	787 mm×1092 mm　1/16
印　　张	26.25
字　　数	588 千字
版　　次	2024 年 5 月第 1 版
印　　次	2024 年 5 月第 1 次印刷
书　　号	ISBN 978-7-5766-0976-9
定　　价	89.00 元

本社图书若有印装质量问题，请直接与营销部联系，电话：025-83791830。

目 录

第1章 定量分析方法简介 ································· 001
  1.1 定量分析 ····································· 002
    1.1.1 基本概念 ································ 002
    1.1.2 定量分析的理论基础 ······················· 003
    1.1.3 定量分析的特征 ··························· 004
  1.2 定量分析模型 ································ 006
    1.2.1 建立模型 ································ 006
    1.2.2 模型的类型 ······························ 007
  1.3 定性分析 ····································· 008
    1.3.1 定性分析的概念 ··························· 008
    1.3.2 定性分析的理论基础 ······················· 009
    1.3.3 定性分析的本质特征 ······················· 009
  1.4 定量分析与定性分析 ·························· 010
    1.4.1 定量分析与定性分析的联系 ················· 010
    1.4.2 定量分析与定性分析的区别 ················· 011
  练习题 ··· 012

第2章 概念的操作化 ····································· 013
  2.1 概念、变量、命题和假设 ······················ 013
    2.1.1 概念 ···································· 014
    2.1.2 变量 ···································· 014
    2.1.3 命题 ···································· 018
    2.1.4 假设 ···································· 018
  2.2 概念操作化的含义、作用和方法 ··············· 019
    2.2.1 操作化的含义 ···························· 020
    2.2.2 操作化的作用 ···························· 020
    2.2.3 操作化的方法 ···························· 021
  练习题 ··· 024

第 3 章	测量和量表 ·· 025
	3.1 测量 ·· 025
	3.1.1 测量的概念 ·· 025
	3.1.2 测量的四要素 ·· 025
	3.1.3 社会测量的特点 ·· 026
	3.1.4 测量层次 ·· 027
	3.2 测量的效度和信度 ·· 028
	3.2.1 测量的效度 ·· 028
	3.2.2 测量的信度 ·· 031
	3.2.3 信度与效度的联系和区别 ·· 035
	3.3 量表 ·· 036
	3.3.1 量表的概念 ·· 036
	3.3.2 量表的种类 ·· 036
	3.3.3 量表设计 ·· 038
	练习题 ·· 042
第 4 章	抽样方法 ·· 043
	4.1 基本概念 ·· 043
	4.1.1 目标总体与抽样总体 ·· 043
	4.1.2 抽样框与抽样单元 ·· 044
	4.1.3 抽样误差 ·· 045
	4.2 抽样调查 ·· 046
	4.2.1 概念及特点 ·· 046
	4.2.2 抽样调查的程序 ·· 047
	4.2.3 抽样调查的原则 ·· 048
	4.3 抽样方法 ·· 048
	4.3.1 非概率抽样 ·· 048
	4.3.2 概率抽样 ·· 051
	练习题 ·· 055
第 5 章	抽样分布 ·· 056
	5.1 基本概念 ·· 056
	5.1.1 统计量与参数 ·· 056
	5.1.2 三种不同性质的分布 ·· 057
	5.1.3 抽样分布原理 ·· 058
	5.2 几种常见的抽样分布 ·· 061
	5.2.1 正态分布(normal distribution) ·· 061

第6章 区间估计

- 5.2.2 χ^2 分布（chi-square distribution） 064
- 5.2.3 t 分布（t-distribution） 066
- 5.2.4 F 分布 066
- 5.2.5 分位数（quantile） 067
- 5.2.6 中心极限定理 071
- 5.2.7 学习抽样分布的意义 072
- 练习题 073

第6章 区间估计 074

- 6.1 参数估计概述 074
  - 6.1.1 基本概念 074
  - 6.1.2 参数估计的分类 076
- 6.2 总体均值的区间估计 078
  - 6.2.1 大样本 078
  - 6.2.2 小样本、总体服从正态分布 080
- 6.3 总体比例的区间估计 082
- 6.4 总体方差的区间估计 082
- 6.5 样本容量的确定 084
  - 6.5.1 估计总体均值时样本容量的确定 084
  - 6.5.2 估计总体比例时样本容量的确定 085
- 练习题 086

第7章 假设检验 087

- 7.1 假设检验概述 087
  - 7.1.1 假设检验的基本思想与原理 087
  - 7.1.2 原假设与备择假设 088
  - 7.1.3 检验统计量 089
  - 7.1.4 显著性水平与拒绝域 089
  - 7.1.5 利用 P 值进行决策 090
  - 7.1.6 假设检验的步骤 091
- 7.2 双侧检验与单侧检验 091
- 7.3 单样本的均值检验 094
  - 7.3.1 大样本下总体均值的 z 检验 095
  - 7.3.2 小样本下正态总体的均值检验 096
- 7.4 两个总体的均值差检验 099
  - 7.4.1 独立样本下两个总体均值差的检验 099
  - 7.4.2 配对样本下两个总体均值差的 t 检验 104
- 7.5 两类错误 107

练习题 ……………………………………………………………………………… 109

第 8 章 方差分析 …………………………………………………………………… 111

8.1 方差分析概述 ……………………………………………………………… 111
8.1.1 方差分析基本概念 ……………………………………………… 113
8.1.2 方差分析的基本思想 …………………………………………… 113
8.1.3 方差分析的基本假定 …………………………………………… 114
8.1.4 方差分析的假设形式 …………………………………………… 115

8.2 单因素方差分析 …………………………………………………………… 115
8.2.1 数据结构 ………………………………………………………… 115
8.2.2 单因素方差分析的步骤 ………………………………………… 116
8.2.3 方差分析中的多重比较 ………………………………………… 118

8.3 双因素方差分析 …………………………………………………………… 119
8.3.1 无交互作用的双因素方差分析 ………………………………… 120
8.3.2 有交互作用的双因素方差分析 ………………………………… 123

8.4 方差分析的 SPSS 应用 …………………………………………………… 124
8.4.1 单因素方差分析实例 …………………………………………… 124
8.4.2 双因素方差分析实例 …………………………………………… 129

练习题 ……………………………………………………………………………… 132

第 9 章 相关分析与一元线性回归 ………………………………………………… 135

9.1 相关分析 …………………………………………………………………… 135
9.1.1 相关关系概念 …………………………………………………… 135
9.1.2 相关关系的种类 ………………………………………………… 137
9.1.3 相关关系的描述与测度 ………………………………………… 137
9.1.4 相关系数的显著性检验 ………………………………………… 142

9.2 一元线性回归 ……………………………………………………………… 143
9.2.1 回归的概念分析 ………………………………………………… 143
9.2.2 一元线性回归模型 ……………………………………………… 144
9.2.3 回归直线的拟合优度 …………………………………………… 148
9.2.4 显著性检验 ……………………………………………………… 152

9.3 相关分析与一元线性回归的 SPSS 应用 ………………………………… 155
9.3.1 两个变量间的线性相关关系的 SPSS 应用 …………………… 155
9.3.2 一元线性回归的 SPSS 应用 …………………………………… 157

练习题 ……………………………………………………………………………… 162

第 10 章 偏相关与多元线性回归 ………………………………………………… 164

10.1 偏相关分析 ………………………………………………………………… 164

- 10.1.1 偏相关系数 ……………………………………………………………… 165
- 10.1.2 偏相关系数的检验 …………………………………………………… 166
- 10.2 多元线性回归分析 …………………………………………………………… 167
  - 10.2.1 多元线性回归模型 …………………………………………………… 167
  - 10.2.2 多元回归方程的拟合优度 …………………………………………… 169
  - 10.2.3 显著性检验 …………………………………………………………… 171
  - 10.2.4 标准化回归方程 ……………………………………………………… 176
  - 10.2.5 模型设定中的一些问题 ……………………………………………… 176
  - 10.2.6 多元回归的应用 ……………………………………………………… 179
- 10.3 可线性化的非线性回归分析 ………………………………………………… 182
- 10.4 偏相关与多元线性回归的 SPSS 应用 ……………………………………… 183
  - 10.4.1 偏相关分析的 SPSS 应用 …………………………………………… 183
  - 10.4.2 多元线性回归分析的 SPSS 应用 …………………………………… 186
- 练习题 ………………………………………………………………………………… 192

第 11 章 线性回归的基本问题 ……………………………………………………… 195

- 11.1 多重共线性 …………………………………………………………………… 195
  - 11.1.1 多重共线性产生的原因 ……………………………………………… 196
  - 11.1.2 多重共线性带来的后果 ……………………………………………… 196
  - 11.1.3 多重共线性的诊断方法 ……………………………………………… 197
  - 11.1.4 多重共线性的补救措施 ……………………………………………… 198
- 11.2 异方差 ………………………………………………………………………… 200
  - 11.2.1 异方差产生的原因 …………………………………………………… 201
  - 11.2.2 异方差带来的后果 …………………………………………………… 202
  - 11.2.3 异方差的诊断方法 …………………………………………………… 202
  - 11.2.4 异方差的补救措施 …………………………………………………… 205
- 11.3 自相关 ………………………………………………………………………… 207
  - 11.3.1 自相关产生的原因及带来的后果 …………………………………… 207
  - 11.3.2 自相关的诊断方法 …………………………………………………… 208
  - 11.3.3 自相关的补救措施 …………………………………………………… 211
- 11.4 具有共线性的多元回归分析的 SPSS 应用 ………………………………… 212
- 练习题 ………………………………………………………………………………… 218

第 12 章 时间序列分析 ……………………………………………………………… 219

- 12.1 时间序列分析概述 …………………………………………………………… 219
- 12.2 非平稳时间序列分析方法 …………………………………………………… 220
  - 12.2.1 仅有趋势项时间序列的分析 ………………………………………… 220
  - 12.2.2 有季节效应的时间序列的处理 ……………………………………… 232

12.2.3　二元预测 ……………………………………………………………… 237
　12.3　其他非平稳时间序列分析方法 ………………………………………………… 239
　　　12.3.1　短期效应 ……………………………………………………………… 239
　　　12.3.2　长期效应 ……………………………………………………………… 241
　　　12.3.3　同时考虑短期效应和长期效应 ……………………………………… 243
　　　12.3.4　脉冲效应 ……………………………………………………………… 244
　12.4　非平稳时间序列的应用 ………………………………………………………… 246
　练习题 ……………………………………………………………………………………… 247

第 13 章　线性概率模型 …………………………………………………………………… 250

　13.1　定性因变量回归模型的性质 …………………………………………………… 250
　13.2　线性概率模型 …………………………………………………………………… 251
　　　13.2.1　线性概率模型的概念 ………………………………………………… 251
　　　13.2.2　线性概率模型参数估计的注意事项 ………………………………… 252
　13.3　其他概率模型 …………………………………………………………………… 254
　练习题 ……………………………………………………………………………………… 255

第 14 章　Logistic 回归模型 ……………………………………………………………… 256

　14.1　Logistic 回归模型原理 ………………………………………………………… 256
　14.2　Logistic 模型的 Logit 变换 …………………………………………………… 258
　　　14.2.1　Logistic 模型 …………………………………………………………… 258
　　　14.2.2　Logistic 模型的优点 …………………………………………………… 259
　14.3　Logistic 回归模型的检验 ……………………………………………………… 259
　　　14.3.1　Logistic 回归模型的统计显著性检验 ……………………………… 260
　　　14.3.2　Logistic 回归模型拟合优度的 R^2 检验 …………………………… 261
　　　14.3.3　Logistic 回归系数的统计检验 ……………………………………… 262
　14.4　Logistic 回归模型的参数估计 ………………………………………………… 263
　　　14.4.1　个体层次上的数据 …………………………………………………… 263
　　　14.4.2　群组或重复观测数据 ………………………………………………… 264
　　　14.4.3　Logistic 群组模型的数值例子 ……………………………………… 266
　　　14.4.4　Logistic 个体数据模型的数值例子 ………………………………… 268
　14.5　SPSS 在 Logistic 回归模型中的应用 ………………………………………… 272
　练习题 ……………………………………………………………………………………… 282

第 15 章　Probit 模型 ……………………………………………………………………… 284

　15.1　Probit 模型原理 ………………………………………………………………… 284
　15.2　群组数据的 Gprobit 模型 ……………………………………………………… 285
　　　15.2.1　Gprobit 模型估计 ……………………………………………………… 285

15.2.2　Gprobit 模型估计结果解释 …… 287
15.3　个体数据的 Probit 模型 …… 288
15.4　Logit 和 Probit 模型比较 …… 289
15.5　有序 Logit 和有序 Probit 模型 …… 290
练习题 …… 291

第 16 章　聚类分析 …… 292
16.1　聚类分析概述 …… 292
16.1.1　相似性度量 …… 293
16.1.2　类与类之间距离的计算方法 …… 295
16.2　系统聚类法 …… 297
16.3　K-均值聚类法 …… 303
16.4　聚类分析的 SPSS 应用 …… 303
练习题 …… 316

第 17 章　因子分析 …… 317
17.1　因子分析概述 …… 317
17.2　因子分析的步骤 …… 320
17.3　因子分析的 SPSS 应用 …… 323
练习题 …… 336

第 18 章　层次分析法 …… 338
18.1　基本概念 …… 338
18.1.1　权向量及判断矩阵 …… 339
18.1.2　一致性检验 …… 341
18.2　层次单排序和层次总排序 …… 342
18.2.1　层次结构图 …… 342
18.2.2　层次单排序及其一致性检验 …… 343
18.2.3　组合权向量 …… 344
18.2.4　层次总排序及其一致性检验 …… 344
18.3　判断矩阵权向量的计算 …… 345
18.3.1　和积法（算术平均法） …… 346
18.3.2　几何平均法 …… 347
18.3.3　特征值法 …… 347
18.4　层次分析法的基本步骤及实例 …… 348
18.4.1　基本步骤 …… 348
18.4.2　实例 …… 348

18.5 用 Excel 求解权向量 ·· 350
  18.5.1 和积法 ··· 351
  18.5.2 几何平均法 ··· 352
18.6 小结 ·· 352
练习题 ·· 353

第 19 章 结构方程模型 ·· 354

19.1 结构方程模型简介 ·· 354
19.2 结构方程模型的组成 ··· 355
  19.2.1 结构方程模型的变量 ··· 355
  19.2.2 结构方程模型的参数 ··· 356
  19.2.3 常用的变量、参数及其符号 ··································· 357
  19.2.4 测量模型 ·· 358
  19.2.5 结构模型 ·· 359
  19.2.6 基本假设 ·· 360
19.3 结构方程模型的程序 ··· 361
  19.3.1 模型发展 ·· 361
  19.3.2 参数估计 ·· 364
  19.3.3 模型评价 ·· 365
  19.3.4 测量模型的内部拟合检验 ······································ 368
  19.3.5 模型的修正 ··· 369
19.4 验证性因素分析 ·· 370
  19.4.1 探索性因素分析与验证性因素分析 ························· 370
  19.4.2 潜在变量因素分析 ·· 370
19.5 软件 Amos 在结构方程模型中的运用 ····································· 371
  19.5.1 Amos 界面和菜单简介 ·· 371
  19.5.2 Amos 的基本操作步骤 ·· 376
  19.5.3 应用实例 ·· 378
练习题 ·· 385

附录 ·· 386

附录一 词汇表 ··· 386
附录二 标准正态分布表 ·· 395
附录三 t 分布表 ·· 396
附录四 χ^2 分布表 ·· 399
附录五 F 分布表 ·· 402

参考文献 ·· 407

第 1 章
定量分析方法简介

英国思想家培根(Bacon,1561—1626)曾说:只要给我所需要的全部数据,我就可以破译世界上所有的奥秘。破译的方法无疑就是定量分析的方法。没有定量分析的一整套工具,再多的数据也只不过是无用的信息。美国著名经济学家道格拉斯·诺斯,对公元 600—1850 年海洋运输生产率的变化与当时的航海技术的关系进行了定量分析,他发现海洋运输生产率的增长快于航海技术的进步速度。进一步通过残差分析,他发现制度因素是导致海洋运输生产率迅速提高的重要原因,由此出版了《西方世界的兴起》《经济史中的结构与变迁》,并逐渐建立起"制度变迁理论",获得 1993 年的诺贝尔经济学奖。定量分析的重要性可见一斑。

20 世纪 40 年代到 80 年代,计量经济学获得了迅速发展,萨缪尔森认为二战后的经济学是计量经济学的时代,这股计量旋风在 20 世纪 60—70 年代也刮到了西方人文社会科学领域,包括公共管理和社会学领域,以至于当时西方学术界言必及定量,一篇再好的论文,如果没有用定量分析方法,也很难在优秀期刊上发表。20 世纪 80 年代,定量分析方法进入中国后,同样给管理学科的发展带来了深刻的变化。定量分析方法成为我们认识世界和发现规律的重要工具,也对管理学科走向科学化产生了重要影响。

当今大数据时代,定量分析更是常用的分析手段。根据电商平台的统计,淘宝购物软件的日活跃用户已经超越 3 亿人次,一款购物软件之所以能够拥有如此庞大的用户量,与淘宝的精准推送有很大关系,在用户体验感上简直是"淘宝比你自己还了解自己"。但真相却是淘宝懂数据胜过懂你,它通过梳理千亿份数据,整理出了用户的购物喜好特征,按照时节和用户既往的购物习惯推送商品。而处理这千亿份个同种类的数据,淘宝运用的正是定量分析的专业知识。定量分析通过整理、分析数据,达到"推断所测对象的本质",甚至"预测对象未来",淘宝在用户数据挖掘和分析方面的应用无疑给企业带来了巨大的经济效益。

关于数据挖掘在营销领域的应用,沃尔玛的"啤酒与尿布"的销售组合也是一个成功案例。全球最大的零售商沃尔玛通过分析顾客购物的数据发现,很多在周末购买尿布的顾客同时也会购买啤酒,这两种看上去毫无关系的商品会经常出现在同一个货篮中,这种独特的销售现象引起了管理人员的注意。经过深入的观察和研究发现,美国家庭买尿布的多是爸爸。年轻的爸爸们到超市买尿布,同时就会"顺手牵羊"带走啤酒,好在周末看棒球赛的同时过把酒瘾。后来沃尔玛就把尿布和啤酒摆放得很近,从而使尿布和啤酒的销量双双提升了。这种通过分析相关数据,根据顾客需求调整销售结构,从而提高销量的方式,正是定量分析方法在管理领域的实际运用。

定量分析是建立在多学科知识基础上的综合性课程,侧重于解决问题,学习的目标是训练未来管理者运用定量分析技术的能力。定量分析一般需要计算机辅助,包括数据处理、模型求解等,都需要计算机辅助完成,通常会用到相关定量分析的软件,比如我们这门课程就安排了 SPSS 软件操作的相应内容。

1.1 定量分析

1.1.1 基本概念

定量分析(quantitative analysis)是对一个对象内部几个因素或者几个对象之间的数量特征、数量关系与数量变化的分析。其要点在于运用管理学、统计学、运筹学等科学方法,厘清有关要素间的逻辑和数量关系,建立相应的数学模型,得出合理的结论。在定量分析中,首先要将问题转变为变量关系的表述(a 与 b),然后提出假设,收集变量数据,对数据进行数量关系的分析,揭示事物量的特征及变化规律、因果关系等,最后检验相关假设。定量分析的哲学基础是实证主义,它主张运用自然科学的量化方法对社会整体的各种特征进行精确分析和客观解释。例如,伽利略是近代科学的奠基者,也是把定量分析作为一种分析问题的基础思维方式的第一人。从动力学到天文学,伽利略抛弃了以前人们只对事物原因和结果进行主观臆测成分居多的分析,而代之以实验、数学符号和公式。这种用定量代替定性的科学方法,使人类对研究对象的认识由模糊变得清晰、由抽象变得具体,使得人类的理性在定性之上又增加了定量的特征。

管理学中有一个重要概念——决策科学化,是指决策要以充足的事实为依据,按照事物的内在联系对大量的资料和数据进行分析和计算,遵循科学的程序,进行严密的逻辑推理,从而做出正确的决策。因此对于成功的管理者来说,要做出正确的决策离不开数据分析。定量分析方法不仅可以用来分析问题,更重要的是可以用来解决问题,良好的定量分析可以给企业带来可观的经济效益。例如被称为"科学管理之父"的泰勒,他通过对工人工作时间和动作的研究,制定出具有科学依据的工人的"合理的日工作量",从而提高了生产效率。再例如,美国管理学家甘特创造出了用于生产计划与控制的"甘特图",还提出了"计件奖励工资制",这使得工人感到收入有保证,劳动积极性也因此得到提高。

1.1.2 定量分析的理论基础

定量分析的要点在于运用管理学、统计学、运筹学、系统工程学等科学方法,在错综复杂的问题中厘清脉络、提炼要素,并厘清有关要素间的逻辑和数量关系;确定量化的原则;建立相应的数学模型;运用有效算法得出合理的、符合需要的结论。

1. 管理学

管理学是一门综合性、实践性很强的学科。"科学管理之父"泰勒于1911年发表了《科学管理原理》,标志着科学管理的诞生。自此,很多学者追随泰勒的脚步,对用科学管理代替经验管理的研究进行了补充。现代管理学具有以下几个方面的特点:(1)一般性。管理学是研究所有管理活动中共性原理的基础理论学科,是各种管理学科的共同基础。(2)综合性。从内容上来看,管理学需要从社会生活的各个领域、各个方面以及各种不同类型组织的管理活动中概括和抽象出对各种具体管理学科都具有普遍指导意义的管理思想、原理和方法。从方法上来看,它需要综合运用现代社会科学、自然科学和技术科学的成果,来研究管理活动中普遍存在的基本规律和一般方法。(3)历史性。管理学是实践和历史的产物,是对前人管理实践、理论和管理思想的总结、扬弃和发展。(4)实用性。管理学具有可行性,它的可行性是通过经济效益和社会效益来衡量的。(5)强调系统化。系统化要求人们认识到一个组织就是一个系统,同时也是另一个更大系统中的子系统。管理学运用系统的思想和方法指导研究管理实践,把组织看作一个整体,也是一个子系统。(6)重视人的作用,强调创新。现代管理是围绕着人展开的,它研究人的合理需要,重视人的发展,把人当作组织的目的。

2. 统计学

统计学也称为统计理论,是从统计实践中概括、提炼、总结出来的,是根据统计研究对象,系统地论述统计理论和方法的科学。

从统计方法的构成来看,统计学可以分为描述统计学和推断统计学。描述统计学主要研究的是如何获得反映客观现象的数据,通过图表形式对所收集的数据进行加工处理和显示,进而通过综合、概括与分析,最后得出反映客观现象的规律性的数量特征。主要内容有统计数据的收集方法、数据的加工处理方法、数据分布特征的概括与分析方法等。推断统计学主要研究的是如何根据样本数据去推断总体的数量特征,它是在对样本数据进行描述的基础上,对统计总体的未知数量特征做出以概率形式表述的推断。

从统计方法研究和应用的角度来看,统计学可以分为理论统计学和应用统计学。理论统计学是指统计学的数学原理,它主要研究统计学的一般理论和统计方法的数学理论;应用统计学研究的是如何应用统计方法去解决各个领域的实际问题,主要涉及数据分析、数据管理和统计调查等。

3. 系统工程学

著名科学家钱学森认为,系统工程是组织管理系统的规划、研究、设计、制造、试验和使用的科学方法,是一种对所有系统都具有普遍意义的科学方法。所谓系统,就是指由相互作用和相互依赖的若干组成部分结合而成的具有特定功能的有机整体。例如,我们人体有呼吸系统,乘坐高铁火车要通过铁路运输系统等。与传统工程学相比,系统工程学对学科知识的运用具有较强的综合性,它能够通过综合运用各种科学、各种技术来达到系统的目的。此外,系统工程学并不将它的研究对象局限于有形的工程对象上,还把非传统、非物质的系统也纳入了自身的研究范畴。系统工程学强调的是用科学的方式,从整体观念出发,统筹安排整体中的每个部分,以求得整个系统的最优规划和最优管理,使每个部分都能服从于整体,发挥出整体的优势,避免资源的损失和浪费。

4. 运筹学

运筹学是管理科学、经济科学和现代化管理方法的重要组成部分,它是一种分析的、实验的和定量的方法。系统工程学与运筹学的关系也极其密切,运筹学是系统工程的主要理论基础,它基于所研究的系统,广泛运用现有的科学技术知识和数学方法,采取定量分析,力求获得一个合理运用人力、物力、财力和各种资源的最佳方案,为决策者选择出最优决策提供定量化依据。

1.1.3　定量分析的特征

定量分析的特征主要有以下五个方面。

第一,定量分析的目标明确。

人们在应用定量分析研究任何问题时,必须围绕其目的确定定量分析的目标,制定定量分析的标准,并利用此标准衡量达成目的的程度。只有目标明确,才可能发挥定量分析和决策优化的作用。在确定了解决问题的实施方案和具体策略之后,如果不出现重大的、必须进行修正的方向性错误,那么就应该自始至终围绕这一目标来分析问题,直至目的最终实现。

第二,定量研究是运用变量、假设、分析和因果解释而进行的研究。

定量研究中,首先要将问题转变为变量关系的表述(例如变量 a 与变量 b 的关系),然后提出假设,收集变量数据,对数据进行数量关系的分析,揭示事物量的特征及变化规律、因果关系等,最后检验相关假设。例如:"a、b、c 与 E 有什么样的关系",一般首先演绎出理论假设,例如"a 出现的概率越大,E 出现的概率也越大";然后收集数据,分析数据,揭示 a 和 E 之间的数量关系,验证假设。

变量是定量研究的核心,由可以测量的指标构成。定量研究实质上就是解释某些因变量与自变量之间的关系。可以说科学研究的实质就是研究变量之间的关系。研究者在一个简单模型中表述两个变量之间的关系,被称为假设,假设是关于两个变量之间关系的陈述,可以使变量间的关系得到经验的检验。因果解释是定量研究的主要解释模式。社会规律往往有因果性,但一定是总体的而非个人的,允许例外。比如"受教育时间越长,收入越高",这个表述解释了"受教育时间"对"收入"的影响,其含义是受教育时间长的群体比受教育时间短的群体收入更高,并不是说所有受教育时间长的个人一定都比受教育时间短的个人收入高,对于个体是可能有例外的。我们要注意区分群体概念与个体概念。

第三,定量研究涉及数据获取与概念的操作化及测量。

在定量分析中,如果不是用现有的统计数据,如经济统计数据,而是需要自己测量获取数据,那么就需要对假设中的概念进行操作化,再编制出相应的测量工具,在经验中加以测量和收集经验数据,然后借助于数理逻辑和统计分析揭示变量间的关系,检验假设。因此定量分析往往需要研究者自己通过调查获取数据,且获取数据有专门的方法,这个问题在后面课程中会详细介绍。

第四,定量分析是通过量化的数据分析得出结论,而不是凭经验判断。

例如:马比牛跑得快吗?我们如何得出这个问题的答案或结论?如果用定量的方法来研究,那么,首先提出假设"马比牛跑得快",然后抽样、调查测量,根据测量数据进行统计分析检验,证明或推翻假设。再例如:对一项针对下岗职工的就业培训项目进行评估,发现参加这个项目的下岗职工中有60%找到了工作,而没参加这个项目的下岗职工中只有50%找到了工作,你如何对这个项目的有效性加以评估?我们不能拿60%的就业率与50%的就业率直接进行比较,因为这10个百分点的差距,可能是随机误差造成的,而不是是否参加培训的结果。要得出这个问题的结论,同样需要通过定量分析的假设检验,而不是凭直观经验。

第五,定量研究通常有标准化的分析程序和技术。

在定量研究中,要求研究者在确定研究问题和研究目标之后,首先通过对既有理论的逻辑推演提出所需要的研究假设,其次对研究假设进行操作化使之变成可以测量并被证实或证伪的工作假设,再次就是通过测量、调查等方法收集资料,获得相关数据,最后通过分析数据得出结论。定量分析的程序具体可以细分为8个步骤:① 提出和形成问题;② 文献综述;③ 提出假设;④ 概念的操作化;⑤ 数据收集;⑥ 数据分析;⑦ 结论及其分析;⑧ 撰写研究报告(图1-1)。

图1-1 定量分析的程序

例如,研究"个人职业地位获得的原因"这个问题,在第一步提出问题之后,第二步进行文献综述,寻找可能的影响因素,即变量,比如父母的教育水平、个人的首个职业等;第三步提出假设:父母的教育水平等因素是个人获得现有职业地位的原因;第四步概念的操作化,把概念转化为可测量的变量;第五步测量和收集数据;第六步对收集的数据进行定量分析;第七步对结果进行分析并得出结论;第八步,也就是最后一步,撰写研究报告,把研究的过程和结论呈现出来。

1.2 定量分析模型

在定量分析的实际运用中,整个分析过程中最重要的就是建立一个能够描述复杂命题的模型,以便对所要解决的问题进行抽象概括。模型是变量之间关系的形式化表达,可以被视为对事物间相互关系的简洁解释。模型包括一些既定的因素(变量),如特征和事件,以及它们之间的关联,它能够帮助我们确定因素之间将是一种什么样的关系。研究者使用模型的目的在于排除一些无关细节而简化现实世界。但是,从整个研究的角度来看,模型不应是我们研究的最核心问题,应该成为核心的是如何为人们及时做出正确的、深思熟虑的决策提供最有效的信息。

定量研究是指把研究的问题用变量表达出来,构造模型,分析解释变量之间的关系,因此,我们在研究选题时,研究的问题不能太宽泛,否则就很难研究,因为变量太多,无法把握和深入。我们在研究之前,要明确主题和问题。一个研究主题可能包含了几个研究问题,可以先选好研究主题,再进一步发展出需要研究的问题,然后缩小问题的范围,最后以变量的形式明确陈述研究的问题,即明确研究的变量及其关系,构造科学的模型。

1.2.1 建立模型

管理中的定量分析首先是确定问题,然后建立模型。以模型为起点对于定量研究来说非常重要。有了模型,研究者就可以开始围绕研究目标收集、分析数据,得出相关因素的重要程度以及它们之间的相互关联等合理的结论。因此,在研究问题和研究目标确定之后,就要构建一个初步的研究模型。模型建立的质量在很大程度上能够决定定量分析的质量和成效。在研究过程中,可以对模型进行不断的调整和优化,也就是说模型在研究中一般不会一成不变,但研究一开始就应该有一个清晰的模型。

模型一般由因素(变量)和关系构成,具体包括哪些因素取决于研究目标,研究目标就在于确定相关变量以及它们的关系。单个因素不能构成模型,除非它与其他因素发生关联。与其他因素无关的因素应该排除在模型之外,那些弱相关的因素也应在排除之列。因此,建立模型要确定影响问题目标的变量,并分清主次,厘清各变量间的相互影响关系,最终决定将哪些变量纳入模型。在这个过程中,首先要考虑参考先前的研究或使用现有的数据库,并进行初步的研究。因此进行文献综述是不可或缺的,通过对现有文献的研究,可以弄清楚相关变量的一些问题;其他人进行的类似研究涉及了哪些变量及变量之间的关系强度;测量这些变量的方法和收集相关数据的策略,当然也要注意对变量的通用定义或不同定义。如果我们的研究无法收集到我们想要获得的某些变量的数据,我们可以考虑将与其相似的要素(作为直接要素或替代要素)作为研究的变量。其次,需要参考同行们的想法和经验。建立模型的过程中,我们可能会遗漏某些重要因素及其关系,因此同行(包括不同学科背景的同行)之间的讨论甚至争论就具有了重要价值,他们的批评或异议对我们减少错误和疏漏大有帮助。我们需要汲取其他同行或其他学科的营养,在争论和妥协中产生的研究通常都会优于一个人独自开展的工作。需要注意的是,模型必须建立在一定的理论基础上,也就是说,因素之间必须存在着合理的理论性联系,能够反映实际社会现象的规律性。我们应该有充足的依据预测因素之间的种种关系,并且能够解释它们。

在研究中,有时需要引入并不是我们直接研究对象的变量,这些变量与自变量和因变量相关,可能对假设关系有影响,我们称为控制变量。把控制变量引入分析中,通过观察它是如何影响现有变量以及变量之间的关系的,控制变量也可能显示出原先的关系有误,即这种关系是错误或虚假的。在研究人们的行为或态度时,常用的控制变量是性别、年龄、教育、工作经验等。在公共管理研究中,我们可以通过查阅关于某项政策的文献,发现一些经常被用来理解自变量与因变量之间关系的其他控制变量。

1.2.2 模型的类型

模型的优势在于它易于为人们所了解,并允许人们批评、复制或者改进。一个清晰的模型可以用表示变量和变量间关系的图表、文字或者数学公式来描述,以确定我们认为重要的因素以及它们的相互关系,从而使模糊的想法变得清晰,并可以进行严格的检验。根据模型表达形式,可以把模型分为图示模型、文字模型和数学模型。

1. 图示模型

图示模型可以聚焦于事物的主要特征,在简要概括模型方面表现很出色,但是如果涵盖的细节内容过多,图示模型就会变得无效。

例1.1 探求"如何减缓中国人口老龄化速度"。

首先研究人员需要确定可能影响人口老龄化的因素,从而找出减缓人口老龄化速度的可行的一般性策略。核心因素是人口老龄化速度,其他因素与人口老龄化相关联,如果提高生育率,加大老年人养老、医疗建设投入,延迟退休从而增加劳动力数量,那么人口老龄化速度就会减缓。

由此构建一个因素之间关系的模型,图1-2就是把"因素"和"关系"图示化的直观的思考模型——图示模型。

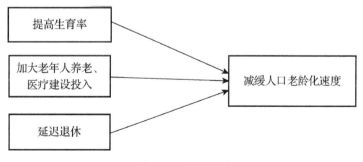

图1-2 图示模型

图示模型在简要概括模型和聚焦于模型主要特征等方面具有优势,也可以根据研究者的经验或同行的建议,把更多的相关因素加入模型中。但是如果我们的研究涵盖的细节内容过多,涉及的因素太多,图示模型往往变得无能为力。

2. 文字模型

模型也可以用文字来表述。文字模型是运用文字描述因素及其关系,经常被用于研究文章的导论和理论部分。如例 1.1 中的图示模型也可以用文字来表述,即"如果提高生育率,加大老年人养老、医疗建设投入,延迟退休,那么人口老龄化速度就会减缓"。它的优点是可以全面细致地阐述因素间复杂的关系,能够理解和解释文字模型的人自然要多于能够使用数学模型的人。

3. 数学模型

除了图示模型、文字模型,定量分析一般会用数学模型。数学模型用字母、数字或者其他数学符号描述客观事物的特征及其内在联系。它在控制、预测、决策等方面的作用是其他模型所不能替代的。数学模型使用公式来阐述因素间的关系,这样做能够简化大量的信息,它可以表明某种关系是否存在、具有某种方向,还可以用来测量它们的关系强度。另外,文字模型和数学模型在描述因素之间的关系时可以相互补充,即文字模型可以提供丰富的细节,而数学模型则能够准确地表达关系的性质。

例如,消费支出与收入之间的关系是一个比较常见的能用公式表达的数学模型。

$$Y = \alpha + \beta X + u \tag{1.1}$$

式中,Y 代表消费支出,X 代表消费收入,α、β 代表参数,u 代表随机误差项。通过这个模型,不仅可以表达消费支出与收入之间的因果关系,而且可以用回归系数来描述收入增加一个单位,消费支出会变化多少个单位,也就是可以描述收入和消费支出之间的具体数量关系。

1.3 定性分析

前面介绍了定量分析,下面介绍一下定性分析。

1.3.1 定性分析的概念

定性分析(qualitative analysis)指通过逻辑推理、哲学思辨、历史求证、法规判断等思维方式,着重从质的方面分析和研究某一事物或社会现象的性质、质量、特征、意义和趋势的评价、判断等,它是根据预测者的主观判断分析能力来推断事物的性质和发展趋势的分析方法。定性分析的哲学基础是人文主义,它强调的是社会现象的主观性和独特性,主张运用直觉、实地体验和主观的方法对个人行为和历史事件进行具体的、个别的说明与解释。任何决策问题在进行管理定量分析之前都必须进行定性分析,因为首先要明确决策的目标,明确要解决的问题是什么,其次要分析和确定解决问题的关键因素,弄清解决问题的层次和结构,从而做出实现目标的最优决策。

定性分析可以充分发挥管理人员的经验和判断能力,但是在对事物进行定性分析时,往往容易受个人价值观的影响,这就导致预测结果的准确性较差。所以,应该在定性分析基础上辅以定量分析,以得出更准确、更客观的结论。定性分析研究有两个不同的层次,一是没有或者缺乏定量分析的纯定性分析,其结论往往具有概括性和比较浓厚的思辨色彩;二是建立在定量分析基础上的更高层次的定性分析。在实际研究中,定性分析与定量分析常常是配合使用的。在进行定量分析之前,研究者应该借助定性分析来确定研究对象的性质;在进行定量分析的过程中,研究者应该借助定性分析来确定现象发生质变的数量界限和引起质变的原因。

1.3.2 定性分析的理论基础

1. 逻辑学

逻辑学是对思维规律的研究,定性分析的理论基础主要是模糊逻辑,它是运用不精确、非定量词语,根据事物表现出来的整体特征和主要矛盾,对事物的性质、发展变化等做出判断的一种非标准逻辑。模糊逻辑的优势在于突破了"非此即彼"的思维定式,所以定性分析能够反映研究对象更深层次的差异,并揭示其本质特征。

2. 历史学

历史学是人类对自己的历史材料进行筛选和组合的知识形式。历史资料研究法是定性分析的方法之一,故历史学是定性分析的重要理论基础。历史资料研究法是指通过对已经存在的资料的深入研究来寻找事实和一般规律,根据这些信息去描述、分析和解释过去的过程,并依照这种一般规律对未来进行预测。

1.3.3 定性分析的本质特征

对于初学者来说,最应该了解定性分析的本质特征。不同的学者对此有着不同的理解。弗里克教授认为定性分析的特征主要体现为:(1) 研究方法和理论与其研究对象的适配度;(2) 参与者视角及其研究的多维性;(3) 研究者及研究的反思性;(4) 理论与方法的丰富性。波格丹等教授则认为各类定性分析大体上都具备以下几个方面的特征:(1) 自然主义;(2) 描述性的数据;(3) 关注过程;(4) 归纳法;(5) 意义。不同的学者关注的侧重点不同,因此得出的结论也不同。

定性分析方式具有"到实地、到现场,重情景,重关联,重意义,重主观"等基本特征,为我们提供认识世界的另一种视角。定性分析能给予我们的是定量分析不能提供的知识和对特定社会现象的理解。

1. 实地研究

实地研究是定性分析区别于定量研究方法的显著标志,是定性分析为了达到更好地认识和理解社会现象的目标所采取的最重要的研究策略和指导思想。尽管定性分析的方法有很多,但是总体上来看,定性分析是研究者深入研究对象所处的真实社会生活环境所开展的研究。研究者通过实地走访,在自然的情境下开展研究,才能做到感同身受。无论是民族志研究、实地研究的方式,还是参与观察、个案研究的方式,无一不深深地烙有"到现场""到实地"的明显烙印,或许仅仅以收集和分析各种历史文本为主的"历史-比较分析"是一个例外。

2. 关联研究

任何一种社会现象既是"此时此地"的,又是相互联系的。研究要在"现实的""自然的""真实的"社会背景中进行。要理解具体的社会行为,要理解由这些行为构成的社会现象,我们就必须将这些行为、将社会行为的主体放到产生这些行为的"情景"之中,放到与这些行为、这些现象客观联系着的其他行为、其他现象当中。只有认识和理解了那种"情景",认识和了解了那些与此"情景"相联系的各种因素,研究者才能更好地认识和理解他所研究的这种行为和这种现象。

3. 注重主观意识

定性分析认为社会中不存在客观事实,所有事实都是被社会建构的。定性分析格外重视对社会所建构的各种"意义"的理解,它一方面特别关注人们是如何赋予各种社会行为、社会事件、社会事物意义的,另一方面也特别看重人们的各种行为、意图对其自身来说所具有的意义。对"意义"的看重和追求,导致定性分析在本质上更加依赖研究者的主观性,即依赖研究者作为研究主体在整个研究过程中的关键作用。

1.4 定量分析与定性分析

定量分析和定性分析是相对的概念。定量分析主要考察和研究事物的数量,需要用数学工具对事物进行数量的分析,它是指确定事物某方面量的规定性的科学研究,是将问题与现象用数量来表示,进而去分析、验证、解释,从而获得意义的研究方法和过程。所以,如果某项分析过程中没有数据,那么一定不是定量分析。定性分析是质化的研究,通常是在观察和解释的基础上进行深入分析。这两者分别从数量关系与性质特征两个不同的方面分析研究问题。定性是定量的依据,定量是定性的具体化,定量分析与定性分析既有区别又有联系。

1.4.1 定量分析与定性分析的联系

定量分析固然能够深化分析、揭示新规律,但是它也不是万能的,人文社会科学研究中定性分析仍然是十分重要的方法。定量分析与定性分析都是社会科学领域的一种基本研究范式,都是社会科学研究科学化、最优化的必要途径,也是科学研究的重要步骤和方法,两者都不可或缺。虽然两种方法对数学知识的要求有高有低,但是我们不能就此把定性分析与定量分析截然划分开来。

定性研究是定量研究的基础、前提和先导,定量分析必须建立在定性分析的基础上,没有定性分析,定量分析就会失去目标、流于形式,成为一种盲目的、毫无价值的定量分析;定量分析相对于定性分析而言更加科学、准确,是定性分析的延伸、拓展和升华,可以促使定性分析得出广泛而深入的结论。没有以定量分析为基础的整体性思维方式,只能对现象进行猜测,而不可能深入事物的内部,也无法解释数据背后所隐藏的规律和本质,定性分析就会变得难以捉摸、不易确定,在精确定量研究基础上的定性才是有根基的准确定性。社会现象的研究往往既需要有相对精确的答案,同时又需要有让人理解答案的具体解释,发挥两种方法的优点,才能满足研究的需要。定性分析无能为力之时,往往是定量分析大有作为的时机;定量分析难以发挥作用的地方,常常是定性分析可以大显身手之地。定性分析和定量分析必须有机结合起来,才能科学地分析、研究、解决管理学中的问题,才能取得最好的效果。

不同的分析方法各有其不同的特点与性能,但是都具有一个共同之处,即都是通过比较对照来分析问题和说明问题的。正是通过对各种指标的比较或者不同时期同一指标的对照才能反映出数量的多少、质量的优劣、效率的高低、消耗的多少、发展速度的快慢等,才能够为做鉴别、下判断提供确凿有据的信息。

在具体研究实践中,定量分析也可以分为两个层次。第一层次是非数据资料的定性分析,以明确变量及变量间的理论关系。第二层次是首先对数据资料进行定量分析,然后进行定性分析和解释,对定量分析结论进行总结和升华,以更高的视角探讨规律。在管理定量分析的实际运用中,定量分析为决策者提供了一个解决错综复杂的管理问题的新视角和新手段,然而有很多的现实问题并不是都能用数据来表达,有些问题只有局部可以进行量化。所以在解决实际问题时,管理者往往需要同时考虑定性因素和定量因素,既要进行定性分析,又要进行定量分析。

1.4.2 定量分析与定性分析的区别

定量分析与定性分析主要有如下区别:

第一,定量分析着重事物量的方面,定性分析着重事物质的方面。所以定量分析对资料有限制性要求,必须是量化资料,主要是调查得到的现实资料数据,没有数据就谈不上定量分析;定性分析则需要大量历史事实和生活经验材料,没有数据资料的限制性要求。

第二,定量分析有专门的、标准化的分析程序和技术,分析过程严密,实证色彩浓厚,分析结论具有精确性,其结论的表述形式主要是数据、模型、图形等,定量研究便于复制,能给出信度和效度评估;定性分析则不是一成不变的,鲜有标准化模式,分析过程有很强的思辨性,分析结论多以文字描述为主。

第三,定量研究和定性研究的手段不同。定量研究主要运用经验测量、统计分析和建立模型等方法,以概率论、统计学、运筹学等为基础;定量分析是由具有代表性的个案组成的大样本,并将结果从样本推广到研究的总体。定性研究则主要运用逻辑推理、历史比较等方法,以逻辑学、历史学等为基础;定性分析是由无代表性的个案组成的小样本,是对事物的特征、发展趋势等求得一个定性的理解。

第四,定性研究以研究者的理论功底为基础,主要靠个人平时积累,定性分析能力随着研究人员经验的增长而提高。因此定性分析因人而异,富有弹性,灵活度高,没有固定的程序,与研究者的经验、水平、悟性、理论功底和判断能力等高度相关,在数据资料不够充分或者研究者定量分析基础较为薄弱时比较适用,如历史研究、比较研究、案例研究等。定量研究就不同了,它是通过学习可以统一掌握的技术。定量分析的能力只能通过对数据分析的假设条件和方法理论的学习来获得。不同的研究人员,用相同的定量分析方法,得出的结论是一样的,定量研究具有可重复性。如果研究人员缺乏经验,或问题复杂,定量分析就显得非常重要。所以对初学者来说,理论功底可能还不足,做定性研究有明显劣势,但做定量研究的话,只要掌握方法,相对来说可以大大消除劣势。

定性分析与定量分析既相互联系又有很多不同,我们在实际研究中究竟是该选择定性研究还是定量研究呢?虽然研究者在一项研究中采用定性还是定量研究,会受到研究者个人的喜好、知识背景、方法训练等因素的影响,但是,研究方式的选择应该依据研究问题的性质来做出决定。例如,研究的问题是有关某一总体的现状和特征,或者是有关社会现象之间的关系等,选择以定量研究为主的方式更合适,当然定量分析的同时也不能完全离开定性分析;研究的问题是有关特定事件的发生、发展和变化过程,或者是特定文化内部的社会互动等,更适合采用定性研究方式。

练 习 题

1. 什么是定量分析?
2. 定量分析的程序有哪几个步骤?
3. 定量分析模型有哪几种类型?
4. 什么是定性分析?
5. 定量分析与定性分析之间有什么区别和联系?
6. 对于一项调查研究,如何判断应该使用定性分析还是定量分析?

第 2 章

概念的操作化

美国著名的社会学家英克尔斯及其合作者在研究"现代人"时,需要对"人的现代性"这一概念进行测量,为此,他们进行了周密细致的操作化工作,将"人的现代性"操作化为具有 24 个维度、总共包括 438 个具体问题的访问问卷。李银河博士在研究浪漫的爱情时,试图去检验这样一种假设:人们的生存环境越接近现代化,他们就会越看重浪漫爱情。所以,她需要对"生存环境的现代化"这一概念进行测量,从时间维度、空间维度、社会经济地位维度这三个方面出发,再细分为若干个指标去测量。陈皆明博士在研究有关父母投资与子女赡养关系时,需要对"父母为子女所提供的各种帮助"这一概念进行测量,他将其操作化为"早期家庭帮助""较近期的帮助"和"正在给予的帮助"这三个方面以及一系列具体的指标。以上研究中所要测量的"人的现代性""生存环境的现代化"和"父母为子女所提供的各种帮助"都是十分抽象的概念,它们并不是具体的某种指标,要想使这些概念能够被测量,就必须对它们进行概念的操作化处理。

2.1 概念、变量、命题和假设

研究变量之间的关系,首先要把抽象的概念通过概念的操作化转变为在经验层次上可以具体测量的变量,把陈述概念之间关系的命题转变为可以用经验事实检验的假设,概念的操作化就是突破社会调查研究中从抽象到具体这一过程的瓶颈,是具有定量取向的社会研究的关键一环。在介绍概念的操作化之前,我们首先要弄清楚四个概念:概念、变量、命题和假设。

2.1.1 概念

1. 概念的含义

概念(concept)是对现象的抽象,是人脑对客观事物本质的反映,它是一类事物的属性在人们主观上的反映。比如"杯子",生活中有各种各样的杯子,如玻璃杯、塑料杯、瓷杯等,杯子的概念是对这些具体、各不相同的杯子的抽象。社会调查研究中的概念一般包括三个部分:定义、内容和状况。概念的定义是对某种社会事物本质属性的表述;概念的内容是指概念本身所包含的因素;概念的状况表明社会事物的发展程度。这三个部分互相联系,不可分割,共同构成了完整的概念体系。

概念界定不清是很多管理研究的缺点,成功的研究取决于研究者对于概念的界定是否清楚、别人是否能够理解研究中的概念。因此,我们首先必须明确地定义所有概念的内涵和外延,然后才能进行下一步的研究。

2. 概念的抽象层次

概念具有不同的抽象层次,其抽象程度也有高低之分。概念的抽象层次越高,涵盖面就越大,特征也就越含糊;反之,概念的抽象层次越低,涵盖面就越小,特征也就越明确。所以,抽象层次高的概念往往难以进行直接的观察和描述。

例如,物质财富这个概念,抽象层次很高,涵盖面很大,特征比较含糊。如果再具体化一点,比如生活用品属于物质财富,但抽象层次更低,也更具体,再比如生活用品中的家具,家具中的桌子。到具体的桌子,抽象层次就很低了,涵盖面大大缩小,特征已很明确了(图2-1)。

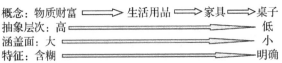

图 2-1 概念的抽象层次

2.1.2 变量

1. 变量的含义

变量(variable)是指可以直接观察和测量的,具有一个以上取值的概念。许多概念往往包括若干个子范畴、属性或亚概念,它们反映出概念所指称的现象在类别、规模、数量、程度等方面的变异情况。比如,"职业"是包括工人、教师、医生、公务员等多个子范畴的变量;"性别"是包括男性和女性这两个子范畴的变量;"收入"是包括从零到千元或者上万元的各种取值的变量。变量是概念的一种类型,是指本身可变动的概念。我们知道定量研究需要对概念进行类型和程度的测量和计算,所以就需要用到变量这一概念。社会调查研究涉及的大多数概念都是变量,而那些只有一个固定不变值的概念,则叫作常量。

2. 变量的类型

（1）根据变量取值的性质不同，可以把变量分为以下四种类型。

定类变量。定类变量又称类别变量，是指按事物的某种属性对其进行平行的分类或分组，即只能决定研究对象是同类抑或不同类，这类指标只能测度事物之间的类别差，其他的差别无从得知。例如性别区分为男性和女性两类，民族区分为汉族、回族、苗族等，婚姻状况区分为未婚、已婚、分居、离婚、丧偶等。在设计定类变量的各个类别时，应当符合互斥性原则，既要概括全部类别，同时类别之间又具有互斥性。另外，定类变量在形式上还具有对称性和传递性。所谓对称性，即若 A 与 B 是同类，那么 B 与 A 也是同类；所谓传递性，即若 A 与 B 是同类，并且 B 与 C 是同类，那么 A 与 C 必定是同类。

定序变量。定序变量又称顺序变量，是区分同一类别个案中等级次序的变量。定序变量能决定次序，也即变量的值能把研究对象按从高到低或从大到小的顺序排列。例如文化程度可以分为文盲或半文盲、小学、初中、高中、本科、研究生，年龄可以分为幼年、少年、青年、中年、老年，满意程度可以分为很不满意、不满意、没有不满意、比较满意和非常满意。以上这些变量的值，既可以区分异同，又可以区分高低和大小。但是，各个定序变量之间并没有一个准确的差值，没有确切的尺度来测量，只能比较大小，不能进行加、减、乘、除等数学运算。

定距变量。定距变量又称间距变量，是区分同一类别个案中等级次序及其距离的变量。它除了包含定序变量的特性之外，还能确切地测量同一类别各个案高低、大小次序之间的距离，通常使用自然或物理单位作为计量尺度，具有加和减的数学性质。例如，摄氏温度这一定距变量，40 ℃和 20 ℃之间可以计算出相差 20 ℃，定距尺度中没有绝对零点，"0"作为比较的标准，不表示没有，比如零摄氏度并不是没有温度。在社会学的研究中，有些变量（如工资、年龄）在测量时，可以作为定距变量，也可以作为定序变量，需要根据研究的需要而定。一般来说，测量层次越高越好，因为包括的数学特质越多，进行统计分析时越方便。

定比变量。定比变量又称比率变量，与定距变量属于同一层次，它除了具有定距变量所具有的特性之外还具有一个真正的零点。在定距尺度中，"0"表示某一个数值，而在定比尺度中，"0"表示"没有"或者"无"。所以，在测度资料中凡是有绝对意义的零点的尺度均属于定比变量，例如对身高、体重、收入等的量度均以"0"开始计算，而非定比变量没有这样真正的零点。

可以看出，定类变量、定序变量、定距变量和定比变量是按照测量层次由低到高逐渐上升的，如表 2-1 所示。

表 2-1 四种变量的比较

区分类型	定类变量	定序变量	定距变量	定比变量
类别区分（=、≠）	有	有	有	有
次序区分（>、<）		有	有	有
距离区分（+、-）			有	有
比例区分（×、÷）				有

(2) 根据因果关系,可以把变量分为自变量和因变量。

引起其他变量发生变化的变量叫作自变量,它是指研究者主动操纵,从而引起因变量发生变化的因素或条件,因此自变量被看作因变量的原因;其他变量的变化而导致自身发生变化的变量叫作因变量,因变量是自变量变化所导致的结果。

例如,当我们分析人体系统中呼吸对于维持生命的影响时,呼吸就是自变量,生命的维持状态就是因变量;当我们分析商场中某商品价格对销量的影响时,该商品价格就是自变量,销量就是因变量。显然,这些说法都是用一种因果关系把两个变量联系起来。在调查中,自变量多为属性变量或背景变量(不能用数值表示的变量),比如性别、年龄、民族等;因变量多为行为变量或态度变量(市场细分中根据顾客对产品的了解程度、态度、使用情况与反映等划分市场的变量),比如追求的利益、忠诚度、使用频率和对产品的态度等。

(3) 根据变量数值是否连续,可以把变量分为离散变量和连续变量。

离散变量是指变量值可以按一定的顺序一一列举,通常是以整数位取值的变量。离散变量的各变量值之间都是以整数断开的,例如学生人数、班级数、课桌数等,都只能按整数来计算,其数值也只能用计数的方法取得。连续变量是指在一定区间内可以任意取值的变量,其数值是连续不断的,并且相邻两个数值之间可以做无限分割,即可取无限个数值。例如身高、体重、年龄等都是连续变量,其数值要用测量或计算的方法取得。

变量的类型具体见表 2-2。

表 2-2 变量的类型

分类依据	名称	含义	特点
变量取值的性质	定类变量	区分总体各个案类别的变量	把研究对象分类
	定序变量	区分同一类别个案中等级次序的变量	能决定次序
	定距变量	取值具有"距离"特征的变量	可以做基本运算
	定比变量	区分同一类别个案中等级次序及其距离的变量,且具有一个真正的零点	有一个真正的零点
因果关系	自变量	引起其他变量发生变化的变量	原因
	因变量	其他变量的变化而导致自身发生变化的变量	结果
变量取值的分布状态	离散变量	变量值可以按一定的顺序一一列举且通常是以整数位取值的变量	数值用计数的方法取得
	连续变量	在一定区间内可以任意取值且其数值是连续不断的变量	数值用测量或计算的方法取得

3. 变量间的关系

变量之间的关系常见的有两类,一类是函数关系,另一类是相关关系。

函数关系是确定性现象之间的关系,一个变量发生变化会导致另一个变量的变化,即一种现象的数量确定以后,另一种现象的数量也随之完全确定,表现为一种严格的函数关系。例如,正方形的面积与其边长的关系,某种商品的销售额与销售量之间的关系,股票成交额与该股票成交量之间的关系等都是典型的函数关系。

例 2.1 某工厂销售某种零件 8 000 件,每件原价是 50 元,当销售量在 5 000 件以内(包含 5 000 件)时,按照原价出售,超过 5 000 件的部分,打七折出售。试建立总销售收入与销售量之间的函数关系。

【解】 设零件的销售量为 x 件,总销售收入为 y,则
$$y=\begin{cases}50x, & 0\leqslant x\leqslant 5\ 000,\\ 50\times 5\ 000+50\times 0.7\times(x-5\ 000), & 5\ 000<x\leqslant 8\ 000\end{cases}$$

相关关系表示变量 X 与 Y 存在某种关联性,变量 X 发生变化,变量 Y 也发生变化。具有相关关系的变量之间虽然存在关系,但是却不具有函数关系所要求的确定性,当自变量取值一定时,因变量的取值带有一定随机性,是非确定性的,也无法确证因果。所以,相关分析中的自变量和因变量没有严格的区分,可以互换,如人的身高和体重。

要区分两个变量之间是相关关系还是函数关系,就要看因变量的取值是否确定。如果因变量的取值是确定且唯一的,那么这两个变量之间的关系就是函数关系;如果因变量的取值是不确定的,那么这两个变量之间的关系就是相关关系。

例 2.2 试判定以下变量之间属于函数关系,还是相关关系。
(1)家庭年收入与年支出
(2)圆的面积与圆的半径
(3)学习时间与学习成绩
(4)学历程度与收入水平
(5)价格确定下商品的销售额与销售量

【解】 根据函数关系和相关关系的定义与区别,显然本例中(2)和(5)为函数关系,其余均为相关关系。

4. 变量与指标

我们把表示一个概念或变量含义的一组可观察到的事物,叫作这一概念或变量的一组指标,可以把指标看成变量的进一步细化。要注意,指标是客观存在的事物,是具体的,可以被观察和辨认;概念是对客观事物的主观反映,是抽象的,因此只能想象。概念的含义十分复杂,这就导致了指标的选择往往会带有较强的主观性。在社会调查研究的许多案例中,单一指标并不能很好地测量概念,通常需要采用多个指标进行测量。

例如,"人民的生活幸福感"是一个抽象概念,通过操作化,我们可以用一组指标来进行测量,这组指标包括经济收入、健康状况、消费水平、生态环境等。再例如,"社会阶级"是一个抽象的概念,通过操作化,我们可以用一组指标测量它,这组指标包括职业、收入、文化程度等。一个指标会有若干个不同的取值,由于指标是变量在经验层次上的一种体现,因而它同样具有变量的特征。比如我们说职业是"社会阶级"的测量指标,有公务员、工人、农民、军人等多个不同的取值。同样,文化程度也是"社会阶级"的测量指标,有文

盲、小学、中学、本科、研究生等不同取值。要注意,在对抽象概念进行操作化时,往往在具体方法和测量指标方面会有多种不同的选择,即存在不同的测量指标。所以,一项具体研究的结果与它所采用的操作化方式及其所产生的测量指标密切相关。

我们来看一下概念、变量、指标、取值的关系:概念是对事物或现象的抽象,变量是具有多个取值的概念,指标则是表示变量含义的具体事物,一个指标会有若干个不同的取值(图2-2)。

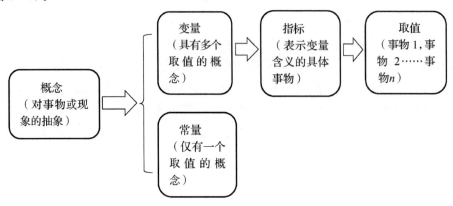

图2-2 概念、变量、指标及取值关系图

2.1.3 命题

命题指的是关于一个概念的特征或多个概念之间关系的陈述,它通过这种陈述,使各种社会现象和事物联系起来,形成不同的观点。比如"某市工业化水平很高"就是关于"工业化"这一概念的特征的陈述,"工业化使得人际关系疏远"就是关于"工业化"概念与"人际关系"概念之间关系的陈述。

命题具有不同的类型,比如公理、定律、假设、经验概括等,在社会调查中,假设是最常用的命题形式。

2.1.4 假设

1. 假设的含义

假设是关于两个变量之间关系的陈述,可以使变量间的关系得到经验的检验,或者说它是一种可以用经验事实检验的命题。在各种命题中,公理、定律、经验概括等都属于已经得到调查研究资料证实,也就是得到实践证明的命题,而假设则是没有经过调查研究资料证实的命题,通常陈述的是两个社会现象或事物之间的因果关系或相关关系。如同变量是概念的一种特殊形式一样,假设也是命题的一种特殊形式。比如:"天才往往不幸福"是一个命题,它陈述的是概念"天才"与概念"幸福"之间的关系。"人们的智商与他们在幸福量表上的得分相关"则是一个假设,它陈述的是变量"智商"与变量"幸福量表上的得分"之间的关系。显然,只有后者才是经验上可检验的。

假设是对现象的暂时性解释，建立假设可以引导研究的方向，从而使调查者能够专注于所要探讨的变量之间的关系，还可以指出统计测量的对象和内容。

2. 假设检验

假设需要经验来检验，假设是进行社会研究工作的基础，因为大量研究的目的往往都可以归结到探讨两个或者多个变量之间的关系上，所以经常需要提出和检验假设。一个清晰的、写成文字的假设可以帮助研究者决定需要收集哪些数据以及怎样进行分析。例如，假设罪犯在监狱里自杀的情况在他投监的最初24小时内比其他时间更容易发生，研究者就需要收集监狱自杀现象的发生和坐监时间的长短。假设中的变量必须得到确定以便于测量和检验，例如，"职业培训可以提高长期失业人员的生活质量"，这个假设难以测量和检验，尽管研究起点有一定合理性，但是"职业培训"的类型、"生活质量"的含义，"长期失业者"指向谁，假设中的词汇含糊不清。为了避免出现假设的一部分得到支持而另一部分得不到支持的含混状况，通常的做法是，一个假设只有一个自变量。例如，"女性和年长者比男性和年轻人更多地使用公共图书馆"，这个假设中"女性和年长者"与"男性和年轻人"进行比较是不合适的，因为可能会出现女性比男性更多使用公共图书馆，而年长者却比年轻人更少使用公共图书馆的状况，也就是这个假设的一部分得到支持而另一部分得不到支持，出现含混不清的状况。

研究的步骤一般是先针对研究课题提出具体的研究假设，然后通过所收集的资料检定假设，在判断的基础上做出进一步的解释和说明。要注意，假设只是研究问题的暂时性答案，它并不是结论，假设只有经过"统计检定"后，才能判断真伪，即用调查结果来决定是接受它还是不接受它。例如，假设以"城乡居民收入没有差距"的命题预先提出，如果经验事实在我们所选择的0.05或者0.01的显著性水平上与之不符，我们就有95%或者99%的把握拒绝这个假设，我们可以得出"城乡居民收入有差距"这样的结论。

2.2　概念操作化的含义、作用和方法

法国社会学家迪尔凯姆在他1897年出版的《自杀论》中提出：社会动荡和剧烈变迁带给人们的是不确定感。迪尔凯姆认为，这种不确定感导致迷惘、焦虑，甚至自我毁灭。为了描述这种社会规范的失序，他在书中第一次提出用"失范"来形容这种状况。自此之后，失范便成为科学领域的一个概念。许多学者扩展了迪尔凯姆的用法，例如，默顿在他的经典著作《社会结构和失范》中得出这样的结论：失范产生于社会所认同的目标和个人现实之间的脱节。例如，赚更多的钱是社会上有广泛共识的目标，但是，并非每一个人都有能力用社会所接受的方法来实现这个目标。尽管迪尔凯姆当初提出这个概念是为了描述社会的特征，但是也有社会科学家用它来描述个人，在默顿之后20年，鲍维尔对失范做了如下的概念化定义：当发觉自己行为的结果相互矛盾、无法运用、无足轻重的时候，失范就产生了。因为失去了方向，空虚与冷漠便伴随而来，因此，失范可以被简单地

理解为空虚。鲍维尔具体考察了不同的职业经历如何造成失范甚至演变为自杀,但他并没有测量失范,只是研究了职业和自杀之间的关系,也并没有提供失范的操作化定义,只是将失范做了进一步的概念化。

直到史汝尔设计了一份据称能测量个人失范的问卷,失范这一概念才得以被操作化。该问卷中有五个叙述性的问题需要受访者回答"同意"或是"不同意"。

如:1. 不论人们怎么说,男人一般都会越变越坏。

2. 把新生儿带到这个不断寻找明天的世界,真是一件不公平的事。

3. 现在的人们不得不今朝有酒今朝醉,根本管不了明天。

4. 现在,人们真的不知道还可以信赖谁。

5. 向政府官员投诉没什么用,因为他们根本不关心普通老百姓。

在这份问卷发表后的半个世纪中,史汝尔的量表成为当代社会科学家所遵循的基准,各种学术期刊中的研究都在使用史汝尔的失范操作化定义。

失范的研究历史展现了将一般的抽象概念转换为操作化测量的过程,未来,学者们一定还会继续致力于重新概念化和重新操作化,进而寻找更有效的测量方式。

2.2.1 操作化的含义

操作化是指将抽象的概念逐步分解、转化为具体的变量以及可以观察和测量的具体指标的过程。或者说,它是对那些抽象层次较高的概念进行具体测量时所采用的程序、步骤、方法、手段的详细说明。通过概念的操作化,把原本比较抽象的概念转变为在经验层次上可以具体测量的变量。在操作化的过程中,首先要确定概念的使用范围,其次要形成可以具体观察和进行测量的指标。例如,对抽象概念"某学生的智力水平"进行操作化:把该学生的语文、数学、英语三科的成绩按照 3、2、1 的权重进行加权,然后相加并计算平均值;例如,"同情心"这个概念非常抽象,无法直接进行测量,但是我们可以把这个概念转化为可以测量的具体指标,如用"主动帮助盲人过街""主动向灾区捐款"等来测量"同情心";再例如,"工业化"这一概念的抽象定义是现代工业在国民经济中所占地位逐步提高的过程,然而"地位"却是我们看不见也摸不着的东西,现实中并不存在,所以要将其操作化为工业产值在国内生产总值中所占比重逐步升高的过程,"工业产值"和"国内生产总值"是可以进行测量和计算的指标,调查者在此基础上就可做进一步研究。

2.2.2 操作化的作用

操作化是现代社会调查研究方法必经的一个阶段,有着极其重要的作用。首先,只有通过操作化,抽象的概念才能变成在社会生活中普通人可以看得见、摸得着的社会事实,社会调查才能得以进行;其次,只有通过操作化,才能将需要调查的抽象的命题变成可以具体测量的指标;最后,只有通过操作化,才能使社会理论的发展建立在科学的基础上,而不是一种主观臆断。总之,操作化可以让存在于我们头脑中的抽象概念在现实世界中"现出原形",让只能靠我们的思维去理解、去体验的东西,变成我们可以实际测量的东西。概念的操作化是理论到实践、抽象到具体的桥梁,只有经过这一环,假设检验才成为可能。

操作化是把"概念-理论层次"和"实证-观察层次"连接起来的桥梁,是实证主义社会研究中由理论到实际、由抽象到具体最为关键的一步,为我们在实际的研究活动中测量抽象概念提供了关键的手段。例如,前文提到过的"学生的智力水平",虽然我们在生活中常常会提到这一概念,但它在现实中却并不存在,是我们既看不见又摸不着的东西。如果能把它操作化为几个学科考试成绩的加权平均,那么我们就可以实际地去进行测量,最后得出结果。所以,总的来说,操作化的作用就是突破社会调查研究中从抽象到具体这一过程的瓶颈,为具有定量取向的社会研究提供便利。

由表 2-3 中抽象定义与操作定义的对比可知,存在于研究者脑中的各种抽象的概念、意识等,经过合适的操作化之后,就可以转换为具体的事物、程序或指标,并被直接感知或度量。操作化是具有定量取向的社会研究的关键一环,其重要性不言而喻。

表 2-3 抽象定义与操作定义的区别

	抽象定义	操作定义
定义途径	概念	具体的事物、程序或指标
定义特点	逻辑方法(概括)	经验方法(直接感知或度量)
定义重点	揭示内涵和本质	界定外延或操作过程

2.2.3 操作化的方法

美国著名社会学家拉扎斯菲尔德将社会研究中的概念具体化的过程分为以下四个阶段:概念的形成、概念的界定、选择测量指标和编制综合指标。这里我们把操作化过程概括为以下两个方面的工作:一是澄清与界定概念,二是发展测量指标。

1. 澄清与界定概念

一般来说,如果一个概念最初被比较粗糙地定义,那么其中就会包含着许多不同的成分,相关的资料也会有实质性的差异,所以,在研究中对概念进行澄清和界定是十分必要的。若能够精确地指出一个概念包括什么、排斥什么,则可以为我们提供对资料分析和组织的指导性框架。

首先,我们需要弄清概念定义的范围,以形成对这一概念范围的总的理解和把握。在采用或给出某个具体的定义之前,通过收集和查询资料,如果其他研究者并未对该概念下正式的定义,那么就需要我们从其对概念的运用中确定其对这一概念的界定。如果我们查询了解到这一概念的各种不同的定义,理解了该定义的大致范围之后,便可对这一概念的不同定义进行分类。其次,要决定一个定义,根据社会研究的需要,采用现成的定义或者创造一个新的定义。列出了这个概念的各种类型的定义之后,我们要决定采取哪一种定义形式。既可以直接采用一个现成的定义，又可以在现有定义的基础上自己创造出一个新的定义。定义的选择应该以具体调查的需要为标准，哪种定义最适合调查的目的就应该重点考虑哪种定义方式。概念往往具有若干不同的方面和维度，在界定概念的定义的同时，可以列出概念所具有的不同维度，比如将"妇女的社会地位"区分为"政治地位、经济地位、家庭地位"等不同维度。

2. 发展测量指标

在确定了概念内涵的具体范围之后，就要寻找与这些内涵相对应的经验指标。

首先，列出概念的维度。很多抽象的概念都具有若干个不同的方面或维度，比如，全国妇联在1990年进行过一项全国范围大规模的"中国妇女社会地位研究"，其中"妇女的社会地位"就是具有多个不同维度的概念，包含政治地位、经济地位、法律地位、教育地位和家庭地位。我们在界定概念的同时，还要尽量完整地列出概念的不同维度，这对于后面指标的选择和测量是十分有用的。

其次，建立测量指标，也就是按维度派生出具体测量指标。对于"性别""民族""文化程度"这样的概念来说，建立指标是很简单的，但是对于"人的现代性""妇女的社会地位"这样比较复杂和抽象的概念来说，建立测量指标就会比较有难度。

一般可以采取以下两种方法来发展概念的指标：一是寻找和利用前人已经有的指标，特别是一些用来测量人格、态度方面的量表，它们基本上都经过多次的运用和修改，在进行相关研究时常常可以为我们所用。但是，前人的指标并不一定能完全适用我们的概念，有时需要做一定的修改和补充。二是研究者先进行一段时间的探索性研究，做一些收集资料的初步工作，从而获得符合实际的答案，建立指标。特别是与被研究者中的关键人物进行深入交流，从而帮助研究者从被研究者的角度看待问题，有助于研究者建立恰当的指标。对同一概念进行测量时，不同的研究可能会出现不同的测量指标，因此，无论是在操作化的具体方法方面，还是在具体的测量指标方面，都可能会出现种种的差别和不同。

比如"融入城市生活"，其抽象的定义是：进城务工人员在城市确立经济地位，适应城市社会规范，获得市民身份、享受市民待遇，最终实现在城市舒服生活的融入过程。它的经验内涵，也就是操作定义，可以从这几个维度去描述：在经济、社会、制度、文化、心理等方面的融入。然后从每个维度，可以发展出若干可以测量的指标或变量，比如，在经济维度可以发展出"消费方式、居住条件、收入水平"等指标，在社会维度有"市民生活方式、社会支持网络"等指标，在制度维度有"社会管理、政治参与"等指标。

下面再看两个具体的操作化例子。

例2.3 国民素质反映的是一个国家或地区人口发展的基本情况，是该国家或地区竞争力、凝聚力的重要体现，请从这一定义出发，对"国民素质"这一概念进行操作化。

首先把"国民素质"分为"国民身体素质"和"国民智力素质"这两个主要维度，其次细分为一系列子维度以及具体的指标，整个操作化的指标框架见表2-4。

表2-4 "国民素质"概念的主要维度及测量指标

概念	维度	子维度	指标
国民素质	国民身体素质	反映先天性健康状况的指标	先天性残疾人口比重
			遗传性疾病人口比重
			先天性低智人口比重
		反映生长发育状况的指标	青少年的身高、体重
			成人重症人口比重
		反映死亡水平的指标	平均预期寿命
			婴儿死亡率
	国民智力素质	反映人口文化程度的指标	成人识字率
			适龄儿童入学率
			接受过高等教育人口的比重
		反映人口科学素养的指标	总人口中科技人员的比重
			对科学知识了解的程度
		反映人口技能素质的指标	熟练技工占工人总数的比重
			就业人口平均接受技能培训的次数

例 2.4 现要做一项有关"公众对生活现状的满意程度和幸福程度"的调查,需要对"满意程度和幸福程度"这一概念进行测量,并将其操作化为以下几个维度(图2-3):

满意程度和幸福程度 { 职业声望, 幸福感, 家庭生活, 安全感, 社会保障, 社会参与 }

图2-3 操作化框架

然后,在每一个主要维度中,还要进一步发展出具体的测量指标。整个操作化的指标框架见表2-5。

表2-5 "满意程度和幸福程度"概念的维度及测量指标

概念	维度	指标
满意程度和幸福程度	职业声望	工作岗位
		经济收入
		职业稳定性
		社会地位
		社会流动
		社会分层差距
	幸福感	健康状况
		物质生活水平
		精神生活水平
		受教育程度高低
		人际交往情况
		国际地位

续表

概念	维度	指标
满意程度和幸福程度	家庭生活	家庭援助
		消费水平高低
		住房状况
		和睦程度
		婚姻质量好坏
		传统道德
		社区自治
	安全感	是否保证人身安全
		财产是否安全
		司法是否公正
		生态环境好坏
		社会风气好坏
	社会保障	就业是否有保障
		退休养老
		医疗保险
		社会保险
		社会福利
		社会援助
	社会参与	思想言论活跃程度
		邻里互动是否频繁
		民主程度高低
		社会活动数量
		政治参与程度
		金融意识

练 习 题

一、简答题

1. 概念与变量、命题和假设的区别和联系。
2. 根据变量取值的性质不同,可以把变量分为哪些类型?
3. 什么是概念的操作化,操作化的作用是什么?
4. 简述概念操作化的方法。

二、案例题

1. 假设现在要对"互联网的使用"这一概念进行操作化,请从"互联网的普及程度""互联网的使用时间""互联网的使用行为"和"对互联网的态度"这几个主要维度出发,列出操作化指标。
2. 请对"新闻客观性"这一概念进行操作化,并列出整个操作化的指标框架。

第 3 章

测量和量表

3.1 测量

卡普兰在《询问的执行》中提道:要知道,测量本身不是目的,它的科学价值只有从工具论的角度才能够欣赏。在工具论的视角下我们会问,测量想要达到什么目的,在科学情境中它扮演的是什么角色,在调查探究中它执行的是什么功能。

3.1.1 测量的概念

测量就是根据一定法则,将某种物体或现象所具有的属性或特征用数字或符号表示出来的过程。它是按照某种规律,用数据来描述观察到的现象,进而对事物做出量化描述,即测量是对非量化实物的量化过程。许多社会科学研究人员采用的是美国学者史蒂文斯对测量下的定义,他们认为测量就是依据某种法则给物体安排数字,也就是为变量赋值。

测量的目的是用科学手段度量我们的感觉,通过标准尺度得到准确的信息,这些信息在测量前是不可见的。测量的作用在于确定一个特定分析单位的特定属性的类别或水平,即能对事物的属性做定量或定性的说明。质化与量化研究不同。对于量化研究来说,需要对研究进行精细的规划和设计,而质化研究往往由研究者自己发挥自己的想法。量化研究者倾向于使用量化数据和数字,质化研究者更倾向于使用词汇、符号、图像。量化研究者在研究之前要对概念和变量进行深思熟虑,而质化研究者不需要这个步骤。

3.1.2 测量的四要素

1. 测量客体

测量客体即测量的对象,是客观世界中存在的事物或者现象,也是我们要用数字和符号来进行表达、解释和说明的对象。在测量的四要素中,测量客体所对应的是"测量谁"的问题。比如,当我们要测量一个杯子的容量时,这个杯子就是我们测量的客体或对象。然而,在一般的社会研究中,最常见的测量客体是各种各样的人,还有由若干个个人组成的各种社会群体、社会组织、社区等。

2. 测量内容

测量内容实际上是测量客体的某种属性或特征,因为在我们调查研究过程中测量的内容并不是客体本身,而是客体所具有的某种属性或特征。在测量的四要素中,测量的内容所对应的是"测量什么"的问题。比如,在测量一个杯子的容量时,测量客体是杯子,但是杯子本身却无法进行测量,我们要测量的应该是杯子的高度和杯底半径。同理,虽然社会中的个人、群体、组织和社区等是我们的测量客体,但我们真正所测量的却并不是这些个人、群体、组织或者社区本身,而是他们的各种属性和特征。例如:个人的行为、态度和社会背景,群体和组织的规模、结构和管理模式,社区的范围、人口密度和人际关系,反映社会现象的国民经济状况、人民生活水平、社会福利状况等,这些特征才是我们的测量内容。

3. 测量法则

测量法则是用数字和符号表达事物各种属性或特征的操作规则,也可以说,它是把数字或符号分派给调查对象的统一标准,是一种索引或操作方法。在测量的四要素中,测量法则所对应的是"怎么测量"的问题。比如,要测量一张桌子的高度,那么"将桌子放在水平的地面,然后用直尺从地面垂直地靠近桌面的边缘,桌面边缘所对应的直尺上的刻度就是桌子的高度",这句话陈述的就是桌子高度的测量法则。再比如要测某农民的年收入状况,"将被调查农民的农业生产收入、打工收入、存款利息收入等相加,就是该农民的年收入",这就是一种测量法则。

4. 数字和符号

数字和符号是用来表示测量结果的工具,在社会调查研究中,许多测量结果是用数字来表示的,如被调查者的收入和年龄、物品的长度、时间等,如年收入 80 000 元,年龄 45 岁。同时也有许多测量结果是用文字来表示的,比如被调查者的性别、婚姻状况、对某件事的态度(同意或反对)。在测量的四要素中,数字和符号所对应的是"如何表示"的问题。

3.1.3 社会测量的特点

与自然科学相比,社会测量的特点有以下几点:首先,自然科学测量的对象是有形物质的自然属性,而社会测量的对象不仅涉及人的自然属性,如年龄、性别等,更多地涉及人的社会属性,如意识、行为、态度等。其次,自然现象的测量工具大多是标准化的仪器,信度和效度都很高,测量的误差也容易求得;而社会测量所用的工具大多是问卷或量表,信度和效度都较低,测量误差难以掌握。这是因为社会现象之间的关系,不是简单的因果关系,社会规律也不是确定的规律。最后,社会测量受人为的影响较大,人作为测量的主体来实施测量行为,测量者的认知水平、价值取向、思维方式和测量经验不同,测量结果就会出现差异。

3.1.4　测量层次

从测量的角度,可以把变量分为以下四种类型:定类变量、定序变量、定距变量和定比变量。与此相对应的有四种测量的尺度或者说测量的层次,即定类测量、定序测量、定距测量和定比测量。

1. 定类测量

定类测量又称类别测量或者定名测量,它的层次最低,其本质是一种分类体系,将研究对象的不同属性或特征加以区分,再标以不同名称或符号。定类测量的类别既要穷尽,又要有互斥性,即每样东西都仅仅符合一个种类。例如,性别就是一种自然的二分法,因为性别只有两个种类——男性或女性,每个人都必然符合且仅仅符合其中的一种,这一变量的种类显然是相互排斥的。

定类测量的数学特征主要是"等于"与"不等于"。测量给出的数字仅仅是识别调查对象或对调查对象进行分类的标签、编码,不具备任何数学特性,也不能说明其本质特征。与定类变量一样,也具有对称性和传递性。

2. 定序测量

定序测量又称等级测量或者顺序测量,其取值可以按照某种逻辑顺序将研究对象排列出高低、大小,并确定其等级次序。或者说,定序测量按某种特征或标准将研究对象区分为强度、程度或等级不同的序列。有时为了统计的需要,在研究中常常将高低、大小、强弱不同的序列转化成大小不等的数字。但是这并非真正意义上的"数",不具有数据的真正内涵及功能,仍然是符号。例如,将"文盲或半文盲""小学毕业""初中毕业""高中或中专毕业""大学专科或大学本科毕业及以上"分别用数字1、2、3、4、5来表示,可以说1<2<3<4<5,但是不能说1+2=3。故定序尺度的数学特征是大于或小于,比定类尺度的数学特征高一个层次,得到的信息也更多。

定序测量除了具备定类测量的对称性之外,还具备不对称性,即甲对乙具有某种关系时,并不等于乙对甲也具有这种关系。例如,大于或小于的关系就是不对称的,甲>乙时,不会有乙大于甲。但传递性依然成立:如果甲>乙,乙>丙,那么一定有甲>丙。

3. 定距测量

定距测量又称等距测量或者尺度测量,它不仅能够将事物或社会现象区分为不同的类别,划分为不同的等级,还可以测量它们相互之间差异程度的大小。定距测量一般情况下都是用数字表示的,这些数字不同于定类或定序测量中单纯的数字符号,定距测量的数字之间完全可以进行加减运算,所以我们还可以知道测量对象在具体属性上的差异量是多少,但相乘或相除却没有任何意义。定距尺度的值可以为0,但是这个"0"不具备数学中的"0"的含义,不是绝对的"无",而是以某种人为标准设置的标志值,如水的温度是 0 ℃,并不是指水没有温度,−30 ℃也不是指比没有温度的 0 ℃低 30 ℃。

4. 定比测量

定比测量又称比例测量或者等比测量,它是对测量对象之间的比例关系的测量,其测量结果一般用百分比来表示,有时也可以用数字来表示。定比测量下的数字可以进行加减乘除运算,运算结果具有实在的意义。对出生率、性别比、离婚率、城市的人口密度等进行的测量都依据定比尺度。是否存在具有实际意义的零点(绝对零点),是定比测量与定距测量的唯一区别。一个变量能否用定比尺度测量,关键在于零点是不是绝对的、固定的。

在四种测量中,定类测量是定性测量,后三种都是定量测量。定距测量和定比测量比定类测量和定序测量的层次高,因为前两者包含后两者的特点和功能,定比测量又包含定距测量的特点和功能,所以是四种测量中层次最高的。由表 3-1 可知,高的测量层次具有低的测量层次的所有特点和功能,不仅可以测量低层次可以测量的内容,还可以测量低层次所无法测量的内容。在实际的统计分析中,需要我们根据不同测量层次所具有的数学性质采用不同的统计方法,但是要遵循一个原则,即尽可能对研究对象进行高层次的测量。高层次的测量包含的信息更多,且其结果也很容易转化为低层次的测量结果,但反过来不行。

表 3-1 测量层次对比

测量层次	区别	层次
定类测量	只能分类	最低
定序测量	分类和排序	稍高
定距测量	分类、排序和采用固定的间隔	更高
定比测量	分类、排序、采用固定的间隔以及具有绝对零点	最高

3.2 测量的效度和信度

只要有测量就不可避免会出现误差,所以在社会调查中讨论效度和信度是不可缺少的。

3.2.1 测量的效度

1. 概念

简单来说,效度(validity)就是正确性程度,即测量工具或者测量手段能够准确测出所需测量的事物的程度。效度所关注的问题是,"我所测量的正是我想要测量的吗?"也可以说,效度指的是测量标准或所用的指标能够如实反映某一概念真正含义的程度。因为社会调查研究中的测量一般是一种间接的测量,所以研究者不能确保他设计的测量方法所测出的结果正是他要测量的变量。当一项测量所测的正是它所希望测量的事物时,我们就说这一测量具有效度;反之,则称为无效的测量或者测量不具有效度。效度越高,表示测量结果越能显示出所要测量对象的真正特征;反之,效度越低,表示测量结果的正确性越低。

例如,假设现在打算测量某校大学生的智商水平情况,如果调查者采用一份标准的智商测验量表对学生进行测验,并用他们每个人在测验中所得的分数来表示他们的智商水平,那么这一测量就是具有效度的;如果调查者采用一份全英文的智商测验量表对学生进行测验,并且同样用所得的分数来表示他们的智商水平,此时的测量就不具有效度,因为所测量的并不是大学生的智商水平,而是他们的英文水平。

测量的效度通常用测量数值与其所要测量的特性之间的相关系数来表示。效度系数一般规定为与测量目的相关的分数方差在总体方差中所占的比重:

$$效度 = \frac{\delta_{\infty}^2}{\delta_{\circ}^2} \tag{3.1}$$

其中,δ_{∞}^2 是个体在与属性有关的共同特征上所造成的变异量,$\delta_{\circ}^2$ 是在某测量上所得数值的总变异量。

2. 效度的类型

测量的效度一共有三种不同的类型,分别是内容效度、准则效度和结构效度,它们能够从不同的方面反映测量的准确程度。所以人们在评价各种测量的效度时,也往往会采用这三种类型作为评价的标准。

(1) 内容效度(content validity)

内容效度又称表面效度或者逻辑效度,它指的是测量的内容或指标是否具有代表性,测量内容或测量指标与测量目标之间的适合性和逻辑相符性。也可以说,是指测量所选择的项目是否"看起来"符合测量目的和要求。如果要评价一项研究调查的测量是否具有内容效度,首先就要明确所要测量的概念是如何定义的,其次要知道所选择的测量指标是否和该概念密切相关,最后调查者才能得出这一测量是否具有内容效度的结论。若问卷内容以理论为基础,并参考以往学者类似研究的问卷内容加以修订,与实践或学术专家讨论过,且进行过预测,即可以认为具有内容效度。

比如,要测验大学生的学习能力,首先要弄清"学习能力"的定义,学习能力包括识记、理解、应用、分析、综合以及评价等方面的能力,那么要检测该项测量的内容效度就可以看测量指标是否能够反映学生在这些方面的能力。再比如,用问卷测量人们的生育观念,那么首先要弄清"生育观念"的定义,然后看问卷中的问题是否都与人们的生育观念有关,这时我们可以采用请若干专家直接进行评价的方式来检测该测量的内容效度。假设请5~10位专家对问卷中用来测量"生育观念"的问题进行评价。如果专家都认为这些问题涉及了其他方面,那么这个测量就不具有内容效度;如果专家认为这些问题确实都涉及有关生育观念的内容,而不涉及其他无关内容,那么这个测量就具有内容效度。

内容效度反映设计的观测变量是否代表了所要测量的内容或主题,可通过计算观测变量单项与得分总和之间的相关系数来测量,相关系数越大,量表的内容效度越高。一般要求观测变量单项与得分总和之间的相关系数在 0.3 以上。例如:用问卷测量人们的网瘾。首先,需要弄清"网瘾"的定义;然后,看问卷中的问题是否都与人们的网瘾有关;最后,通过计算观测变量单项与得分总和之间的相关系数来测量内容效度,即计算每个题项的得分与题项总分的相关系数,依据相关性是否显著来判断某题项是否具有内容效度。

要注意,因为内容效度基于个人的主观判断,所以它缺乏标准的、可重复的程序保证,主要用于考察成绩、技能测验的有效性。

(2) 准则效度(criterion validity)

准则效度又称实用效度或者经验效度,它是指我们对同一现象或者概念进行测量时,可以使用多种方式,当我们用一种不同于以往的测量方式或者指标对同一事物或变量进行测量时,将原有的测量方式或者指标作为准则,将用新方式测得的结果与用原有的准则所测得的结果做比较,看两者的相关程度,并且用这种特定的相关系数(效度系数)来反映测量工具或手段的效度。若新的测量方式或者指标与原有的作为准则的测量方式或指标具有相同的效果,则其效度系数就高,也就意味着这种新的测量方式或指标具有准则效度。

所以,与内容效度需要依靠主观判断相比,准则效度则可以用两种测量工具得出的观测值之间的相关系数来衡量。例如,要评价某驾校驾驶员考试成绩的效度,可以看考生取得驾驶证后在实际驾驶过程中的违章次数或事故发生率。如果考生的考试成绩比较高,而且违章次数少、事故发生率低,那么说明该驾校驾驶员考试成绩是有效的;反之,则说明该驾校考试成绩的有效性存在问题。再例如,调查人们对中小学生课间加餐的态度。方法一:直接访谈法,即直接询问被调查者是否赞成中小学生课间加餐。为了验证这次调查的有效程度,再使用方法二:给这些被调查者一份反对给中小学生课间加餐的呼吁书,看其是否愿意在上面签字。若前后两次测量的一致性程度高,则说明第一次直接访谈得到的结果是有效度的。

(3) 结构效度(construct validity)

结构效度又称建构效度,它是指利用现有的理论或命题考察当前测量工具或手段的效度,主要是要了解测量工具或手段是否反映了概念和命题之间的内部结构。结构效度的大小可以根据某种理论假设所设计的测量工具进行测量的结果与该理论假设的吻合程度来判断,即实验与理论之间的一致性,实验是否真正测量到假设的理论。如果测量结果与理论假设相吻合,那么该测量就有较高的结构效度;反之,结构效度就较低。

例如,我们探讨婚姻满意度与其他变量之间的关系。先理论假设:婚姻满意度与婚姻忠诚度有关,即婚姻满意度较高的人婚姻忠诚度也较高。若我们将"你有没有欺骗过对方"作为婚姻忠诚度的一个测量指标,且测量的结果与假设理论一致,即婚姻满意度与婚姻忠诚度之间具有较强的逻辑关系,则婚姻忠诚度这一测量指标就具有较高的结构效度。但是,若研究显示,对婚姻满意的和对婚姻不满意的夫妻都曾欺骗过对方,则用婚姻忠诚度这一指标来测量婚姻满意度的结构效度就不一定合适了。结构效度也常用于智力测验、人格测验等一些心理测验方面。比如,我们在讨论人的智力与年龄的关系时,提出一种假设:智力在人们的儿童和青少年时期会随着年龄的增长而发展提高。如果我们将人们在每个年龄的智力测验分数作为一个测量指标,而测验的分数在儿童和青少年时期确实会随着年龄的增长而提高,那么就说明智力测验分数这一测量指标具有较高的结构效度。

3. 影响效度的因素

影响效度的因素包括:调查提纲是否科学、调查程序选择是否得当、调查项目设计是否合理、调查方法选择是否得当等。虽然效度可分为内容效度、准则效度和结构效度,但每一种效度都很难测量。没有方法可以真正保证研究者测量到要测量的理论构想。在学术研究中,经常只能强调量表设计程序的过程严谨,或经过专家的修正及经过预测,以此来强化其具有的效度。但这只是针对内容效度,准则效度和结构效度仍难以测量。

3.2.2 测量的信度

1. 概念

信度(reliability)也称可靠度,指的是某项测量结果的一致性或稳定性,即采取同一种测量方法对同一对象进行重复测量时,其所得结果相一致的程度。比如,用一台仪器去测量某人的身高,如果量了几次得到的都是相同的结果,那么就可以说这台仪器的信度很高;如果量了几次所得的结果都不相同,那么它的信度就很低,或者说这台仪器是不可信的。

2. 信度的类型

信度的类型主要包括再测信度、复本信度、折半信度和 α 系数信度等。

(1) 再测信度(retest reliability)

再测信度也叫重测信度,再测是指在不同的时间的相同测验。即对同一群对象使用同一测量量表,在不同的时间点前后测试两次,根据两次的测量结果计算出相关系数,这种相关系数就叫再测信度。这是最常用、最普遍的信度检查方法,然而它的缺点是容易受到时间因素的影响,被调查者容易受到各种活动、事件和他人的影响。所以,在进行重复测量时,要注意合理控制两次测量的时间间隔。如果时间间隔太短,被调查者可能还记忆犹新,从而造成信度偏高;如果时间间隔太久,可能环境条件的改变、被调查者的心智成长会影响再测结果,从而造成信度偏低。因此,应根据测量的目的和性质确定两次测量的时间间隔。再测信度图示如图3-1所示。

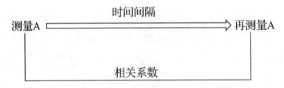

图 3-1 再测信度图示

再测信度的计算公式(皮尔逊积差相关系数)为:

$$r_{tt}=\frac{\frac{\sum_{i=1}^{n}X_{1i}X_{2i}}{n}-\overline{X}_1\overline{X}_2}{S_{X_1}S_{X_2}} \tag{3.2}$$

式中,X_1、X_2 为同一被测者的两次测验分数,$\overline{X}_1$、$\overline{X}_2$ 为全体被测者两次测量结果的平均数,S_{X_1}、S_{X_2} 为两次测量结果的标准差,n 为被测人数。

例 3.1 假设现有一份测量生活幸福感的调查问卷,先后两次测量了 10 名某小区的居民,时间间隔为一年,结果如表 3-2 所示,求该测量的再测信度。

表 3-2 某小区居民生活幸福感的两次测量结果

	A	B	C	D	E	F	G	H	I	J
X_1	16	15	13	13	11	10	10	9	8	7
X_2	16	16	14	12	11	9	11	8	6	7

【解】
$$\sum_{i=1}^{n}X_{1i}X_{2i}=16\times16+15\times16+13\times14+13\times12+11\times11+10\times9+\\10\times11+9\times8+8\times6+7\times7=1\,324$$

$$\overline{X}_1=\frac{16+15+13+13+11+10+10+9+8+7}{10}=11.2$$

$$\overline{X}_2=\frac{16+16+14+12+11+9+11+8+6+7}{10}=11.0$$

$$S_{X_1}=\sqrt{\frac{1}{n}\sum_{i=1}^{n}(X_{1i}-\overline{X}_1)^2}\approx 2.82$$

$$S_{X_2}=\sqrt{\frac{1}{n}\sum_{i=1}^{n}(X_{2i}-\overline{X}_2)^2}\approx 3.38$$

$$r_{tt}=\frac{\frac{\sum_{i=1}^{n}X_{1i}X_{2i}}{n}-\overline{X}_1\overline{X}_2}{S_{X_1}S_{X_2}}=\frac{\frac{1\,324}{10}-11.2\times11.0}{2.82\times3.38}\approx 0.97$$

所以,该测量的再测信度为 0.97。

再测信度的使用要注意以下几个问题:首先,所测量的特性必须是稳定的。再测信度最适用于事实问卷的调查,比如性别、家乡、出生年月等在两次的测量中一般不会有任何差异,被调查者的兴趣爱好、生活习惯在短时间内也不会有明显的变化。如果是知识、情绪等心理特质就不能使用再测信度,因为这些心理特质是不稳定的。其次,测量中不能有练习效应和遗忘效应,或者说遗忘和练习的效应基本上相互抵消。所以两次测量的时间间隔要适度,练习的效应才会基本上被遗忘掉。最后,不能存在差别学习的效应,即两次测量期间被测量的学习效果没有差别。

(2) 复本信度(alternative-form reliability)

复本信度又称等值性信度,是指同一被测对象在同一测验的两种形式上得分一致的程度。复本是指内容相似、难易度相当的两份量表,对于同一受测群体,第一次使用 A 版测试,第二次使用 B 版测试,最后根据受测群体接受两个复本测量的数值来计算相关系数,以避免再测信度的缺陷。当某一套量表有两种以上版本时,可以替换使用,即让同一组被调查者一次填答两份问卷的复本。要注意,与再测信度相比,复本信度的差异是量表的内容造成的,而不是时间造成的,它要求两个复本除了表述方式不同之外,在内容、格式、难度等方面要完全一致。但是,在实际的调查研究中,很难使得调查问卷达到这种要求,因此很少有调查者采用这种方法。复本信度图示如图 3-2 所示。

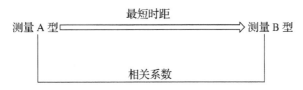

图 3-2 复本信度图示

复本信度的计算方法与再测信度是一样的。

例 3.2 假设某高中使用两份英语听力测试题对高三年级的 10 个学生进行测试,结果如表 3-3 所示,求该测量的复本信度。

表 3-3 某高中高三学生英语听力测试结果

	A	B	C	D	E	F	G	H	I	J
X_1	20	19	19	18	17	16	14	13	12	10
X_2	20	20	18	16	15	17	12	11	13	9

【解】 $\sum_{i=1}^{n} X_{1i}X_{2i} = 20\times20+19\times20+19\times18+18\times16+17\times15+16\times17+$
$14\times12+13\times11+12\times13+10\times9=2\,494$

$$\overline{X}_1 = \frac{20+19+19+18+17+16+14+13+12+10}{10} = 15.8$$

$$\overline{X}_2 = \frac{20+20+18+16+15+17+12+11+13+9}{10} = 15.1$$

$$S_{X_1} = \sqrt{\frac{1}{n}\sum_{i=1}^{n}(X_{1i}-\overline{X}_1)^2} \approx 3.22$$

$$S_{X_2} = \sqrt{\frac{1}{n}\sum_{i=1}^{n}(X_{2i}-\overline{X}_2)^2} \approx 3.59$$

$$r_{tt}=\frac{\frac{\sum_{i=1}^{n}X_{1i}X_{2i}}{n}-\overline{X}_1\overline{X}_2}{S_{X_1}S_{X_2}}=\frac{\frac{2\ 494}{10}-15.8\times15.1}{3.22\times3.59}\approx 0.94$$

所以,该测量的复本信度为 0.94。

复本信度的使用要注意以下几点:首先,两个量表必须等值。所用量表必须具有相同的难度、区分度、长度、题型等,测量过程中的条件也应当一致;其次,两次测量的时间间隔要尽可能短促,以避免练习效应的影响,复本信度法只能降低而不能完全排除练习和记忆的影响;再次,为了抵消顺序效应(被测试者容易出现疲劳、失去积极性等反应),可以随机分配一半被测试者先做复本 A 再做复本 B,另一半被试者先做复本 B 再做复本 A,以抵消顺序效应;最后,由于两个量表的两个复本在许多方面都近似,因此信度系数会有稍稍偏高的倾向。

(3) 折半信度(split-half reliability)

折半信度就是将测验题目分成等值的两半,分别计算这两半的总分及其相关系数,进而估计整个量表的信度。因为实际上折半信度系数会比全部题目放在一起计算获得的信度低,所以求得的折半信度需要做进一步修正。这种方法常用于态度、意见式问卷的信度分析,其优点是只需要测量一次,故可以节省人力、物力和时间。但是由于折半信度需要将量表分成两半,因此分法不同,所获信度就会不同。常见的方法是把一个量表按题号分为两半,因此一半是奇数题,另一半是偶数题,求出每个人的奇数题的总得分和偶数题的总得分,然后求出奇数题总得分和偶数题总得分的相关系数,最后对相关系数进行修正。

(4) α 信度系数(Cronbach's α)

美国教育心理学家克隆巴赫(Cronbach)在 1951 年提出了一种计算问卷或测验的测量工具的信度,称为 α 信度系数。α 信度系数是目前最常用的信度系数,其计算公式为:

$$\alpha=\frac{k}{k-1}\left[1-\frac{\sum_{i=1}^{k}\sigma_i^2}{\sum_{i=1}^{k}\sigma_T^2}\right] \tag{3.3}$$

式中,k 表示测验的题目的总数,σ_i^2 表示第 i 题得分的题内方差,σ_T^2 为总得分的方差。从公式中可以看出,α 信度系数评价的是量表中各题得分间的一致性,属于内在一致性系数。这种方法适用于态度、意见式问卷的信度分析。测量项个数会对 α 信度系数产生影响,测量项个数越多时,α 信度系数可能会越高;测量项个数最少为 2 个,此时 α 信度系数相对可能会最低。对于此类信度系数,可用统计软件输出 α 值。总量表的信度系数最好在 0.8 以上,0.7~0.8 之间可以接受;分量表的信度系数最好在 0.7 以上,0.6~0.7 之间可以接受。所以,α 信度系数一般情况下在 0.6 以上被认为可信度较高,如果在 0.6 以下就要考虑重新编制问卷。其具体判断标准见表 3-4。

表 3-4 α 信度系数的判断标准

内部一致性信度系数值	层面	整个量表
α 信度系数<0.5	不理想,舍弃不用	非常不理想,舍弃不用
0.5≤α 信度系数<0.6	可以接受,增列题项或修改语句	不理想,重新编制或修订
0.6≤α 信度系数<0.7	一般	勉强接受,最好增列题项或修改语句
0.7≤α 信度系数<0.8	信度高	可以接受
0.8≤α 信度系数<0.9	理想(信度很高)	接受
α 信度系数≥0.9	非常理想(信度非常高)	非常接受

3.2.3 信度与效度的联系和区别

1. 联系

信度与效度之间的关系并非对称的,其中信度是效度的基础和前提,效度是信度的目的和归宿(图 3-3)。任何测量,只有做到两者的辩证统一才会具有科学性。

信度是效度的基础,测量要有效度则必须有信度,没有信度就没有效度。如果一项测量的信度低,那么效度也低,因为若不能稳定地测量对象,就不能有效地说明对象;如果

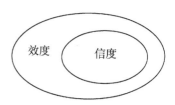

图 3-3 信度与效度的关系

信度高,那么效度可能高也可能低。例如,如果我们准确地测量出某人的经济收入,那么未必能够说明他的消费水平。一项测量如果效度高,那么信度一定高;但是,如果效度低,信度很可能高。例如,即使一项研究未能说明社会流动的原因,但它很有可能精确可靠地调查了各个时期各种类型的人的流动数量。要注意,信度是效度的必要条件,但不是充分条件。信度与效度两者缺一不可,否则测量无效。

2. 区别

(1) 研究的角度不同

信度是评价测量工具质量的重要指标,主要测验结果前后一致性程度。而效度是指一个测验或测量工具能真实地测量出所要测量的事物的程度。即信度是测量的质量,效度是问卷的质量。

(2) 研究的对象不同

信度的研究对象是答卷人,即与答卷人相关,而效度的研究对象是组卷人,即与组卷人相关。

(3) 涉及的误差不同

信度仅考虑随机误差占测验总变异的比例,效度还包含与测验无关但稳定的测量误差,因此效度不会大于信度。

(4) 研究的内容不同

信度研究的是对于一个问题、一个具体的技术每次测量是否会产生同样的结果,或

者是在不同的研究情境下数据与结论的稳定性和一致性。效度研究的是一种根据经验方法得到的结论在多大程度上反映研究概念的真正意义,或者是工具的有效程度和理论的适用程度。

3.3 量表

在社会调查研究中,研究者常常需要测量人们的态度、看法、意见、性格等主观性较强、抽象层次较高的内容。这些主观性内容一方面具有潜在性的特征,另一方面其构成也比较复杂,一般很难用单一的指标进行测量。为了达到测量目的,往往需要借助于各种量表,因此,社会调查中,更多的是运用量表来测量人们的态度。从许多社会调查所用的问卷中,我们也常常可以看到各种形式的态度量表。

3.3.1 量表的概念

量表是一种测量工具,它试图确定人们的主观态度、意见或价值观念,是由反映某一抽象概念的所有测量指标和备选答案构成的调查表,量表的功能是测量人们的主观态度。其中,测量指标包括被调查者的主观特性、态度、观点、评价、印象等心理。因为测量调查对象的主观特性的度量标准,是由一组问题或陈述构成的,并且会根据受访者可能的反应方向和强度,被相应地赋予一定的分值,所以备选答案一般包括反应的方向以及强度的分值。

3.3.2 量表的种类

量表的种类和变量的类型相对应,可以分为定类量表(类别量表)、定序量表(顺序量表)、定距量表(等距量表)和定比量表(等比量表)。

1. 定类量表

定类量表也称为类别量表或者名义量表,它是由定类尺度指标构成的量表。具体来说,定类量表是将调查对象分类,再标以各种名称,最后确定其类别的方法。在定类量表中,分配给测量对象的数字或序号仅可作为分辨测量对象类别的标志,没有排序的意义,也不反映事物所拥有的特性数量。例如,在识别顾客性别时,规定男性用1代表,女性用2代表;在识别某品牌饮料的口味种类时,规定柠檬味饮料用1表示,苹果味饮料用2表示,葡萄味饮料用3表示。

2. 定序量表

定序量表也称为等级量表或者顺序量表,它是由定序尺度指标构成的量表。具体来说,定序量表是按照某种逻辑顺序将调查对象排列出高低大小,并确定其等级及次序的方法。在定序量表中,分配给测量对象的数字除了代表测量对象的类别特征外,还表明了测量对象某种特征的相对顺序,但不表明测量对象某种特征的绝对数量和差距,主要用于得出偏好排序。例如,请对下列水果的种类根据自己的喜好进行排序,答案有香蕉、苹果、榴莲、西瓜,其中1代表最不喜欢,4代表最喜欢。

3. 定距量表

定距量表也称为等距量表或者区间量表,它是由定距尺度指标构成的量表。具体来说,定距量表是一种不仅能将变量(社会现象)区分类别和等级,而且可以确定变量之间的数量差别和间隔距离的方法。定距量表包含定序量表所提供的一切信息,并且还可以比较测量对象之间的距离差别,量表上相等的数字距离代表所测量对象相等的数量差值。有关等距量表最典型的实际例子是温度计。

4. 定比量表

定比量表也称为等比量表或者比例量表,它是由定比尺度指标构成的量表。具体来说,定比量表是一种除了有上述三种尺度的全部性质之外,还能测量不同变量(社会现象)之间的比例关系的方法。定比量表具有定类量表、定序量表、定距量表的一切特性,使用这种量表得到的数据具有固定的原点。所以,在定比量表中,我们可以标识对象,将对象进行分类、排序,并比较不同对象某一变量测量值的差别,测量值之间的比值也是有意义的。例如,年龄、重量、收入、身高等。

例3.3 请按要求回答以下几个关于洗衣液的问题:

A. 汰渍　　　　　B. 蓝月亮　　　　　C. 立白　　　　　D. 超能
E. 奥妙　　　　　F. 碧浪

(1) 您最喜欢以上哪个品牌的洗衣液(单选):(　　)
(2) 您喜欢以上哪些品牌的洗衣液(多选):(　　)
(3) 请将这六个品牌的洗衣液按您的喜好程度排序:(　　)
(4) 请将以上各个品牌的洗衣液按您的喜好程度打分:非常不喜欢(1分),不喜欢(2分),一般(3分),喜欢(4分),非常喜欢(5分)。
(5) 针对以上几种品牌的洗衣液,请填写上个季度您的购买数量。

以某位消费者对洗衣液品牌的偏好和购买为例,可以得出表3-5。

表3-5 洗衣液喜好度量表

品牌名称	定类尺度编号	定序尺度偏好排序	等距尺度偏好等级	定比尺度购买数量/瓶
汰渍	1	2	4	0
蓝月亮	2	1	5	3
立白	3	4	1	0
超能	4	3	3	0
奥妙	5	6	2	0
碧浪	6	5	1	0

5. 五级量表、七级量表、九级量表等

根据答案数据的多少,可以构成不同的量表。五级量表就是由五个等级的答案构成的量表,以此类推,可以得到七级量表、九级量表等。比如,例3.3中题(4)"对各个品牌的洗衣液按喜好程度打分"就属于五级量表(注意:此处看的是喜欢程度的标准有几级,而不是看选项个数),属于奇数层次量表。一般来说,态度的划分是对称的,如同意、不同意,所对应的是偶数层次量表;若有中立方,如例3.3题(4)中的"一般(3分)",通常将中立态度置于一组态度的中间位置,那么态度就被分解为奇数个,所对应的量表就为奇数层次量表。量表设计中应注意是平衡量表还是非平衡量表,在洗衣液喜好度量表中,打分方式为:把非常不喜欢打为1分,然后越喜欢分数越高,就属于非平衡量表;若将打分方式改为:非常不喜欢是-2分,不喜欢是-1分,一般是0分,以此类推,就属于平衡量表。

3.3.3 量表设计

以下主要从量表设计的角度介绍总加量表、社会距离量表和语义差异量表等几种常见的量表形式。

1. 总加量表(summated rating scales)

总加量表是由一组对某种事物的态度或看法的陈述构成的,回答者分别对这些陈述发表同意或不同意的看法,然后按某种标准将回答者在全部陈述上的得分加起来,就得到了该回答者对这一事物的态度的量化结果。简单来说,总加量表就是由调查对象在量表中对每个指标的选择打分,所有指标得分总和即为该调查对象的态度总分,总分高低表示调查对象态度的方向和强度。总加量表的前提是:构成量表的每一指标对所反映的抽象概念具有等值测量功能。

总加量表的种类有以下几个:

(1) 贝利生育量表(表3-6)

表3-6 贝利生育量表

问题	同意	不同意
1. 结婚的主要原因之一是要生孩子	1	0
2. 只生一个孩子是错误的,因为独生子女是在孤独中成长的,而且会因为无兄弟姐妹而忧郁	1	0
3. 生育孩子是一个妇女所能具有的最深刻的经历之一	1	0
4. 两种性别的孩子至少都有一个比仅有一种性别的孩子好	1	0
5. 没有孩子的妇女绝不会感到完全的满足	1	0
6. 男人直到他业已证明自己成为孩子的父亲时,才算是"真正的男人"	1	0
7. (由于生育控制、绝育或年老等因素)不能导致怀孕的性生活是不道德的	1	0
8. 未结婚的或者结了婚而没有孩子的男人可能是同性恋者	1	0
9. 妇女的首要职责是做母亲,只有在不影响其母亲的职责时,才谈得上她的事业	1	0
10. 没有孩子的夫妇实在可怜	1	0

表 3-6 测量的是人们对生育子女所持的态度,量表一共有 10 个问题(指标),每个问题设"同意"和"不同意"两种答案,分别编码为 1 和 0,凡回答同意者记 1 分,回答不同意者记 0 分。将一个回答者对这 10 个陈述的得分相加,就能得到他在这一问题上的态度的总得分。所以,在此量表中最高得分是 10 分,最低得分为 0 分。10 分表明被调查者对生育孩子有强烈的义务感,而 0 分则表明被调查者认为没有义务生孩子。

(2) 李克特量表

李克特量表是总加量表的一种特定形式,它是由美国心理学家李克特(Likert)于 1932 年在原有的总加量表的基础上改进而成的。该量表由一组陈述组成,每一陈述都有"非常同意""同意""无所谓""不同意""非常不同意"五种回答,分别计分为 1 分、2 分、3 分、4 分、5 分,每个被调查者的态度总分就是他对各道题的回答所得的分数加总,这一总分就可说明被调查者的态度强弱。随着答案类型的增多,人们在态度上的差别就能更加清楚地反映出来。李克特量表的前提是假定每一个态度陈述都具有同等的效果。

构建李克特量表的基本步骤如下:

① 收集一些(20~30 条)与测量的概念相关的陈述语句。

② 根据测量的概念将每个测量的项目划分为"有利"或"不利"两类。

③ 选择部分被调查者对全部项目进行预先测试,要求被调查者指出每个项目是有利的还是不利的,并在以下描述语中进行选择,即"非常同意""同意""无所谓""不同意""非常不同意"。

④ 对每个回答给一个分数,比如从非常同意到非常不同意的不利项目的分数分别为 1 分、2 分、3 分、4 分、5 分,对有利项目的分数就为 5 分、4 分、3 分、2 分、1 分。

⑤ 根据被调查者的各个项目的分数计算代数和,得到个人态度总分,并根据总分大小将被调查者划分为高分组和低分组。

⑥ 选出若干条在高分组和低分组之间有较大区分能力的项目,计算每一条陈述的分辨率,删除分辨率不高的陈述,保留分辨率高的陈述,构成一个李克特量表。分辨率的计算方式是:先根据受测对象全体的总分排序,取出总分最高的 25% 的人和总分最低的 25% 的人,计算这两部分群体在每条陈述上的平均分,再将这两个平均分相减,所得出的就是这一条陈述的分辨率系数。如果总分最高的 25% 的人的平均分为 A,最低的 25% 的人的平均分为 B,则分辨率系数 $=A-B$。该系数的绝对值越大,说明这一陈述的分辨率越高,就保留这一陈述。

例 3.4 现以超市 A 为调查对象,使用李克特量表对该超市的顾客满意度进行调查,初始量表中设计了 11 个问题(表 3-7),请根据调查数据(表 3-8)计算各个问题的分辨率,对量表进行完善。

表 3-7 初始量表

问题	非常同意	同意	中立	不同意	非常不同意
1. 超市 A 出售的商品价格公道	5	4	3	2	1
2. 超市 A 出售的商品种类齐全	5	4	3	2	1
3. 超市 A 出售的水果质量差	1	2	3	4	5
4. 超市 A 货架商品摆放不合理	1	2	3	4	5
5. 超市 A 购物环境舒适	5	4	3	2	1
6. 超市 A 工作人员服务态度差	1	2	3	4	5
7. 超市 A 结账等候时间过长	1	2	3	4	5
8. 超市 A 促销活动多	5	4	3	2	1
9. 超市 A 购物停车不方便	1	2	3	4	5
10. 去超市 A 购物交通不方便	1	2	3	4	5
11. 我喜欢在超市 A 购物	5	4	3	2	1

表 3-8 调查数据

对象	问题											总计
	1	2	3	4	5	6	7	8	9	10	11	
顾客 A	5	5	4	3	5	4	3	5	4	4	5	47
顾客 B	4	4	4	4	4	2	3	4	3	2	4	38
顾客 C	4	3	2	2	2	1	4	3	2	1	2	26
顾客 D	3	2	2	3	4	2	3	4	2	2	2	29
顾客 E	4	4	3	4	4	4	2	4	3	3	4	39
顾客 F	5	4	4	2	5	4	4	4	4	4	5	45
顾客 G	4	3	3	3	3	2	2	4	3	3	3	32
顾客 H	2	2	2	2	2	2	4	3	2	3	3	27
顾客 I	5	4	3	3	4	3	4	5	4	4	5	44
顾客 J	3	2	3	4	3	2	3	4	4	5	4	37
顾客 K	2	3	2	2	3	3	3	3	3	3	3	30
顾客 L	4	3	4	4	4	2	3	4	4	2	4	38

由表 3-9 的数据可以看出,第 4、7 条陈述的分辨率很小,故在制作正式的量表时,应该将这两条陈述删除。

表 3-9 分辨率的计算

问题	总分最高的 25% 的人在各问题上的平均得分	总分最低的 25% 的人在各问题上的平均得分	分辨率系数
1	5.00	3.00	2.00
2	4.33	2.33	2.00

续表

问题	总分最高的25%的人在各问题上的平均得分	总分最低的25%的人在各问题上的平均得分	分辨率系数
3	3.67	2.00	1.67
4	2.67	2.33	0.34
5	4.67	2.67	2.00
6	3.67	1.67	2.00
7	3.67	3.67	0.00
8	4.67	3.33	1.34
9	4.00	2.33	1.67
10	4.00	2.00	2.00
11	5.00	2.00	3.00

李克特量表的优点是容易设计,按顺序回答形式,便于受访者标出自己的位置;应用范围也比其他量表要广,适用于邮件访谈、电话访谈、人员访谈等;可以用来测量其他量表所不能测量的某些多维度的复杂概念或态度,比同等篇幅的量表具有更高的信度。其缺点是具有不同态度的被调查者可能得到相同的态度得分,因为李克特量表用一个项目总加得分代表一个人的赞成程度,它可大致上区分个体间谁的态度得分高,谁的态度得分低,但无法进一步描述他们的态度结构差异。

2. 鲍格达斯量表(Bogardus scales)

鲍格达斯量表又称为社会距离量表,它是美国社会心理学家鲍格达斯于1925年创用的。这种量表过去一直广泛用于测量人们对种族群体的态度,现在被用于测量人们对职业、社会阶层、宗教群体等事物的态度。

例如,用来测量人们对待黑人的态度的鲍格达斯量表如表3-10所示。

表3-10 鲍格达斯量表

问题	愿意	不愿意
1. 你愿意让黑人生活在你的国家吗?		
2. 你愿意让黑人生活在你所在的城市吗?		
3. 你愿意让黑人住在你们那条街吗?		
4. 你愿意让黑人做你的邻居吗?		
5. 你愿意与黑人交朋友吗?		
6. 你愿意让你的子女和黑人结婚吗?		

不同的问题所表示的人们相互间的距离不同,越往后相互间的距离就越近,能接受高强度内容的人必定能接受低强度内容。所以,我们能够得出这样的结论:当一个人拒绝了量表中的一项关系,那么他必然会拒绝这一关系后面所有更强的关系。鲍格达斯社

会距离量表测量所得到的结果,既可以用来比较具有不同特征的人们对某一群体的社会距离的大小,又可以用来比较具有相同特征的人们对不同群体的社会距离的大小。

3. 语义差异量表（semantic differential scales）

语义差异量表又称为语义分化量表,是语义分化的一种测量工具。此类量表由一系列两极性形容词词对组成,主要含有3个基本维度,即"评价的"(如:好的和坏的、美的和丑的、干净的和肮脏的),"能量的"(如:大的与小的、强的与弱的、重的与轻的),"活动的"(如:快的与慢的、积极的与消极的、主动的与被动的),每一组反义形容词中间分为七个等级。每一等级的分数从左至右分别为 7 分、6 分、5 分、4 分、3 分、2 分、1 分,被调查者根据自己的感觉在每一对反义形容词构成的量表的适当等级位置画下记号,研究者通过对这些记号所代表的分数的统计和计算,研究人们对某一概念的看法或态度。比如,要了解消费者对某服装品牌的看法,可用语义差异量表对反映品牌质量的概念进行测量,如表 3-11 所示。

表 3-11　语义差异量表——消费者对某服装品牌的看法

质量好的		✓					质量坏的
流行的	✓						过时的
高档的					✓		低档的
时尚的		✓					传统的
昂贵的					✓		便宜的
可靠的	✓						不可靠的

语义差异量表的主要优点就是可以清晰地描绘对象,如果同时测量几个对象的形象,还可以将整个形象的轮廓进行比较。由于其功能的多样性,语义差异量表被广泛地用于市场研究,可以用于比较不同品牌的商品和厂商的形象。

练 习 题

1. 什么是测量?
2. 简述社会测量的特点。
3. 简述效度及其类型。
4. 简述信度及其类型。
5. 简述李克特量表及其优缺点。

第 4 章

抽样方法

抽样是从组成总体的所有元素的集合中,按一定方式选择或抽取一部分元素的过程,或者说,抽样是按一定方式从总体中选择或抽取样本的过程。抽样的基本作用是向人们提供一种实现"由部分认识总体"这一目标的途径和手段。要实现抽取的样本能够代表总体,抽样方法很重要。

4.1 基本概念

4.1.1 目标总体与抽样总体

目标总体也可简称为总体(population),是包含所研究的全部个体(数据)的集合,通常由所研究的一些个体组成。组成总体的各个个体称为总体单元或单位。例如,我们想研究某大学在校学生的身高情况,目标总体就是该大学所有在校学生,其中每位在校学生就是总体单元(单位)。在调查研究中,我们只关心在校学生的身高,而不是在校学生本身,因此也可以将该大学在校学生的身高作为目标总体,这个目标总体是由实数构成的集合。注意,总体范围的确定有时比较容易,有时比较困难。在一项调查中,要对目标总体的范围进行具体规定。

抽样总体是指从中抽取样本的总体。一般情况下,抽样总体与目标总体是一致的,但实践过程中由于设计或资料本身的问题时常会出现两者不一致的情况。如研究合肥市个体商业的情况,目标总体是合肥市个体商业经营单位,在调查时可以把合肥市工商行政管理局个体商业的营业执照记录作为抽样总体,从中抽取样本。但是有些人虽然持有营业执照,却早已不从事商品交易活动,不属于目标总体,但仍然被包含在抽样总体中。还有些人虽然没有营业执照,但却从事个体经营活动,他们属于目标总体,但却不被包含在抽样总体中。

4.1.2 抽样框与抽样单元

1. 抽样框

抽样总体的具体表现是抽样框。抽样框是一份包含所有抽样单元的名单，给每一个抽样单元编上号码就可以按照一定的随机化程序进行抽样。常见的抽样框有：在校学生名单、企业名录、街道派出所里的居民户籍册、意向购房人信息册等。抽样框不仅可以提供备选单位的名单以供抽选，还可以作为计算各个单位入样概率的依据。若没有抽样框，则不能计算样本单位的概率，从而也就无法进行概率抽样。抽样框的基本要求是：抽样框中应该具有抽样单元名称和地理位置的信息，以便调查人员能够找到被选中的单元。好的抽样框应该做到完整而不重复。

2. 抽样单元

包含所有抽样单元的总体称为抽样框，构成抽样框的单元称为抽样单元。抽样单元是构成抽样框的基本要素，抽样单元可以只包含一个个体，也可以包含若干个个体，抽样单元还可以分级。单元可以是自然形成的，也可以是人为划分的。在一项调查中，单元分为几级也不是固定的。如，若对某市高中生的身体素质进行抽样调查，可以把每所高中作为初级单元，把各学校中的班级作为二级单元，把高中生作为三级单元。抽样的顺序为先抽取学校，再抽取班级，最后抽取学生。抽样实践中，抽取哪个级别的抽样单元，只需编制同级的抽样框即可。为了方便抽样的实施，必须拥有一个目录性清单，这个目录性清单中的每个目录项与实际总体的每个单元之间存在确定的对应关系，即根据一个目录项总可以找到实际总体中特定的一个或一些单元。抽样框就是这样一个目录性清单。抽样框可能以各种形式出现：名单、手册、数据等。无论抽样框采取何种形式，抽样之后，调查者必须能够根据抽样框找到具体的抽样单元，因此，抽样框必须是有序的，即抽样单元必须编号，且根据某种顺序进行了排列；抽样框中包含的抽样单元务必"不重复不遗漏"，否则将出现抽样误差。抽样单元不一定是组成总体的最小单位——基本单元。抽样单元可能包含一个或一些基本单元，最简单的情况是只包含一个基本单元。在简单随机抽样中，抽样单元即为基本单元；而在整群抽样中，群即为抽样单元，而群可能包含相当多的基本单元，比如在手机调查中我们抽中一栋居民楼，居民楼是抽样单元，而楼中的每个居民就是基本单元。

3. 抽样框误差

抽样框误差是指因不准确或不完整的抽样框而引起的误差。从包含抽样误差的抽样框中抽取的样本有时无法正确地代表调研目标的实际情况，这就存在抽样框误差。例如，将固定电话号码簿作为抽样框，在对某地区所有住户进行某种意向调查时，就存在抽样框误差，因为有的住户没有固定电话。

抽样框误差的来源主要有五个方面。第一个来源是丢失目标总体单位。抽样框没有覆盖全部目标总体单位，即有些目标单位没有在抽样框中出现，如没有固定电话的家庭没有算在总量中。第二个来源是包含非目标总体单位。抽样框中包含了一些不属于研究对象的非目标总体单位,例如,把单位的固定电话算作家庭的了。第三个来源是丢失目标总体单位和包含非目标总体单位共存。在抽样框中既丢失目标总体单位,又包含非目标总体单位。第四个来源是复合连接。抽样单元与目标总体单元不完全一一对应,而是存在一对多、多对一或多对多模式的现象。例如,在入户调查中,经常会出现一门多户,即一个大门里面住着很多户,也会存在一户多个住处的情况,这就是一对多和多对一的情况。第五个来源是抽样框老化。随着时间的推移,抽样总体与目标总体产生极大的偏差,即原来的抽样框不符合实际情况。例如对农户进行调查时,由于快速城镇化,很多农户已经进城定居就业了,如果仍按以前的抽样框去抽样,那么精度就会难以控制。

4.1.3 抽样误差

抽样误差(sampling error)是指样本统计量值与被推断的总体参数值之差,它是在遵循随机原则的条件下,用样本指标代表总体指标而产生的不易避免的误差。对于小样本来说,增加样本规模可以降低抽样误差,但对于大样本来说,增加样本规模对降低抽样误差的作用并不明显。抽样误差越小,样本的代表性越高;抽样误差越大,样本的代表性越低。抽样误差是由抽样本身引起的,是不可避免的,但抽样误差是有规律的,不仅可以控制,还可以估计其大小。因此,研究者知道影响抽样误差大小的因素后,可以将其控制和降低至最小限度。

抽样误差的影响因素主要有以下几点:

1. 样本容量

样本容量即抽样单元的数目。在其他条件不变的情况下,抽样单元的数目越多,抽样误差越小;抽样单元的数目越少,抽样误差越大。原因是随着样本数目增多,样本结构也越接近总体,抽样调查也就越接近全面调查,抽样误差也就越来越小。按照惯性思维方式,总体的规模越大,通常样本的规模也就越大,但是实际工作中,当总体规模增大到一定程度时,样本规模的增加速度低于总体规模的增加速度。另外,估计的把握性与精确性要求影响样本规模,在其他条件相同时,置信水平越高,所需的样本规模越大。按照中心极限定理,当样本容量足够大时($n \geq 100$),样本均值也服从正态分布,该正态分布的均值仍等于原总体均值。总体规模较小的调查样本规模在100~300之间,中型调查的样本规模在300~1 000之间,大型调查的样本规模在1 000~3 000之间。

2. 总体异质性程度

在其他条件不变的情况下,总体异质性程度越高,抽样误差越大;总体异质性程度越低,抽样误差越小。这是因为总体的异质性程度低,表明总体各单位标志值之间的差异小,则样本指标与总体指标之间的差异也可能小。在同质程度较高的总体中,所需的样本规模较小,在异质程度较高的总体中,所需的样本规模较大。

3. 抽样方法

抽样方法不同，抽样误差也不同。一般来说，采用不重复抽样比采用重复抽样的抽样误差小。随机抽样的误差大小依次是：分层抽样＜系统抽样＜简单随机抽样＜整群抽样。

4. 抽样组织方式

采用不同的组织方式，会有不同的抽样误差，这是因为不同的抽样组织所抽中的样本，对于总体的代表性也不同。

4.2 抽样调查

4.2.1 概念及特点

抽样调查（sampling survey）也称为抽样，是指从调研总体中按一定方式选择或抽取一部分元素作为样本，对样本进行调查，并根据抽样所得的结果推断总体的一种专门性的调查活动。抽样主要涉及处理有关总体与部分之间的关系问题，我们最终要认识总体，而不仅仅是样本，是要通过样本认识总体。因此抽取的样本必须能够代表总体，否则通过样本认识总体就会出现较大误差。在社会调查中，抽样主要解决的是调查对象的选取问题，即如何从总体中选出一部分对象作为总体的代表的问题。有了抽样的帮助，研究者可以方便地用较小的部分达到研究很大的整体的目的。抽样调查是一种非全面调查，它是从全部调查研究对象中，抽选一部分单位进行调查，并据以对全部调查研究对象做出估计和推断的一种调查方法。显然，抽样调查虽然是非全面调查，但它的目的却在于取得反映总体情况的信息资料，因而，也可起到全面调查的作用。抽样调查是一种被广泛使用的调查方法，其特点有以下几个方面：

1. 时间短、效率高

抽样调查样本容量比总体容量一般都要小得多，故取得调查结果比较快，能在较短的时间内获得与全面调查大致相同的结果，并且还可以运用抽样调查技术查验有关资料的正确性，并给予修正。

2. 可信度高、质量好

抽样调查是建立在数理统计基础之上的科学方法，只要由专门的人来主持抽样调查，并严格按照要求进行抽样，就能保证获取的信息资料具有较高的可靠性和准确性，且可以计算出误差范围，对那些无法或没有必要进行普查的项目具有很好的适用性。

3. 费用少、易推广

抽样调查已经把调查对象的数量降低到了较小的程度，同时又能保证调查的有效性,从而大大地减少了工作量、降低了费用开支、提高了经济效益。又由于抽样调查需要的人力、物力较少,故抽样调查容易承担、容易组织。

除优点外,由于抽样调查所调查的对象是调查总体中的一部分,其结果是从抽取样本中获取的信息资料推断出来的,因此抽样调查的缺点就是存在抽样误差。要注意,抽样误差是客观存在的,在一定范围内也是允许的。

4.2.2 抽样调查的程序

1. 确定调查总体

抽样调查的前提和基础就是要明确调查的全部对象及其范围,因为抽样虽然只是对总体中的一部分样本进行调查,但是其目的却是描述和认识总体的状况与特征。只有对象明确,才能有的放矢,取得真实、可靠、全面的信息资料。所以,要想有效地进行抽样,应该事先了解和掌握总体的结构及各方面的情况,并根据研究目的明确界定总体的范围。

2. 制定抽样框

依据已经确定的调查总体,收集总体范围中全部抽样单元的名单,并通过对名单进行统一编号来建立供抽样使用的抽样框。例如,如果我们要对某高中的毕业生的高考成绩进行抽样调查,那么第一步要先确定调查总体。例如本次调查的总体是该高中所有高三学生的高考成绩,其他高一和高二的学生就应被排除在总体之外。制定抽样框就是要收集全校高三年级学生的花名册,并按一定顺序将全部花名册上的名单统一编号,形成一份完整的既无遗漏又无重复的总体成员的名单,从而为下一步抽取样本打下基础。

3. 确定抽样方法

对于具有不同目的、不同范围、不同对象以及不同客观条件的调查研究来说,所适用的抽样方法也不同。为了选择最恰当的抽样方法,需要我们根据研究目的和要求、各种抽样方法的优缺点和其他有关因素来决定。

4. 实际抽取样本

严格按照所选定的抽样方法,从抽样框中抽取一个个抽样单元,构成样本。根据抽样方法的不同,以及抽样框是否能够直接得到等因素,实际的抽样工作既可能先抽好样本,再直接对预先抽好的对象进行调查或研究,又可能一边抽取样本一边开始调查或研究。

5. 评估样本质量

为了防止样本的偏差过大而导致失误,调查者需要对样本的质量、偏差等进行检验和衡量。评估工作的具体做法是,将可得到的反映总体中某些重要特征及其分布的资料与样本中的同类指标的资料进行对比。若两者的差距很小,则可在一定程度上认为样本质量较高;若两者的差别很大,则样本质量就不高。当然,用来进行对比的指标越多,评估结果就越准确。

4.2.3 抽样调查的原则

美国著名的抽样专家科什（Kish）指出，一个优秀的抽样调查设计应该满足以下原则：

1. 目的性原则

抽样调查要以研究的总体方案和主要目标为依据，从最有利于研究资料的获取以及最符合研究的目的等因素来考虑抽样方案的设计和抽样方法的选择。

2. 可测性原则

抽样调查要为必要的分析提供数据，可测性使调查者能从样本数据中有效地推断出总体特征。

3. 可行性原则

调查者设计的抽样方案必须在具体实践中切实可行，这意味着调查者要能够预料实际抽样过程中可能出现的各种问题，并设计出解决问题的具体方法。

4. 经济性原则

研究目标要与可得资源相吻合，这些资源包括研究的经费、时间、人力等，一个优秀的抽样调查设计不应该存在浪费为收集数据所付出的劳动的问题。

4.3 抽样方法

抽样方法可以分为非概率抽样和概率抽样两种，具体内容如下。

4.3.1 非概率抽样

非概率抽样（non-probability sampling）是指调查者根据自己的方便或者主观判断抽取样本的方式，它不是严格按照随机抽样的原则来抽取样本，因此就失去了大数定律存在的基础，误差有时会相当大，无法正确地说明样本的统计值在多大程度上适合于总体，所以样本不能保证代表总体。虽然样本调查的结果也能够在一定程度上说明总体的性质和特征，但并不能从数量上推断总体。因此，在一些大规模的正式研究中，一般很少使用非概率抽样，只是在无法选择概率样本的情形下采取非概率抽样。例如，要研究无家可归者，不仅没有一份所有无家可归者的现成名单，而且不可能造一份这样的名单。常用的非概率抽样方法有以下四种：就近抽样、判断式抽样、滚雪球抽样和配额抽样。

1. 就近抽样

就近抽样(convenience sampling)又称方便抽样,是指研究者根据现实情况,用便利的形式抽取偶然遇到的人作为调查对象,或者是仅仅选择那些离得最近的、最容易找到的人作为调查对象。例如:为了调查某市的交通情况,研究者到离他们最近的公共汽车站,把当时正在那里等车的人作为调查对象;在街口拦住过往行人进行调查;在某食堂门口对在食堂就餐的学生进行调查;在图书馆阅览室对当时正在阅读的读者进行调查;在商店门口、展览大厅、电影院等公众场所向进出往来的顾客、观众进行调查;老师将他所教的班级的学生作为调查样本进行调查等。

就近抽样的优点是方便省力,缺点是样本的代表性差,有很大的偶然性,我们不能依赖就近抽样得到的样本推断总体。

2. 判断式抽样

判断式抽样(purposive sampling)又称立意抽样或目标抽样,是指根据调查人员的主观经验从总体样本中选择那些被判断为最能代表总体的单位作为样本的抽样方法。例如:要对安徽省旅游市场状况进行调查,有关部门选择黄山、九华山、天堂寨等旅游风景区作为样本调查,这就是判断式抽样。

判断式抽样的优点是可以充分发挥研究人员的主观能动性,特别是当调查人员对自己的研究领域十分熟悉,对调查总体比较了解时,采用这种抽样方法可以获取代表性较强的样本。但是,由于它仍然属于一种非概率抽样,因此其所得样本的代表性往往难以判断。在实际应用中,判断式抽样多用于总体规模小、内部差异大或者时间、人力、物力等条件有限而难以进行大规模抽样的情况。

3. 滚雪球抽样

滚雪球抽样(snowball sampling)是指先随机选择一些被访者并对其进行访问,再请他们提供另外一些属于所研究目标总体的调查对象,根据所形成的线索选择此后的调查对象。例如,某研究部门在调查某市劳务市场中的保姆问题时,先访问了7名保姆,然后请他们提供其他保姆名单,逐步扩大到近百人,通过对这些保姆的调查,对保姆的来源地、从事工作的性质、经济收入等状况有了较全面的掌握;如果要研究退休老人的生活,可以清晨到公园去结识几位散步老人,再通过他们结识其朋友,不用很久,你就可以交上一大批老年朋友。这种方法误差也很大,那些不喜欢与其他保姆交流而单独行动的保姆,通过这种方式就调查不到;那些不爱去公园、不爱和别人交往、喜欢一个人在家里活动的老人,很难把雪球滚到他们那里去,而他们却代表着另外一种退休后的生活方式。

滚雪球抽样的优点是可以根据某些样本特征对样本进行控制,适用于寻找一些在总体中十分稀少的人物,这样可以大大地增加接触总体中所需群体的可能性,便于有针对性地找到被调查者,而不至于"大海捞针",还能大大降低调研费用。缺点是在总体不大的情况下,可能调查不了几次就会接近饱和状态,即后来访问的人再介绍的都是已经访问过的人,但很有可能最后仍有许多个体无法找到,还有一些个体因某些原因被提供者故意漏掉不提,然而这两者都可能具有某些值得注意的性质,因此可能产生误差,不能保证代表性。另外,如果被调查者不愿意接受调查,那么这种方法就会受阻。滚雪球抽样是在特定总体的成员难以找到时最适合的一种抽样方法,譬如对获得无家可归者、流动劳工、非法移民、吸毒者及同性恋群体等的样本就十分适用。

4. 配额抽样

配额抽样(quota sampling)也称定额抽样,是指调查人员将调查总体单位按一定标志分类或者分层,确定各类(层)单位的样本数额,在配额内任意抽选样本的抽样方式。例如,市场调查中的消费者具有性别、年龄、收入、职业、文化程度等方面的特征,这些特征称为"控制特性",配额抽样就是要按照各个控制特性来分配样本数额。

配额抽样从建立描述目标总体特征的矩阵或表格开始。举例来说,研究者必须事先知道,目标总体中男性占多少比例,女性占多少比例;在不同的年龄层次、教育水平、收入层次等不同类别中,男女比例又是如何。这样的矩阵一旦建立起来,就可以进行配额抽样。矩阵中的每一个格子(cell)就有了相应的比例,此时研究者就可根据研究目的从不同的格子中选择样本并收集资料,而代表每一个格子出现的人,则按照这些格子相对于总体的比例,给予加权。

例 4.1 对蚌埠市某商场的消费者进行调查,采用配额抽样抽取 200 个样本,设有性别、收入、年龄三个控制特性。按性别分,男性 50%,女性 50%;按收入分,低收入层、中收入层和高收入层所占比例分别为 70%、20% 和 10%;按年龄分,青年、壮年、中年和老年所占比例分别为 20%、30%、40% 和 10%。样本数额分配如表 4-1 所示。

表 4-1 配额分布表

收入层次		低收入层		中收入层		高收入层		合计
性别		男	女	男	女	男	女	
年龄层次	青年	14	14	4	4	2	2	40
	壮年	21	21	6	6	3	3	60
	中年	28	28	8	8	4	4	80
	老年	7	7	2	2	1	1	20
小计		70	70	20	20	10	10	200
合计		140		40		20		

表 4-1 的小计一行就是样本中具有各种特征的消费者数目,这些数目是根据总体中的结构百分比来分配的,所以它使得样本在这几个方面能够与总体保持一致。可以看出,在配额抽样中每增加一种控制特性,配额计算就会复杂一层,虽然这可以提高抽样调查的精度,但是困难程度也随之增加,所以研究者应该根据调查研究的主要目标来选择控制特性,进行配额抽样。

要注意,配额抽样与分层随机抽样相似,都是按照调查对象的某种属性或特征将总体中的所有个体分成若干类型或层次,但是这两种方法还是有本质区别的。第一,配额抽样一般适用于总体比较小的研究,抽样调查建立在研究者对总体非常熟悉的基础上,而分层抽样则适用于总体较大的研究,不需要对总体的单元或者元素非常熟悉;第二,在抽样时,配额抽样采用的是主观判断的方式来抽取样本,分层抽样则是采用等概率原则抽取样本;第三,根据分层抽样所得到的样本调查结果能够推断总体,根据配额抽样的样本调查结果则不能推断总体,配额抽样的最大特点是为比较分析、深入研究提供了一个基础。

配额抽样的缺点是:配额的框架,即不同的格子所代表的不同比例,必须十分精确。为了做到这一点,必须掌握最新的资料,但这是十分困难的。1948年盖洛普没能正确地预测出杜鲁门会当选总统,部分原因便在于配额抽样时不同类型样本的比例出了问题。对于全国性大选的民意调查而言,总体信息主要来自人口普查资料,盖洛普的抽样依据是1940年的人口普查资料,但是到1948年,二战促使大量农村人口涌入城市,城市居民更支持民主党,低估城市人口数量,便低估了投票支持民主党的人数,从而错误地预测纽约市市长托马斯·杜威能击败当时在位的哈里·杜鲁门而当选总统。

4.3.2 概率抽样

概率抽样(probability sampling)又称随机抽样,是指在调查总体样本中的每个单元都具有同等被抽中的机会。概率抽样以概率论和随机原则为依据来抽取样本,总体中的每一个抽样单元被选入样本的概率相同,是一种客观且科学的抽样方法。随机抽样为我们引入概率理论提供了契机,概率理论提供了估计总体参数和抽样误差的基础。概率抽样方法主要有:简单随机抽样、系统抽样、分层抽样和整群抽样。

1. 简单随机抽样

简单随机抽样(simple random sampling)是指从总体 N 个单位中任意抽取 n 个单位作为样本,使每个可能的样本被抽中的概率相等的一种抽样方式,且样本的每个单位完全独立,彼此间无一定的关联性和排斥性。

简单随机抽样的特点是:

① 简单随机抽样要求被抽取的样本的总体容量 N 是有限的。
② 简单随机样本容量 n 小于或等于抽样的总体容量 N。
③ 简单随机样本是从总体中逐个抽取的。
④ 简单随机抽样是一种不放回的抽样。
⑤ 每个个体入样的可能性均为 n/N。

建立了合适的抽样框后,如果要进行简单随机抽样,那么必须给名册中的每一个要素一个号码,不可以漏掉任何一个号码。然后可以利用随机数表选择要素。随机数表由统计工作者用计算机生成的随机数组成,并保证表中每个位置上出现哪一个数字是等概率的,利用随机数表抽取样本保证了各个个体被抽取的概率相等。

例 4.2 某车间工人加工一种轴承 100 件,为了解这种轴承的直径,要从中抽取 10 件轴承在同一条件下进行测量,采用简单随机抽样的方法抽取样本,有以下两种方法:

第一种方法是抽签法:先将 100 件轴承编号为 $1,2,\cdots,100$,并做好大小、形状相同的号签,分别写上这100个数字,再将这些号签放在一起进行均匀混合,接着连续抽取10个号签,最后测量这10个号签所对应的轴承直径。

第二种方法是随机数表法:将100件轴承编号为01,02,…,00(每个轴承编号为两位数,00代表100)。在随机数表中随机确定抽样的起点和抽样的顺序,假定从第21行第1列开始,依次抽出的轴承编号分别是68,34,30,13,70,55,74,77,40,44,这10件即为所要抽取的样本。

例4.2中展示了简单随机抽样的两种方法,简单随机抽样是其他概率抽样方法的基础,它在理论上最容易处理,而且当总体单位数N不太大时,实施起来并不困难。但是在实际中,若N相当大,简单随机抽样就不太容易办到。首先它要求有一个包含全部N个单元的抽样框;其次用这种抽样方法得到的样本单元较为分散,调查不容易实施。因此,直接采用简单随机抽样的调查并不多。

2. 系统抽样

系统抽样(systematic sampling)又叫等距抽样或机械抽样,是依据一定的抽样距离,从总体中抽取样本。要从容量为N的总体中抽取容量为n的样本,可以先将总体平均分成若干个部分,然后按照预先制定的规则,从每一部分抽取一个个体,得到所需要的样本。其步骤如下:

① 编号:先将总体的N个个体编号,有时还可以直接利用自身个体所带的号码,如学号、门牌号等。

② 分段:确定分段间隔k,对编号进行分段,当N/n(n是样本容量)是整数时,取:

$$k(抽样间距)=\frac{N(总体大小)}{n(样本大小)}$$

③ 确定第一个个体编号:在第一段用简单随机抽样法确定第一个个体编号$l(l \leqslant k)$。

④ 成样:按照一定的规则抽取样本,通常是将l加上间隔k得到第二个个体编号$(l+k)$,再加上k得到第三个个体编号$(l+2k)$,以此类推,直到获取整个样本。

例4.3 为了解某地区今年高二学生期末考试的数学成绩,拟从参加考试的15 000名学生的数学成绩中抽取容量为150的样本,请用系统抽样法写出抽样过程。

【解】 第一步:对全体学生的数学成绩随机编号为1,2,…,15 000。

第二步:分段间隔$k=\frac{N}{n}=\frac{15\ 000}{150}=100$,将总体平均分成150段,每段包括100个个体。

第三步:确定第一个个体编号,如95号。

第四步:进行等距抽样,以95为起始数,依次抽取195,295,395,…,1 495。这样就得到了一个容量为150的样本。

系统抽样的优点是简单易行,它与简单随机抽样相比简便得多,尤其是当总体和样本规模都较大时更是如此,因为它只需要随机确定一个起始单元,整个样本就自然确定。如果这一系列要素在抽样前确实是随机分布的,那么简单随机抽样和系统抽样本质上是一致的,系统抽样因其简单,更受欢迎。当调查者对总体结构有一定的了解时,可以更合理地分段,从而提高分段效率;当总体中的个体存在自然编码时,便于实施系统抽样。

其缺点是若调查者不了解总体结构,抽取的样本可能有一定的偏差,因为系统抽样法可能会存在周期性问题。例如,研究人员从名册中每隔 10 个士兵抽出一个进行研究。然而士兵的名册是依下列的组织方式来编排的:首先是中士,接着是下士,其后才是二等兵,用一班一班的方式进行编排,每个班 10 个人。因此,此名册中每隔 10 个便是一位中士。如此系统抽样可能会取得一个完全是中士的样本,同样的理由,此方式也可能会取得一个完全不含中士的样本。

3. 分层抽样

分层抽样(stratified random sampling)又称类型抽样,它是从一个可以分成不同层的总体中,按规定比例从不同层中随机抽取个体的方法。分层抽样并不是前面谈到的随机抽样和系统抽样的替代方法,然而,它代表了这两种方法在使用时一种可能的修正形态。步骤是首先将总体中的所有单位按某种特征或者标志(如性别、年龄、职业等)划分成若干类型或层次;然后在各个类型或层次中采用简单随机抽样或系统抽样的方法抽取一个子样本;最后将所抽取的子样本合起来构成总体的样本。例如,要抽取某大学四年制本科学生样本时,首先,可以根据年级把全体学生分为大一学生、大二学生、大三学生和毕业生四大类;然后,采用简单随机抽样或系统抽样的方法,分别从这四类学生中抽取四个子样本;最后,将这四个子样本合并起来构成全体学生的样本。

例 4.4　某地区共有 5 个乡镇,人口共 3 万人,各乡镇人口比例为 3∶2∶5∶2∶3。从 3 万人中抽取一个 300 人的样本,分析某种疾病的发病率。已知这种疾病与不同的地理位置及水土有关,问:应采取什么方法抽取样本? 并写出具体过程。

【解】　因为疾病与地理位置和水土均有关系,所以不同的乡镇发病情况差异明显,因而采用分层抽样的方法。具体过程如下:

第一步:将 3 万人按照不同乡镇分为 5 层,一个乡镇为一层。

第二步:各乡镇应抽取的人数分别为 $300 \times \frac{3}{15} = 60, 300 \times \frac{2}{15} = 40, 300 \times \frac{5}{15} = 100,$ $300 \times \frac{2}{15} = 40, 300 \times \frac{3}{15} = 60$。

第三步:按照各层应抽取的人数随机抽取样本。

第四步:将抽取的 300 人组到一起,即得到一个样本。

分层抽样中有按比例和不按比例分层两种方法,例 4.4 采用的是分层抽样中按比例抽取样本的方式,即在单位多的类型或层次中所抽的子样本就大一些,在单位少的类型或层次中所抽的子样本就小一些。这种方法能够确保调查者可以得到一个在某种特征上与总体结构完全一样的样本,但是,在有些特殊情况下不宜采用按比例的方式,比如,有时总体按照某种特征所分出的层次之间样本数量差距太大,有的层次单位数目太少,如果以按比例分层的方式抽样,那么样本数量太少,不利于了解各个层次的情况,从而调查结果的准确性就会降低。例如,某专业有学生 600 人,按性别分层则有男生500人，女生100人，如果要抽取60人做样本，那么该采取哪种方式呢？显然，此专业的男女性别比为5∶1，样本中女生人数过少，如果按比例抽取女生只能抽取10人，对调查结果的参考性不高。此时我们可以采取不按比例抽样的方法，在500名男生中抽取30人，在100名女生中也抽取30人。这样一来，样本就能较好地反映出该专业男女生的一般状况。

我们知道，总体的同质性程度越高，样本就越容易反映和代表总体的特征和面貌；而总体的异质性程度越高，样本对总体的反映和代表就越困难，对抽样调查的要求也就越高。分层抽样可以把异质性较强的总体分成一个个同质性较强的子总体，在不增加样本规模的前提下降低抽样误差，提高抽样的精度，从而达到更好的抽样效果。

4. 整群抽样

整群抽样（cluster sampling）是指整群地抽选样本单位，对被抽选的各群进行全面调查的一种抽样组织方式。步骤是先将总体分为 i 个群，然后从 i 个群中随机抽取若干个群，对这些群内所有个体或单元均进行调查。多级整群抽样方法重复两个基本步骤：列出名册和抽样，先编制初级抽样单元的名册或将之分层，然后对这个名册进行抽样，根据选出的初级抽样单元再编制其要素名单或将之分层，得到次级抽样单元名单并进行抽样，如此一直重复下去。当调查者不可能或者不方便编制一个完整的名单形成目标总体时，就可以使用整群抽样。例如，在检验某厂房生产的一种零件的质量时，不是逐个抽取零件，而是随机抽取若干盒（每盒装有若干个零件），对所抽各盒零件进行全面检验；再例如，要对一个总体区域例如城市的人口进行抽样时，虽然没有整个城市的人口名册，但是人们居住在这个城市中的不同街道，因此可以先对城市中的不同街道进行抽样，再列出抽选出来的每个街道的住户名单，然后对这些住户进行抽样，之后列出抽选出来的住户人口名册，最后对这些人口名册进行抽样。使用多级整群抽样方法，能够对全市的人口进行抽样，而不需要整个城市的人口名册。

整群抽样的运用需要与分层抽样区别开来，这两种方法虽然在形式上有相似之处，但实际上差异很大：首先，分层抽样要求各层之间的差异很大，层内个体或单元差异小，而整群抽样要求群与群之间的差异比较小，群内个体或单元差异大；其次，分层抽样的样本是从每个层内抽取若干单元或个体，而整群抽样则要么整群被抽取，要么整群不被抽取。

采用整群抽样可以大大降低数据收集的费用，特别是当总体分布比较广且调查采用面访时更是如此，而且直接在总体中抽选个体的方式并不总是可行的，有时抽选单元组成的群体会更加简便易行。如人口普查后的复查，要想估计出普查的差错率，只有通过对一定地理区域内的人口群体做全面调查才行。类似地，诸如人口出生率、流动率等调查都需要采用整群抽样。

练 习 题

一、简答题

1. 影响抽样误差的因素有哪些?
2. 抽样调查有哪些优缺点?
3. 简述抽样调查的步骤。
4. 简述抽样调查的原则。
5. 概率抽样的方法有哪些?
6. 配额抽样法与分层抽样法之间有什么区别?

二、案例题

1. 某中学进行期末考试,选择题部分要从现有的100道题中随机抽取20道组成试卷,请你用简单随机抽样的抽签法写出一个抽样方案。

2. 某商场新进70件商品,现要从中选出10件商品做质量检测,请用随机数表法给出一个抽样方案。

3. 黄山风景区某日接待游客10 000人,如果要从这些游客中随机抽取10名幸运游客送出优惠券,请用系统抽样的方法给出幸运游客的编号。

第 5 章

抽样分布

抽样的目的不是仅仅获得样本的信息,而是通过样本统计量推测总体参数,也就是通过样本反映总体的情况。概率理论为研究者提供了抽样技术和分析样本结果的工具,为估测总体参数提供了基础。通过样本推测总体,关键在于抽样分布。

5.1 基本概念

俗话说得好,"一日一苹果,医生远离我",假设现在有一批苹果,人们该如何了解它们口感的均值和差异值,以便做出是否购买这批苹果的决策呢?常用做法是从这批苹果中随机抽取几个品尝过后,得出这几个苹果口感的均值和差异值,以此作为这一批苹果口感的均值和差异值,从而做出是否购买这批苹果的决策。如果我们想要了解一个区域农户的收入情况,常用做法是从农户中随机抽取样本,得出样本农户收入的均值和差异值,以此作为这一区域农户收入的均值和差异值,从而对这一区域农村的经济发展情况做出判断。从量化分析的角度来说,随机抽取的农户收入的均值和差异值就是样本平均数和样本方差,这一区域农户收入的均值和差异值是总体平均数和总体方差。这种用农户收入数据的样本平均数、样本方差作为总体平均数、总体方差的做法,是人们做决策判断时常用的有效估计方法,其理论依据是本章将要学习的内容——抽样分布。在学习抽样分布之前,首先介绍两个概念,即统计量和参数。

5.1.1 统计量与参数

统计量也称为样本值,是用来概括样本所有数据的指标数值,是样本的某种特征值。例如,样本均值($\bar{x}$)、样本比例(p)、样本方差(s^2)等都是统计量。参数也称为总体值,是用来概括总体所有数据的指标数值,是总体的某种特征值。例如,总体均值(μ)、总体比例(π)、总体方差(σ^2)等都是参数,参数只有对总体中的每一个元素(个体)都进行调查或者测量才能得到。注意,统计量和参数使用不同的符号来表示。统计量与参数之间有一个重要区别,即参数值是确定不变的、唯一的,且在一般情况下是未知的;统计量是变化的,对于同一个总体而言,不同样本所得的统计量值是有差别的。因为样本不是唯一的,而且一旦被抽取出来就成为已知,或者说是可以通过计算得到的,所以统计量是随机变量,其取值随着样本的变化而改变。

样本是总体的一个子集,所有样本都是从总体中随机抽取的,即抽样时总体中的每一个成员都有同等被抽中的机会。如果一个样本不是随机抽取的,那么这里所介绍的统计学法则不一定适用。抽样的目的就是根据样本统计量去估计或者推断总体参数(称为"参数估计")。概率理论为研究者提供了抽样技术和分析样本结果的工具,更一般地说,概率理论为估测总体参数提供了基础。例如,常用样本均值去推断总体均值,用样本比例去推断总体比例,用样本方差去推断总体方差等;调查机构能够用大约包含 2 000 个投票人的样本去推测总体 1 亿人的投票行为,而且还能够明确指出该估测的可能误差。以上做法的理论依据就是样本统计量的抽样分布。

5.1.2 三种不同性质的分布

由以上内容我们可以知道,总体参数的值是一个常数,尽管这个常数通常是未知的,但是不会随着样本的不同而发生变化。然而,样本统计量是随着样本的变化而变化的,所以要根据统计量来推断总体的参数必然有不确定性。样本统计量的分布具有某种确定的性质,能够为我们提供长远而稳定的信息,同时也构成了推断总体参数的理论基础。接下来,介绍三种不同性质的分布。

1. 总体分布(population distribution)

总体分布是总体中各元素的观测值所形成的相对频数分布。总体分布通常是未知的,在很多场合下不可能获得对所有个体元素的观测值。

2. 样本分布(sample distribution)

样本分布又称经验分布,是从总体中抽取一个容量为 n 的样本,由这 n 个观测值形成的相对频数分布。假设总体容量为 N,抽取的样本规模为 n,如果 n 趋近 N,那么样本分布实际上趋向于总体分布。

3. 抽样分布(sampling distribution)

抽样分布是样本统计量的概率分布。样本是通过对总体的随机抽样获得的,所以样本统计量是随机变量,具有一定的概率分布。以样本平均数为例,它是总体平均数的一个估计量,如果按照相同的样本容量和抽样方式,反复地抽取样本,那么每次可以计算一个平均数,所有可能样本的平均数所形成的分布,就是样本平均数的抽样分布。常见的抽样分布有正态分布、卡方分布、t 分布、F 分布等。从总体中挑选出来的单个样本能够给出对总体参数的估测值,概率理论能够告诉我们大量样本的估测值的分布。抽样分布理论在推断统计中具有重要的作用,它是后续参数估计和假设检验的重要基础。

5.1.3 抽样分布原理

假设有一个总体 A,包含 $a_1,a_2,a_3,\cdots,a_N$ N 个元素,即总体 $A=\{a_1,a_2,\cdots,a_N\}$, $|A|=N$。现在从总体中抽取 n 个对象构成样本,共有 k 个样本,每个样本容量相同,均为 n,设样本的符号为:$A_1,A_2,\cdots,A_k$,$k=C_N^n$,$|A_i|=n$,$i=1,2,\cdots,k$,每一个样本 A_i 的平均数是 $\overline{x}_i$,标准差是 s_i,$i=1,2,\cdots,k$,这些平均数 $\overline{x}_1,\overline{x}_2,\cdots,\overline{x}_k$ 构成总体 A 的一个平均数抽样分布,用 μ_x 表示平均数抽样分布的均值,σ_x 表示平均数抽样分布的标准差,即抽样平均数的平均误差,也称为标准误。

如图 5-1 所示,总体为 A,容量为 N,从总体中抽取样本 $A_1,A_2,\cdots,A_k$,与之相对应,样本 A_1 的均值为 $\overline{x}_1$、A_2 的均值为 $\overline{x}_2$……A_k 的均值为 $\overline{x}_k$,样本的均值构成一个新样本 A_x,称为平均数样本或抽样平均数,新样本 A_x 的概率分布就是总体 A 的平均数抽样分布;同理,样本 A_1 的标准差为 s_1、A_2 的标准差为 s_2……A_k 的标准差为 s_k,样本的标准差构成一个新样本 A_s,称为标准差样本或抽样标准差,新样本 A_s 的概率分布就是总体 A 的标准差抽样分布。

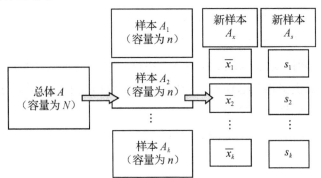

图 5-1 抽样平均数和抽样标准差

例 5.1 已知总体 A 中有元素 2,4,6,总体元素个数为 3,即 $N=3$。

易得:均值 $\mu=(2+4+6)/3=4$

方差 $\sigma^2=[(2-4)^2+(4-4)^2+(6-4)^2]/3=8/3$

(1) 采用放回法抽样,随机抽取 $n=2$ 的样本,样本抽取情况如表 5-1 所示。

表 5-1 样本的抽取情况

样本号	1	2	3	4	5	6	7	8	9
观测值 1	2	2	2	4	4	4	6	6	6
观测值 2	2	4	6	2	4	6	2	4	6
样本平均数	2	3	4	3	4	5	4	5	6

从表 5-2 中可以看到样本容量为 2 时每个样本平均数出现的次数。其中样本平均数为 2 出现 1 次,为 6 也出现 1 次,为 3 或 5 出现 2 次,样本平均数为 4 出现的次数最多,

为 3 次。

表 5-2 样本平均数出现的次数

样本平均数	2	3	4	5	6
次数	1	2	3	2	1

样本容量为 2 的样本平均数的抽样分布柱状图如图 5-2 所示。

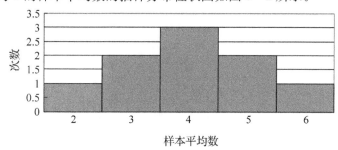

图 5-2 样本容量为 2 的样本平均数的抽样分布

(2) 再随机抽取 $n=4$ 的样本,样本数为 $3^4=81$。

从表 5-3 中可以看到样本容量为 4 时每个样本平均数出现的次数。其中样本平均数为 2 出现 1 次,样本平均数为 6 也出现 1 次,样本平均数为 4 出现的次数最多,为 19 次。

表 5-3 样本平均数出现的次数

样本平均数	2	2.5	3	3.5	4	4.5	5	5.5	6
次数	1	4	10	16	19	16	10	4	1

样本容量为 4 的样本平均数的抽样分布柱状图如图 5-3 所示。

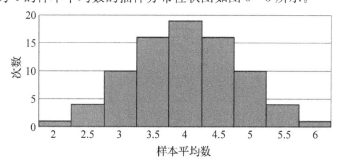

图 5-3 样本容量为 4 的样本平均数的抽样分布

(3) 再随机抽取 $n=8$ 的样本,样本数为 $3^8=6\ 561$。

从表 5-4 中可以看到样本容量为 8 时每个样本平均数出现的次数。其中样本平均数为 2 出现 1 次,样本平均数为 6 也出现 1 次,样本平均数为 4 出现的次数最多,为 1 107 次。

表 5-4　样本平均数出现的次数

样本平均数	2	2.25	2.5	2.75	3	3.25	3.5	3.75	4
次数	1	8	36	112	266	504	784	1 016	1 107
样本平均数	4.25	4.5	4.75	5	5.25	5.5	5.75	6	
次数	1016	784	504	266	112	36	8	1	

样本容量为 8 的样本平均数的抽样分布柱状图如图 5-4 所示。

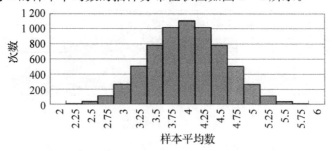

图 5-4　样本容量为 8 的样本平均数的抽样分布

从以上的图表中可以看出：随着样本容量的增加，样本平均数的均值等于总体均值的概率也会增加，即所选择的样本容量越大，那么根据样本统计量来估测总体参数就越准确，可以有效提升估计的准确性。

从表 5-5 中可以看出：随着样本容量由 2 增加到 8，样本平均数的均值没有发生变化，都是 4，样本平均数的方差由 4/3 减小为 1/3，即样本平均数的方差随着样本容量的增加而减小，且与总体方差的比值为样本容量，即总体的方差除以样本容量等于样本平均数的方差。

表 5-5　样本平均数的统计量

样本容量	样本数	样本平均数的均值	样本平均数的方差	与总体 A 的方差比值
2	9	36/9=4	4/3	(8/3)/(4/3)=2
4	81	324/81=4	2/3	(8/3)/(2/3)=4
8	6 561	26 244/6 561=4	1/3	(8/3)/(1/3)=8

总的来说，样本平均数的均值与总体均值的关系是：

$$\mu_x = \mu$$

即样本平均数的均值与总体均值相等。

样本平均数的方差与总体方差的关系是：

$$\sigma_x^2 = \frac{\sigma^2}{n}$$

即样本平均数的方差等于总体方差与样本容量的比值。

样本平均数的标准差与总体标准差的关系是：

$$\sigma_x = \frac{\sigma}{\sqrt{n}}$$

即样本平均数的标准差等于总体标准差与样本容量的算术平方根的比值。

对于抽样分布,参考例 5.1 我们可以总结出以下几点:

首先,随着样本容量的增加,样本平均数等于总体均值的概率增加,样本容量越大,用样本平均数估测总体均值就越准确。

其次,可以由抽样平均数的平均误差,即样本平均数的标准差(标准误)σ_x 的大小判断估测可靠性的高低。抽样平均数的平均误差 σ_x 是度量样本平均数 $\overline{X}_i$ 在总体均值 μ 周围离散程度的一个统计量。平均误差的大小不仅反映抽取一个样本时产生误差的可能性大小,而且也表示了用样本统计量估计总体参数的准确程度。即平均误差越小,表示这个抽样分布越集中,在这种情况下,无论选用哪一个样本代表总体的可靠性都比较高;反之,平均误差越大,抽样分布越分散,无论选用哪一个样本代表总体的可靠性都比较低。因为 $\sigma_x = \frac{\sigma}{\sqrt{n}}$,所以样本容量 n 越大,σ_x 就越小,估测就越准确。因此,要想提高估测准确度,应提高样本容量。

最后,随着样本容量增大,样本平均数的分布由 t 分布逐渐趋向于正态分布,这一点我们会在后面做进一步介绍。

5.2 几种常见的抽样分布

5.2.1 正态分布(normal distribution)

1. 概念及特征

通俗地来说,正态分布是指变量的频数呈中间最多,两端逐渐对称地减少,表现为钟形的一种概率分布。该分布具有两个参数——平均值(μ)和方差(σ^2),所以正态分布记为 $N(\mu, \sigma^2)$。图 5-5 就是正态分布的概率分布曲线,该曲线以均值为对称中线,方差越小,则分布越集中在均值附近,形成一个"两头小,中间大,左右对称"的钟形曲线。

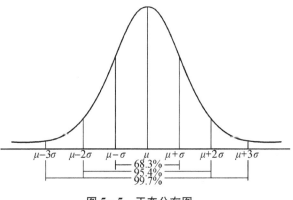

图 5-5 正态分布图

正态分布的主要特征有如下几点:

(1) 集中对称性:正态曲线的高峰位于正中央,即均值所在的位置,并以均值为中心,左右完全对称,曲线的两端永远不与横轴相交。

(2) 均匀变动性:正态曲线以均值所在处开始,分别向左右两侧均匀下降,绝大部分数值集中在均值附近。

(3) 正态曲线由其均值 μ 和标准差 σ 完全确定。均值 μ 决定正态曲线的中心位置,标准差 σ 决定正态曲线的陡峭或扁平程度。σ 越小,曲线越陡峭;σ 越大,曲线越扁平。

如图 5-5 所示,在正态分布中,约有 68.3% 的变量值分布在以均值为中心的 1 个标准差范围内;约有 95% 的数据分布在以均值为中心的 1.96 个标准差范围内,只有约 5% 的数值落在以均值为中心的 1.96 个标准差范围之外;约有 99% 的数据分布在以均值为中心的 2.58 个标准差范围内,只有约 1% 的数值落在以均值为中心的 2.58 个标准差范围之外。大家最好能够记住这个规律,以后经常会用到。

2. 重要性

正态分布是抽样分布中最重要的一种分布,我们可以从以下两个方面来理解其重要性:一方面,正态分布是自然界最常见的一种分布,一般情况下,如果影响某一个数量指标的随机因素有很多,但是每一个影响因素所起的作用都不太大,那么这个指标就服从正态分布。例如,对于某地区农作物的收成,如果农作物的生长条件都正常且稳定,即土地、肥料、劳动力的投入等可以控制的条件都相对稳定,且不存在产生系统误差的明显因素,那么该农作物的收成的总体分布就服从正态分布。

另一方面,正态分布有着极其广泛的实际背景,在生产与科学实验中,很多现象都可以近似地用正态分布来描述。比如,在生产条件不变的情况下,产品的抗压强度、口径、长度等指标;某地区的年降水量;同一生物体的身长、体重指标等。正态分布具有很多良好的性质,很多分布可以用正态分布来近似描述,另外一些分布又可以通过正态分布导出,因此在理论研究中正态分布也十分重要。

3. z 分数

z 分数(z-score),也叫标准分数(standard score),是一个数与平均数的差再除以标准差的值。z 分数可以回答这样的一个问题:一个给定分数距离平均数多少个标准差?在平均数之上的分数会得到一个正的标准分数,在平均数之下的分数会得到一个负的标准分数。如果与均值之间的距离正好为 1 个标准差,那么 z 分数为 ± 1;如果与均值之间的距离正好为 1.96 个标准差,那么 z 分数为 ± 1.96,以此类推。z 分数是一种可以看出某分数在分布中相对位置的方法,其计算公式如下:

$$z = \frac{X_i - \mu}{\sigma} \tag{5.1}$$

其中,X_i 为原始数据中的每一个 X;μ 为原始数据的均值;σ 为原始数据的标准差。

z 分数是用来衡量我们所感兴趣的变量值和平均数之间有多少个单位标准差的统计量。也就是说,可以利用 z 分数将原始数据变换为与均值相联系的概率。管理者在日常工作中经常会碰到一些无法计数的概率问题,为了方便起见,统计学家将 z 分数及其相对应的概率编织成正态分布表,我们可以通过查阅正态分布表找到每个 z 分数所对应的正态概率。z 分数表中所查的数值为对应 X 与均值 μ 之间所有取值的累积概率。如

图5-6阴影部分所示,正态分布表反映了落在每一个z值与均值之间的数值的百分比。例如:z=1时,查表得0.341 3,说明有34.13%的数据落在平均数与平均数右侧一个标准差单位的变量区间内。再例如,若想知道在正态分布中有多少数值落在平均数μ与$z=1.33$之间,就可通过查表得$z=1.33$时所对应的概率是0.408 2,即有40.82%的数值落在平均数与1.33个标准差之间。

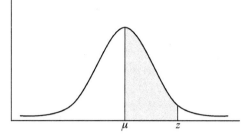

图5-6 落在某一z值与均值之间的概率

同理,利用正态曲线的对称性,我们还可以知道有百分之多少的数值落在平均数μ与平均数左侧1.33个标准差单位的变量区间内。因为正态曲线以μ为中心,左右完全对称,所以z等于-1.33和z等于1.33与正态曲线所围成的面积相等,其概率也为0.408 2,所以有40.82%的数值落在平均数μ与左侧1.33个标准差单位的变量区间内。

如图5-7阴影部分所示,若想要计算有百分之多少的数值落在大于$z=1.33$的范围内,就可以用0.5减去平均数和z为1.33之间的概率,因为我们知道在正态分布中,变量值大于平均数的概率和小于平均数的概率相等,各占50%(0.5),所以用0.5减去0.408 2得到0.091 8就是大于1.33的概率,即有9.18%的数值落在大于$z=1.33$的范围内。

如图5-8阴影部分所示,若想要计算有百分之多少的数值落在小于$z=1.33$的范围内,就可以采用以下两种思路:一是用总概率1减去大于$z=1.33$的概率,即$1-0.0918=0.9082$;二是用小于平均数的概率0.5加上平均数与z之间的概率0.408 2,即$0.5+0.4082=0.9082$。

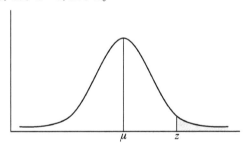

图5-7 大于某一z值的概率

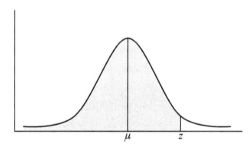

图5-8 小于某一z值的概率

4. 数据标准化

数据标准化是正态分布的实际应用,可以利用式(5.1)将原始数据标准化,将每一个原始数据减去均值μ再除以标准差σ。经过标准化处理的数据符合标准正态分布,即均值为0,标准差为1的正态分布。例如,考试直接得到的分数属于顺序数据,不能做进一步的运算,所以要将学生的原始分数转化为z分数,使之成为等距数据。因为成绩的z分数具备以下几个特点:首先它的平均分数是0,标准差是1;其次分数之间等距,可以进行加减运算;然后不会改变原始分数的分布形状和分布顺序;最后标准分会出现负值,其

数值一般在 $-3\sim3$ 之间。

例如,某中学对高二学生进行了一次数学考试,以诊断近一个月学生的数学学习情况,这次考试的成绩服从平均数为 100 分,标准差为 10 分的正态分布。假设本次考试中某位考生考了 119.2 分,家长很想知道自己孩子的成绩在本次考试中处于什么水平。

回答这种问题,第一步就是利用公式 $z=\dfrac{X_i-\mu}{\sigma}$ 将考试成绩变换为 z 值,即用变量值 119.2 减去本次考试的平均成绩 100,再除以标准差 10,得到 1.92。第二步是在正态分布表上查找 z 等于 1.92 对应的概率为 0.472 6,这意味着有 47.26% 的应试者其考试成绩介于平均数 100 分和 $z=1.92$ 即 119.2 分之间。因为有 50% 的应试者其考试成绩低于平均成绩,因此共有 97.26% 的应试者其成绩低于 119.2 分。若用概率语言来表达,就是从所有参加这次数学考试的高二学生中随机抽取一人,其成绩高于 119.2 分的概率为 1 减去 0.972 6 等于 0.027 4,即 2.74%,该生在本次考试中考 119.2 分,其成绩排在了前 2.74% 考生之列。

例 5.2 某国土空间规划公司计划从硕士毕业生中招聘员工,为了能进入这家公司,参加考试的毕业生的成绩必须名列前 75%。去年,该考试的平均成绩为 80 分,标准差为 6 分,并且考试成绩服从正态分布,如果只招收成绩排在前 75% 的应聘者,那么最低录取分数线应该定为多少?

【解】 由题意可知考试的平均成绩为 80 分,所以有 50% 的应聘者成绩在 80 分以上,故最低录取分数线应低于平均数,且落于平均数与最低录取分数线之间的人数比例应为 25%。在正态分布表中查找概率 0.25,发现与其最为接近的概率是 0.248 6,它所对应的 z 值为 0.67。因为我们所感兴趣的变量值小于平均数,所以我们在这里要求的 z 值应该为 -0.67。

将 z 等于 -0.67 转化为考试分数,根据式(5.1),最后得到最低录取分数线为 z 值乘标准差再加上均值,即:

$$X_i=z\sigma+\mu=(-0.67\times6)+80\approx76(\text{分})$$

所以,最低录取分数线为 76 分。

顺便说一下,大家熟悉的智商即 IQ,是服从正态分布的,其均值为 100 分、标准差为 15 分。如果你的智商是 120 分,那么你排在前百分之多少范围内,可以自己计算一下。

5.2.2 χ^2 分布(chi-square distribution)

1. 自由度(degree of freedom,df)

在学习 χ^2 分布之前,首先要看一个重要概念——自由度。自由度在统计学中是指当用样本的统计量来估计总体的参数时,样本中独立或能自由变化的数据的个数。例如,存在两个变量 a 和 b,已知 $a+b=6$,这时自由度就是 1。因为只有 a 可以真正地自由变化,b 会受 a 的取值的限制。在估计总体均值时,因为样本中的 n 个数都是相互独立的,总体中的任何一个数都不受其他数值的影响,所以自由度为 n。在估计总体方差时,所使用的统计量是样本的标准差,而样本的标准差必须用样本平均数来计算,在抽样完成后平均数的值就可以确定下来,所以在容量为 n 的样本中只要 $n-1$ 个数确定了,就可以用样本平均数来确定第 n 个数值。例如,有一个含有 4 个数据的样本,其平均数为 3,若已确定 2、3、5 这三个数据,则在平均数为 3 的限制的情况下,第四个数据只能是 2。这意味着,样本中有 $n-1$ 个数可以自由变化,平均数相当于一个限制条件,故样本方差的自由度为 $n-1$。

2. χ^2 分布的定义

设随机变量 $X_1, X_2, \cdots, X_n$ 彼此独立且都服从均值为 0、标准差为 1 的标准正态分布,记为 $N(0,1)$,则随机变量

$$Y = \sum_{i=1}^{n} X_i^2 \tag{5.2}$$

服从自由度为 n 的 χ^2 分布,记为:$Y \sim \chi^2(n)$。通俗地来说,自由度为 n 的 χ^2 分布的随机变量 Y 就是由 n 个相互独立的标准正态随机变量 X 的平方和组成的,它是由正态分布构造出来的一个新的分布,而且当自由度 n 很大时,χ^2 分布近似为正态分布。

χ^2 分布如图 5-9 所示。

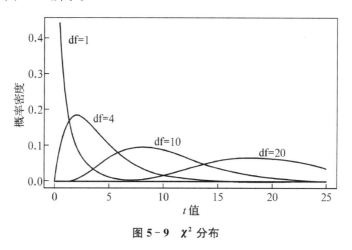

图 5-9 χ^2 分布

3. χ^2 分布的性质

(1) χ^2 分布在第一象限内,随机变量的取值范围为 $(0, +\infty)$。

(2) 不同的自由度决定不同的 χ^2 分布,分布曲线的形状由自由度决定,如图 5-9 所示,自由度越小分布越倾斜,自由度越大,分布越趋于对称。

(3) 若 $Y_1 \sim \chi^2(n), Y_2 \sim \chi^2(m)$,且相互独立,则 $Y_1 \pm Y_2$ 也服从 χ^2 分布,其自由度为 $n \pm m$。

(4) 当自由度 n 趋于无穷大时,χ^2 分布近似为正态分布,即当 $n \to +\infty$,$\chi^2(n) \to N(n, 2n)$。

5.2.3　t 分布(t-distribution)

1. t 分布的定义

t 分布又称为学生分布,用于根据小样本来估计呈正态分布且方差未知的总体的均值。如果 Z 服从标准正态分布,即 $Z \sim N(0,1)$,Y 服从自由度为 n 的卡方分布,即 $Y \sim \chi^2(n)$,且 X 和 Y 相互独立,那么

$$t = \frac{Z}{\sqrt{Y/n}} \tag{5.3}$$

服从自由度为 n-1 的 t 分布,记为 $t \sim t(n-1)$,t 分布如图 5-10 所示。

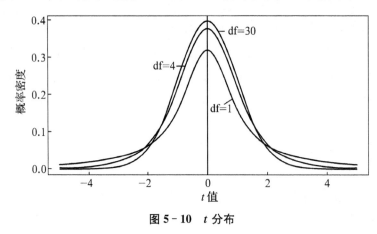

图 5-10　t 分布

2. t 分布的性质

(1) t 分布是以 t=0 为中心、左右对称的单峰分布。

(2) t 分布的形态变化与自由度密切相关。如图 5-10 所示,自由度越小,t 分布曲线越低平,离散程度越大;自由度越大,t 分布曲线就越接近标准正态分布曲线。

(3) 随着自由度逐渐增大,t 分布逐渐接近标准正态分布,即当 $n \to +\infty$,$t(n) \to N(0,1)$。

5.2.4　F 分布

1. F 分布的定义

若 X 服从自由度为 m 的 χ^2 分布,即 $X \sim \chi^2(m)$,Y 服从自由度为 n 的 χ^2 分布,即 $Y \sim \chi^2(n)$,且 X 与 Y 相互独立,则

$$F = \frac{X/m}{Y/n} \tag{5.4}$$

服从自由度为 m(第一自由度)和 n(第二自由度)的 F 分布,记为 $F \sim F(m,n)$。F 分布

如图 5-11 所示。

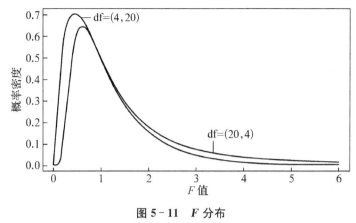

图 5-11 F 分布

2. F 分布的性质

(1) F 分布在第一象限内,其随机变量的取值范围为 $(0, +\infty)$。

(2) F 分布的分布曲线受到两个自由度的影响,不同的自由度决定了 F 分布的不同形状。

(3) F 分布是一种非对称的右偏分布,但是当自由度 df_1、df_2 趋向于无穷大时,F 分布会趋近于正态分布。

(4) 若 $F \sim F(m, n)$,则 $\dfrac{1}{F} \sim F(n, m)$;若 $X \sim t(n)$,则 $X^2 \sim F(1, n)$。

例 5.3 设 (X_1, X_2, X_3, X_4) 是来自总体 $X \sim N(0, 1)$ 的一个样本,指出以下几个随机变量所服从的分布分别是什么。

(1) $X_1^2 + X_2^2$ (2) $\dfrac{\sqrt{2} X_3}{\sqrt{X_1^2 + X_2^2}}$ (3) $\dfrac{X_1^2 + X_2^2}{X_3^2 + X_4^2}$

【解】 (1) $X_1^2 \sim \chi^2(1)$,$X_2^2 \sim \chi^2(1)$,且 X_1^2,X_2^2 是相互独立的,所以 $X_1^2 + X_2^2 \sim \chi^2(2)$;

(2) 由(1)可知 $X_1^2 + X_2^2 \sim \chi^2(2)$,$\dfrac{\sqrt{2} X_3}{\sqrt{X_1^2 + X_2^2}} = \dfrac{X_3}{\sqrt{\dfrac{X_1^2 + X_2^2}{2}}} \sim t(1)$;

(3) $\dfrac{X_1^2 + X_2^2}{X_3^2 + X_4^2} = \dfrac{(X_1^2 + X_2^2)/2}{(X_3^2 + X_4^2)/2} \sim F(2, 2)$。

5.2.5 分位数(quantile)

设 $0 < \alpha < 1$,对于连续型随机变量 X,我们把满足 $P\{X > x_\alpha\} = \alpha$ 的点 x_α 称为 X 的概率分布的上侧 α 分位数。如图 5-12 所示,若 X 的概率密度函数为 $f(x)$,那么 x_α 满足 $P\{X > x_\alpha\} = \int_{x_\alpha}^{+\infty} f(x) \mathrm{d}x = \alpha$。

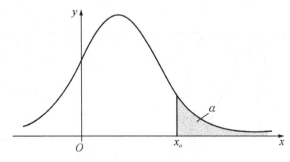

图 5-12 上侧 α 分位数

若存在数 λ_1、λ_2，使得 $P\{X\geqslant\lambda_1\}=P\{X\leqslant\lambda_2\}=\dfrac{\alpha}{2}$，则我们就把 λ_1、λ_2 称为 X 的概率分布的双侧 α 分位数（图 5-13）。

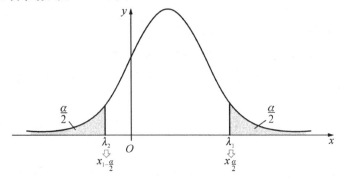

图 5-13 双侧 α 分位数

下面介绍几种常见分布的分位数。

1. 标准正态分布

设随机变量 $X\sim N(0,1)$，对于 $0<\alpha<1$，我们把满足 $P\{X>z_\alpha\}=\alpha$ 的点 z_α 称为标准正态分布 $N(0,1)$ 的上侧 α 分位数（图 5-14）。例如，$\alpha=0.05$，因为 $P\{X>1.645\}=0.05$，所以 $z_{0.05}=1.645$。

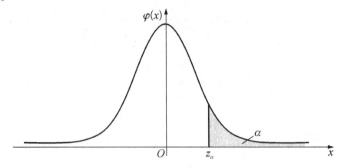

图 5-14 标准正态分布的上侧 α 分位数

对于标准正态分布变量 $X\sim N(0,1)$ 和给定的 α，我们把满足条件 $P\{|x|\geqslant z_{\frac{\alpha}{2}}\}=\alpha$ 的点 $z_{\frac{\alpha}{2}}$ 称为标准正态分布的双侧 α 分位数。$z_{\frac{\alpha}{2}}$ 可由 $P\{x\geqslant z_{\frac{\alpha}{2}}\}=\dfrac{\alpha}{2}$ 反查标准正态分布

表得到,例如,求 $z_{\frac{0.05}{2}}$ 的值,查标准正态分布表可得 $P\{x\geqslant 1.96\}=\frac{0.05}{2}$,所以 $z_{\frac{0.05}{2}}=1.96$。

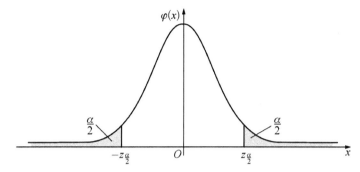

图 5-15　标准正态分布的双侧 α 分位数

要注意,在实际问题中,α 常取的值有 0.1、0.05 和 0.01,常用到以下几个分位数:$z_{0.05}=1.645$、$z_{0.01}=2.36$、$z_{\frac{0.05}{2}}=1.96$、$z_{\frac{0.01}{2}}=2.575$。

2. χ^2 分布

我们把满足 $P\{\chi^2(n)\geqslant \chi_\alpha^2(n)\}=\int_{\chi_\alpha^2(n)}^{+\infty}f(y)\mathrm{d}y=\alpha$ 的点 $\chi_\alpha^2(n)$ 称为 χ^2 分布的上侧 α 分位数(图 5-16)。

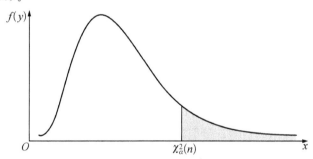

图 5-16　χ^2 分布的上侧 α 分位数

如图 5-16 所示,$f(y)$ 是 χ^2 分布的概率密度,前面我们说到不同的自由度决定不同的 χ^2 分布,显然,在自由度 n 取定之后,$\chi_\alpha^2(n)$ 的值只与 α 有关。例如,当 $n=21$,$\alpha=0.05$ 时,查表可知 $\chi_{0.05}^2(21)=32.671$。

同样地,我们把满足 $P\{\chi^2(n)\leqslant \chi_{1-\alpha/2}^2(n)\}=P\{\chi^2(n)\geqslant \chi_{\alpha/2}^2(n)\}=\frac{\alpha}{2}$ 的数 $\chi_{1-\alpha/2}^2(n)$、$\chi_{\alpha/2}^2(n)$ 称为 χ^2 分布的双侧 α 分位数。

如图 5-17 所示,显然 $\chi_{1-\alpha/2}^2(n)$ 是 χ^2 分布的上侧 $\left(1-\frac{\alpha}{2}\right)$ 分位数,$\chi_{\alpha/2}^2(n)$ 是 χ^2 分布的上侧 $\frac{\alpha}{2}$ 分位数。例如,当 $n=8$,$\alpha=0.05$ 时,$\chi_{1-\alpha/2}^2(n)=\chi_{0.975}^2(8)=2.180$,$\chi_{\alpha/2}^2(n)=\chi_{0.025}^2(8)=17.535$。

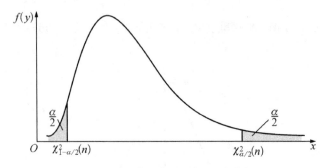

图 5-17 χ^2 分布的双侧 α 分位数

3. t 分布

对于给定的 $\alpha(0<\alpha<1)$，我们把满足条件 $P\{t \geqslant t_\alpha(n)\} = \int_{t_\alpha(n)}^{+\infty} f(t)\mathrm{d}t = \alpha$ 的点 $t_\alpha(n)$ 称为 t 分布的上侧 α 分位数。其几何意义如图 5-18 所示。

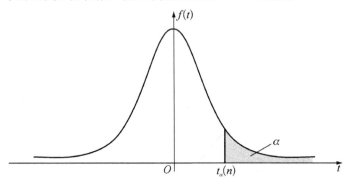

图 5-18 t 分布的上侧 α 分位数

因为 t 分布和标准正态分布一样具有对称性，所以我们把满足条件 $P\{|t| \geqslant t_{\alpha/2}(n)\} = \alpha$ 的数 $t_{\alpha/2}(n)$ 称为 t 分布的双侧 α 分位数。其几何意义如图 5-19 所示。

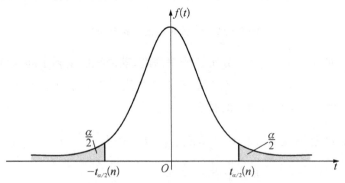

图 5-19 t 分布的双侧 α 分位数

例如，当 $n=15, \alpha=0.05$ 时，查 t 分布表可知，$t_{0.05}(15)=1.753$，$t_{0.05/2}(15)=2.131$，其中 $t_{0.05/2}(15)$ 是由 $P\{t(15) \geqslant t_{0.025}(15)\}=0.025$ 查得。要注意的是，当 $n>45$ 时，如果没有详细的表格可查，那么就可以用标准正态分布来代替 t 分布查 $t_\alpha(n)$ 的值，即：

$$t_\alpha(n) \approx z_\alpha, n > 45$$

4. F 分布

对于给定的 $\alpha(0 < \alpha < 1)$，我们把满足条件 $P\{F(n_1, n_2) \geqslant F_\alpha(n_1, n_2)\} = \int_{F_\alpha(n_1,n_2)}^{+\infty} f(y)\mathrm{d}y = \alpha$ 的点 $F_\alpha(n_1, n_2)$ 称为 F 分布的上侧 α 分位数，其几何意义如图 5-20 所示。

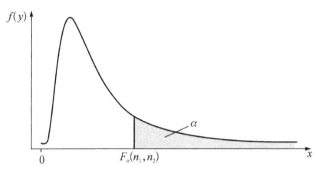

图 5-20　F 分布的上侧 α 分位数

同样地，$F_\alpha(n_1, n_2)$ 的值可由 F 分布表查得，但是在附录中所列的 α 值都比较小，当 α 值比较大时，可以用公式 $F_{1-\alpha}(n_1, n_2) = \dfrac{1}{F_\alpha(n_2, n_1)}$ 来解决。例如，$F_{0.99}(18, 2) = \dfrac{1}{F_{0.01}(2, 18)} = \dfrac{1}{6.01} \approx 0.166$。

我们把满足 $P\{F \leqslant F_{1-\alpha/2}(n_1, n_2)\} = P\{F \geqslant F_{\alpha/2}(n_1, n_2)\} = \dfrac{\alpha}{2}$ 的 $F_{1-\alpha/2}(n_1, n_2)$ 和 $F_{\alpha/2}(n_1, n_2)$ 称为 F 分布的双侧 α 分位数，其几何意义如图 5-21 所示。

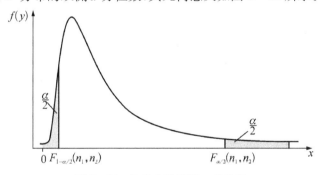

图 5-21　F 分布的双侧 α 分位数

5.2.6　中心极限定理

我们知道，若样本来自均值为 μ、方差为 σ^2 的正态总体，即服从 $X \sim N(\mu, \sigma^2)$ 的分布，则样本平均数也服从正态分布，其平均数为 μ、方差为 σ^2/n，即 $\overline{X} \sim N\left(\mu, \dfrac{\sigma^2}{n}\right)$。那么

非正态总体样本平均数的分布是什么样呢？这里就需要认识一下中心极限定理。

假设从均值为 μ、方差为 σ^2 的一个任意总体中抽取容量为 n 的样本，当 n 充分大 ($n \geqslant 30$) 时，样本平均数的抽样分布就近似服从均值为 μ、方差为 σ^2/n 的正态分布。也就是说，无论样本所来自的总体是否服从正态分布，只要样本足够大，样本平均数就近似服从正态分布，样本越大，近似程度越高。所以在处理大样本时，中心极限定理是重要的工具。例如，某市教育局对市区里的各所高中进行教学质量的考核，就要对每所学校进行抽样测试，随机抽取 100 名学生参加一场统考测验，有些人可能会认为仅仅 100 名学生的成绩无法代表整所学校的教学质量，但这种方法事实上是可行的，因为中心极限定理告诉我们，一个被正确抽取的样本不会与其所代表的群体产生较大差异。也就是说，这些随机抽取的 100 名学生的考试成绩能够很好地体现某所学校全体学生的学习情况。同样，如果我们掌握了某个总体的具体信息，以及某个样本的数据，那么就能推理出该样本是不是总体的样本之一。

5.2.7 学习抽样分布的意义

学习这些标准的抽样分布的意义是什么呢？因为如果分布是"标准"的话，那么在这个分布以下的面积，也就是随机变量出现的不同概率，就会服从特定的规律。例如，当一个随机变量服从正态分布时，这个变量最可能出现的数值就是它的平均数，而当一个随机变量服从卡方分布时就不是了。卡方分布不是对称的分布，随机变量出现概率最大的数值，就不是它的平均数。一个随机变量出现不同的数值的概率，在我们后面讲的区间估计、假设检验中具有重要的作用。知道了一个统计量的抽样值服从什么分布，就可以完全掌握这个统计量的抽样值的不同，也可以用数学公式去"计算"这些概率，进行"统计检验"就很方便。对于管理学专业的学生来说，到底这些分布的数学公式是什么，它们有什么特征，以及如何计算等都不是我们关注的问题。因为这都是统计学家的工作，我们只是应用他们的分析成果而已。我们只要知道统计量的抽样服从什么分布，计算机就会替我们计算不同抽样结果的概率，以作为统计推断之用。后面几章将会解释什么是统计推断，抽样分布在统计推断中扮演什么角色。

管理研究者需要掌握什么统计知识呢？首先，管理研究是"应用"统计，不是"研究"统计。所以只要求知道一个统计量服从什么抽样分布，因为如果不知道服从什么抽样分布，就不知道如何进行统计假设检验。但是，为什么是这个分布，数学的推导是什么，这是统计学家研究的问题。当然，每一个人的数学能力都不同，知道多一点总能帮助我们多了解一点，因此，能看懂数学推导公式的同学可以看看，但看不懂的也没关系，不影响做管理研究，明白"它是什么"和"如何用它"就可以了。对于统计软件数据处理得到的结果，要知道每个数字背后的"意义"。我们可以不明白其中的计算过程，当然最好还是明白，但是我们不可以不明白它是什么意思，代表什么。

例如，做回归分析时，什么是 R^2，为什么 R^2 可以代表一个变量的方差解释另外一个变量，回归系数是什么意思，它们代表了什么，当一个回归系数"显著"时是什么意思，如何知道回归系数是否为零,这些都是应该知道的。至于为什么回归系数的抽样分布服从 t 分布,不要求一定要知道,因为回答这个问题需要数学的推导,这是统计学家研究的问题。类似地,为什么多元回归系数的方程是这样的?这也是统计学家研究的问题。需要掌握的是这样的一个方程是什么意思,它背后反映了什么。又如,做因子分析时,要知道因子用来干什么,因子与变量间有什么关系,什么是因子载荷,为什么要旋转因子载荷,在主成分分析中什么叫特征值,为什么用特征值大于 1 作为选取因子的标准。至于为什么特征值就是一个因子的方差,为什么因子载荷是特征值的平方根乘特征向量等问题,不要求一定掌握,因为这些是数学推导的结果,是统计学家研究的问题。

对学习管理定量分析的同学,统计知识的最低要求是"知其然,而不知其所以然",所以学习时可以跳过数学的演算和推导的部分,但不要怕数学的符号、公式,一切能用图表、概念或文字表达的统计知识,同学们都应该尽量去掌握。

练 习 题

一、简答题

1. 统计量和参数有什么异同?
2. 简述几种常见的抽样分布。
3. 抽样分布有什么意义?

二、计算题

1. 假设某超市一次性购物的平均消费为 85 元、标准差为 9 元,现在随机抽取 40 个顾客作为样本,那么请问:每个顾客消费金额大于 87 元的概率是多少?
2. 假设某班级大学英语期末考试成绩服从均值为 90 分、标准差为 7 分的正态分布,已知小明的成绩是 87 分,试利用 z 分数来分析小明的成绩在班级里处于什么水平。

第 6 章

区间估计

数据分析所使用的方法有描述统计与推断统计两种。其中,推断统计(inferential statistics)是利用样本数据对总体特征进行推断的统计方法。而参数估计是推断统计的重要内容之一,是建立在抽样和抽样分布的基础之上,根据样本统计量来估计总体参数的方法。参数估计可分为点估计和区间估计两种。

6.1 参数估计概述

6.1.1 基本概念

1. 总体参数与样本统计量

参数是用来概括总体特征的测度值,总体的均值、标准差和中位数都是参数;统计量是用来概括样本特征的测度值,样本的均值、标准差和中位数都是统计量。

(1) 总体参数

研究对象的全体称为总体,组成总体的每个成员称为个体。总体参数是关于总体中某一变量取值的综合描述,即根据总体中各单元的已知量计算出来的关于总体的统计指标,它是研究者想要了解的总体的某种特征值。设总体有 N 个基本单元,$X_1,X_2,X_3,\cdots,X_N$ 为各基本单元的数值。研究者通常关心的总体参数有总体均值、总体标准差、总体比例等。

① 总体均值,也称总体平均数(population mean)。如工厂生产的一批灯泡的平均寿命、某年级数学考试的平均分数等。数学表达式为:

$$\mu = \frac{1}{N}\sum_{i=1}^{N} X_i \tag{6.1}$$

② 总体标准差(population standard deviation)。数学表达式为:

$$\sigma = \sqrt{\frac{1}{N}\sum_{i=1}^{N}(X_i - \mu)^2} \tag{6.2}$$

③ 总体比例(proportion)。如工厂生产的一批灯泡中合格品所占的比例,某年级数学考试中及格学生所占的比例等。设 N_1 为总体中具有相同标志表现的单位数,则总体比例 π 的数学表达式为:

$$\pi = \frac{N_1}{N} \tag{6.3}$$

总体的范围确定后,总体参数是确定的、唯一的,但在抽样调查时,总体参数一般是未知的。

(2) 样本统计量

样本(sample)是从总体中抽取的一部分元素组成的集合,构成样本的元素的数目称为样本量(sample size),样本量通常用 n 表示(总体中所包含的个体数目常用 N 表示)。抽样的目的是根据样本提供的信息推断总体的特征。

样本统计量(sample statistic)是关于调查样本中某一变量的综合描述,即根据样本中各单位的已知量计算出来的关于样本的统计指标,是不包含任何未知参数的样本的函数。抽样调查完成后样本统计量即可计算出来,但它不具有唯一性,而是随机变量。统计量用于对总体参数进行估计,可以提供有关总体参数的信息。研究者所关心的统计量主要有样本均值、样本标准差、样本比例等。

① 样本均值,也称样本平均数。样本均值被用作总体均值的估计。数学表达式为:

$$\bar{x} = \frac{1}{n}\sum_{i=1}^{n} x_i \tag{6.4}$$

② 样本标准差,被用作总体标准差的估计。数学表达式为:

$$s = \sqrt{\frac{1}{n-1}\sum_{i=1}^{n}(x_i - \bar{x})^2} \tag{6.5}$$

③ 样本比例,被用作总体比例的估计。设样本中具有相同标志表现的单位数为 n_1,则样本比例 p 的数学表达式为:

$$p = \frac{n_1}{n} \tag{6.6}$$

为了表达准确和便于区分,总体和样本的均值、标准差等使用不同的符号来表示。总体的均值用 μ 表示,样本的均值用 $\bar{x}$ 表示;总体的标准差用 σ 表示,样本的标准差用 s 表示;总体的事件数量用 N 表示,样本的事件数量用 n 表示。

2. 标准误

标准误(standard error of mean),即样本平均数的标准差,一般用 s.e. 表示,是描述平均数抽样分布的离散程度及衡量均值抽样误差大小的尺度,反映的是样本平均数之间的变异。标准误用来衡量抽样误差,标准误越小,表明样本统计量与总体参数的值越接近,样本对总体越有代表性,用样本统计量推断总体参数的可靠性越高。因此,标准误是统计推断可靠性的指标。

在总体方差已知的情况下，标准误的计算公式是 s.e. 等于总体方差 σ^2 除以样本容量 n 的算术平方根：

$$\text{s.e.} = \frac{\sigma^2}{\sqrt{n}}$$

在总体方差未知的情况下，标准误的计算公式是 s.e. 等于样本方差 S^2 除以样本容量 n 的算术平方根：

$$\text{s.e.} = \frac{S^2}{\sqrt{n}}$$

标准误与标准差是常用的两种统计指标，两者均为变异指标。标准差表示个体变量值之间的离散程度。标准误是表示样本均值间离散程度的指标，标准误小则抽样误差小，说明样本均值与总体均值接近。

标准误不是标准差，而是多个样本平均数的标准差。标准差的定义为各测量值误差平方和的平均值的算术平方根，故又称为均方根误差。

当样本容量 n 趋向于总体容量 N 时，样本标准差趋向于总体标准差。

当样本容量 n 趋向于总体容量 N 时，标准误趋向于 0。

标准差可结合样本均值和正态分布的规律估计参考值范围，比如计算 z 值等。标准误可结合样本均值估计总体均值的可信区间。

3. 参数估计

参数估计（parameter estimation）是指利用样本信息对总体数量特征进行推断和估计，即利用样本统计量对总体参数进行估计。设有一个统计总体，总体的分布函数为 $F(X,\theta)$，θ 是总体的一个参数，从容量为 N 的总体中抽选一个容量为 n 的样本 $\{X_1, X_2, \cdots, X_n\}$，依据样本数据对参数 θ 的值进行估计，就是参数估计。

4. 估计量和估计值

估计量（estimator）是用来估计总体参数的统计量的名称，一般用符号 $\hat{\theta}$ 表示。

估计值（estimated value）是用一个具体的样本计算出来的估计量的数值。

例如，要估计某高校学生的月平均生活费，从中随机抽取了一个样本，则该高校学生的月平均生活费是参数，抽取的样本的月平均生活费 x 就是估计量，依据样本计算出的月平均生活费 1 200 元就是估计值。

6.1.2 参数估计的分类

参数估计分为点估计和区间估计。

1. 点估计

点估计（point estimate）是不考虑估计量的误差，直接用样本统计量 $\hat{\theta}$ 的具体取值作为总体参数估计值的一种参数估计方法。比如，要了解某地区的人均可支配收入水平，可以随机抽取一个样本，利用样本数据计算人均可支配收入，以此作为该地区人均可支配收入的估计值,这就是点估计。

由于实际问题中,抽取的一个具体的样本计算出来的样本估计值很可能与总体参数的真值有一定差距,因此还需要对点估计的可靠性进行度量。但点估计值的可靠性依赖于其抽样标准误差,而一个具体的点估计值无法提供估计可靠性的信息,因此参数估计不能完全依赖于点估计,需要围绕点估计的值构造总体参数的一个估计区间,即区间估计。

2. 区间估计

区间估计(interval estimate)是根据样本统计量来估计总体未知参数所在的可能区间的方法。区间估计是在点估计的基础上,给出总体参数的一个估计区间,该区间是由样本统计量加减估计误差得到的。与点估计有所不同,在区间估计中,根据样本统计量的抽样分布,可以对样本统计量与总体参数的接近程度给出一个概率度量。

由于这种估计的区间能以一定的置信度来保证估计的准确性,因此也称该区间为置信区间(confidence interval),置信区间的最小值称为置信下限,最大值称为置信上限(图 6-1)。区间估计是估计一个包含总体参数在内的区间,通常用

图 6-1 置信区间示意图

区间的大小和实际参数落在某个区间的概率两种方式表达区间估计的结果。

如果将构造置信区间的步骤重复多次,那么置信区间中包含总体参数真值的次数所占的比例,即利用样本统计量估计总体参数落在某一区间时的概率或者做出此推论的信心,称为置信水平(confidence level),也称置信度或置信系数(confidence coefficient),常用符号 $1-\alpha$ 表示。其中,α 是一个预先指定的小正数,称为显著性水平,在假设检验中又称为检验水平,它是指对总体参数估计不准确的概率。我们可以把在 $1-\alpha$ 置信水平下构造的置信区间理解为:这样的区间,我们构造 100 次,其中有 $100 \times (1-\alpha)$ 次包含真实值。

常用的置信水平有 99%,95%,90%。相应的显著性水平为 0.01,0.05,0.10。

显然,样本量确定的时候,随着置信度的增大,置信区间的宽度会增加,但同时估计的精度会降低。若要增大置信度的同时也提高估计的精度,则必须扩大样本量。

表 6-1 给出了常见的置信水平以及正态分布密度曲线右下侧面积为 $\alpha/2$ 时的 z 值。

表 6-1 常见的置信水平与 $z_{\alpha/2}$ 值

置信水平	α	$\alpha/2$	$z_{\alpha/2}$
90%	0.10	0.05	1.645
95%	0.05	0.025	1.96
99%	0.01	0.005	2.58

对于置信区间的理解,需要注意以下几个方面:

(1) 如果用某种方法构造的 100 个置信区间中,有 95 个置信区间包含总体参数的真值,5 个置信区间不包括总体参数的真值,那么用该种方法构造的置信区间称为置信水平为 95% 的置信区间。

(2) 总体参数的真值是确定的、未知的,而由样本统计量构造的置信区间是不确定

的。不同的样本会构造出不同的置信区间。置信区间是随机区间,不是所有的置信区间都包括总体参数的真值。

(3) 从总体中随机抽取一个样本,根据该样本构造出来的置信区间是一个确定区间。对于这样一个特定区间,不能说总体参数的真值有95%的概率落在这个置信区间里,因为总体参数的真值是个常数,而这个概率是针对随机区间而言的。这个特定区间要么包含总体参数的真值,要么不包含总体参数的真值,我们只能希望它是众多包含总体参数真值的置信区间中的一个。

6.2 总体均值的区间估计

在对总体均值进行区间估计的时候,一般需要考虑以下几个问题:构造样本统计量的样本是大样本还是小样本(通常情况下样本容量 $n \geqslant 30$ 时认为该样本是大样本),总体是否服从正态分布以及总体方差是否已知。

6.2.1 大样本

在大样本的情况下,无论总体是否服从正态分布,样本均值的抽样分布都视作正态分布。

1. 总体方差 σ^2 已知

样本均值 $\bar{x}$ 服从均值为 μ、方差为 σ^2/n 的正态分布,即 $\bar{x} \sim N(\mu, \sigma^2/n)$。样本均值经过标准化之后服从标准正态分布(图6-2),即:

$$z = \frac{\bar{x} - \mu}{\sigma/\sqrt{n}} \sim N(0,1) \tag{6.7}$$

取统计量 z 之后,确定两个常数 a 与 b,保证 z 大于 a 小于 b 的概率是 $1-\alpha$,如图6-2所示,即:

$$P\{a < z < b\} = 1 - \alpha$$

对于给定的置信度 $1-\alpha$,按上分位数的定义,取 $z_{\alpha/2}$ 使 $\bar{x}$ 减 μ 的差除以 σ 与 n 的算术平方根的比值,其绝对值小于 $z_{\alpha/2}$ 的概率等于 $1-\alpha$。

$$P\left\{\left|\frac{\bar{x} - \mu}{\sigma/\sqrt{n}}\right| < z_{\alpha/2}\right\} = 1 - \alpha$$

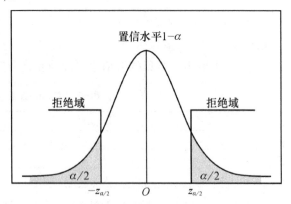

图6-2 z分布示意图

将上式进一步变换为:

$$P\left\{-z_{\alpha/2} < \frac{\bar{x} - \mu}{\sigma/\sqrt{n}} < z_{\alpha/2}\right\} = 1 - \alpha$$

解总体均值 μ 的置信区间,将上式进一步变换为:

$$P\left\{\bar{x}-\frac{\sigma}{\sqrt{n}}z_{\alpha/2}<\mu<\bar{x}+\frac{\sigma}{\sqrt{n}}z_{\alpha/2}\right\}=1-\alpha$$

即 μ 大于 $\bar{x}$ 减去标准误乘 $z_{\alpha/2}$、小于 $\bar{x}$ 加上标准误乘 $z_{\alpha/2}$ 的概率等于 $1-\alpha$。可得所求的置信度为 $1-\alpha$ 的总体均值的置信区间在 $\bar{x}$ 减去标准误乘 $z_{\alpha/2}$ 和 $\bar{x}$ 加上标准误乘 $z_{\alpha/2}$ 之间:

$$\left(\bar{x}-\frac{\sigma}{\sqrt{n}}z_{\alpha/2},\bar{x}+\frac{\sigma}{\sqrt{n}}z_{\alpha/2}\right)$$

总体均值 μ 在 $1-\alpha$ 的置信水平下的置信区间可以简写为:

$$\left(\bar{x}-z_{\alpha/2}\frac{\sigma}{\sqrt{n}},\bar{x}+z_{\alpha/2}\frac{\sigma}{\sqrt{n}}\right) \tag{6.8}$$

其中,$\bar{x}$ 是点估计值,n 为样本容量,α 是事先确定好的显著性水平,是概率值,$z_{\alpha/2}$ 是置信系数,是标准正态分布下右侧面积为 $\alpha/2$ 时的 z 值。

例 6.1 某高校欲对大学生的月平均生活费水平进行调查,于是从全校学生中随机抽取 150 名组成一个样本,计算得出这 150 名学生的月平均生活费 $\bar{x}$ 为 1 198.4 元。已知总体标准差 $\sigma=237$ 元,求总体月平均生活费 μ 的置信水平为 95% 的置信区间。

【解】 已知 $\bar{x}=1\ 198.4, n=150, \sigma=237, 1-\alpha=95\%$,根据标准正态分布表可以查到 $z_{\alpha/2}=1.96$。

因为是大样本,且总体方差已知,所以将以上数据代入式(6.8)可得 $\left(1\ 198.4-1.96\times\frac{237}{\sqrt{150}},1\ 198.4+1.96\times\frac{237}{\sqrt{150}}\right)$,即该校学生月平均生活费 μ 的置信水平为 95% 的置信区间为 [1 160.5, 1 236.3]。

2. 总体方差 σ^2 未知

总体方差 σ^2 未知时,用样本方差 S^2 来代替总体方差 σ^2。此时,样本均值 $\bar{x}$ 服从均值为 μ,方差为 S^2/n 的正态分布,即 $\bar{x}\sim N(\mu,S^2/n)$。

总体均值 μ 在 $1-\alpha$ 的置信水平下的置信区间为:

$$\left(\bar{x}-z_{\alpha/2}\frac{S}{\sqrt{n}},\bar{x}+z_{\alpha/2}\frac{S}{\sqrt{n}}\right) \tag{6.9}$$

例 6.2 某校想了解高二男生的立定跳远情况,于是体测后随机抽取了 35 名高二男生的立定跳远数据组成一个样本,如表 6-2 所示:

表 6-2 35 名该校高二男生立定跳远成绩　　　　　　　　单位:m

1.75	1.83	1.88	2.21	1.85	1.91	1.79
1.77	1.93	2.01	1.89	1.66	2.23	2.18
1.89	1.78	1.97	1.86	2.34	2.17	1.96
2.15	1.93	2.02	1.88	1.79	1.96	2.42
1.93	1.95	1.84	2.15	2.33	1.98	2.36

试求在置信水平为95%的条件下,总体均值即高二男生立定跳远平均成绩的置信区间。

【解】 通过计算可以得到:样本均值 $\bar{x} \approx 1.99$,样本容量 $n=35$,样本标准差 $s=\sqrt{\frac{1}{n-1}\sum_{i=1}^{n}(x_i-\bar{x})^2} \approx 0.19$。置信水平 $1-\alpha=95\%$,根据标准正态分布表可以查到 $z_{\alpha/2}=1.96$。由于总体标准差未知,因此使用样本标准差代替总体标准差进行估计。根据式(6.9)可得 $\left(1.99-1.96\times\frac{0.19}{\sqrt{35}}, 1.99+1.96\times\frac{0.19}{\sqrt{35}}\right)$,即该校高二男生立定跳远平均成绩的95%置信水平的置信区间为[1.93,2.05]。

6.2.2 小样本、总体服从正态分布

当样本容量为小样本时,若总体服从正态分布,则样本均值也服从正态分布;若总体不服从正态分布,则无法利用样本均值对总体均值进行区间估计。故以下只讨论总体服从正态分布的条件下总体均值的区间估计。

1. 总体方差已知

当总体服从正态分布时,样本均值 $\bar{x}$ 也服从均值为 μ、方差为 σ^2/n 的正态分布,即 $\bar{x} \sim N(\mu, \sigma^2/n)$,总体均值 μ 在 $1-\alpha$ 的置信水平下的置信区间与式(6.8)相同。

例6.3 某食品加工厂质检人员从当天生产的罐头中随机抽取了25罐,测得平均质量为248.7 g。已知该食品加工厂每日生产的罐头质量服从正态分布,且标准差为5.2 g。试求当天生产罐头的平均质量 μ 的置信水平为95%的置信区间。

【解】 已知 $\bar{x}=248.7, n=25, \sigma=5.2, 1-\alpha=95\%$,根据标准正态分布表可以查到 $z_{\alpha/2}=1.96$。因为总体服从正态分布,且方差已知,所以根据式(6.8)可得 $\left(248.7-1.96\times\frac{5.2}{\sqrt{25}}, 248.7+1.96\times\frac{5.2}{\sqrt{25}}\right)$,即该食品加工厂当天生产罐头的平均质量 μ 的置信水平为95%的置信区间为[246.66,250.74]。

2. 总体方差未知

当总体服从正态分布时,样本均值也服从正态分布。但由于是在小样本情况下且总体方差 σ^2 未知,因此需要用样本方差 s^2 来代替总体方差 σ^2。此时,标准化后的样本均值服从自由度为 $n-1$ 的 t 分布。

总体均值 μ 在 $1-\alpha$ 的置信水平下的置信区间为:

$$\left(\bar{x}-t_{\alpha/2}\frac{s}{\sqrt{n}}, \bar{x}+t_{\alpha/2}\frac{s}{\sqrt{n}}\right) \quad (6.10)$$

其中,$t_{\alpha/2}$ 是自由度为 $n-1$ 时,t 分布右侧面积为 $\alpha/2$ 时的临界值。

图6-3中 $\sigma=1$ 是标准正态分布概率密度图,df=1 与 df=10 分别表示自由度为1和10的 t 分布概率密度图。可以看出,t 分布与正态分布的图像类似,且自由度越大,t

分布越趋向于正态分布。

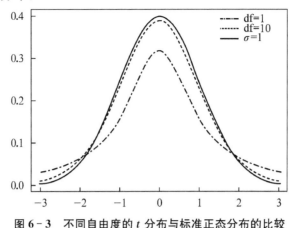

图 6-3 不同自由度的 t 分布与标准正态分布的比较

例 6.4 已知工厂生产的一批种子的发芽时长服从正态分布，现随机抽取 15 颗种子，测得其发芽天数如表 6-3 所示。

表 6-3 15 颗种子发芽天数

5	7	8	7	5
7	8	4	6	6
7	6	8	5	6

求工厂生产该批种子平均发芽天数的置信水平为 95% 的置信区间。

【解】 计算可得，15 颗种子的平均发芽天数 $\bar{x} \approx 6.33$，样本容量 $n=15$，$1-\alpha=95\%$。因为总体标准差未知，所以采用样本标准差代替总体标准差，样本标准差 $s = \sqrt{\frac{1}{n-1}\sum_{i=1}^{n}(x_i - \bar{x})^2} \approx 1.23$。根据 t 分布表可以查出 $t_{\alpha/2}(n-1) = t_{0.025}(14) = 2.145$，由式 (6.10) 可以计算得到 $\left(6.33 - 2.145 \times \frac{1.23}{\sqrt{15}}, 6.33 + 2.145 \times \frac{1.23}{\sqrt{15}}\right)$，即工厂生产该批种子平均发芽天数的置信水平为 95% 的置信区间为 $[5.65, 7.01]$。

注意总体均值的区间估计的两个基本要求：一是置信度上，区间估计时，希望区间包含总体参数的概率越大越好，当然是区间越大或越长包含总体参数的概率就越大；二是精确度上，区间估计时，估计的精度要尽可能高，希望区间的平均长度越短越好，越短就越精确，这与置信度的要求正好相反。在相同的条件下，置信度越高，置信区间的长度就越长，精度就会降低，可见，可靠度与精度是一对矛盾。在获得的信息一定，如样本容量固定的情况下，给出的估计区间的精度越高，即估计的区间越短，其可靠度越低；反之，增加可靠度就要牺牲精度。通常是将可靠度固定在某一需要的水平上，即确定一个置信水平之后，给出精度尽可能高的区间。

增加样本容量可以提高通过样本统计量估计总体参数的精度，那么在有了具体的估计精度要求后，我们如何确定保证估计精度的样本容量呢？这个问题在下文我们会讨论。

6.3 总体比例的区间估计

在实际生活中，经常需要了解总体中我们感兴趣的具有某种属性的单位占总体的比例。如了解某大学毕业生的就业率，新培育的一批种子的发芽率等。我们把具有某种属性的单位在总体单位中所占的比例记为 π。从总体中随机抽取一个样本，则在样本中具有该属性的单位所占样本容量的比例记为 p。总体比例一般是未知的，因此常用样本比例 p 构造置信水平为 $1-\alpha$ 的置信区间对总体比例 π 进行估计。

此处只讨论大样本条件下总体比例的区间估计。当满足 $np \geqslant 5$ 和 $n(1-p) \geqslant 5$ 时或区间 $(p-2\sqrt{p(1-p)/2}, p+2\sqrt{p(1-p)/2})$ 中不包含 0 或 1 时，可认为是大样本。通过样本比例 p 的抽样分布可知，当样本量足够大时，样本比例 p 的抽样分布可以用正态分布近似，即 $p \sim N\left(\pi, \dfrac{\pi(1-\pi)}{n}\right)$。

总体比例 π 在 $1-\alpha$ 的置信水平下的置信区间为：

$$\left(p-z_{\alpha/2}\sqrt{\dfrac{\pi(1-\pi)}{n}},\ p+z_{\alpha/2}\sqrt{\dfrac{\pi(1-\pi)}{n}}\right) \qquad (6.11)$$

但在实际中，π 是未知的，因此用样本比例 p 代替总体比例 π。

因此，总体比例 π 在 $1-\alpha$ 的置信水平下的置信区间为：

$$\left(p-z_{\alpha/2}\sqrt{\dfrac{p(1-p)}{n}},\ p+z_{\alpha/2}\sqrt{\dfrac{p(1-p)}{n}}\right) \qquad (6.12)$$

例 6.5 从某地区 4～12 岁的儿童中随机抽取 800 名，对其家长进行调查，得知有 166 名儿童每天都会浏览短视频。试估计该地区 4～12 岁儿童中每天观看短视频的儿童所占比例的置信水平为 95% 的置信区间。

【解】 已知 $n=800, p=\dfrac{166}{800}=0.2075, 1-\alpha=95\%, z_{\alpha/2}=1.96$。代入式(6.12)得

$$\left(0.2075-1.96\times\sqrt{\dfrac{0.2075(1-0.2075)}{800}},\ 0.2075+1.96\times\sqrt{\dfrac{0.2075(1-0.2075)}{800}}\right),$$

即该地区 4～12 岁儿童中每天观看短视频的儿童所占比例的置信水平为 95% 的置信区间为 [0.1794, 0.2356]。

6.4 总体方差的区间估计

此处只对正态总体方差的估计问题进行讨论。总体方差为 σ^2，样本方差为 s^2。样本方差服从自由度为 $n-1$ 的 χ^2 分布，即 $\dfrac{(n-1)s^2}{\sigma^2} \sim \chi^2(n-1)$。

要构造总体方差 σ^2 在 $1-\alpha$ 的置信水平下的置信区间,则需要找到满足 $\chi^2_{1-\alpha/2} \leqslant \chi^2 \leqslant \chi^2_{\alpha/2}$ 的临界值 χ^2。用 $\frac{(n-1)s^2}{\sigma^2}$ 来代替 χ^2,则:

$$\chi^2_{1-\alpha/2} \leqslant \frac{(n-1)s^2}{\sigma^2} \leqslant \chi^2_{\alpha/2} \tag{6.13}$$

于是,总体方差 σ^2 在 $1-\alpha$ 的置信水平下的置信区间为:

$$\frac{(n-1)s^2}{\chi^2_{\alpha/2}} \leqslant \sigma^2 \leqslant \frac{(n-1)s^2}{\chi^2_{1-\alpha/2}} \tag{6.14}$$

图 6-4 给出了用卡方分布构造的自由度为 4 的总体方差 $1-\alpha$ 置信区间。

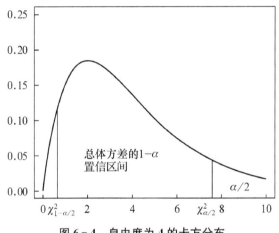

图 6-4 自由度为 4 的卡方分布

例 6.6 求例 6.4 中置信水平为 95% 的该批种子发芽天数方差的置信区间。

【解】 计算可得,15 颗种子的平均发芽天数 $\bar{x} \approx 6.33$,样本容量 $n=15$,$1-\alpha=95\%$,样本标准差 $s = \sqrt{\frac{1}{n-1}\sum_{i=1}^{n}(x_i-\bar{x})^2} \approx 1.23$,通过查表可得 $\chi^2_{1-\alpha/2}(n-1) = \chi^2_{1-0.025}(14) = 5.63$,$\chi^2_{\alpha/2}(n-1) = \chi^2_{0.025}(14) = 26.12$。将以上数据代入式(6.14)得:

$$\frac{(15-1) \times 1.23^2}{26.12} \leqslant \sigma^2 \leqslant \frac{(15-1) \times 1.23^2}{5.63}$$

则置信水平为 95% 的该批种子发芽天数方差的置信区间为 [0.81, 3.76]。

表 6-4 总结了总体参数区间估计的几种情况。

表 6-4 总体参数区间估计总结

参数	点估计量	标准误	条件	置信区间
总体均值 μ	$\bar{x}$	$\frac{\sigma}{\sqrt{n}}$	大样本($n \geqslant 30$) 总体方差已知	$\left(\bar{x} \pm z_{\alpha/2} \frac{\sigma}{\sqrt{n}}\right)$
			大样本($n \geqslant 30$) 总体方差未知	$\left(\bar{x} \pm z_{\alpha/2} \frac{s}{\sqrt{n}}\right)$
			正态总体、小样本 总体方差未知	$\left(\bar{x} \pm t_{\alpha/2} \frac{s}{\sqrt{n}}\right)$

续表

参数	点估计量	标准误	条件	置信区间
总体比例 π	p	$\sqrt{\dfrac{\pi(1-\pi)}{n}}$	大样本 $[np \geqslant 5$, $n(1-p)\geqslant 5]$ 二项总体	$\left(p \pm z_{\alpha/2}\sqrt{\dfrac{p(1-p)}{n}}\right)$
总体方差 σ^2	s^2	无要求	正态总体	$\dfrac{(n-1)s^2}{\chi^2_{\alpha/2}} \leqslant \sigma^2 \leqslant \dfrac{(n-1)s^2}{\chi^2_{1-\alpha/2}}$

6.5 样本容量的确定

在前文中提到,区间估计中,置信区间是通过样本统计量的值加减估计误差得到的。在样本容量不变的前提下,我们如果希望提高估计的可靠性,即提高置信度,那么就会使置信区间的宽度变大;而置信区间变宽的同时会造成估计精度的损失,即估计误差变大。如果我们既想提高估计的可靠性,又不想降低估计的精度,那么就需要扩大样本容量。但样本容量不能无限增大,这样会增加调查的工作量与调查所需的费用。因此,我们希望在满足给定的置信水平与估计误差的条件下,抽取最小的样本量。

6.5.1 估计总体均值时样本容量的确定

在无限总体抽样或者重复抽样的条件下,总体均值的置信区间为式(6.8),即 $\left(\bar{x} \pm z_{\alpha/2}\dfrac{\sigma}{\sqrt{n}}\right)$。估计误差为 $z_{\alpha/2}\dfrac{\sigma}{\sqrt{n}}$,是用样本均值估计总体均值时所允许的最大误差,也称允许误差或抽样极限误差,记为 Δ。在给定置信水平 $1-\alpha$ 的条件下,给出任意一个使用者在给定置信水平下可以接受的估计误差 Δ,就可以计算出相应的样本容量 n。由 $\Delta = z_{\alpha/2}\dfrac{\sigma}{\sqrt{n}}$ 可得样本容量 n 的计算公式为:

$$n = z_{\alpha/2}^2 \frac{\sigma^2}{\Delta^2} \tag{6.15}$$

实际应用中,若 σ 是未知的,则可以使用以前相同或类似的样本的标准差来代替;也可以从总体中抽取一个初始样本,用样本的标准差 s 代替 σ。

例 6.7 某食品加工厂生产一批罐头,该批罐头质量的标准差为 5.2 g,现以 95% 的置信水平对该批罐头的平均质量进行区间估计,希望的估计误差为 1.5 g,则应该抽取多少样本量?

【解】 已知 $\sigma = 5.2$,$1-\alpha = 95\%$,$\Delta = 1.5$,查表可得 $z_{\alpha/2} = 1.96$。根据式(6.15),得:

$$n = z_{\alpha/2}^2 \frac{\sigma^2}{\Delta^2} = 1.96^2 \times \frac{5.2^2}{1.5^2} \approx 46.17 \approx 47 (\text{罐})$$

故应该抽取 47 罐罐头作为样本。

6.5.2 估计总体比例时样本容量的确定

总体比例的样本容量的确定方法与总体均值中样本容量的确定方法相似。在无限总体抽样或者重复抽样的条件下,总体比例的置信区间为式(6.11),即 $\left(p \pm z_{\alpha/2}\sqrt{\dfrac{\pi(1-\pi)}{n}}\right)$。估计误差是 $z_{\alpha/2}\sqrt{\dfrac{\pi(1-\pi)}{n}}$,记为 $\Delta = z_{\alpha/2}\sqrt{\dfrac{\pi(1-\pi)}{n}}$。在给定置信水平 $1-\alpha$ 的条件下,给出任意一个使用者在给定置信水平下可以接受的估计误差 Δ,就可以计算出相应的样本容量 n。样本容量的计算公式为:

$$n = z_{\alpha/2}^2 \frac{\pi(1-\pi)}{\Delta^2} \tag{6.16}$$

若 π 是未知的,则可以使用以前相同或类似的样本的比例来代替;也可以从总体中抽取一个初始样本,用样本比例 p 代替 π。

例 6.8 某地区对 4~12 岁儿童每天浏览短视频的情况做了个预试验,得知有 20.75% 的儿童每天都会浏览短视频。现要以 95% 的置信水平对该年龄段儿童中每日浏览短视频的儿童所占的比例进行区间估计,希望的估计误差为 2%,则应该抽取多少样本量?

【解】 已知 $p = 0.2075, 1-\alpha = 95\%, \Delta = 0.02$,查表可得 $z_{\alpha/2} = 1.96$。

$$n = z_{\alpha/2}^2 \frac{p(1-p)}{\Delta^2} = 1.96^2 \times \frac{0.2075 \times (1-0.2075)}{0.02^2} = 1579.3 \approx 1580 (\text{名})$$

故应抽取 1 580 名 4~12 岁儿童。

从式(6.15)和式(6.16)中不难看出,在其他条件不变的情况下,样本容量与置信水平成正比,置信水平越高,需要抽取的样本容量越大;在其他条件不变的情况下,样本容量与总体方差成正比,总体变异程度越大,所需抽取的样本容量越大;在其他条件不变的情况下,样本容量与估计误差的平方成反比,可以接受的估计误差的平方越大,所需的样本容量越小。

另外,值得注意的是:在实际应用中,n 算出来的数值一般不是整数,样本量具体数值的确定需遵循圆整法则,即将小数点后面的数值一律进位成整数,如计算出来的 n 的数值为 45.22,则抽取 46 个样本单元作为一个样本。

练 习 题

一、简答题

1. 点估计和区间估计有什么区别和联系?
2. 简述总体均值区间估计的步骤。

二、计算题

1. 某厂生产的织物强度服从正态分布,长期以来其标准差稳定在 0.85。现抽取了一个容量为 $n=25$ 的样本,测定其强度,算得样本均值为 2.25,试求这批织物的平均强度在置信水平为 95% 下的置信区间。

2. 用一个仪表测量某一物理量 9 次,得到样本均值 56.3,样本标准差 $s=0.22$。测量标准差 σ 大小反映了测量仪表的精度,试求 σ 的置信水平为 95% 的置信区间。

3. 已知某种材料的抗压强度 X 服从 $N(\mu,\sigma^2)$,现随机地抽取 10 个试件进行抗压试验,测得数据如下:482,493,457,471,510,446,435,418,394,469。求平均抗压强度 μ 的置信水平为 95% 的置信区间。

第 7 章

假设检验

参数估计是推断统计的重要内容,那么本章所要介绍的假设检验则是推断统计的另一重要内容。假设检验与参数估计都是建立在抽样分布的基础上,通过样本信息对总体进行推断的方法。不同的是,参数估计是直接用样本统计量的值对总体参数值或范围进行估计,而假设检验是事先对总体参数提出一个假设,然后利用样本信息判断这一假设是否成立。参数估计与假设检验像是一件事情的不同角度。

生活中经常碰到如例 7.1 这样的问题:

例 7.1 工厂生产的一批零件的标准直径是 10 cm,根据经验,该工厂生产的零件直径服从正态分布。现从当日生产的一批零件中随机抽取 100 个零件,测得该批样本平均直径为 9.8 cm,标准差为 0.23 cm,在 0.05 的显著性水平下能否认为该工厂生产的该批零件符合标准?

【分析】 从抽检结果来看,这 100 个零件的平均直径比标准少了 0.2 cm。但不能因此就判定该批零件不合格,因为这 0.2 cm 的差异可能是抽样的随机性引起的,也有可能是该工厂生产设备老化、人为操作不当等因素引起的。为了探究 0.2 cm 的差异究竟来自哪方面的原因,我们可以先对其进行假设。假设生产的该批零件的直径为 10 cm,再利用抽取的 100 个零件的样本信息检验这个假设是否成立。如果成立,那么说明这 0.2 cm 的差异是抽样的随机性引起的;如果不成立,那么说明工厂生产的这一批零件不符合标准。

例 7.1 的分析思路就蕴含着假设检验的思想。

7.1 假设检验概述

7.1.1 假设检验的基本思想与原理

假设检验(hypothesis testing)是先对总体的参数(或分布形式)提出某种假设,然后利用样本信息判断假设是否成立的过程。假设检验一般分为参数假设检验(parametric testing)和非参数假设检验(nonparametric testing)。参数假设检验是在总体分布的类型已知的情况下对总体参数做出假设,然后利用样本信息判断假设是否成立的过程。

1. 假设检验的基本思想

假设检验的基本思想是先根据已知的总体的相关信息对总体参数做出假设,再利用样本的信息进行检验。如果样本给出的信息无法充分支持此假设,那么就在一定的概率下拒绝该假设;如果样本给出的信息可以充分支持此假设,那么在一定的概率下无法拒绝此假设。

2. 假设检验的原理

进行假设检验的方法就是对抽样数据中出现的差异进行定量分析,判断该差异是抽样的随机性造成的偶然误差还是系统误差,偶然误差与系统误差之间需要给出量的界限。此处需要用到概率论里的一个原理,即小概率原理——小概率事件在一次试验中基本不会发生。假设检验所依据的原理就是小概率原理,并且在逻辑上运用了反证法。现假设 H_0 是正确的,在此前提下,事件 A 是小概率事件。只进行一次试验,倘若事件 A 出现了,则该 H_0 的正确性值得怀疑;倘若事件 A 没有出现,则没有充分的理由认为假设 H_0 是错误的。

7.1.2 原假设与备择假设

在进行假设检验的过程中,我们一般提出两个相互对立的假设,即原假设 H_0 (null hypothesis)和备择假设 H_1 (alternative hypothesis)。原假设又称零假设,是假设检验的起点,用 H_0 表示,通常是研究者收集证据想要否定的假设。备择假设是原假设的对立面,是研究者收集证据想要支持的假设。若 μ 是待检验的参数,μ_0 表示我们感兴趣的数值,则原假设一般的表达式为:

$$H_0: \mu = \mu_0$$

备择假设一般的表达式为:

$$H_1: \mu \neq \mu_0$$

原假设与备择假设在建立时,需要注意以下几个方面:

(1) 原假设与备择假设是一个完备事件组,它们相互对立、互不包容。在一项假设检验中,原假设和备择假设必有一个成立,并且只有一个成立。

(2) 等号"="通常放在原假设中。

(3) 在进行假设检验时,先确定备择假设,再确定原假设。一般将研究者寻求证据想要予以支持的结论放在备择假设中,将想要否定的结论放在原假设中。

(4) 拒绝原假设,意味着接受备择假设;但不拒绝原假设并不意味着接受原假设,只能说明我们还没有找到充分的理由拒绝原假设。

在例 7.1 中,可以这样设置假设——原假设 H_0:该批零件合格;备择假设 H_1:该批零件不合格。或者用更简便的表达方式,即设该批零件的直径平均值为 μ,则原假设和备择假设可以表示为——原假设 $H_0:\mu=10$ cm,备择假设 $H_1:\mu\neq 10$ cm。

7.1.3　检验统计量

提出原假设与备择假设之后,决策者通常需要获取足够的证据来支撑其所做出的假设——备择假设。证据是从样本数据中获取的,但并不是直接利用样本数据对假设进行判断,而是对样本数据进行提炼压缩,构造一个与总体参数相关的适用于检验原假设的统计量来判断,这就是检验统计量(test statistics)。检验统计量衡量的是样本特征值与总体特征值的差异程度。构造检验统计量的原理与参数估计的原理类似,都要建立在抽样分布的基础上,假设检验中需要考察原假设为真时样本特征值服从的分布。常见的检验统计量有 z 统计量、t 统计量、χ^2 统计量和 F 统计量等。

以例 7.1 为例,样本容量 $n=100\geqslant 30$,已知总体均值为 μ,总体标准差 σ 未知,因此用样本标准差 s 来估计总体标准差 σ。样本均值为 $\bar{x}$,在大样本情况下,样本均值近似服从正态分布,于是选择的检验统计量为 z 统计量:

$$z=\frac{\bar{x}-\mu}{\sigma/\sqrt{n}}=\frac{\bar{x}-\mu}{s/\sqrt{n}}$$

该统计量服从正态分布,代入数据计算可得:

$$z=\frac{9.8-10}{0.23/\sqrt{100}}\approx -8.70$$

7.1.4　显著性水平与拒绝域

在假设检验中,显著性水平(level of significance)α 的取值要根据实际情况来确定,通常选取 0.1,0.05 以及 0.01。当显著性水平为 0.05 时,意味着每进行 100 次观察,有 5 次的结果不是要检验的因素引起的,也就是发生了 5 次小概率事件,由此确定了研究者愿意承担风险的水平。当然,α 的数值并不是越低越好,因为"原假设 H_0 不正确却被接受"这种错误的概率会相应增大,有时会给研究带来严重的后果。

计算得到检验统计量值后,需要对是否拒绝原假设做出判断。这时需要确定一个区域,根据显著性水平 α 以及检验统计量所服从的抽样分布,计算得出发生小概率事件的检验统计量的取值范围,即拒绝域(reject region)。若检验统计量的值落入拒绝域,则做出拒绝原假设的决策;若检验统计量的值落在接受域(accept region),则无法拒绝原假设。拒绝域与接受域包含了检验统计量的所有取值。了解了拒绝域之后,显著性水平 α 也可以理解为,在原假设 H_0 为真的情况下,人为规定的检验统计量落入拒绝域的最大允许概率值。

图 7-1 给出了 z 统计量显著性水平为 α 的双侧检验拒绝域。

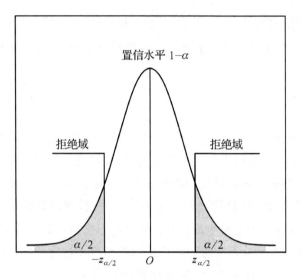

图 7-1　z 统计量双侧检验拒绝域

下面以例 7.1 的拒绝域构造为例来进行说明。

大样本情况下，总体标准差未知，故用样本标准差来代替总体标准差构造检验统计量，构造的检验统计量即 z 统计量为：

$$z = \frac{\bar{x} - \mu}{s/\sqrt{n}} \approx -8.70$$

因为犯第一类错误的概率记为 α（详细定义见 7.5 节），即：

$$P\left\{|z| = \left|\frac{\bar{x}-\mu}{s/\sqrt{n}}\right| > z_{\alpha/2} \,\big|\, H_0 \text{ 为真时}\right\} = \alpha \tag{7.1}$$

所以拒绝域为 $W = (-\infty, -z_{\alpha/2}) \cup (z_{\alpha/2}, +\infty)$，查表可得拒绝域为 $W = (-\infty, -1.96) \cup (1.96, +\infty)$，即 $|z| \geqslant 1.96$ 落入拒绝域；接受域为 $\overline{W} = (-z_{\alpha/2}, z_{\alpha/2})$，接受域为 $\overline{W} = (-1.96, 1.96)$，即 $|z| < 1.96$ 落入接受域。因此，检验统计量落入拒绝域中，故拒绝原假设，接受备择假设，即 $\mu \neq 10$ cm，即总体直径的均值不是 10 cm，在 0.05 的显著性水平下认为工厂生产的该批零件不符合标准。

7.1.5　利用 P 值进行决策

利用显著性水平与拒绝域进行决策时，检验统计量只要落入拒绝域，不论落入拒绝域的哪个区域，都会做出拒绝原假设的决策。只要显著性水平确定了，则拒绝域也就随之确定了。但是这样做的一个缺点是，进行决策面临的风险是笼统的。从 0.05 显著性水平下的 z 统计量来看，双侧检验下的拒绝域为 $W = (-\infty, -1.96) \cup (1.96, +\infty)$，即 $|z| \geqslant 1.96$ 落入拒绝域。若计算出的 z 值为 8.70，显然检验统计量落入拒绝域；若计算出的 z 值为 -1.98，检验统计量也落入拒绝域，但显然后者面临的风险更大。0.05 的显著性水平只是人为规定的犯第一类错误的最大容忍概率。如果想要精确反映决策的风

险,那么可以用 P 值进行决策。

P 值(P-value)是原假设为真时样本观察结果或更极端结果出现的概率。与显著性水平不同,P 值是实际计算出来的构造出的检验统计量落入拒绝域的概率。P 值越小,拒绝原假设的理由越充分。

在实际应用中,我们一般将检验统计量的观测值对应的 P 值与设定的显著性水平 α 进行比较。若 $P<\alpha$,则拒绝原假设;若 $P>\alpha$,则没有充分的理由拒绝原假设。P 值的计算相对麻烦,一般使用计算机软件进行计算。

7.1.6 假设检验的步骤

假设检验的步骤一般如下(图 7-2):

(1) 首先根据具体问题提出原假设 H_0 和备择假设 H_1;

(2) 从所研究的容量为 N 的总体中随机抽取一个容量为 n 的样本;

(3) 根据掌握的条件选择合适的检验统计量,确定该统计量的抽样分布,并计算其具体数值;

(4) 确定显著性水平 α,计算出临界值,确定拒绝域;

(5) 将检验统计量的值与临界值进行比较,做出决策,检验统计量落入拒绝域则拒绝原假设,检验统计量落入接受域则无法拒绝原假设。

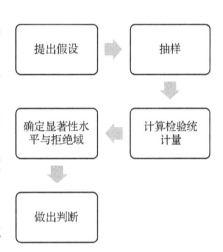

图 7-2 假设检验的步骤

7.2 双侧检验与单侧检验

假设检验的形式可以分为单侧检验和双侧检验。前文内容中拒绝域在两边的即为双侧检验(two-tailed testing),拒绝域在一边的称为单侧检验(one-tailed testing)。单侧检验又可分为左单侧检验和右单侧检验。左单侧检验又称下限检验,右单侧检验又称上限检验。当研究假设具有明确方向性时,一般采用单侧检验,方向根据具体问题而定。

例如,某罐装饮料的容量要求是每罐 250 mL,如果要检验这批饮料每罐容量是否符合要求,那么原假设 H_0:这批罐装饮料的容量符合要求($\mu=250$);备择假设 H_1:这批罐装饮料的容量不符合要求($\mu\neq250$)。这就是个双侧检验的例子,我们在检验这个假设的过程中需将显著性水平 α 均分在抽样分布的两侧,即构成抽样分布左、右各一个概率为 $\alpha/2$ 的拒绝域。

双侧检验:原假设是 μ 等于某一数值 μ_0,只要 $\mu>\mu_0$ 或 $\mu<\mu_0$ 两者中有一个成立,就拒绝原假设,即 $H_0:\mu=\mu_0$,$H_1:\mu\neq\mu_0$。

抽样分布曲线下两个尾部面积各占 $\alpha/2$，这样就有了两个拒绝域。若样本统计量落在任一拒绝域，则拒绝原假设。

单侧检验：主要关心带方向性的检验问题，分两种情况。

一种是所考察的数值越大越好，即 $H_0:\mu\geq\mu_0$，$H_1:\mu<\mu_0$，因此，只有一个拒绝域，且位于数值越小的那边（左单侧检验）；

另一种是所考察的数值越小越好，即 $H_0:\mu\leq\mu_0$，$H_1:\mu>\mu_0$，因此，只有一个拒绝域，且位于数值越大的那边（右单侧检验）。

表 7-1 给出了假设检验的三种形式。

表 7-1 假设检验的三种形式

假设	研究的问题（以总体均值的检验为例）		
	双侧检验	左单侧检验	右单侧检验
H_0	$\mu=\mu_0$	$\mu\geq\mu_0$	$\mu\leq\mu_0$
H_1	$\mu\neq\mu_0$	$\mu<\mu_0$	$\mu>\mu_0$

图 7-3 和图 7-4 分别给出了单侧检验两种形式的示意图。

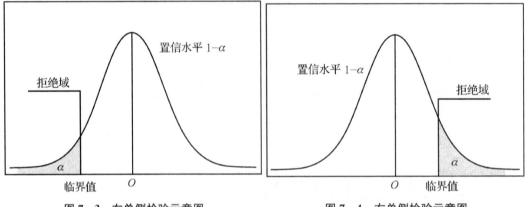

图 7-3 左单侧检验示意图　　　图 7-4 右单侧检验示意图

例 7.2 某房地产合肥分公司近期开展了促销活动，目的是将积压的存量房尽快销售出去。在开展促销活动之前，平均每天销售房产的数量是 3 套（销售量呈正态分布）。总公司突然要对合肥分公司促销活动的业绩进行检查，随机抽取了 10 天的销售量，依次为（单位：套）3、10、6、3、2、6、3、4、3、5，并决定采用抽样推断的方法判断促销活动的效果，只要现在平均每天销售数量大于 3 套，就说明最近的促销活动使得销售业绩有改善。

在没有总体数据的情况下，如何证明现在平均每天的销售量大于 3 套呢（显著性水平为 0.05）？

【解】步骤 1：提出原假设和备择假设。根据题意，我们知道：现在平均每天的销售量大于 3 套，相较于促销活动前平均每天销售 3 套来说能证明分公司销售业绩改善了。因此，备择假设为 H_1：开展促销活动以来，分公司平均每天的销售量增加了（$\mu>3$）。根据"备择假设是原假设的对立"，我们再确定原假设 H_0：开展促销活动以来，分公司平均每天的销售量没有增加（$\mu\leq 3$）。因此，这是一个右单侧检验问题。

步骤2：根据题干中已知的"每天的销售量呈正态分布"，且总体方差未知，因此构造检验统计量 $t=\dfrac{\overline{x}-\mu}{\text{s.e.}}\sim t(n-1)$。

其中，$\overline{x}=(3+10+6+3+2+6+3+4+3+5)/10=4.5$，取 $\mu=3$，$s=\sqrt{\dfrac{\sum_{i=1}^{n}(x_i-\overline{x})^2}{n-1}}\approx 2.36878$，s.e.$=s/\sqrt{n}\approx 0.74907$。

可得：$t=\dfrac{4.5-3}{0.74907}\approx 2.0025$。

步骤3：显著性水平 $\alpha=0.05$。

步骤4：根据原假设 H_0：开展促销活动以来，分公司平均每天的销售量没有增加（$\mu\leq 3$），这是个单侧检验，且拒绝域位于右侧。查 t 分布表（注意其是单尾显著性水平），查找自由度 df$=10-1=9$，单尾显著性水平 $\alpha=0.05$，所对应的 t 值为 1.833（即临界值）。

步骤5：（法一）$t=2.0025$ 与临界值 1.833 做比较：$2.0025>1.833$，落入拒绝域；

（法二）通过反查 t 分布表，将 $t=2.0025$ 转换为其所对应的概率值：df$=10-1=9$，$1.833<2.0025<2.262$，因此 $t=2.0025$ 所对应的概率值应在 $(0.025,0.05)$ 范围内，小于 $\alpha(=0.05)$，落入拒绝域。

步骤6：拒绝原假设，接受备择假设，说明开展促销活动以来，分公司平均每天的销售量增加了，即在 95% 的置信度下，分公司的工作是有效果的。

例 7.3 在排放的工业废水中，按环保条例规定，某种有害物质的含量不能超过 0.5%。现欲检查一企业的废水排放是否达标，随机抽测 9 份水样，得到的数据为 0.67%、0.68%、0.70%、0.71%、0.3%、0.73%、0.80%、0.76%、0.31%。在 95% 的置信水平下，检查结果能否说明该企业的废水排放符合规定？

【分析】 废水排放符合规定的条件是：某种有害物质的含量不能超过 0.5%。这是一个左侧检验问题。因此，备择假设为 H_1：该企业的废水排放符合规定（即某种有害物质的含量 $<0.5\%$）。根据"备择假设是原假设的对立"，提出原假设 H_0：该企业的废水排放不符合规定（即某种有害物质的含量 $\geq 0.5\%$）。

【解】 设原假设与备择假设分别为：

H_0：该企业的废水排放不符合规定（即某种有害物质的含量 $\geq 0.5\%$）；

H_1：该企业的废水排放符合规定（即某种有害物质的含量 $<0.5\%$）。

构造检验统计量 $t=\dfrac{\overline{x}-\mu}{\text{s.e.}}\sim t(n-1)$。

计算可得：$\overline{x}\approx 0.63$，$\mu=0.5$，$s\approx 0.188$，s.e.≈ 0.0626，进而得到 $t\approx 2.077$，df$=9-1=8$。其所对应的概率应在 $(0.025,0.05)$ 范围内，小于 $\alpha(=0.05)$，落入拒绝域。因此，拒绝原假设，接受备择假设，说明该企业的废水排放符合规定。

总结：双侧检验是指同时注意总体参数估计值与其假设值相比的偏高和偏低倾向的

检验,检验目的只是判断总体参数值是否与某一假设值有显著差异而不管这种差异是正差还是负差。单侧检验是指只注意总体参数估计值比其假设值偏高或偏低倾向的检验,它是单方向的,检验目的是判断总体参数值是否大于或小于某一假设值,并据此把单侧检验分为左单侧检验和右单侧检验。

7.3 单样本的均值检验

在实践中,我们经常会遇到如何用抽取的一个样本的均值来推断总体均值的情况,或者在研究工作中,对抽样调查获得的数据进行分析时,如果两组样本均值不同,需要判断其差异是否具有统计意义,那么就需要进行均值的假设检验。均值的假设检验是用来判断样本与样本、样本与总体的均值差异是抽样误差引起的还是本质差别造成的统计推断方法,即用样本数据的均值推断总体的均值。其基本原理是先对总体的特征做某种假设,然后通过抽样研究的统计推理,对此假设应该被拒绝还是接受做出判断。

均值检验分为:
(1) 用单个样本的均值推断总体的均值,即单样本的均值检验;
(2) 用相互独立的双样本数据推断样本是否来自同均值的总体,即独立样本的均值检验;
(3) 用配对的双样本数据推断样本是否来自同均值的总体,即配对样本的均值检验。

均值检验通常用到 z 统计量和 t 统计量,在总体方差未知且用小样本检验总体均值时,通常用 t 统计量,这种情况下,把均值检验分为:
(1) 单样本 t 检验;
(2) 独立样本 t 检验;
(3) 配对样本 t 检验。

我们首先介绍单样本的均值检验,如图 7-5 所示。单样本的均值检验主要检验单个变量的均值是否与给定的常数之间存在差异、样本均值与总体均值之间的差异是否显著。

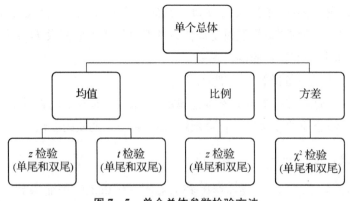

图 7-5 单个总体参数检验方法

同参数估计一样,对总体均值的假设检验,也需要考虑如下问题:随机抽取的样本是否为大样本、总体参数是否服从正态分布以及总体方差是否已知(图 7-6)。

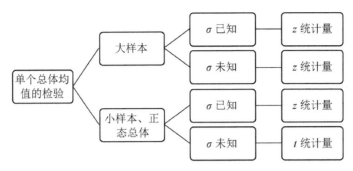

图 7-6 总体均值的检验

7.3.1 大样本下总体均值的 z 检验

在大样本情况下，无论总体均值是否服从正态分布，都可以认为样本均值服从正态分布。

1. 总体方差 σ^2 已知

样本均值 $\bar{x}$ 服从均值为 μ、方差为 σ^2/n 的正态分布，即 $\bar{x} \sim N(\mu, \sigma^2/n)$。样本均值经过标准化之后服从标准正态分布，因此构造的检验统计量为 z 统计量：

$$z = \frac{\bar{x} - \mu}{\sigma/\sqrt{n}} \tag{7.2}$$

其中，$\bar{x}$ 是样本均值，n 为样本容量，μ 为总体均值，σ^2 为总体方差。

例 7.4 某食品加工厂一种罐装饮料采用自动化生产线生产，每罐的容量是 250 mL，标准差为 5 mL。为检验每罐容量是否符合要求，质检人员在某天生产的饮料中随机抽取了 40 罐进行检验，测得每罐平均容量为 249.1 mL。取显著性水平 $\alpha = 0.05$，试检验该天生产的饮料容量是否符合标准要求。

【解】 已知 $\mu_0 = 250$，样本均值 $\bar{x} = 249.1$，总体标准差 $\sigma = 5$，样本量 $n = 40$，显著性水平 $\alpha = 0.05$，查表可得标准正态分布下对应的临界值为 $z_{\frac{\alpha}{2}} = 1.96$。用 μ 代表当天生产的饮料每罐平均容量，对立的两个假设可以表示如下：

原假设 $H_0 : \mu = 250$，备择假设 $H_1 : \mu \neq 250$

构造检验统计量：$z = \dfrac{\bar{x} - \mu}{\sigma/\sqrt{n}} = \dfrac{249.1 - 250}{5/\sqrt{40}} \approx -1.14$，检验统计量表示样本均值与检验总体均值相比，相差 1.14 个抽样标准差。

比较检验统计量与临界值：$|z| = 1.14 < z_{\frac{\alpha}{2}} = z_{0.025} = 1.96$，检验统计量落在了接受域，因此无法拒绝原假设 H_0，认为该天生产的饮料符合标准要求。

2. 总体方差 σ^2 未知

因为总体方差未知，所以使用样本方差 s^2 代替总体方差 σ^2 进行检验。样本均值 $\bar{x}$ 服从均值为 μ、方差为 s^2/n 的正态分布，即 $\bar{x} \sim N(\mu, s^2/n)$。样本均值经过标准化之后服从标准正态分布，即构造的检验统计量——z 统计量为：

$$z = \frac{\bar{x} - \mu}{s/\sqrt{n}} \tag{7.3}$$

例 7.5 调查结果显示,某城市家庭每日平均消费额是 112 元,从该城市中随机抽取 100 个家庭组成一个随机样本,计算得出这 100 个家庭的日平均消费额为 120 元,标准差为 23.25 元。请在 0.05 的显著性水平下检验该调查是否具有说服力。

【解】 已知 $\mu_0 = 112$,样本均值 $\bar{x} = 120$,样本标准差 $s = 23.25$,样本量 $n = 100$,显著性水平 $\alpha = 0.05$,查表可得标准正态分布下对应的临界值为 $z_{\frac{\alpha}{2}} = 1.96$。用 μ 代表该城市家庭每日平均消费额,对立的两个假设可以表示如下:

原假设 $H_0: \mu = 112$,备择假设 $H_1: \mu \neq 112$

构造检验统计量:$z = \dfrac{\bar{x} - \mu}{s/\sqrt{n}} = \dfrac{120 - 112}{23.25/\sqrt{100}} \approx 3.44$,检验统计量表示样本均值与检验总体均值相比,相差 3.44 个抽样标准差。

比较检验统计量与临界值:$|z| = 3.44 > z_{\frac{\alpha}{2}} = z_{0.025} = 1.96$,检验统计量落在了拒绝域,因此拒绝原假设 H_0,认为该城市家庭每日平均消费额不是 112 元,故认为该调查不具有说服力。

7.3.2 小样本下正态总体的均值检验

当样本容量为小样本时,若总体服从正态分布,则样本均值也服从正态分布;若总体不服从正态分布,则无法找到合适的检验统计量进行假设检验。故以下只讨论总体服从正态分布的条件下总体均值的假设检验。

1. 总体方差 σ^2 已知

当总体均值服从正态分布时,样本均值 $\bar{x}$ 也服从均值为 μ、方差为 σ^2/n 的正态分布,即 $\bar{x} \sim N(\mu, \sigma^2/n)$,样本均值经过标准化之后服从标准正态分布,即构造的检验统计量——z 统计量,同式(7.2)。

2. 总体方差 σ^2 未知

当总体服从正态分布时,样本均值也服从正态分布。但由于是在小样本情况下且总体方差 σ^2 未知,因此需要用样本方差 s^2 代替总体方差 σ^2。此时,用 z 统计量进行检验得到的结果可能是错误的,而标准化后的样本均值服从自由度为 $n-1$ 的 t 分布,于是选择用 t 统计量进行检验:

$$t = \frac{\bar{x} - \mu}{s/\sqrt{n}} \tag{7.4}$$

例 7.6 经验表明,某地区儿童智力的平均值为 100,研究者为探究早期教育对儿童智力发展是否具有促进作用,从当地接受过良好的早期教育的儿童中随机抽取了 24 名儿童组成一个随机样本,对这 24 名儿童进行智力测验,测得数据如表 7-2 所示。设显著性水平为 0.05,能否认为受过良好早期教育的儿童智力高于一般水平?

表 7-2 受过良好早期教育的儿童智力水平

112	109	105	94	100	97
100	96	104	100	111	99
104	97	113	123	98	100
98	107	99	104	108	102

【解】 已知 $\mu_0=100$,通过计算可得,样本均值 $\bar{x}\approx103.33$,样本标准差 $s\approx6.75$,样本量 $n=24$,显著性水平 $\alpha=0.05$。用 μ 代表接受过良好早期教育儿童的平均智力水平,根据题意,这是一个右单侧检验。原假设与备择假设可以设置如下:

原假设 $H_0:\mu\leq100$,备择假设 $H_1:\mu>100$

构造检验统计量: $t=\dfrac{\bar{x}-\mu}{s/\sqrt{n}}=\dfrac{103.33-100}{6.75/\sqrt{24}}\approx2.42$,在给定的显著性水平 0.05 下,$t$ 分布对应的临界值为 $t_\alpha(n-1)=t_{0.05}(23)=1.714$。

比较检验统计量与临界值: $t=2.42>t_{0.05}(23)=1.714$,检验统计量落在拒绝域。因此拒绝原假设,认为受过良好早期教育的儿童智力高于一般水平。

假设检验的过程也可以通过 SPSS 软件来完成。我们知道,随着自由度的增大,t 分布渐近为正态分布。因此在样本量较大的情况下,t 检验法和 z 检验法的区别就并不是很大了。不论是小样本还是大样本,我们都可以使用 t 检验法进行总体均值的检验。在 SPSS 软件中,只提供了 t 检验法。现在以例 7.6 为例,演示如何运用 SPSS 软件进行单一样本 t 检验(One-Sample T Test):

(1)打开一张新的工作簿,建立数据文件,将样本数据以一列的形式输入"Data View"表中,点击"Variable View"可以更改变量名称等信息。此处我们将变量名称改为"智力水平"。

(2)在页面上方操作栏中点击"Analyze"→"Compare Means"→"One-Sample T Test"。

(3)在打开的"One-Sample T Test"窗口中,在"Test Variable(s)"框中选入想要检验的变量名,此处就是"智力水平";在"Test Value"框中输入要检验的总体参数的值,也就是假设检验中原假设的值,此处输入 100,如图 7-7 所示。

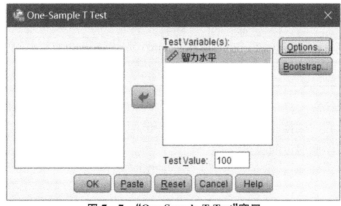

图 7-7 "One-Sample T Test"窗口

(4) 点击"Options",弹出"One-Sample T Test:Options"窗口,在"Confidence Interval Percentage"框中输入置信水平"$1-\alpha$",系统默认值是 95%,"Missing Values"是设置缺失值的处理办法,系统默认选择"Exclude cases analysis by analysis",设置完成后点击"Continue",返回"One-Sample T Test"窗口,如图 7-8 所示。

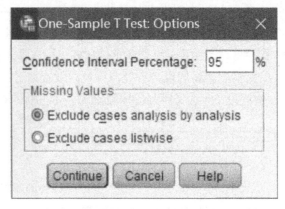

图 7-8 "One-Sample T Test:Options"窗口

(5) 点击"OK"即可得到 t 检验运行结果,如表 7-3 和表 7-4 所示。

表 7-3 是对样本数据进行的描述统计的结果,可知,样本容量 n 为 24,样本均值为 103.33,标准差为 6.75,标准误为 1.38。表 7-4 是单一样本 t 检验的结果,计算出的 t 值为 2.42,t 分布的自由度为 23,双侧 t 检验的概率值 P 为 0.024,样本均值与假定的总体均值之间的差为 3.33,样本均值与原假设的差的置信水平为 95%的置信区间为[0.483 9, 6.182 8]。因为 $P<0.05$,所以在 0.05 的显著性水平下,有充分的理由拒绝原假设,认为受过良好早期教育的儿童智力高于一般水平。

表 7-3 单一样本 t 检验的基本描述统计量

	N	Mean	Std. Deviation	Std. Error Mean
智力水平	24	103.333 3	6.748 05	1.377 44

表 7-4 单一样本 t 检验的结果

	Test Value=100					
	t	df	Sig. (2-tailed)	Mean Difference	95% Confidence Interval of the Difference	
					Lower	Upper
智力水平	2.420	23	0.024	3.333 33	0.483 9	6.182 8

在此处需要注意一点:SPSS 在默认情况下输出的都是双侧检验,这样比起单侧检验更加保守。如果在双侧检验的情况下都做出了拒绝原假设的决策,那么在单侧检验的情况下更会做出拒绝原假设的决策。

7.4 两个总体的均值差检验

在现实生活中,我们经常需要比较两个总体的均值是否有显著差异。在样本数据出现差异的时候,其差异是否具有统计意义?即样本均值的差异是否能代表总体均值差异?为此我们就要进行两个总体的均值差检验。均值检验通常用 z 统计量和 t 统计量。两个总体均值差的检验如图 7-9 所示。

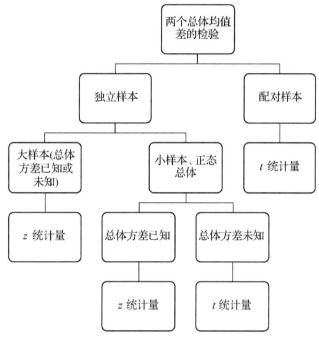

图 7-9 两个总体均值差的检验

7.4.1 独立样本下两个总体均值差的检验

独立样本,即样本的数据之间没有任何关联。独立样本下两个总体均值差的检验,即用两个样本的均值差的大小来检验两个独立样本所代表的总体的均值是否存在显著性差异。独立样本检验的前提是:被比较的两组样本彼此独立,没有配对关系;两个独立样本各自代表的两个总体应服从正态分布。两个独立样本均值差的检验可以根据总体的方差相等与否,分成如下两种情况:第一,两个样本独立,总体方差不等;第二,两个样本独立,总体方差相等。

1. 大样本

当两个总体中随机抽取的样本量 n_1、n_2 均较大时,无论两个总体是不是服从正态分布,样本均值 x_1、x_2 均可视作服从正态分布。由抽样分布理论可知,由两个独立样本算

出的均值差 $\bar{x}_1-\bar{x}_2$ 服从正态分布。

(1) 总体方差 σ_1^2、σ_2^2 已知

在总体方差 σ_1^2、σ_2^2 已知的情况下，$\bar{x}_1-\bar{x}_2$ 的标准差为：

$$\sigma_{\bar{x}_1-\bar{x}_2}=\sqrt{\frac{\sigma_1^2}{n_1}+\frac{\sigma_2^2}{n_2}} \tag{7.5}$$

由此，检验统计量 z 的公式为：

$$z=\frac{(\bar{x}_1-\bar{x}_2)-(\mu_1-\mu_2)}{\sqrt{\frac{\sigma_1^2}{n_1}+\frac{\sigma_2^2}{n_2}}} \tag{7.6}$$

其中，μ_1 为总体1的均值，μ_2 为总体2的均值，下同。

例 7.7 某调查机构想要研究学历是否显著影响毕业生步入工作岗位的起薪，因此对 2021 届本科毕业生和高职毕业生的薪资状况进行调查。该机构从 2021 届已经步入工作岗位的毕业生中随机抽取了 1 000 名本科毕业生以及 1 000 名高职毕业生，统计得到本科毕业生的平均起薪是 5 833 元，高职毕业生的平均起薪是 4 505 元。经验表明，本科毕业生的起薪标准差为 1 807 元，高职毕业生的起薪标准差为 1 028 元。试在 0.05 的显著性水平下，检验本科毕业生的起薪是否显著高于高职毕业生的起薪。

【解】 显然，这是个单侧检验。已知 $\sigma_1=1\ 807$，$\sigma_2=1\ 028$，$n_1=1\ 000$，$n_2=1\ 000$，$\bar{x}_1=5\ 833$，$\bar{x}_2=4\ 505$，$\alpha=0.05$。

原假设与备择假设可以设置如下：

原假设 $H_0:\mu_1-\mu_2\leqslant 0$，备择假设 $H_1:\mu_1-\mu_2>0$

构造检验统计量：$z=\dfrac{(\bar{x}_1-\bar{x}_2)-(\mu_1-\mu_2)}{\sqrt{\dfrac{\sigma_1^2}{n_1}+\dfrac{\sigma_2^2}{n_2}}}=\dfrac{(5\ 833-4\ 505)-0}{\sqrt{\dfrac{1\ 807^2}{1\ 000}+\dfrac{1\ 028^2}{1\ 000}}}\approx 20.20$。

比较检验统计量与临界值：$z=20.20>z_\alpha=z_{0.05}=1.645$。检验统计量落入拒绝域，因此，有充分的理由拒绝原假设。即认为本科毕业生的起薪显著高于高职毕业生的起薪，学历对毕业生步入工作岗位的起薪有显著影响。

(2) 总体方差 σ_1^2、σ_2^2 未知

在总体方差 σ_1^2、σ_2^2 未知的情况下，用样本方差 s_1^2、s_2^2 估计总体方差 σ_1^2、σ_2^2。$\bar{x}_1-\bar{x}_2$ 的标准差为：

$$\sigma_{\bar{x}_1-\bar{x}_2}=\sqrt{\frac{s_1^2}{n_1}+\frac{s_2^2}{n_2}} \tag{7.7}$$

由此，检验统计量 z 的公式为：

$$z=\frac{(\bar{x}_1-\bar{x}_2)-(\mu_1-\mu_2)}{\sqrt{\frac{s_1^2}{n_1}+\frac{s_2^2}{n_2}}} \tag{7.8}$$

例 7.8 某公司想考察当地两家超市的服务质量，分别从两家超市的顾客中随机抽取 100 人组成两个独立的随机样本进行调查，得到他们对超市服务质量的评分如表 7-5

所示。试在 0.05 的显著性水平下，检验两家超市的服务质量是否有显著差异。

表 7-5 顾客对超市服务质量评价的描述统计结果

	超市 1	超市 2
样本量	100	100
样本均值	7.13	7.58
样本标准差	2.23	2.76

【解】已知 $n_1=100, n_2=100, \bar{x}_1=7.13, \bar{x}_2=7.58, s_1=2.23, s_2=2.76, \alpha=0.05$。
对立的两个假设可以表示如下：

原假设 $H_0:\mu_1-\mu_2=0$，备择假设 $H_1:\mu_1-\mu_2\neq 0$

构造检验统计量 $z=\dfrac{(\bar{x}_1-\bar{x}_2)-(\mu_1-\mu_2)}{\sqrt{\dfrac{s_1^2}{n_1}+\dfrac{s_2^2}{n_2}}}=\dfrac{(7.13-7.58)-0}{\sqrt{\dfrac{2.23^2}{100}+\dfrac{2.76^2}{100}}}\approx -1.27$。

比较检验统计量与临界值：$|z|=1.27<z_{\alpha/2}=z_{0.025}=1.96$，检验统计量落在了接受域，因此无法拒绝原假设 H_0，认为两家超市的服务质量不存在显著差异。

2. 正态总体、小样本

(1) 总体方差 σ_1^2、σ_2^2 已知

两总体为正态总体，总体方差 σ_1^2、σ_2^2 已知，但从两总体中抽取的样本容量 n_1、n_2 不大时，检验统计量依然使用 z 统计量，见式(7.6)。

(2) 总体方差 σ_1^2、σ_2^2 未知

在两总体均为正态总体，总体方差 σ_1^2、σ_2^2 未知，且从两总体中抽取的样本容量 n_1、n_2 不大的情况下，进行均值差的检验需要用到 t 统计量。在进行 t 检验之前，需要先对两总体的方差是否相同进行 F 检验，即方差齐性检验；然后根据两总体方差是否相等分为两种情况：

第一种情况：两总体通过了方差齐性检验，认为方差相同；或者根据大量经验可以认为两总体的方差相等，即 $\sigma_1^2=\sigma_2^2$。

此时，用样本方差 s_1^2、s_2^2 估计总体方差 σ_1^2、σ_2^2，样本均值差的标准差 $\sigma_{\bar{x}_1-\bar{x}_2}$ 的估计为：

$$\hat{\sigma}_{\bar{x}_1-\bar{x}_2}=s_p\sqrt{\dfrac{1}{n_1}+\dfrac{1}{n_2}} \tag{7.9}$$

式中：

$$s_p^2=\dfrac{(n_1-1)s_1^2+(n_2-1)s_2^2}{n_1+n_2-2} \tag{7.10}$$

此时，样本均值差 $\bar{x}_1-\bar{x}_2$ 服从自由度为 (n_1+n_2-2) 的 t 分布，故检验统计量采用 t 统计量，计算公式为：

$$t=\dfrac{(\bar{x}_1-\bar{x}_2)-(\mu_1-\mu_2)}{s_p\sqrt{\dfrac{1}{n_1}+\dfrac{1}{n_2}}} \tag{7.11}$$

例 7.9 A 工厂与 B 工厂同时加工某种同类型的零件,已知两工厂加工的零件直径分别服从正态分布,并且有 $\sigma_1^2 = \sigma_2^2$。为比较两工厂设备的加工直径有无显著差异,分别随机从 A、B 两工厂加工的零件中独立抽取 10 个零件进行检测。通过测量得到如表 7-6 所示的数据。在 $\alpha = 0.05$ 的显著性水平下,能否认为两工厂加工的零件直径不一致?

表 7-6　A、B 两工厂设备加工的零件直径　　　　　　　　　　单位:cm

序号	1	2	3	4	5	6	7	8	9	10
A 工厂	15.5	16.1	15.8	16	15.6	15.3	15.7	16.1	14.9	15.7
B 工厂	15	14.2	14.8	14.6	15.2	15.4	15.1	14.9	14.6	15.6

【解】 已知 $n_1 = 10, n_2 = 10$,计算可得,$\bar{x}_1 = 15.67, \bar{x}_2 = 14.94, s_1^2 \approx 0.14, s_2^2 \approx 0.17$,

$$s_p^2 = \frac{(n_1-1)s_1^2 + (n_2-1)s_2^2}{n_1 + n_2 - 2} = \frac{(10-1) \times 0.14 + (10-1) \times 0.17}{10 + 10 - 2} = 0.155, \alpha = 0.05。$$

对立的两个假设可以表示如下:

原假设 $H_0: \mu_1 - \mu_2 = 0$,备择假设 $H_1: \mu_1 - \mu_2 \neq 0$

构造检验统计量 $t = \dfrac{(\bar{x}_1 - \bar{x}_2) - (\mu_1 - \mu_2)}{s_p\sqrt{\dfrac{1}{n_1} + \dfrac{1}{n_2}}} = \dfrac{(15.67 - 14.94) - 0}{\sqrt{\left(\dfrac{1}{10} + \dfrac{1}{10}\right) \times 0.155}} \approx 4.15。$

比较检验统计量与临界值: $|t| = 4.15 > t_{\frac{\alpha}{2}}(n_1 + n_2 - 2) = t_{0.025}(18) = 2.101$,检验统计量落在了拒绝域,因此拒绝原假设 H_0,认为两工厂加工的零件直径不一致,存在显著差异。

第二种情况:两总体经过方差齐性检验,做出了拒绝原假设的决策,认为总体方差不等,即 $\sigma_1^2 \neq \sigma_2^2$。

此时,用样本方差 s_1^2, s_2^2 估计总体方差 σ_1^2, σ_2^2,样本均值差 $\bar{x}_1 - \bar{x}_2$ 的标准差 $\sigma_{\bar{x}_1 - \bar{x}_2}$ 的估计为:

$$\hat{\sigma}_{\bar{x}_1 - \bar{x}_2} = \sqrt{\frac{s_1^2}{n_1} + \frac{s_2^2}{n_2}} \tag{7.12}$$

样本均值差 $\bar{x}_1 - \bar{x}_2$ 服从自由度为 f 的 t 分布,因此检验统计量的计算公式为:

$$t = \frac{(\bar{x}_1 - \bar{x}_2) - (\mu_1 - \mu_2)}{\sqrt{\dfrac{s_1^2}{n_1} + \dfrac{s_2^2}{n_2}}} \tag{7.13}$$

其中,自由度 f 的计算公式为:

$$f = \frac{\left(\dfrac{s_1^2}{n_1} + \dfrac{s_2^2}{n_2}\right)^2}{\dfrac{\left(\dfrac{s_1^2}{n_1}\right)^2}{n_1 - 1} + \dfrac{\left(\dfrac{s_2^2}{n_2}\right)^2}{n_2 - 1}} \tag{7.14}$$

例 7.10 在银行雇员中随机抽取 40 名雇员的工资进行调查,得到的数据如表 7-7 所示。设银行雇员工资服从正态分布,在 0.05 的显著性水平下,检验男、女雇员当前工资是否有显著差异。

表 7-7　40 名雇员的工资水平　　　　　　　　　　　　　　　　单位:元

男	男	女	女	男	男	男	女	女	女
49 000	32 200	13 450	13 900	37 000	24 100	28 000	13 900	19 900	16 000
女	男	女	女	女	男	男	男	男	男
30 850	13 750	16 000	8 950	13 150	23 050	52 375	24 550	127 000	23 200
女	男	男	女	男	男	男	男	男	女
22 300	20 350	19 750	27 100	19 300	32 800	38 000	95 750	34 300	18 250
男	男	男	男	男	女	男	男	男	女
28 150	102 625	34 000	84 000	73 250	23 350	21 100	23 350	28 000	11 200

下面以例 7.10 为例,演示 SPSS 软件的独立样本 t 检验。

(1) 打开一张新的工作簿,建立数据文件,将样本数据按性别和工资分为两列输入"Data View"表中,在此将分类变量性别列中的"男"用"m"替换,"女"用"f"替换。

(2) 在页面上方操作栏中点击"Analyze"→"Compare Means"→"Independent-Samples T Test"。

(3) 在打开的"Independent-Samples T Test"窗口中,在"Test Variable(s)"框中选入"工资",在"Grouping Variable"框中选入分组变量"性别",如图 7-10 所示。

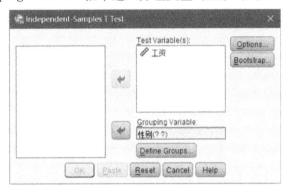

图 7-10　"Independent-Samples T Test"窗口

(4) 点击"Define Groups",弹出"Define Groups"窗口,在"Group 1"框中输入"m",在"Group 2"中输入"f",系统只对具有这两个值的因变量均值进行比较,点击"Continue",如图 7-11 所示。在"Independent-Samples T Test"窗口中,点击"Options"可以更改置信度,系统默认值是 95%,此处不做调整。

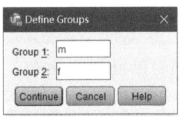

图 7-11　"Define Groups"窗口

(5) 点击"OK"即可得到 t 检验运行结果,如表 7-8 和表 7-9 所示。

表 7-8 是对样本数据进行的描述统计的结果,可知,抽取的 40 名雇员中,有 26 名男性,14 名女性。男性薪资均值为 41 882.70 元,标准差为 29 674.44 元,标准误为 5 819.64。女性薪资均值为 17 735.71 元,标准差为 6 274.04 元,标准误为 1 676.81。

表 7-8 独立样本 t 检验的基本描述统计量

	性别	N	Mean	Std. Deviation	Std. Error Mean
工资	m	26	41 882.692 3	29 674.444 20	5 819.637 31
	f	14	17 735.714 3	6 274.043 86	1 676.808 75

表 7-9 给出了方差齐性的检验结果以及独立样本 t 检验的两种结果。方差齐性结果显示:$F=11.33$,显著性概率 $P=0.002<0.05$,在 0.05 的显著性水平下拒绝原假设,认为方差不等。于是在 t 检验的两种结果中应该选择假设方差不相等的一行作为 t 检验的结果,即看"Equal Variances not assumed"行的结果。计算出的 t 值为 3.99,t 分布的自由度为 28.94,双侧 t 检验的概率值 P 为 $0.00<0.05$,因此在 0.05 的显著性水平下,有充分的理由拒绝原假设,认为男、女雇员的薪资存在显著差异。两组的均值差值为 24 146.98 元,女性薪资低于男性 24 146.98 元,差值的标准误为 6 056.39。

表 7-9 方差齐性和独立样本 t 检验的结果

		Levene's Test for Equality of Variances		t-test for Equality of Means					95% Confidence Interval of the Difference	
		F	Sig.	t	df	sig. (2-tailed)	Mean Difference	Std. Error Difference	Lower	Upper
工资	Equal variances assumed	11.332	0.002	2.992	38	0.005	24 146.978 02	8 071.048 57	7 807.944 0	40 485.961 65
	Equal variances not assumed			3.987	28.940	0.000	24 146.978 02	6 056.390 51	11 759.146 78	36 534.809 27

注意,在进行两样本 t 检验时,一般要先进行两样本方差齐性检验,F 检验可以判断两个总体的方差是否有显著差异。若两总体方差齐性,则采用 t 检验的等方差假设;若两总体方差有显著差异,则采用 t 检验的异方差假设。同等条件下,独立样本异方差假设下的 t 值一般小于等方差假设下的 t 值,因此,在总体方差未知的情况下,独立样本异方差假设是最保守的。

7.4.2 配对样本下两个总体均值差的 t 检验

前面所讨论的都是独立样本,当现实生活中遇到两个样本之间存在某种关系的时候,就无法再使用独立样本下总体均值差的检验方法,这时常常会用到配对样本下两总体均值差的检验方法——配对样本 t 检验。配对样本的 t 检验是指检验两个配对样本所代表的总体的均值是否存在显著差异,即先求出每对观测值的差,再对差值求平均值。通过检验配对变量均值之间的差异的大小,来检验两个总体的差异是否显著。配对样本 t 检验常用于检验同一样本的某个变量进行前后两次测试所获得的两组数据,或是对两个完全相同的样本在不同条件下进行测试所获得的两组数据。

在进行配对样本检验的时候,需要注意前提条件:两样本的数据是成对数据,且我们通常假定两个总体配对差值构成的总体服从正态分布,配对是从差值总体中随机抽取出来的。

如果从差值总体中抽取出来 n 个差值,那么配对样本均值差服从自由度为 $(n-1)$ 的 t 分布,配对样本情形下两个总体是否相等的检验统计量——t 统计量的计算公式是:

$$t = \frac{\overline{d} - (\mu_1 - \mu_2)}{s_d / \sqrt{n}} \tag{7.15}$$

其中 $\overline{d} = \dfrac{\sum_{i=1}^{n} d_i}{n}$,$s_d^2 = \dfrac{\sum_{i=1}^{n}(d_i - \overline{d})^2}{n-1}$,$d_i(i=1,2,\cdots,n)$ 为第 i 个匹配样本数据的差值。

例 7.11 某企业研发部门对饮料的配方进行了全面升级,为了检验此次配方升级是否被大众所接受,该企业将新版饮料投放到各大超市,随机抽取 12 家超市,对该饮料升级前与升级后的一周销售数据进行记录,如表 7-10 所示。在 0.05 的显著性水平下检验配方升级前与升级后的销售数据是否有显著差别。

表 7-10 12 家超市该饮料配方升级前与升级后一周的销售数据　　　单位:罐

	升级前	升级后	差值 d
1	1 248	1 344	−96
2	1 152	1 356	−204
3	1 236	1 608	−372
4	1 380	1 320	60
5	1 296	1 500	−204
6	1 428	1 404	24
7	1 344	1 296	48
8	1 080	1 440	−360
9	1 224	1 416	−192
10	1 452	1 656	−204
11	1 332	1 668	−336
12	1 308	1 212	96
均值	1 290	1 435	−145
标准差	108.965	146.296	169.278
标准误	31.456	42.232	48.866

【解】 已知 $n=12, \alpha=0.05$,计算可得:$\bar{d}=\dfrac{\sum_{i=1}^{n}d_i}{n}=-145, s_d=\sqrt{\dfrac{\sum_{i=1}^{n}(d_i-\bar{d})^2}{n-1}}\approx 169.278$。

对立的两个假设可以表示如下:

原假设 $H_0:\mu_1-\mu_2=0$,备择假设 $H_1:\mu_1-\mu_2\neq 0$

构造检验统计量 $t=\dfrac{\bar{d}-(\mu_1-\mu_2)}{s_d/\sqrt{n}}=\dfrac{-145-0}{169.278/\sqrt{12}}\approx -2.97$。

比较检验统计量与临界值:$|t|=2.97>t_{\frac{\alpha}{2}}(n-1)=t_{0.025}(11)=2.201$,检验统计量落在了拒绝域,因此有充分的理由拒绝原假设 H_0,接受备择假设,认为饮料配方升级前后的销售数据存在显著差异。

下面用 SPSS 软件演示配对样本 t 检验操作步骤:

(1) 在页面上方操作栏中依次点击"Analyze"→"Compare Means"→"Paired-Samples T Test"。

(2) 在打开的"Paired-Samples T Test"窗口中,在"Paired Variable(s)"框中选入"升级前"与"升级后"变量,点击"Options"可以更改置信度,系统默认值是 95%,此处不做调整,如图 7-12 所示。

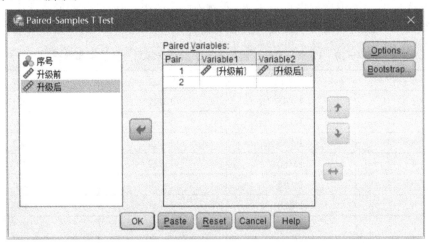

图 7-12 "Paired-Samples T Test"窗口

(3) 点击"OK"即可得到 t 检验运行结果,如表 7-11、表 7-12 和表 7-13 所示。

表 7-11 配对样本 t 检验的基本描述统计量

		Mean	N	Std. Deviation	Std. Error Mean
Pair 1	升级前	1 290.00	12	108.965	31.456
	升级后	1 435.00	12	146.296	42.232

表 7-12 配对样本的相关表

		N	Correlation	Sig.
Pair 1	升级前 & 升级后	12	0.145	0.653

表 7-13 配对样本 t 检验的结果

		Paired Differences					t	df	Sig. (2-tailed)
		Mean	Std. Deviation	Std. Error Mean	95% Confidence Interval of the Difference				
					Lower	Upper			
Pair 1	升级前－升级后	−145.000	169.278	48.866	−252.554	−37.446	−2.967	11	0.013

表 7-11 是对样本数据进行的描述统计的结果,可知 12 家超市饮品配方升级前的销量均值为 1 290 罐,标准差为 108.97 罐,标准误为 31.46;升级后的销量均值是 1 435 罐,标准差为 146.30 罐,标准误为 42.23。

表 7-12 给出了饮品配方升级前后销量的相关关系,两变量的相关系数为 0.145,P 值为 0.653,可见两变量之间的相关关系并不显著。

表 7-13 给出了配对样本 t 检验的结果。计算出的 t 值为 −2.97,t 分布的自由度为 11,双侧 t 检验的概率值 P 为 0.013<0.05,因此在 0.05 的显著性水平下,有充分的理由拒绝原假设,认为饮品配方升级前与升级后的销售量存在显著差异。

7.5　两类错误

在进行假设检验时,我们需要做出接受或拒绝原假设的决策,而假设检验的结论是建立在样本信息基础上的,是用样本信息对总体进行推断,由于"抽样"样本的随机性和局部性,它所提供的关于总体特征的信息必然存在缺陷,它的缺陷同样也将传递到假设检验的最终决策中。假设检验的依据是小概率原理,即小概率事件在一次试验中很难发生,但很难发生不等于不发生。所以假设检验的结论可能是正确的,也有可能是错误的。我们根据样本信息得出的结论有四种情况:

(1) 原假设 H_0 为真,做出接受原假设的决策。判断正确。
(2) 原假设 H_0 为假,做出拒绝原假设的决策。判断正确。
(3) 原假设 H_0 为真,做出拒绝原假设的决策。判断错误。
(4) 原假设 H_0 为假,做出接受原假设的决策。判断错误。

可见,我们可能会犯的错误有两种类型。

第一类错误是"以真为假"的错误,即原假设 H_0 正确但却被拒绝的错误,也称为"弃真"错误。犯第一类错误的概率是由假设检验的显著性水平 α 给出的,因此它又称为 α 错误(α error)。弃真错误出现的原因是小概率事件在一次试验中基本不会发生,而事实上即使概率很小的事件也可能在一次试验中发生,这种概率的大小就由 α 决定。因此,在原假设正确时,检验统计量的值落入拒绝域的概率就是 α。

第二类错误是"以假为真"的错误,即原假设 H_0 不正确却被接受的错误,也称为"取伪"错误。犯第二类错误的概率是当备择假设成立时,检验统计量的值落入接受域的概率,一般用 β 表示,因此它又称为 β 错误(β error)。

表 7-14 列出了假设检验的四种判断。

表 7-14 假设检验的四种判断

真实情况	所做决策	
	接受 H_0	拒绝 H_0
H_0 为真	正确	第一类错误
H_0 为假	第二类错误	正确

就例 7.1 而言,α 错误也即第一类错误意味着原假设 $H_0:\mu=10$ cm 是正确的,却做出了 $\mu\neq 10$ cm 的决策,从而拒绝了一个正确的原假设。β 错误也即第二类错误意味着原假设 $H_0:\mu=10$ cm 是错误的,却做出了 $\mu=10$ cm 的决策,从而没有拒绝一个错误的原假设。

在假设检验中,我们把犯第一类错误的概率记为 α,犯第二类错误的概率记为 β。我们总是希望犯这两类错误的概率越小越好,但是对于一个固定的样本容量 n,如果要减小犯第一类错误的概率,那么犯第二类错误的概率则会相应增大,如果要减小犯第二类错误的概率,那么犯第一类错误的概率会增大,不能同时做到犯这两类错误的概率都很小。

如图 7-13 所示,样本量固定时,犯两类错误的概率是此消彼长的关系,如果想同时减小犯这两类错误的概率,那么就要增大样本量。但是受调查成本等的约束,我们不可能无限制增大样本量,如果样本量扩大到总体,那么抽样调查便失去了意义。因此,在假设检验中,就有一个对两类错误进行控制的问题。

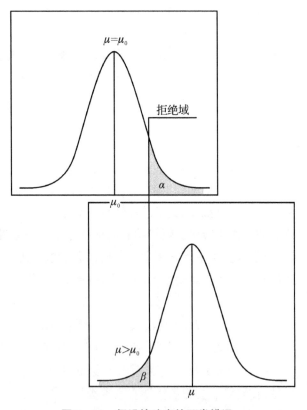

图 7-13 假设检验中的两类错误

在无法同时减小犯第一类错误和第二类错误的概率时,一般来说,哪一类错误所带来的后果越严重,危害越大,在假设检验中就应当把它作为首要的控制目标。因此尼曼与皮尔逊曾提出一个原则:在控制犯第一类错误的概率 α 的条件下,使犯第二类错误的概率 β 尽量小,即优先控制犯第一类错误的概率 α。一般地,将关系重大的错误(主要应避免的错误)列为 α,并尽量取较小的值,目的是保护原假设,使它不会轻易被否定。

控制犯第一类错误的原因:在假设检验中,原假设常常是明确的,而备择假设常常是模糊的。例如,某罐装饮料的容量要求是每罐 250 mL,如果要检验这批饮料每罐容量是否符合要求,那么我们可以提出原假设 H_0:这批罐装饮料的容量符合要求($\mu=250$),这个数量标准是清晰的。而备择假设 H_1 则是:这批罐装饮料的容量不符合要求($\mu\neq 250$),这个数量标准就比较模糊,我们不知道是 $\mu>250$,还是 $\mu<250$,而且究竟大(小)多少,大(小)的程度也不清楚。对于一个含义清晰的原假设和一个含义模糊的备择假设,我们更愿意接受前者。正是在这个背景下,我们就更为关心如果原假设 H_0 为真,而我们却把它拒绝了,犯这种错误的概率 α 可能性有多大。

练 习 题

一、简答题

1. 简述假设检验的基本思想。
2. 简述假设检验的基本步骤。
3. 显著性水平和 P 值有什么区别和联系?
4. 简述第一类错误和第二类错误的区别。

二、计算题

1. 设 $\{x_1, x_2, \cdots, x_{16}\}$ 是来自正态总体 $N(\mu, 4)$ 的样本,考虑检验问题
$$H_0: \mu=6, \quad H_1: \mu\neq 6$$
拒绝域取为 $W=\{|\bar{x}-6|\geq c\}$,试求 c 使得检验的显著性水平为 0.05。

2. 有一批枪弹,出厂时,其初始速度 v 服从 $N(950, 100)$(单位:m/s)。经过较长时间储存,取 9 发进行测试,得样本值(单位:m/s)如下:

　　　　914　920　910　934　953　945　912　924　940

据经验,枪弹经储存后其初始速度仍服从正态分布,且标准差保持不变,问:是否可认为这批枪弹的初始速度有显著降低($\alpha=0.05$)?

3. 已知某炼铁厂铁水含碳量服从正态分布 $N(4.55, 0.108^2)$。现在测定了 9 炉铁水,其平均含碳量为 4.484,如果铁水含碳量的方差没有变化,可否认为现在生产的铁水平均含碳量仍为 4.55($\alpha=0.05$)?

4. 由经验知某零件质量 X 服从 $N(15, 0.05^2)$,技术革新后,抽出 6 个零件,测得质量(单位:g)为:

　　　　14.7　15.1　14.8　15.0　15.2　14.6

已知方差不变,问:平均质量是否仍为 15 g($\alpha=0.05$)?

5. 化肥厂用自动包装机包装化肥,每包的质量服从正态分布,其平均质量为100 kg,标准差为1.2 kg。某日开工后,为了确定这天包装机工作是否正常,随机抽取9袋化肥,称得质量(单位:kg)如下:

   99.3 98.7 100.5 101.2 98.3 99.7 99.5 102.1 100.5

设方差稳定不变,问:这一天包装机的工作是否正常($\alpha=0.05$)?

6. 为考察鱼塘中鱼的含汞量,随机抽取10条鱼测得各条鱼的含汞量(单位:mg)为:

   0.8 1.6 0.9 0.8 1.2 0.4 0.7 1.0 1.2 1.1

设鱼的含汞量服从正态分布 $N(\mu,\sigma^2)$,试检验假设 $H_0:\mu\leq 1.2, H_1:\mu > 1.2(\alpha=0.10)$。

7. 假定考生成绩服从正态分布,在某地一次数学统考中,随机抽取了36名考生的成绩,算得平均成绩为66.5分,标准差为15分,问:在显著性水平0.05下,是否可以认为这次考试全体考生平均成绩为70分?

8. 如果一个矩形的宽度w与长度l的比值 $w/l \approx 0.618$,那么这样的矩形称为黄金矩形(看上去很舒服)。下面列出某工艺品工厂随机抽取的20个矩形宽度与长度的比值:

  0.693 0.749 0.654 0.670 0.662 0.672 0.615 0.606 0.690 0.628
  0.668 0.611 0.606 0.609 0.553 0.570 0.844 0.576 0.933 0.630

设该工厂生产的矩形的宽度与长度的比值总体服从正态分布,其均值为μ,试检验假设($\alpha=0.05$)。

9. 从一批铜管中抽取10根,测得其内径(单位:mm)为:

   100.36 100.31 99.99 100.11 100.64
   100.85 99.42 99.91 99.35 100.10

设这批铜管内直径服从正态分布 $N(\mu,\sigma^2)$,试分别在下列条件下检验假设($\alpha=0.05$):

(1) 已知 $\sigma=0.5$;

(2) σ 未知。

10. 某工厂的两个化验室每天同时从工厂的冷却水中取样,测量水中的含气量(单位:mg/L)一次,下面是7天的记录:

  化验室甲:1.15 1.86 0.75 1.82 1.14 1.65 1.90
  化验室乙:1.00 1.90 0.90 1.80 1.20 1.70 1.95

设每对数据的差 $d_i = X_i - Y_i (i=1,2,\cdots,7)$ 来自正态总体,问:两个化验室测定结果之间有无显著差异?($\alpha=0.01$)

第 8 章

方差分析

前文的假设检验介绍了使用 z 检验法以及 t 检验法对单个总体均值以及两个总体均值差进行检验。但是如果我们需要检验多个总体,应该使用什么方法呢?可以分别对两两总体进行 t 检验吗?答案是可以的,但是这样做就会积累犯错误的概率,并且步骤十分烦琐。那么有没有更高效的方法呢?本章所介绍的方差分析就是用来解决这个问题的。

8.1 方差分析概述

对总体均值的假设检验,一般有三种情况:总体均值与某个常数进行比较(单个正态总体均值的假设检验);两个总体均值之间的比较(两个正态总体均值差的假设检验);两个以上总体均值之间的比较。对于前两种情况,用 t 检验法或 z 检验法(它们适用于样本平均数与总体均值及两样本平均数间的差异显著性检验)就能快速得到假设检验的结果。但是,对于第三种情况,若仍采用 t 检验法就不适宜了。

检验多个总体均值是否相等时一般不进行两两比较,而是直接采用方差分析(analysis of variance,ANOVA),即 F 检验。

下面用一个例子来介绍方差分析。

例 8.1 某公司打算将新生产的咖啡饮料大量投放到各便利店,但对于各地区投放的密度还需要进行考量。市场调研人员想要了解不同地区对新款咖啡饮料的消费量是否有显著差异,于是先将咖啡饮料预投放到 4 个经济综合实力有显著差距地区 A、B、C、D 的便利店中,从 4 个地区中分别随机抽取 8 个便利店,记录该款咖啡饮料一周的销售数据。A、B、C、D 4 个地区的周销售量数据如表 8-1 所示。

分析四个地区之间的咖啡饮料销售量是否有显著差异,也就是要判断"地区"对"销售量"是否存在显著影响。做出这种判断最终被归结为检验这 4 个地区的销售量均值是否相等。若它们的均值相等,则意味着"地区"对销售量是没有影响的,该公司可以无差别投放新款饮料;若均值不全相等,则意味着"地区"对销售量是有影响的,它们之间的服务质量有显著差异,该公司会根据地区经济状况的不同决定新款咖啡饮料投放的密度。

表 8-1　4 个地区的咖啡饮料周销售量数据　　　　　　　　　　　单位：杯

便利店序号	地区			
	A	B	C	D
1	342	307	216	202
2	342	286	188	209
3	293	258	202	181
4	356	279	223	174
5	321	265	244	216
6	356	321	265	195
7	272	328	230	216
8	265	272	174	251

例 8.1 需要检验 4 个地区的销售量均值是否相等，一般不再选用 t 检验而是选用方差分析（F 检验），若采用 t 检验，则存在如下问题：

(1) 检验过程烦琐。

假设要检验 n 个总体的均值是否相等，如果采用 t 检验法，那么需要进行 C_n^2 次检验。如果 n 的数值稍微大一点，那么工作量会非常大。例如，例 8.1 中检验 4 个总体的均值，采用 t 检验法要进行 $C_4^2=6$ 次两两平均数的差异显著性检验。

(2) 无统一的试验误差，误差估计的精确性和检验的灵敏性低。

对同一试验的多个结果的均值进行比较时，应该有一个统一的试验误差的估计值。若用 t 检验法做两两比较，每次比较需计算一个 $s_{x_1-x_2}$，这使得各次比较误差的估计不统一，同时没有充分利用资料所提供的信息而使误差估计的精确性降低，从而降低检验的灵敏性。例 8.1 中有 4 个地区，每个地区抽取 8 个店，共有 32 个观测值。进行 t 检验时，每次只能利用 2 个地区的共 16 个观测值估计假设检验的误差，误差自由度为 $2\times(8-1)=14$；若利用整个抽样的 32 个观测值估计误差，显然估计的精确性高，且误差自由度为 $4\times(8-1)=28$。可见，在用 t 检验法进行检验时，估计误差的精确性低，误差自由度小，使得检验的灵敏性降低，容易掩盖差异的显著性。

(3) 推断的可靠性低，检验的第一类错误率大。

即使利用资料所提供的全部信息估计假设检验的误差，如果每次检验犯错误的概率是 α，那么进行多次 t 检验积累的犯错误的概率为 $1-(1-\alpha)^{C_n^2}$，这样犯错误的概率就会变大。例 8.1 中用 t 检验法进行 4 个平均数间的差异显著性检验，若两两比较推断正确的概率为 95%，则所有比较都正确的概率为 $0.95^6\approx0.74$，犯第一类错误的概率为 $1-0.74=0.26$，因此降低了推断的可靠性，增大了犯第一类错误的概率。而使用 F 检验，将所有总体的均值一起比较，不仅大大降低了工作量，还可以控制犯错误的概率。

8.1.1 方差分析基本概念

1. 方差分析

方差分析就是通过检验多个总体均值是否相等来判断分类型自变量对数值型因变量是否有显著影响。方差分析表面上是检验多个总体均值是否相等,实际上研究的是变量之间的关系,研究分类型自变量对数值型因变量是否有显著影响。

2. 基本术语

因素(factor)是方差分析所要检验的对象,又称因子。例8.1中检验不同地区对咖啡饮料的销售量是否有影响,则地区就是因素,也即分类变量。根据因素的数量,可以把方差分析分为单因素方差分析和多因素方差分析,关于多因素方差分析,我们仅仅介绍其中的双因素方差分析。当我们只考察一个因素的方差分析时,就是单因素方差分析;考察两个因素的变异对试验结果的影响是双因素方差分析,只考察两个因素各自变异对试验结果的影响,就是无重复试验的双因素方差分析,同时还要考察两个因素变异的交互作用对试验结果的影响,就是有重复试验的双因素方差分析。

水平(treatment)是因素的不同表现,又称处理。例8.1中,A、B、C、D是地区的四个不同水平。因素的每一个水平可看成一个总体。

观测值是每个因子水平下得到的样本数据。一个因子水平下的观测值可以视作一个样本,样本观测值的数目即为样本容量。

8.1.2 方差分析的基本思想

方差分析研究的是分类型自变量对数值型因变量是否有显著影响,形式上表现为检验各个总体的均值是否相等。而不同水平下的总体均值往往是未知的,只能通过不同水平下的样本均值是否存在差异来判断不同水平下总体均值是否存在差异。

由于样本是随机的,因此各样本均值不可能完全相等。样本间均值的差异可能来自两个方面:一是总体存在差异,总体本身的系统性因素造成的样本观测值的差异,叫作系统误差;二是抽样的随机性导致的样本观测值的差异,叫作随机误差。通过对样本差异的来源进行分析,就可以判断不同总体的均值是否相等。

1. 误差分解

在同一总体中,样本的观测值是不同的。例8.1中,A地区的不同便利店的销售量存在差异。因为便利店是随机抽取的,所以销售量之间的差异可以看作是随机因素造成的,也就是由抽样的随机性带来的随机误差。这种水平内部的数据误差称为组内误差,反映了一个样本内部数据的离散程度。组内误差只包含随机误差。

在不同总体中,样本的观测值也是不同的。例8.1中,A、B、C、D 4个地区之间咖啡饮料的销售量也存在差异。这种差异可能是抽样的随机性造成的抽样误差引起的,也可能是地区本身的系统性因素造成的系统误差引起的。不同水平之间的数据误差称为组间误差，反映了不同样本之间数据的离散程度。显然，组间误差中不仅包括随机误差，还包括系统误差。组内误差、组间误差与随机误差和系统误差有如下关系：

$$组内误差＝随机误差$$
$$组间误差＝随机误差＋系统误差$$

为了使表达更具象化，我们将误差用平方和来表示。

反映组内误差大小的平方和称为组内平方和（sum of squares for error），也称为误差平方和、残差平方和或组内变差，记为 SSE。

反映组间误差大小的平方和称为组间平方和（sum of squares for factor A），也称为因素平方和或组间变差，记为 SSA。

组内平方和与组间平方和的总和即为总平方和（sum of squares for total），它是反映全部数据误差大小的平方和，也称为总变差，记为 SST。误差分解图见图 8-1。

图 8-1 误差分解图

2. 误差分析

如果各地区的销售量均值不存在显著差异，也就是说总体本身没有系统性因素造成系统误差，那么组间误差中应该只含有随机误差，而组内误差等于随机误差。这时，组间误差和组内误差经过平均后的数值应该差不多，将两个数值相比，结果就会接近 1，即：组间变异/组内变异＝1，因素没有显著作用。

如果不同地区对咖啡饮料的销售量有影响，总体本身的系统性因素造成了系统误差，那么组间误差中不仅有随机误差，还有系统误差。这时，组间误差和组内误差经过平均后的比值就会大于 1，因素有显著作用。

当这个比值达到一定程度的时候，就有理由认为总体间的均值存在显著差异，也就是说不同地区对咖啡饮料的销售量有影响。

方差分析就是通过对数据误差来源的分析来判断不同总体的均值是否相等，进而判断分类型自变量对数值型因变量是否有显著影响。

8.1.3 方差分析的基本假定

进行方差分析需要三个假定：

1. 分布的正态性假定

每个总体都应该服从正态分布。换句话说，就是对于因素的每个水平，其观测值是来自正态分布总体的简单随机样本。抽样的时候要在正态总体中随机抽样，以保证抽取的数据服从正态分布。

2. 抽取数据的随机性与独立性假定

要求随机抽取样本,试验中抽取的每组数据之间相互独立。

3. 方差齐性假定

要求各组观察数据从具有相同方差的正态总体中抽取。

在以上假定成立的条件下,分析分类型自变量是否对数值型因变量产生影响的问题在形式上就转化成了检验分类型自变量各个水平的均值是否相等的问题。

8.1.4 方差分析的假设形式

与假设检验的步骤一致,方差分析也是先提出原假设与备择假设,确定显著性水平,再利用样本数据构造合适的检验统计量对原假设进行检验。在方差分析中,设因素有 k 个水平,每个水平的均值用 $\mu_1,\mu_2,\cdots,\mu_k$ 表示,则原假设与备择假设应该设置如下:

$H_0:\mu_1=\mu_2=\cdots=\mu_k$ 自变量对因变量没有显著影响

$H_1:\mu_1,\mu_2,\cdots,\mu_k$ 不全相等   自变量对因变量有显著影响

特别要注意的是,原假设非常严格,要求每个水平的均值都相等。只要有一对不等,都会做出拒绝原假设的决策。

在例 8.1 中,设 A 地区销售量为 μ_1,B 地区销售量为 μ_2,C 地区销售量为 μ_3,D 地区销售量为 μ_4。为检测地区是否对咖啡饮料的销售量产生影响,原假设与备择假设可设置为:

$H_0:\mu_1=\mu_2=\mu_3=\mu_4$ 地区对销售量没有显著影响

$H_1:\mu_1,\mu_2,\mu_3,\mu_4$ 不全相等   地区对销售量有显著影响

8.2 单因素方差分析

单因素方差分析(one-way analysis of variance)是指分类变量只有一个的方差分析。前文中所举的例 8.1 就只有一个分类变量(地区),因而属于单因素方差分析。

8.2.1 数据结构

在进行单因素方差分析的时候,需要对观测数据和因素加以说明,见表 8-2。

在方差分析中,我们用 A 表示因素,因素的 k 个水平(总体)用 $A_1,A_2,\cdots,A_k$ 表示。各样本观测值用 x_{ij} 表示,其中,$i=1,2,\cdots,k;j=1,2,\cdots,n$。$x_{ij}$ 表示第 i 个水平的第 j 个观测值。从各水平中抽取的样本容量可以相等,也可以不等。

表 8-2　单因素方差分析的数据结构

观测值(j)	因素(i)			
	A_1	A_2	⋯	A_k
1	x_{11}	x_{21}	⋯	x_{k1}
2	x_{12}	x_{22}	⋯	x_{k2}
⋮	⋮	⋮	⋮	⋮
n	x_{1n}	x_{2n}	⋯	x_{kn}

8.2.2　单因素方差分析的步骤

单因素方差分析的步骤与假设检验的步骤相同,都是先提出假设,根据样本数据构造检验统计量,确定显著性水平,再将检验统计量与临界值做比较,做出是否拒绝原假设的决策。

1. 提出假设

要检验因素的 k 个水平(总体)的均值是否相等,设 μ_i 为第 i 个水平的均值($i=1,2,\cdots,k$),原假设与备择假设设置如下:

$H_0:\mu_1=\mu_2=\cdots=\mu_i=\cdots=\mu_k$　　自变量对因变量没有显著影响

$H_1:\mu_i$ 不全相等　　　　　　　　　　　　自变量对因变量有显著影响

如果做出拒绝原假设 H_0 的决策,那么认为自变量对因变量有显著影响。注意,拒绝原假设只能说明 $\mu_1,\mu_2,\cdots,\mu_k$ 中至少有两个均值不等,不能说明所有均值都不等。如果没有充分的理由拒绝原假设,那么认为各水平均值相等,即自变量对因变量没有显著影响。

2. 构造检验统计量

前面已经解释过,方差分析的基本思路是通过分析数据误差的来源来判断各总体均值是否相等。如果组间误差均值与组内误差均值的比值超过了一定界限,那么有充分的理由做出拒绝原假设的决策,认为各总体均值不等。因此,我们将组间误差均值与组内误差均值的比值作为构造的检验统计量。下面简要介绍计算过程。

假设从第 i 个总体(水平)中抽取一个容量为 n_i 的简单随机样本($i=1,2,\cdots,k$),$\bar{x}_i$ 记作第 i 个总体的均值,n_i 为第 i 个总体的样本量,x_{ij} 为第 i 个总体的第 j 个观测值。

(1) 计算总平方和 SST

总平方和是全部观测值 x_{ij} 与总均值 $\bar{x}$ 的误差平方和。SST 是对全部数据总误差的度量,反映了自变量效应和残差效应的共同影响,公式为:

$$\mathrm{SST} = \sum_{i=1}^{k}\sum_{j=1}^{n_i}(x_{ij}-\bar{x})^2 \tag{8.1}$$

其中,$\bar{x}$ 与 n 的计算公式为:

$$\bar{x} = \frac{\sum_{i=1}^{k}\sum_{j=1}^{n_i} x_{ij}}{n} = \frac{\sum_{i=1}^{k} n_i \bar{x}_i}{n} \tag{8.2}$$

$$n = n_1 + n_2 + \cdots + n_k \tag{8.3}$$

(2) 计算组间平方和 SSA

组间平方和是各组均值 $\overline{x}_i$ 与总均值 $\overline{x}$ 的误差平方和。SSA 是对随机误差和系统误差大小的度量,反映了自变量对因变量的影响,SSA 所引起的效应称为自变量效应或因子效应。公式为：

$$\mathrm{SSA} = \sum_{i=1}^{k} n_i (\overline{x}_i - \overline{x})^2 \tag{8.4}$$

其中,$\overline{x}_i$ 的计算公式为：

$$\overline{x}_i = \frac{\sum_{j=1}^{n_i} x_{ij}}{n_i} \tag{8.5}$$

(3) 计算组内平方和 SSE

组内平方和是每个水平内部各样本观测值与组均值的误差平方和。SSE 是对随机误差大小的度量,反映了除自变量对因变量的影响之外其他因素对因变量的总影响,也称为残差变量,SSE 所引起的效应称为残差效应。公式为：

$$\mathrm{SSE} = \sum_{i=1}^{k} \sum_{j=1}^{n_i} (x_{ij} - \overline{x}_i)^2 \tag{8.6}$$

总平方和、组间平方和与组内平方和之间存在如下关系：

总平方和(SST)＝组间平方和(SSA)＋组内平方和(SSE)

即：

$$\sum_{i=1}^{k} \sum_{j=1}^{n_i} (x_{ij} - \overline{x})^2 = \sum_{i=1}^{k} n_i (\overline{x}_i - \overline{x})^2 + \sum_{i=1}^{k} \sum_{j=1}^{n_i} (x_{ij} - \overline{x}_i)^2 \tag{8.7}$$

(4) 计算组间均方 MSA 与组内均方 MSE

对组间平方和与组内平方和进行比较之前应该消除其量纲,因为 SSA 和 SSE 的自由度不同,比较它们绝对值的大小没有意义。各平方和除以其自由度得到的结果是均方(mean square),又称方差。

总平方和、组间平方和与组内平方和的自由度之间存在如下关系：

总平方和的自由度＝组间平方和的自由度＋组内平方和的自由度

组间均方 MSA 又称组间方差,是组间平方和 SSA 与其自由度 $(k-1)$ 的比值。

组内均方 MSE 又称组内方差,是组内平方和 SSE 与其自由度 $(n-k)$ 的比值。

表 8-3 清晰地表达了它们之间的关系：

表 8-3 平方和、自由度与均方的关系汇总

平方和	SST	＝	SSA	＋	SSE
自由度	$n-1$	＝	$k-1$	＋	$n-k$
均方			$\mathrm{MSA} = \mathrm{SSA}/(k-1)$		$\mathrm{MSE} = \mathrm{SSE}/(n-k)$

(5) 计算检验统计量 F

将组间均方与组内均方相除,就得到了单因素方差分析的检验统计量 F,F 统计量服从自由度分别为 $(k-1)$ 和 $(n-k)$ 的 F 分布,即 $F \sim F(k-1, n-k)$。计算公式如下:

$$F = \frac{\text{MSA}}{\text{MSE}} = \frac{\text{SSA}/(k-1)}{\text{SSE}/(n-k)} \tag{8.8}$$

3. 做出决策

我们知道,当原假设为真时,检验统计量 F 应该接近于 1;当原假设为假时,检验统计量的值会明显大于 1。那么,F 大到什么程度才会认定原假设为假呢?因为 F 统计量服从 F 分布,所以只要给定一个显著性水平 α,就可以求出 F 分布的临界值 $F_\alpha(k-1, n-k)$。当 F 的值超过这个临界值时,就有理由认为 MSA 显著地大于 MSE,从而做出拒绝原假设的决策。要注意,此处 F 检验是右单侧检验。

若 $F > F_\alpha(k-1, n-k)$,则拒绝原假设,认为不同总体之间的均值存在显著差异,也即分类型自变量对数值型因变量有影响;

若 $F < F_\alpha(k-1, n-k)$,则没有充分的理由拒绝原假设,认为不同总体之间的均值不存在显著差异,也即分类型自变量对数值型因变量没有影响。

下面介绍方差分析中一种标准形式的表格,叫作方差分析表(analysis of variance table),如表 8-4 所示。

表 8-4 方差分析表

误差来源	平方和 SS	自由度 df	均方 MS	F 值	P 值	F 临界值
组间误差	SSA	$k-1$	MSA=SSA/$(k-1)$	MSA/MSE		$F_\alpha(k-1, n-k)$
组内误差	SSE	$n-k$	MSE=SSE/$(n-k)$			
总和	SST	$n-1$				

方差分析是将 k 个处理的观测值作为一个整体看待,把观测值总变异的平方和及自由度分解为相应于不同变异来源的平方和及自由度,进而获得不同变异来源的总体方差估计值;通过计算这些总体方差估计值的适当比值,就能检验各样本所属总体均值是否相等。即分析试验数据中不同来源的变异对总变异影响的大小。方差分析实质上是关于观测值变异原因的数量分析。方差分析可以帮助我们抓住试验的主要矛盾和技术关键,发现主要的变异来源。

方差分析的总思路:首先分解观测值总变异的平方和及自由度,然后计算检验统计量 F,进行假设检验的差异显著性检验——F 检验。

平方和的分解:总变异 SST=组间变异 SSA+组内变异 SSE。

自由度的分解:总自由度 $(n-1)$=组间自由度 $(k-1)$+组内自由度 $(n-k)$。

8.2.3 方差分析中的多重比较

在得出各总体的均值不全相等,也即自变量对因变量有显著影响后,我们有时还需要解决一个问题:既然各总体的均值不全相等,那么到底是哪些总体的均值不相等呢? 我们常用的多重比较方法是费希尔提出的最小显著差异法(least significant difference, LSD)。LSD 法的步骤如下:

(1) 提出假设:

$$H_0: \mu_i = \mu_j \qquad i,j \text{ 两组之间无差异}$$
$$H_1: \mu_i \neq \mu_j \qquad i,j \text{ 两组之间有差异}$$

(2) 计算检验统计量:两组均值差的绝对值 $|x_i - x_j|$。

(3) 计算 LSD,公式为:

$$\text{LSD} = t_{\alpha/2} \sqrt{\text{MSE}\left(\frac{1}{n_i} + \frac{1}{n_j}\right)} \tag{8.9}$$

其中,$t_{\alpha/2}$ 为 t 分布的临界值,自由度为 $(n-k)$,n 为样本总数,k 为因素中不同水平的水平个数;MSE 为组内方差;n_i 和 n_j 分别为第 i 个样本和第 j 个样本的样本量。每两两比较时都要计算 LSD 值。如果一个因子有 k 个水平,那么应该进行 C_k^2 次检验。

(4) 根据显著性水平 α 做出决策,如果 $|x_i - x_j| > \text{LSD}$,那么拒绝原假设 H_0,认为 i,j 两组均值存在差异,否则无法拒绝 H_0。

8.3 双因素方差分析

前面已经提过,根据因素的数目,可以将方差分析分为单因素方差分析和多因素方差分析。多因素方差分析就是指分类型自变量为两个或两个以上时的方差分析。比如影响公司咖啡饮料销量的不只是地区,还可能包括便利店的规模、工作人员的服务质量等因素。在分类型自变量只有两个时,称为双因素方差分析(two-way analysis of variance)。

例 8.2 某品牌推出的新品咖啡饮料分别在经济综合实力不同的 A、B、C、D、E 五个地区的四家规模不同的连锁便利店甲、乙、丙、丁中销售。试验得到咖啡饮料在不同地区以及不同便利店规模下的销量如表 8-5 所示。在显著性水平 $\alpha = 0.05$ 的情况下,分析地区和便利店规模对新品咖啡饮料销售量是否有显著影响。

表 8-5 咖啡饮料分别在五地区四家连锁便利店的销售量数据 单位:杯

		地区因素				
		A	B	C	D	E
便利店因素	甲	1 162	1 102	1 074	1 062	994
	乙	1 082	1 174	1 154	1 022	1 034
	丙	1 134	994	1 114	1 074	934
	丁	854	822	894	742	894

在例 8.2 中,地区是一个因素,便利店规模是另一个因素。方差分析中涉及两个自

变量,是双因素方差分析,用以分析对于咖啡饮料的销售量是地区经济综合实力在起作用,还是便利店规模大小因素在起作用,还是两者都在起作用或两者都不起作用。

根据两因素之间是否独立,可以把双因素方差分析分为无交互作用(two-factor without replication)的双因素方差分析和有交互作用(interaction)的双因素方差分析。例 8.2 中,倘若除了地区和便利店规模对销售量的单独影响之外,两因素的搭配还对销售量产生一种新的影响,比如某地区对某种规模的便利店有偏好,则此时的双因素方差分析就称为有交互作用的双因素方差分析。

8.3.1 无交互作用的双因素方差分析

无交互作用的双因素方差分析与单因素方差分析的数据结构有一定区别,因此先对双因素方差分析下的数据结构进行介绍。影响数值型因变量的两个分类型自变量是双因素方差分析的两个因素,其中一个因素需要放在行的位置,称为行因素,行因素有 k 个水平($k=1,2,\cdots$);另一个因素需要放在列的位置,称为列因素,列因素有 r 个水平($r=1,2,\cdots$)。每一个观测值 $x_{ij}(i=1,2,\cdots,k;j=1,2,\cdots,r)$ 可以视作从由 k 个行因素和 r 个列因素组合成的容量为 kr 的总体中抽取的样本量为 1 的独立样本。数据结构如表 8-6 所示。

表 8-6 无交互作用的双因素方差分析数据结构

		列因素 j				平均值 $x_i.$
		列 1	列 2	⋯	列 r	
行因素 i	行 1	x_{11}	x_{12}	⋯	x_{1r}	$x_1.$
	行 2	x_{21}	x_{22}	⋯	x_{2r}	$x_2.$
	⋮	⋮	⋮	⋮	⋮	⋮
	行 k	x_{k1}	x_{k2}	⋯	x_{kr}	$x_k.$
平均值 $x._j$		$x._1$	$x._2$	⋯	$x._r$	$\bar{x}$

其中:

$x_i.$ 表示行因素的第 i 个水平下各观测值的平均值。计算公式为:

$$\bar{x}_i. = \frac{\sum_{j=1}^{r} x_{ij}}{r} \tag{8.10}$$

$x._j$ 表示列因素的第 j 个水平下各观测值的平均值。计算公式为:

$$\bar{x}._j = \frac{\sum_{i=1}^{k} x_{ij}}{k} \tag{8.11}$$

$\bar{x}$ 表示全部 kr 个样本数据的平均值。计算公式为:

$$\bar{x} = \frac{\sum_{i=1}^{k}\sum_{j=1}^{r} x_{ij}}{kr} \tag{8.12}$$

接下来介绍双因素方差分析的分析步骤。

1. 提出假设

需要对两个因素是否对因变量有影响分别提出假设。

（1）对行因素提出假设

要检验行因素的 k 个水平（总体）的均值是否相等，设 μ_i 为第 i 个水平的均值（$i=1,2,\cdots,k$），原假设与备择假设设置如下：

$H_0: \mu_1 = \mu_2 = \cdots = \mu_i = \cdots = \mu_k$ 行因素对因变量没有显著影响

$H_1: \mu_i$ 不全相等   行因素对因变量有显著影响

（2）对列因素提出假设

要检验列因素的 r 个水平（总体）的均值是否相等，设 μ_j 为第 j 个水平的均值（$j=1,2,\cdots,r$），原假设与备择假设设置如下：

$H_0: \mu_1 = \mu_2 = \cdots = \mu_j = \cdots = \mu_r$ 列因素对因变量没有显著影响

$H_1: \mu_j$ 不全相等   列因素对因变量有显著影响

2. 构造检验统计量

分别对行因素和列因素构造检验统计量，方法和单因素方差分析类似，从总平方和的分解入手。

（1）计算误差平方和

总平方和 SST 的计算公式：

$$\text{SST} = \sum_{i=1}^{k}\sum_{j=1}^{r}(x_{ij} - \bar{x})^2 \tag{8.13}$$

将总平方和 SST 进行分解转化可得：

$$\text{SST} = \sum_{i=1}^{k}\sum_{j=1}^{r}(\bar{x}_{i\cdot} - \bar{x})^2 + \sum_{i=1}^{k}\sum_{j=1}^{r}(\bar{x}_{\cdot j} - \bar{x})^2 +$$
$$\sum_{i=1}^{k}\sum_{j=1}^{r}(x_{ij} - \bar{x}_{\cdot j} - \bar{x}_{i\cdot} + \bar{x})^2 \tag{8.14}$$

式（8.14）中等式右边的第一项是行因素产生的误差平方和，记为 SSR，计算公式为：

$$\text{SSR} = \sum_{i=1}^{k}\sum_{j=1}^{r}(\bar{x}_{i\cdot} - \bar{x})^2 \tag{8.15}$$

第二项是列因素产生的误差平方和，记为 SSC，计算公式为：

$$\text{SSC} = \sum_{i=1}^{k}\sum_{j=1}^{r}(\bar{x}_{\cdot j} - \bar{x})^2 \tag{8.16}$$

第三项是除行因素和列因素影响之外的剩余因素引起的误差平方和，称为随机误差平方和，记为 SSE，计算公式为：

$$\text{SSE} = \sum_{i=1}^{k}\sum_{j=1}^{r}(x_{ij} - \bar{x}_{\cdot j} - \bar{x}_{i\cdot} + \bar{x})^2 \tag{8.17}$$

显然,有:
$$SST = SSR + SSC + SSE \qquad (8.18)$$

(2) 计算均方

总误差平方和 SST 的自由度是 $kr-1$。

行因素误差平方和 SSR 的自由度是 $k-1$,行因素的均方记为 MSR,计算公式为:
$$MSR = \frac{SSR}{k-1} \qquad (8.19)$$

列因素误差平方和 SSC 的自由度是 $r-1$,列因素的均方记为 MSC,计算公式为:
$$MSC = \frac{SSC}{r-1} \qquad (8.20)$$

随机误差平方和 SSE 的自由度是 $(k-1)(r-1)$,随机因素的均方记为 MSE,计算公式为:
$$MSE = \frac{SSE}{(k-1)(r-1)} \qquad (8.21)$$

(3) 计算检验统计量

构造行因素的检验统计量 F_R:
$$F_R = \frac{MSR}{MSE} \sim F(k-1, (k-1)(r-1)) \qquad (8.22)$$

构造列因素的检验统计量 F_C:
$$F_C = \frac{MSC}{MSE} \sim F(r-1, (k-1)(r-1)) \qquad (8.23)$$

3. 做出统计决策

根据给出的显著性水平 α 和各自的自由度,将计算出来的检验统计量 F_R、F_C 与 F 检验的临界值 F_α 相比较:

若 $F_R > F_\alpha$,则拒绝原假设,认为不同行因素之间的均值存在显著差异,即行因素对因变量产生了显著影响;

若 $F_C > F_\alpha$,则拒绝原假设,认为不同列因素之间的均值存在显著差异,即列因素对因变量具有显著影响。

无交互作用影响的双因素方差分析表如表 8-7 所示。

表 8-7 无交互作用的双因素方差分析表

误差来源	误差平方和 SS	自由度 df	均方 MS	F 值	P 值	F 临界值
行因素	SSR	$k-1$	MSR=SSR/$(k-1)$	MSR/MSE		$F_\alpha(k-1, (k-1)(r-1))$
列因素	SSC	$r-1$	MSC=SSC/$(r-1)$	MSC/MSE		$F_\alpha(r-1, (k-1)(r-1))$
随机误差	SSE	$(k-1)(r-1)$	MSE=SSE/$(k-1)(r-1)$			
总和	SST	$kr-1$				

8.3.2 有交互作用的双因素方差分析

有交互作用的双因素方差分析不仅研究两个因素分别对因变量是否有影响,还研究两个因素的共同作用对因变量的影响。同无交互作用的双因素方差分析一样,有交互作用的双因素方差分析也需要先提出假设,构造检验统计量,再做出统计决策。双因素方差分析中不能忽略两因素交互效应对结果的影响,否则可能会得出错误的结论。

设行因素有 k 个水平($k=1,2,\cdots$),列因素有 r 个水平($r=1,2,\cdots$),总共有 kr 个水平交互,每个交互水平独立重复试验 m 次($m=1,2,\cdots$),共得到 $n=krm$ 个试验结果。

1. 提出假设

(1) 对行因素提出假设

要检验行因素的 k 个水平(总体)的均值是否相等,设 μ_i 为第 i 个水平的均值($i=1,2,\cdots,k$),原假设与备择假设设置如下:

H_0:行因素的 k 个水平的均值完全相等;

H_1:行因素的 k 个水平的均值不完全相等。

(2) 对列因素提出假设

要检验列因素的 r 个水平(总体)的均值是否相等,设 μ_j 为第 j 个水平的均值($j=1,2,\cdots,r$),原假设与备择假设设置如下:

H_0:列因素的 r 个水平的均值完全相等;

H_1:列因素的 r 个水平的均值不完全相等。

(3) 对行因素和列因素的共同作用提出假设

原假设与备择假设设置如下:

H_0:行因素与列因素交互影响的 kr 个水平的均值完全相等;

H_1:行因素与列因素交互影响的 kr 个水平的均值不完全相等。

2. 构造检验统计量

设 x_{ijl} 表示行因素第 i 个水平与列因素第 j 个水平的第 l($l=1,2,\cdots$)次试验观测值,$\overline{x}_{ij}$ 表示行因素第 i 个水平和列因素第 j 个水平组合的样本观测平均值,$\overline{x}$ 表示全部 n 个观测值的总均值,$\overline{x}_{i.}$ 与 $\overline{x}_{.j}$ 含义同上。

总误差平方和 SST 的计算公式为:

$$\text{SST} = \sum_{i=1}^{k}\sum_{j=1}^{r}\sum_{l=1}^{m}(x_{ijl}-\overline{x})^2 \qquad (8.24)$$

行因素误差平方和 SSR 的计算公式为:

$$\text{SSR} = rm\sum_{i=1}^{k}(\overline{x}_{i.}-\overline{x})^2 \qquad (8.25)$$

列因素误差平方和 SSC 的计算公式为:

$$\text{SSC} = km\sum_{j=1}^{r}(\overline{x}_{.j}-\overline{x})^2 \qquad (8.26)$$

行因素与列因素交互作用 SSRC 的误差平方和计算公式为：

$$\text{SSRC} = m \sum_{i=1}^{k} \sum_{j=1}^{r} (x_{ij} - x_{\cdot j} - x_{i\cdot} + \bar{x})^2 \tag{8.27}$$

除行因素、列因素、行因素与列因素的交互作用之外的随机因素引起的误差平方和 SSE 的计算公式为：

$$\text{SSE} = \text{SST} - \text{SSR} - \text{SSC} - \text{SSRC} \tag{8.28}$$

计算均方与检验统计量和无交互作用的双因素方差分析思路相同，只是自由度发生变化并且多了交互作用的影响。此处不再赘述，直接给出有交互作用的双因素方差分析表，如表 8-8 所示。

表 8-8 有交互作用的双因素方差分析表

误差来源	误差平方和 SS	自由度 df	均方 MS	F 值	P 值	F 临界值
行因素	SSR	$k-1$	MSR=SSR/$(k-1)$	MSR/MSE		$F_\alpha(k-1, kr(m-1))$
列因素	SSC	$r-1$	MSC=SSC/$(r-1)$	MSC/MSE		$F_\alpha(r-1, kr(m-1))$
交互作用	SSRC	$(k-1)(r-1)$	MSRC=SSRC/$[(k-1)(r-1)]$	MSRC/MSE		$F_\alpha((k-1)(r-1), kr(m-1))$
随机误差	SSE	$kr(m-1)$	MSE=SSE/$[kr(m-1)]$			
总和	SST	$n-1$				

若计算出的 F 值大于一定显著性水平 α 下的 F 临界值，则拒绝检验统计量对应的原假设，认为该因素对因变量有显著影响。

8.4 方差分析的 SPSS 应用

8.4.1 单因素方差分析实例

根据例 8.1，用 SPSS 软件进行方差分析。

（1）在数据窗口中建立数据文件，定义两个数值型变量，分别为"销售量"和"地区"，"销售量"变量中输入咖啡饮料在四地区的销售量，在"地区"变量中输入销售量对应的地区 1、2、3、4，分别代表地区 A、B、C、D。要注意，不能把 A、B、C、D 定义为四个变量。

（2）依次点击"Analyze"→"Compare Means"→"One-Way ANOVA"，打开"One-Way ANOVA"窗口。

（3）在"One-Way ANOVA"窗口将"销售量"变量放入因变量"Dependent List"框中，定义销售量为因变量；将"地区"变量放入因子"Factor"框中，定义地区为因素变量，如图 8-2 所示。

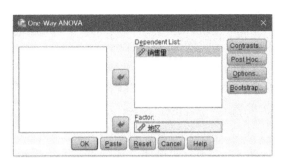

图 8-2 "One-Way ANOVA"窗口

(4) 在"One-Way ANOVA"窗口中,点击"Contrasts",在"Contrast 1 of 2"框中选择比较所需要的参数,如需比较 A 地区和 D 地区的均值,则依次在"Coefficients"中输入"1,0,0,-1",如图 8-3 所示。如果还想对比其他总体的均值,那么点击"Next"继续添加参数即可,此处我们还想比较 A、B 两地区的均值差异,就添加了"1,-1,0,0"。设置完成后点击"Continue"回到主窗口。注意,如果想比较 A 地区销售量均值与 C 地区销售量均值的 2 倍是否有显著差异,那么可以将参数设置为"1,0,-2,0",参数的设置比较自由,可以根据具体问题进行具体分析。

图 8-3 单因素方差分析"对比"窗口

(5) 在"One-Way ANOVA"窗口中,点击"Post Hoc Multiple Comparisons",打开两两比较窗口。SPSS 在方差齐性假定栏中提供了 14 种各组均值的多重比较方法,在这里我们选择基于 t 检验的"LSD"法;在方差非齐性假定框中提供了 4 种多重比较方法,勾选"Tamhane's T2"法,在显著性水平框中输入 0.05,如图 8-4 所示。设置完成后点击"Continue"返回"One-Way ANOVA"窗口。

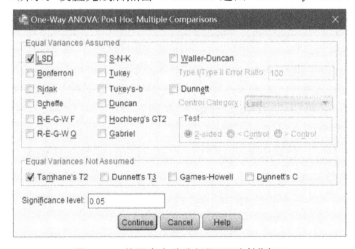

图 8-4 单因素方差分析"两两比较"窗口

(6) 在"One-Way ANOVA"窗口中,点击"Options",打开"选项"窗口。在"Statistics"框中选中"Descriptive",要求输出描述统计量;选中"Homogeneity of variance test",进行方差齐性检验;选中"Means plot"输出均值图;在"Missing Values"框选中"Exclude cases analysis by analysis",按分析顺序剔除个案,剔除参与分析的变量中有缺失值的观测量,如图 8-5 所示。设置完成后点击"Continue"返回"One-Way ANOVA"窗口。

(7) 点击"OK"提交运行。输出结果如表 8-9~表 8-14 所示。

表 8-9 给出了描述统计结果,即给出了 A、B、C、D 四地区的样本含量 N,销售量均值、标准差以及标准误。

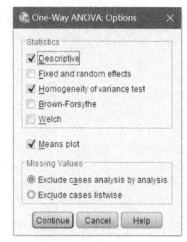

图 8-5 单因素方差分析"选项"窗口

表 8-9 描述统计量

	N	Mean	Std. Deviation	Std. Error	95% Confidence Interval for Mean		Minimum	Maximum
					Lower Bound	Upper Bound		
1.00	8	318.375 0	37.028 71	13.091 62	287.418 2	349.331 8	265.00	356.00
2.00	8	289.500 0	26.191 60	9.260 13	267.603 3	311.396 7	258.00	328.00
3.00	8	217.750 0	29.639 50	10.479 15	192.970 8	242.529 2	174.00	265.00
4.00	8	205.500 0	23.958 30	8.470 54	185.470 4	225.529 6	174.00	251.00
Total	32	257.781 3	55.844 10	9.871 94	237.647 3	277.915 2	174.00	356.00

表 8-10 给出了方差齐性检验结果,$P=0.336>0.05$,无法拒绝原假设,认为各组方差具有齐性。

表 8-10 方差齐性检验结果

Levene Statistic	df1	df2	Sig.
1.177	3	28	0.336

从表 8-11 中可以看出组间偏差平方和为 72 108.094,组内偏差平方和为 24 567.375,总平方和为 96 675.469;组间自由度为 4-1=3,组内自由度为 4×(8-1)=28,总自由度为 32-1=31;计算出的 F 值为 27.394,对应的概率值 P 值为 0.000<0.05,说明在 0.05 的显著性水平下,做出了拒绝原假设的决策,认为地区对咖啡饮料的销售量有显著影响。

表 8-11 单因素方差分析结果

	Sum of Squares	df	Mean Square	F	Sig.
Between Groups	72 108.094	3	24 036.031	27.394	0.000
Within Groups	24 567.375	28	877.406		
Total	96 675.469	31			

表 8-12 给出了我们预设的对比系数。

表 8-12 对比系数

Contrast	地区			
	1.00	2.00	3.00	4.00
1	1	0	0	−1
2	1	−1	0	0

表 8-13 是根据两对对比系数进行的对比检验,分别给出了方差齐性下的检验和方差非齐性下的检验。由于之前方差齐性检验已经得出各组方差齐性的结论,因此看方差齐性假设(assume equal variances)下的结果即可。系数"1,0,0,−1"的 $P=0.000<0.05$,因此拒绝原假设,认为第一组和第四组均值之间存在显著差异,即 A、D 两地区的销售量均值显著不同。系数"1,−1,0,0"的 $P=0.061>0.05$,在 0.05 的显著性水平下无法拒绝原假设,认为第一组和第二组均值之间不存在显著差异,即 A、B 两地区的销售量均值无明显差异。

表 8-13 对比检验

		Contrast	Value of Contrast	Std. Error	t	df	Sig. (2-tailed)
销售量	Assume equal variances	1	112.875 0	14.810 52	7.621	28	0.000
		2	28.875 0	14.810 52	1.950	28	0.061
	Does not assume equal variances	1	112.875 0	15.592 97	7.239	11.987	0.000
		2	28.875 0	16.035 60	1.801	12.602	0.096

表 8-14 给出了用 LSD 法和 Tamhane's T2 法分别进行均值多重比较的结果,此前检验已经得到了方差齐性的结果,因此以 LSD 法的检验结果为准。比较结果显示,在 0.05 的显著性水平下,A 地区与 B 地区之间均值不存在显著差异,C 地区与 D 地区之间均值不存在显著差异,其他任意两地区之间均值都存在显著差异。表中用"*"进行标注的组在 0.05 的显著性水平下有显著差异。

图 8-6 是以地区为横轴,以独立变量销售量均值为纵轴的均值散点图,根据散点图可以更直观地感受到各组均值的差异。

表 8-14 均值多重比较结果

	(I) 地区	(J) 地区	Mean Difference (I—J)	Std. Error	Sig.	95% Confidence Interval	
						Lower Bound	Upper Bound
LSD	1.00	2.00	28.875 00	14.810 52	0.061	−1.463 0	59.213 0
		3.00	100.625 00*	14.810 52	0.000	70.287 0	130.963 0
		4.00	112.875 00*	14.810 52	0.000	82.537 0	143.213 0
	2.00	1.00	−28.875 00	14.810 52	0.061	−59.213 0	1.463 0
		3.00	71.750 00*	14.810 52	0.000	41.412 0	102.088 0
		4.00	84.000 00*	14.810 52	0.000	53.662 0	114.338 0
	3.00	1.00	−100.625 00*	14.810 52	0.000	−130.963 0	−70.287 0
		2.00	−71.750 00*	14.810 52	0.000	−102.088 0	−41.412 0
		4.00	12.250 00	14.810 52	0.415	−18.088 0	42.588 0
	4.00	1.00	−112.875 00*	14.810 52	0.000	−143.213 0	−82.537 0
		2.00	−84.000 0*	14.810 52	0.000	−114.338 0	−53.662 0
		3.00	−12.250 00	14.810 52	0.415	−42.588 0	18.088 0
Tamhane	1.00	2.00	28.875 00	16.035 60	0.453	−21.043 7	78.793 7
		3.00	100.625 00*	16.769 11	0.000	48.949 2	152.300 8
		4.00	112.875 00*	15.592 97	0.000	63.883 8	161.866 2
	2.00	1.00	−28.875 00	16.035 60	0.453	−78.793 7	21.043 7
		3.00	71.750 00*	13.984 37	0.001	28.881 4	114.618 6
		4.00	84.000 00*	12.549 90	0.000	45.573 2	122.426 8
	3.00	1.00	−100.625 00*	16.769 11	0.000	−152.300 8	−48.949 2
		2.00	−71.750 00*	13.984 37	0.001	−114.618 6	−28.881 4
		4.00	12.250 00	13.474 51	0.943	−29.246 5	53.746 5
	4.00	1.00	−112.875 00*	15.592 97	0.000	−161.866 2	−63.883 8
		2.00	−84.000 00*	12.549 90	0.000	−122.426 8	−45.573 2
		3.00	−12.250 00	13.474 51	0.943	−53.746 5	29.246 5

*. The mean difference is significant at the 0.05 level.

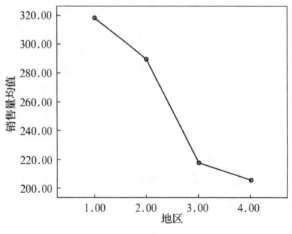

图 8-6 均值散点图

8.4.2 双因素方差分析实例

这里只讨论无交互作用的双因素方差分析。根据例 8.2，用 SPSS 软件进行方差分析。

(1) 在数据窗口中建立数据文件，定义三个数值型变量，分别为"地区""便利店"与"销售量"。在"地区"变量中输入销售量对应的地区 1、2、3、4、5，分别代表地区 A、B、C、D、E。要注意，不能把 A、B、C、D、E 定义为五个变量。在"便利店"变量中分别在每个地区对应的表格输入便利店 1、2、3、4，分别代表甲、乙、丙、丁四家连锁便利店。在"销售量"变量中输入咖啡饮料在五个地区四家便利店的销售量，其是本例的研究对象。正确的数据结构如图 8-7 所示。

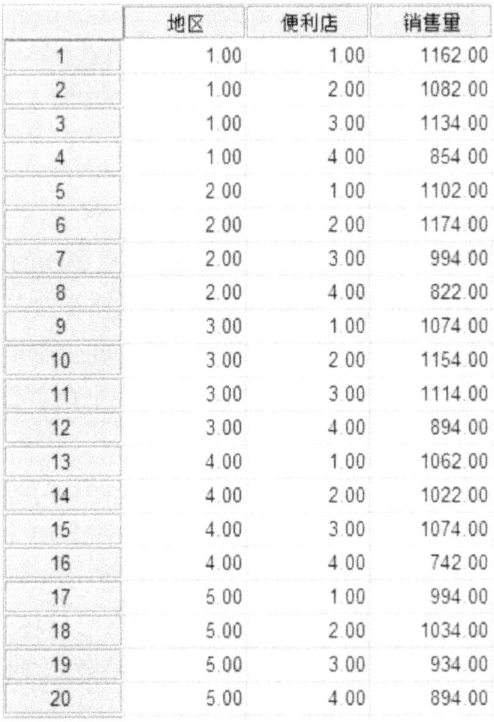

	地区	便利店	销售量
1	1.00	1.00	1162.00
2	1.00	2.00	1082.00
3	1.00	3.00	1134.00
4	1.00	4.00	854.00
5	2.00	1.00	1102.00
6	2.00	2.00	1174.00
7	2.00	3.00	994.00
8	2.00	4.00	822.00
9	3.00	1.00	1074.00
10	3.00	2.00	1154.00
11	3.00	3.00	1114.00
12	3.00	4.00	894.00
13	4.00	1.00	1062.00
14	4.00	2.00	1022.00
15	4.00	3.00	1074.00
16	4.00	4.00	742.00
17	5.00	1.00	994.00
18	5.00	2.00	1034.00
19	5.00	3.00	934.00
20	5.00	4.00	894.00

图 8-7 方差分析的数据安排

(2) 依次点击"Analyze"→"General Linear Model"→"Univariate"，打开"Univariate"窗口。

(3) 在"Univariate"窗口将"销售量"变量放入因变量"Dependent Variable"框中，定义销售量为因变量；将"地区"和"便利店"变量放入因子"Fixed Factor(s)"框中，定义地区和便利店为因素变量，如图 8-8 所示。

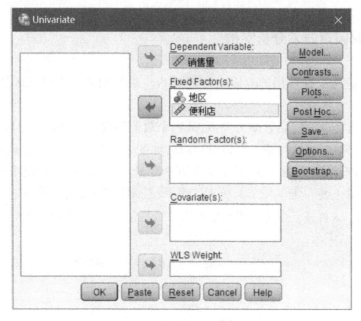

图 8-8 "Univariate"窗口

随机变量是所有可能的数值在样本中出现的变量,也包括未出现的水平。随机因素是随机设置的因素,是在确定模型时需要考虑会对试验有影响的因素。如果题设中给出了随机变量,那么将其放入"Random Factor(s)"框中。协变量是独立变量(解释变量),很难对其进行人为控制,但仍然影响试验结果。如果需要去除协变量的影响,那么将协变量放入"Covariate(s)"框中。"WLS 权重"允许指定一个权重变量,用于加权的最小平方分析。

(4) 在"Univariate"窗口点击"Model",弹出"Univariate:Model"窗口。

在"Univariate:Model"窗口中,"Specify Model"栏中"Full Factorial"是系统默认的模型,也叫作全模型,包括所有因素变量的主效应、所有协变量的主效应,以及所有因素之间的交互效应。"Custom"为自定义的模型,选中之后可以将"Factors & Covariates"框中所有的备选变量通过点击"Build Term(s)"下的箭头放入"Model"框中。

"Build Term(s)"按钮下有一个下拉菜单,分别有:"Main effects"主效应,选择该项只可以指定主效应;"Interaction"交互效应,选择该项可以指定任意的交互效应;"All 2-way"所有二阶、"All 3-way"所有三阶、"All 4-way"所有四阶和"All 5-way"所有五阶,可以指定所有二阶交互效应到所有五阶交互效应。

窗口左下方有平方和选项框"Sum of squares",可以选择确定平方和的分解方法,有"Type Ⅰ""Type Ⅱ""Type Ⅲ"和"Type Ⅳ"四种方法,其中"Type Ⅲ"是系统默认的,也是最常用的一种方法。窗口右下方"Include intercept in model"按钮表示模型中包括截距,系统默认截距包括在回归模型中。

点击"Custom"按钮,将"Factors & Covariates"框中的"地区""便利店"两个变量放入"Model"框中,在"Build Term(s)"按钮下拉菜单中选中"Main effects"主效应。如

图 8-9 所示。单击"Continue"返回"Univariate"窗口。

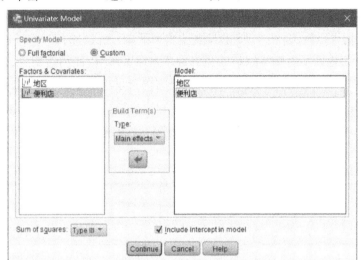

图 8-9 "Univariate：Model"窗口

(5) 点击"OK"输出结果，如表 8-15、表 8-16 所示。

表 8-15 给出了变量信息，咖啡饮料的销售量按地区和便利店进行分组。地区变量取值为 1、2、3、4、5，是 A、B、C、D、E 地区的代号；便利店变量取值为 1、2、3、4，分别是甲、乙、丙、丁的代号。N 是每一单元的样本含量。

表 8-15 因素变量表

		N
地区	1.00	4
	2.00	4
	3.00	4
	4.00	4
	5.00	4
便利店	1.00	5
	2.00	5
	3.00	5
	4.00	5

表 8-16 是方差分析表，表的左上方"Dependent Variable"是我们所研究的因变量咖啡饮料的销售量。校正模型的Ⅲ型偏差平方和为 240 260.000，是经过均值校正后的偏差平方和，也是两个因素变量偏差平方和的总和。截距的偏差平方和为 20 636 992.80，误差平方和为 45 963.200。主效应地区的偏差平方和为 32 187.200，表示不同地区造成的销售量的差异；主效应便利店的偏差平方和为 208 072.800，表示不同便利店规模造成的销售量的差异。总偏差平方和在数值上等于截距、两因素变量以及误差的偏差平方和

的总和。校正后的总偏差平方和在数值上等于校正模型偏差平方和与误差的偏差平方和的总和。"df"列给出了自由度,"Mean Square"列给出了均方,"F"列给出了检验统计量的值。从 P 值可以看出,在 0.05 的显著性水平下,地区变量的 $P=0.144>0.05$,无法拒绝原假设,认为地区不对咖啡饮料的销售量产生显著影响,便利店变量的 $P=0.000<0.05$,拒绝原假设,不同便利店规模下咖啡饮料的销售量均值不同,认为便利店规模对咖啡饮料的销售量产生了显著影响。

表 8-16 主效应方差分析检验结果

Dependent Variable:销售量

Source	Type Ⅲ Sum of Squares	df	Mean Square	F	Sig.
Corrected Model	240 260.000[a]	7	34 322.857	8.961	0.001
Intercept	20 636 992.80	1	20 636 992.80	5 387.874	0.000
地区	32 187.200	4	8 046.800	2.101	0.144
便利店	208 072.800	3	69 357.600	18.108	0.000
Error	45 963.200	12	3 830.267		
Total	20 923 216.00	20			
Corrected Total	286 223.200	19			

a. R Squared=0.839 (Adjusted R Squared=0.746).

练 习 题

一、简答题

1. 简述方差分析的基本假定。
2. 方差分析的基本思想是什么?
3. 列出单因素方差分析的原假设与备择假设。
4. 解释组内误差和组间误差的含义。
5. 简述单因素方差分析和双因素方差分析的步骤。

二、计算题

1. 某制造公司从 A、B、C、D 四家代工厂购进同一种原材料,为比较它们的质量,现从四个代工厂购进的原材料中分别随机抽取 5 个原材料,经过检测,记录它们的质量如表 8-17 所示。各代工厂的原材料质量服从正态分布,且具有方差齐次性。试在 0.05 的显著性水平下,分析这四家代工厂生产的原材料质量是否有显著差异。如果有差异,试用 LSD 法检验哪些代工厂生产的原材料之间存在差异。

表 8-17 四家代工厂抽取的原材料质量　　　　　　　　　　　　　单位:g

试验序号	代工厂			
	A	B	C	D
1	133.8	151.2	193.4	225.8
2	125.3	149	185.3	224.6
3	143.1	162.7	182.8	220.4
4	128.9	143.8	188.5	212.3
5	135.7	153.5	198.6	217.5

2. 某小学要进行一次小规模的语文教学质量评估,于是对四年级一、二、三班的学生进行了一次模拟考试,分别从这三个班的学生中随机抽取若干名学生,记录其语文成绩如表 8-18 所示。已知各班学生的语文成绩服从正态分布,且具有方差齐次性。试在 0.05 的显著性水平下,分析这三个班的学生的语文成绩是否存在显著差异。

表 8-18 三个班部分学生的语文模拟考试成绩　　　　　　　　　　单位:分

学生序号	班级		
	一班	二班	三班
1	77	92	72
2	93	82	83
3	86	52	73
4	47	95	55
5	84	55	95
6	77	89	75
7	70	78	91
8	64	60	75
9	49	81	63
10	97	35	72
11	40	82	57
12	81	66	83
13		80	31
14		100	

3. 有不同品种的 6 种种子和 4 种肥料,在 24 块相同面积的土地上,分别采用 6 种种子和 4 种肥料的组合进行搭配试验,一段时间后,收获量如表 8-19 所示。试在 0.05 的显著性水平下,检验不同品种的种子和不同肥料对于种子的收获量均值是否存在显著影响。

表 8-19 不同种子在不同肥料培养下的收获量　　　　　　　　单位:kg

		肥料			
		1	2	3	4
种子品种	1	59.59	50.89	57.19	61.09
	2	56.89	55.39	57.79	56.59
	3	55.09	52.99	58.39	58.39
	4	56.59	51.79	62.89	57.79
	5	58.09	53.29	59.89	59.59
	6	58.39	51.19	62.89	58.09

4. 表 8-20 是对某试验进行有交互作用的双因素方差分析得到的双因素方差分析表。

[已知:$F_{0.05}(6,24)=2.508, F_{0.05}(3,24)=3.009, F_{0.05}(2,24)=3.403$]

表 8-20　双因素方差分析表

方差来源	平方和	自由度	均方	F 值
因素 A	2.750	3	③	⑦
因素 B	27.167	2	④	⑧
交互作用	73.500	6	⑤	⑨
误差	41.333	24	⑥	
总和	①	②		

(1) 请根据表中的信息,补全表中缺失的①~⑨中的数据(计算结果保留三位小数)。

(2) 因素 A 和因素 B 各包含多少水平? 总共涉及多少观测数据?

(3) 在 0.05 的显著性水平下,因素 A 是否对因变量产生显著影响?

(4) 在 0.05 的显著性水平下,因素 B 是否对因变量产生显著影响?

(5) 在 0.05 的显著性水平下,因素 A 与因素 B 的交互作用是否对因变量产生显著影响?

第 9 章

相关分析与一元线性回归

自然界的事物之间总是存在各种各样的联系,例如:商品的销售量与其价格之间存在某种程度的关系,人们的工资水平与其受教育年限有一定关系,青少年眼睛的近视度数与其接触电子设备的时间长短有密切关系,等等。世界上事物之间存在的这种关系,很难用具体的数学关系来表示,我们一般对大量的事物进行观察,将得到的信息转化为数据,再通过对这些数据进行分析,找到事物之间的内在联系。本章所要介绍的相关分析与回归分析就是研究现象数量特征之间相互关系的分析方法。相关分析与回归分析是处理变量之间关系的统计方法。其中,回归分析研究变量间依存关系的形式,相关分析研究变量间依存关系的强度。

9.1 相关分析

9.1.1 相关关系概念

变量之间的关系分为函数关系和相关关系。

1. 函数关系

函数关系反映现象之间存在的严密依存关系。在这种关系中,一个变量或几个变量的每一个取值都对应着另一个变量的确定值。设有两个变量 x 和 y,变量 y 的取值完全依赖于 x,随 x 的数值变化而变化。y 与 x 之间存在着确定的函数关系 $y=f(x)$,其中 y 为因变量,x 为自变量。函数关系是一一对应的确定关系。如在销售价格不变的情况下,对于某商品的一个销售量,总有一个确定的销售额与之对应,销售量与销售额之间为线性函数关系。

函数关系的特征是:

(1) 变量之间的数值以确定的关系相对应。

(2) 变量间的关系可以用一个确定的公式来反映。

2. 相关关系

变量之间存在的不确定的数量关系称为相关关系(correlation relationship)。相关关系反映现象之间确实存在的但关系值不固定的相互依存关系。在这种关系中，某一变量或多个变量取一定值时，与之相对应的另一变量的值不是确定的，它按某种规律在一定的范围内变化。当变量 x 取某个值时，变量 y 的取值可能有几个。如一个人的收入水平与其受教育程度之间不存在确定的函数关系。受教育程度相同的人，他们的工资水平往往不同；工资水平相同的人，他们的受教育程度也往往不同。因为工资水平的影响因素不只有受教育程度，还有职业、年龄等，收入水平与受教育程度是一种相关关系。

相关关系的特征是：

(1) 相关关系是指现象之间确实存在着数量上的相互依存关系。

(2) 现象之间的依存关系不是确定的和严格的。

3. 函数关系与相关关系的联系与区别

(1) 函数关系与相关关系的联系

变量之间的函数关系和相关关系在一定条件下可以相互转化，两种关系没有严格的界限。在存在观测误差的时候，函数关系往往以相关关系的形式表现出来；在对具有相关关系的变量之间的关系有深刻规律性的认知时，相关关系有时也可以用一定的函数形式近似描述。函数关系是相关关系的特例。

(2) 函数关系与相关关系的区别

① 函数关系中变量之间的关系是确定的，相关关系中变量之间的关系是不确定的。

② 函数关系中变量之间的关系可以用确定的方程 $y=f(x)$ 表示，可以根据自变量来推算因变量；相关关系中变量之间的关系不可以用确定的方程表示。

4. 相关分析解决的问题

相关分析解决的问题有以下四种：

(1) 变量间是否存在关系？这是相关分析的出发点，有相关关系才能运用相应的方法进行分析。

(2) 变量间如果存在关系，那么它们之间是什么样的关系？相关关系表现出什么形式，就应该用什么方法分析。若是变量间表现出曲线相关，则用线性相关的分析方法进行分析，往往会得到错误的结果。

(3) 变量间的关系强度怎么样？直线相关用相关系数表示，曲线相关用相关指数表示。

(4) 变量间的关系能否代表总体变量之间的关系？相关分析通过样本相关系数来估计总体相关系数，估计的可靠性还需要进行检验。

9.1.2 相关关系的种类

变量间的相关关系有很多种划分方式。

1. 按相关的程度可以分为完全相关、不完全相关和不相关

完全相关是指因变量完全随自变量的变化而变化,这时相关关系可转为函数关系。也可以说,函数关系是相关关系的一种特例。如在价格一定的条件下,商品的销售量和销售额之间的关系就是完全相关关系。

不相关是指变量之间的变动完全不存在任何依存关系,也称零相关。如学生考试的成绩与大熊猫的体重之间是不相关关系。

不完全相关是指变量之间的关系介于完全相关和不相关之间。

相关分析的主要研究对象就是不完全相关关系。

2. 按相关的形式可以分为线性相关和非线性相关

线性相关是指自变量数值发生变化时,因变量数值随之发生大致均等的变动。如人均消费水平与人均收入水平呈线性相关关系。

非线性相关是指自变量数值发生变化时,因变量数值发生不等的变动。如工资水平与工龄之间就是非线性相关关系。

3. 按相关的方向可以分为正相关和负相关

正相关是指一个变量发生变化时,另一个变量随之发生方向相同的变化。

负相关是指一个变量发生变化时,另一个变量随之发生方向相反的变化。

4. 按研究相关关系涉及的变量多少可以划分为单相关、复相关和偏相关

两个变量之间的相关关系称为单相关,也称一元相关。

一个变量对两个或两个以上的变量的相关关系称为复相关。如工资水平与员工的工龄以及受教育程度的相关关系。

在一个变量对两个或两个以上变量相关的场合,假定其他变量不变时,其中两个变量的相关关系称为偏相关。如在员工工龄相同的条件下,员工的工资水平与受教育程度之间的相关关系。

9.1.3 相关关系的描述与测度

在进行相关分析时,我们先对总体提出两个假定:两个变量之间是线性关系,以及两个变量都是随机变量。

相关关系的描述形式主要有相关表、相关图和相关系数。相关关系的测度需要数据资料作为支撑。

1. 相关表

相关表是反映变量间相关关系的统计表。进行相关分析之前,需要将原始资料进行整理。在表中先将一个变量的数值按升序或者降序排列,再填入相对应的另一个变量的数值。设有两个变量 X、Y,共收集到 n 对观测值;将 X 的观测值从小到大排序,$x_1 < x_2 < \cdots < x_n$,格式见表 9-1。

表 9-1 相关表

X	x_1	x_2	⋯	x_n
Y	y_1	y_2	⋯	y_n

从相关表中可以直观地观察到变量之间的数量关系。

2. 相关图

相关图是以一个变量为横轴,另一个变量为纵轴,根据原始数据在直角坐标系中的位置绘制出的散点图。在进行相关分析的时候,通过散点图可以直观地看出两个变量之间的相关关系及表现形式,如果是线性关系,那么可以利用相关系数来测度两个变量之间的关系强度。从图 9-1 中可以看出,相关关系的表现形态大体上可以分为线性相关、非线性相关、完全相关、不完全相关和不相关等几种。

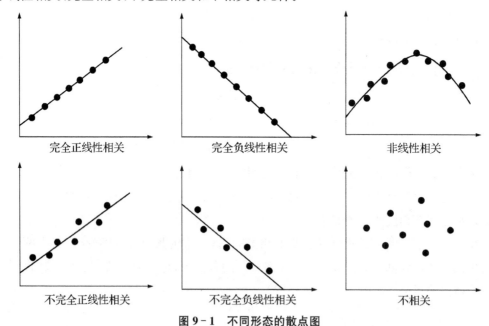

图 9-1 不同形态的散点图

例 9.1 某超市进了一批价格不同的雪糕,月销售数据如表 9-2 所示,采购商想知道雪糕价格与其销售量的关系如何,如果有关系,是什么样的关系。

表 9-2 雪糕的月销售数据

价格/元	6.8	6.5	6	3.5	3	2.9	2.6	2.1	3.1	3.6	4.2	5.2
销售量/支	75	90	148	183	242	263	278	318	256	200	140	80

【解】 根据表9-2给出的雪糕销售价格与销售量的数据,绘制散点图如图9-2所示。

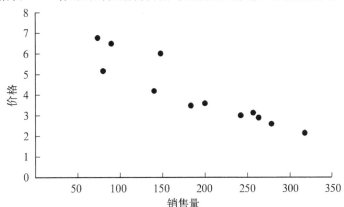

图 9-2 雪糕销售价格与销售量的散点图

从图9-2散点的分布情况来看,价格与销售量呈现出了较为密切的负线性相关关系,关系强度较强,说明雪糕价格的变化与雪糕销售量的变化方向相反。

分析人员只采用了少量的数据资料,就可以直观地看出两个变量之间的关系;而当数据量非常大的时候,目测出来的关系是不那么准确的。因此,我们需要运用统计学知识来归纳变量之间的关系。

3. 相关系数

通过散点图可以直观看出变量间有无相关关系以及相关关系的形态如何,但若要对相关关系的强度做出准确的判断,则需要借助相关系数来反映。

相关系数(correlation coefficient)是根据样本数据计算的度量两个变量之间线性关系强度的统计量。根据总体全部数据计算出来的相关系数称为总体相关系数,记为 ρ;根据样本数据计算出来的相关系数称为样本相关系数,记为 r。

对于所研究的总体,表示两个相互联系的变量 X、Y 相关程度的总体相关系数 ρ 的计算公式为:

$$\rho = \frac{\mathrm{Cov}(X,Y)}{\sqrt{\mathrm{Var}(X)\mathrm{Var}(Y)}} \tag{9.1}$$

$\mathrm{Cov}(X,Y)$ 是变量 X、Y 的协方差,$\mathrm{Var}(X)$,$\mathrm{Var}(Y)$ 是变量 X、Y 的方差。

对于特定的总体来说,X 和 Y 的数值是既定的,总体相关系数是客观存在的特定数值,且总体相关系数一般是未知的。

英国统计学家皮尔逊(Pearson)在1896年给出了样本相关系数的计算方法,也称线性相关系数(linear correlation coefficient)或 Pearson 相关系数。设相关变量 x 和 y 共有 n 对观测值 $(x_i, y_i)(i=1,2,\cdots,n)$,样本相关系数 r 的计算公式为:

$$r = \frac{\sigma_{xy}^2}{\sigma_x \sigma_y} = \frac{\sum_{i=1}^{n}(x_i - \bar{x})(y_i - \bar{y})}{\sqrt{\sum_{i=1}^{n}(x_i - \bar{x})^2} \sqrt{\sum_{i=1}^{n}(y_i - \bar{y})^2}} \tag{9.2}$$

为简化计算,避免造成较大的计算误差,一般使用式(9.3)或式(9.4)计算样本相关系数:

$$r = \frac{n\sum_{i=1}^{n} x_i y_i - \sum_{i=1}^{n} x_i \sum_{i=1}^{n} y_i}{\sqrt{n\sum_{i=1}^{n} x_i^2 - \left(\sum_{i=1}^{n} x_i\right)^2} \sqrt{n\sum_{i=1}^{n} y_i^2 - \left(\sum_{i=1}^{n} y_i\right)^2}} \tag{9.3}$$

$$r = \frac{\sum_{i=1}^{n} x_i y_i - n\bar{x}\bar{y}}{\sqrt{\sum_{i=1}^{n} x_i^2 - n\bar{x}^2} \sqrt{\sum_{i=1}^{n} y_i^2 - n\bar{y}^2}} \tag{9.4}$$

式(9.2)中,σ_{xy} 是 x 与 y 的协方差,σ_x 为 x 的标准差,σ_y 为 y 的标准差,计算公式如下:

$$\sigma_{xy} = \sqrt{\frac{\sum_{i=1}^{n}(x_i - \bar{x})(y_i - \bar{y})}{n}} \tag{9.5}$$

$$\sigma_x = \sqrt{\frac{\sum_{i=1}^{n}(x_i - \bar{x})^2}{n}} \tag{9.6}$$

$$\sigma_y = \sqrt{\frac{\sum_{i=1}^{n}(y_i - \bar{y})^2}{n}} \tag{9.7}$$

样本相关系数是由从总体中抽取的随机样本的观测值计算出来的,是对总体相关系数的估计,是个随机变量。

相关系数有如下特点:

(1) 相关系数的取值范围是[-1,1]。相关系数 $r>0$,说明变量之间是正相关;相关系数 $r<0$,说明变量之间是负相关。$r=1$ 时,两变量之间是完全正线性相关关系;$r=-1$ 时,两变量之间是完全负线性相关关系;$r=0$ 时,两变量之间不存在线性相关关系。$0<|r|\leqslant 0.3$ 时,两变量之间呈微弱线性相关;$0.3<|r|\leqslant 0.5$ 时,两变量之间呈低度线性相关;$0.5<|r|\leqslant 0.8$ 时,两变量之间呈中度线性相关;$0.8<|r|\leqslant 1$ 时,两变量之间呈高度线性相关。

(2) 相关系数具有对称性,$r_{xy}=r_{yx}$。两个变量的地位是相等的,不区分自变量和因变量。

(3) 相关系数 r 的数值大小与 x 和 y 的原点及尺度无关。也就是说,r 是相对数,其数值与计量单位无关。

(4) 相关系数是两变量之间线性关系的度量,不能用于描述非线性关系。$r=0$ 仅表示两变量之间没有线性关系,不表示两变量之间没有别的关系。当 r 很小或等于 0 时,不能立刻做出两变量之间没有关系的推论,要结合散点图做出判断。

例 9.2 表 9-3 是 31 个省(自治区、直辖市)消费支出与食品烟酒支出的数据,试求消费支出(单位:亿元)与食品烟酒支出(单位:亿元)两变量之间的相关系数。

表 9-3 各地区消费支出与食品烟酒支出数据

地区	消费支出 x	食品烟酒支出 y	xy	x^2	y^2
北京	40 346.3	8 003.3	322 903 542.8	1 627 823 924	64 052 810.9
天津	30 283.6	9 456.2	286 367 778.3	917 096 429	89 419 718.4
河北	20 600.3	5 067.1	104 383 780.1	424 372 360	25 675 502.4
山西	18 404	4 244.2	78 110 256.8	338 707 216	18 013 233.6
内蒙古	23 637.8	6 468.8	152 908 200.6	558 745 589	41 845 373.4
辽宁	25 379.4	6 988.3	177 358 861	644 113 944	48 836 336.9
吉林	20 051.2	5 168.7	103 638 637.4	402 050 621	26 715 459.7
黑龙江	19 269.8	5 247	101 108 640.6	371 325 192	27 531 009
上海	42 304.3	10 456.5	442 354 913	1 789 653 798	109 338 392.3
江苏	27 726.3	7 616.2	211 169 046.1	768 747 712	58 006 502.4
浙江	31 924.2	8 906.1	284 320 117.6	1 019 154 546	79 318 617.2
安徽	20 740.2	6 665.3	138 239 655.1	430 155 896	44 426 224.1
福建	25 980.5	8 551.6	222 174 843.8	674 986 380	73 129 862.6
江西	19 244.5	5 994	115 351 533	370 350 780	35 928 036
山东	23 072.1	6 179.6	142 576 349.2	532 321 798	38 187 456.2
河南	19 422.3	5 187.8	100 759 007.9	377 225 737	26 913 268.8
湖北	21 275.6	6 542.5	139 195 613	452 651 155	42 804 306.3
湖南	23 162.6	6 585	152 525 721	536 506 039	43 362 225
广东	30 197.9	9 711.7	293 272 945.4	911 913 164	94 317 116.9
广西	18 348.6	6 098.5	111 898 937.1	336 671 122	37 191 702.3
海南	20 371.9	7 575.3	154 323 254.1	415 014 310	57 385 170.1
重庆	22 759.2	7 305.3	166 262 783.8	517 981 185	53 367 408.1
四川	21 990.6	7 329.3	161 175 704.6	483 586 488	53 718 638.5
贵州	20 347.8	6 242.6	127 023 176.3	414 032 965	38 970 054.8
云南	19 559.7	5 665.1	110 807 656.5	382 581 864	32 093 358
西藏	21 087.5	9 253.6	195 135 290	444 682 656	85 629 113
陕西	20 388.2	5 798.6	118 223 016.5	415 678 699	33 623 762
甘肃	20 659.4	6 032.5	124 629 896.4	426 810 808	36 392 262.8
青海	21 473	6 060.8	130 143 558.4	461 089 729	36 733 296.6
宁夏	20 219.5	4 952.2	100 131 007.9	408 828 180	24 524 284.8
新疆	22 796.9	6 359.6	144 979 165.2	519 698 650	40 444 512.2
总和	733 025.2	211 713.4	5 213 452 890	18 374 558 936	1 517 895 015

【解】 相关系数的计算公式 r 为:

$$r=\frac{n\sum_{i=1}^{n}x_iy_i-\sum_{i=1}^{n}x_i\sum_{i=1}^{n}y_i}{\sqrt{n\sum_{i=1}^{n}x_i^2-\left(\sum_{i=1}^{n}x_i\right)^2}\sqrt{n\sum_{i=1}^{n}y_i^2-\left(\sum_{i=1}^{n}y_i\right)^2}}$$

依次计算 x_iy_i, x_i^2, y_i^2，对其求和得 $\sum_{i=1}^{n} x_iy_i = 5\,213\,452\,890$，$\sum_{i=1}^{n} x_i^2 = 18\,374\,558\,936$，$\sum_{i=1}^{n} y_i^2 = 1\,517\,895\,015$，又 $\sum_{i=1}^{n} x_i = 733\,025.2$，$\sum_{i=1}^{n} y_i = 211\,713.4$，代入公式可以计算出 $r \approx 0.756\,9$，说明消费支出和食品烟酒支出两变量之间呈中度线性相关关系。

9.1.4 相关系数的显著性检验

前面提到，相关分析需要解决变量间的关系能否代表总体间的关系这一问题。由于总体相关系数总是未知的，因此一般使用样本相关系数来估计总体相关系数。样本相关系数 r 是样本的简单相关系数，它只是总体相关系数 ρ 的估计值。从同一总体中随机抽出的不同样本计算出的样本相关系数是不同的，即利用样本数据计算出的样本相关系数会受到抽样误差的影响。所以，即使从 $\rho=0$ 的总体中进行随机抽样，由于抽样误差的影响，所得 r 值也不一定等于零。因此，当计算出 r 值后，需要对样本相关系数的可靠性进行评估，也就是进行相关系数的统计显著性检验，以判断两变量的总体是否存在线性相关关系。

对样本相关系数的显著性进行检验，首先需要考察 r 的抽样分布。样本数据来自正态总体时，随着 n 的增大，r 的抽样分布近似服从正态分布。在总体相关系数 ρ 很小或接近于 0 时，r 的抽样分布趋于正态分布的趋势较为明显；在总体相关系数 ρ 远离 0 时，除非 n 非常大，否则 r 的抽样分布会呈现出一定程度的偏态。因为 r 是在 ρ 的周围分布的，例如 $\rho=0.95$，则 r 的取值在 0.95 的左右变化，两个方向变动的全距不同，所以 r 的抽样分布不会对称；但当 ρ 接近于 0 时，r 的抽样分布就接近于对称。由此可以看出，对 r 的正态性假设存在较大的风险，总是假设 r 的抽样分布为正态分布会带来严重后果，故采用费希尔提出的 t 检验，该检验既可用于小样本，又可用于大样本。

相关系数 r 的显著性检验步骤如下：

(1) 提出假设：
$$H_0: \rho=0, H_1: \rho \neq 0$$

(2) 计算检验统计量 t：
$$t = |r|\sqrt{\frac{n-2}{1-r^2}} \sim t(n-2) \tag{9.8}$$

(3) 根据给定的显著性水平 α，查自由度为 $n-2$ 的 t 分布临界值。若 $|t| > t_{\alpha/2}(n-2)$，则做出拒绝原假设 H_0 的决策，总体的两变量之间存在显著的线性关系。

在此处需要注意一点，显著性检验的结果并不表示相关关系的强度。即使 $r=0.1$，有时也可以通过显著性检验，因为在大样本条件下，总是可以得出相关关系显著的结论。

例 9.3 检验例 9.2 中相关系数的显著性。

【解】 第一步：提出假设。
$$H_0: \rho=0, H_1: \rho \neq 0$$

第二步：计算检验统计量 t。

$$t=|r|\sqrt{\frac{n-2}{1-r^2}}=|0.756\,9|\times\sqrt{\frac{31-2}{1-0.756\,9^2}}\approx 6.24$$

第三步：做出决策。

因为 $|t|=6.24>t_{\frac{0.05}{2}}(31-2)=2.05$，所以拒绝原假设，认为消费支出与食品烟酒支出有显著的正向线性相关关系。

9.2 一元线性回归

9.2.1 回归的概念分析

1. 回归

回归(regression)是由英国著名生物学家兼统计学家高尔顿(Galton)在研究人类遗传问题时提出来的。为了研究父代与子代身高的关系，高尔顿收集了1 078对父亲及其儿子的身高数据，他发现这些数据的散点图大致呈直线状态，也就是说，总的趋势是父亲的身高增加时，儿子的身高也倾向于增加。但是，高尔顿对试验数据进行了深入的分析，发现了一个很有趣的现象——回归效应。

当父亲高于平均身高时，儿子的身高比父亲更高的概率要小于比他更矮的概率；当父亲矮于平均身高时，儿子的身高比父亲更矮的概率要小于比他更高的概率。它反映了一个规律，即这两种身高(父子的身高)有向父辈的平均身高回归的趋势。对于这个一般结论的解释是：大自然具有一种约束力，使人类身高的分布相对稳定而不产生两极分化，这就是所谓的回归效应，也是"回归"的古典意义。

现在我们在定量分析中沿用的"回归"与其古典意义已有很大不同。现代意义的回归是关于一个变量(被解释变量或因变量)与另一个或多个变量(解释变量或自变量)依存关系的研究，即用适当的数学模型去近似地表达或估计变量之间的平均变化关系，其目的是根据解释变量的值去估计所研究的被解释变量的总体平均值。

2. 回归分析的目的

相关分析的目的是使用相关系数对变量之间的关系强度进行度量，但无法对变量之间具体的数量因果关系进行说明，而回归分析的目的就是考察变量之间的数量关系。

回归分析是在相关分析的基础之上，对具有相关关系的两个或两个以上的变量之间数量变化的一般关系进行测定，通过一定的数学表达式将这种关系描述出来。

回归分析主要解决以下问题：

(1) 从一组样本数据出发，确定变量之间的数学表达式。

(2) 对这些表达式的可信度进行统计检验和理论检验，在影响某一特定变量的诸多变量中找出影响显著并符合现实的变量,以及影响不显著或不符合现实的变量。

(3) 根据所求的表达式,运用一个或多个变量的取值对另一个特定变量的取值进行估计或预测,并给出这种估计或预测的可靠度。

在理解回归分析时,需要注意回归所要揭示的是因变量与自变量之间的平均变化关系。

3. 相关分析与回归分析的联系与区别

相关分析与回归分析具有密切联系。相关分析与回归分析有共同的研究对象,都是对变量间相关关系的分析,两者可以相互补充。相关分析需要依靠回归分析来表明现象数量相关的具体形式,而回归分析则需要依靠相关关系来表明现象数量变化的相关程度。只有变量之间存在相当程度的相关关系时,进行回归分析寻求其相关关系的具体形式才有意义。

相关分析与回归分析又有明显的区别,具体如下:

(1) 相关分析对称地对待相互联系的变量,不考虑两者的因果关系,也就是不区分自变量和因变量,相关的变量不一定具有因果关系,均视为随机变量;回归分析是建立在变量因果关系分析的基础上,研究其中自变量的变动对因变量的具体影响,回归分析中必须明确划分因变量和自变量,对变量的处理是不对称的。

(2) 相关分析中一个变量是随机变量,另一个变量可以是随机变量,也可以是非随机变量;回归分析中通常假定自变量在重复抽样中是取固定值的非随机变量,只有因变量是具有一定概率分布的随机变量。

(3) 相关分析用一定的数量指标(相关系数)度量变量间线性关系的方向和密切程度,两变量位置的改变不影响相关系数的值;回归分析则要寻求变量间联系的具体数学形式,不仅可以揭示自变量对因变量的影响,还可以根据自变量的固定值去估计和预测因变量的平均值,两变量位置改变会构成不同意义的回归模型。

我们还需要特别注意,相关分析和回归分析只是从数据出发定量地分析变量间相互联系的手段,并不能决定社会现象相互之间的本质联系。社会现象间内在的本质联系取决于它们的客观规律性,需要结合实际经验去分析,并要由相关理论加以说明。如果对完全没有内在联系的社会现象仅凭数据进行相关分析和回归分析,那么就会出现没有实际意义甚至是荒谬的"伪相关"或"伪回归",因此定量分析时,要重视与定性分析相结合,避免无实际意义结果的出现。

9.2.2　一元线性回归模型

回归分析分为线性回归分析和非线性回归分析。其中线性回归分析又分为一元线性回归分析和多元线性回归分析,非线性回归分析分为可线性化的非线性回归分析和不可线性化的非线性回归分析(图9-3)。本节介绍的内容就是一元线性回归分析。

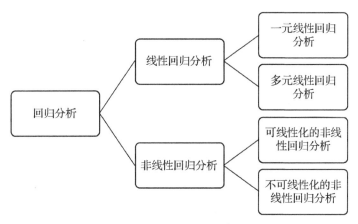

图 9-3 回归分析的分类

1. 一元线性回归模型概述

进行回归分析时,首先要确定自变量与因变量。因变量(dependent variable)是被预测或被解释的变量,也称被解释变量,用 Y 表示;自变量(independent variable)是用来预测或解释的一个或多个变量,也称解释变量,用 X 表示。解释变量只有一个时,称为一元回归,若自变量与因变量之间的关系是线性关系,则称为一元线性回归。

描述因变量 Y 如何依赖于自变量 X 和误差项 μ 的方程称为回归模型(regression model),一元线性回归模型也称简单线性回归模型,可以表示为:

$$Y=\beta_0+\beta_1 X+\mu \tag{9.9}$$

在一元线性回归模型中,β_0,β_1 是参数,μ 是误差项。Y 是由 X 的线性函数($\beta_0+\beta_1 X$)加误差项 μ 构成的,($\beta_0+\beta_1 X$)是 Y 随 X 的变化而变化的部分。而误差项 μ 是随机变量,表示除了 X 对 Y 的线性关系之外的随机因素对 Y 的影响,它是不能由 X 和 Y 之间的线性关系所解释的 Y 的变异性。

2. 一元线性回归模型的假定

线性回归有一些假定,只要任意一个假定被违背,都会使得结果不可信。对于式(9.9),德国数学家高斯(Gauss)提出了如下基本假定,也称高斯假定或标准假定:

(1) 因变量 Y 与自变量 X 之间具有线性关系。

(2) 在重复抽样中,自变量 X 的取值是固定的,也就是说,假定 X 是非随机的。

在前两个假定条件下,Y 的条件期望 $E(Y|X)=\beta_0+\beta_1 X$ 代表一条直线。对应于任意一个给定的 X 值,Y 的取值都有一个分布,每一个数据点都是从 Y 的分布中抽取出来的。然而会出现抽取出来的数据点不在这条直线上的情况,因此需要有一个误差项 μ 来描述模型中的数据点。

(3) 误差项 μ 是随机变量,且期望值为 0,即 $E(\mu)=0$。由于 β_0 和 β_1 都是常数,因此 $E(\beta_0)=\beta_0$,$E(\beta_1)=\beta_1$。此时,对于任意一个 X,Y 的条件期望值 $E(Y|X)=\beta_0+\beta_1 X$。这实际上反映假定模型的图示为一条直线。

(4) 对于所有的 X 值,μ 的方差 σ^2 都相同。这意味着对于一个特定的 X 值,Y 的方

差为 σ^2。

(5) 误差项 μ 是一个服从正态分布的随机变量且独立,即 $\mu \sim N(0, \sigma^2)$。对于任意的 X 值,其对应的误差项 μ 与其他 X 值对应的误差项不相关。因此,不同 X 值对应的 Y 值也不相关。这意味着,对于任意一个 X 值,Y 都服从于期望为 $\beta_0 + \beta_1 X$、方差为 σ^2 的正态分布。

3. 一元线性回归方程

根据高斯假定,Y 的条件期望值 $E(Y|X) = \beta_0 + \beta_1 X$,是 X 的线性函数。把描述因变量 Y 的期望值如何依赖于自变量 X 的方程称为回归方程(regression equation),如式(9.10)所示:

$$E(Y|X) = \beta_0 + \beta_1 X \tag{9.10}$$

式中,β_0 是回归直线在 y 轴上的截距;β_1 是回归直线的斜率,表示自变量 X 每变动一个单位,因变量 Y 的平均变动值。

如:若用 Y 代表最终消费支出,X 代表可支配收入,β_0 表示必不可少的自发消费,β_1 表示边际消费倾向,可支配收入每增加一个单位时,最终消费支出增加 β_1 个单位,μ 表示除了可支配收入之外的其他因素对最终消费支出的影响。若其他各种因素都可以相互抵消,则平均来看,最终消费支出与可支配收入的关系能够用直线 $E(Y|X) = \beta_0 + \beta_1 X$ 来表示。该直线即称为回归直线,表示在 X 值给定的前提下,Y 的条件期望值 $E(Y|X)$ 是 X 的线性函数。

实际观测值的条件期望 $E(Y|X)$ 描述的是解释变量 X 变动一个单位,被解释变量 Y 变动的平均单位。但是给定解释变量 X 的部分值,被解释变量 Y 的值并不总是落在条件期望 $E(Y|X)$ 这条回归线上,而是在 $E(Y|X)$ 的附近上下波动,这时就会产生偏差。我们把实际观测值 Y 与条件期望值 $E(Y|X)$ 的差称为随机误差项或随机扰动项 μ,即:

$$\mu = Y - E(Y|X) \tag{9.11}$$

在回归方程中引入随机误差项主要是出于以下几方面的考虑:

(1) 随机误差项可以作为未知影响因素的代表。在实际应用中,除了已知的主要影响因素,还存在一些未知因素会对被解释变量产生影响。

(2) 随机误差项可以作为难以观测的已知影响因素的代表。有些因素对被解释变量的影响很大,但是我们却难以观测到其具体数值。

(3) 随机误差项可以作为众多细小影响因素的代表。在进行模型的设定时,通常不将对被解释变量影响较小的因素作为解释变量纳入模型中。

(4) 随机误差项包括模型设定的误差。在设定计量模型时,总是力求简洁直观,这样做可能会导致模型的设定误差。

(5) 随机误差项包含变量的观测误差。在收集数据时,由于主观或客观的种种原因,会存在观测误差,这种观测误差也纳入随机误差项。

4. 估计的一元线性回归方程

当回归方程中的 β_0 和 β_1 已知时,给定一个 X 值,就可以得到 Y 的条件期望值。但

回归方程中的 β_0 和 β_1 是未知的,需要用样本数据进行估计。用样本数据对 β_0 和 β_1 两个参数进行估计,就得到了估计的回归方程:

$$\hat{Y}_i = \hat{\beta}_0 + \hat{\beta}_1 X_i \tag{9.12}$$

式中,$\hat{\beta}_0$ 是估计的回归直线在 y 轴上的截距,$\hat{\beta}_1$ 是估计的回归直线的斜率,表示自变量 X 每变动一个单位,因变量 Y 的平均变动值。回归直线经过点 $(\overline{X}, \overline{Y})$。

高斯提出用最小二乘法(method of least squares)求估计参数 $\hat{\beta}_0$、$\hat{\beta}_1$,该方法是使因变量的观测值 y_i 与估计值 $\hat{y}_i$ 的离差平方和 $\sum_{i=1}^{n}(y_i - \hat{y}_i)^2 = \sum_{i=1}^{n}(y_i - \hat{\beta}_0 - \hat{\beta}_1 x_i)^2$ 达到最小,以估计 β_0 和 β_1 的方法。对式 $\sum_{i=1}^{n}(y_i - \hat{\beta}_0 - \hat{\beta}_1 x_i)^2$ 中的参数 $\hat{\beta}_0$ 和 $\hat{\beta}_1$ 分别求偏导并令其值为 0,然后联立方程可得:

$$\begin{cases} \dfrac{\partial \sum_{i=1}^{n}(y_i - \hat{\beta}_0 - \hat{\beta}_1 x_i)^2}{\partial \hat{\beta}_0} = -2\sum_{i=1}^{n}(y_i - \hat{\beta}_0 - \hat{\beta}_1 x_i) = 0 \\ \dfrac{\partial \sum_{i=1}^{n}(y_i - \hat{\beta}_0 - \hat{\beta}_1 x_i)^2}{\partial \hat{\beta}_1} = -2\sum_{i=1}^{n}(y_i - \hat{\beta}_0 - \hat{\beta}_1 x_i)x_i = 0 \end{cases}$$

解得 $\hat{\beta}_0$ 和 $\hat{\beta}_1$ 的值分别为:

$$\begin{cases} \hat{\beta}_0 = \overline{y} - \hat{\beta}_1 \overline{x} \\ \hat{\beta}_1 = \dfrac{n\sum_{i=1}^{n} x_i y_i - \sum_{i=1}^{n} x_i \sum_{i=1}^{n} y_i}{n\sum_{i=1}^{n} x_i^2 - \left(\sum_{i=1}^{n} x_i\right)^2} \end{cases} \tag{9.13}$$

回归系数 $\hat{\beta}_1$ 表示自变量每变动一个单位,因变量平均变动 $\hat{\beta}_1$ 个单位;在回归分析中,截距并不能代表实际意义,一般对它不做解释。

例 9.4 根据例 9.2 的数据,求食品烟酒支出对消费支出的估计方程。

【解】 根据消费支出数据与食品烟酒支出数据绘制的散点图如图 9-4 所示。

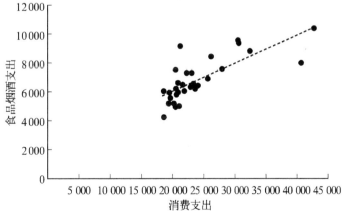

图 9-4 消费支出与食品烟酒支出带有拟合线的散点图

回归系数的估计公式为：

$$\hat{\beta}_1 = \frac{n\sum_{i=1}^{n} x_i y_i - \sum_{i=1}^{n} x_i \sum_{i=1}^{n} y_i}{n\sum_{i=1}^{n} x_i^2 - \left(\sum_{i=1}^{n} x_i\right)^2}$$

把 $\sum_{i=1}^{n} x_i y_i = 5\,213\,452\,890$，$\sum_{i=1}^{n} x_i^2 = 18\,374\,558\,936$，$\sum_{i=1}^{n} x_i = 733\,025.2$，$\sum_{i=1}^{n} y_i = 211\,713.4$ 代入公式，得 $\hat{\beta}_1 \approx 0.199$。截距的估计公式为：

$$\hat{\beta}_0 = \bar{y} - \hat{\beta}_1 \bar{x}$$

计算可得：$\bar{x} = \frac{\sum_{i=1}^{n} x_i}{n} = \frac{733\,025.2}{31} \approx 23\,645.974$，$\bar{y} = \frac{\sum_{i=1}^{n} y_i}{n} = \frac{211\,713.4}{31} \approx 6\,829.464\,516$，代入公式得 $\hat{\beta}_0 \approx 2\,123.92$。

于是，食品烟酒支出对消费支出的估计方程为：

$$\hat{y} = 2\,123.92 + 0.199x$$

回归系数 0.199 表示：消费支出每增加 1 元，平均食品烟酒支出就会增加 0.199 元。

9.2.3 回归直线的拟合优度

如果各观测点都紧密围绕着回归直线，那么说明回归直线对观测数据的拟合效果好，反之则差。回归方程的拟合优度（goodness of fit），就是指样本观测值聚集在样本回归直线周围的紧密程度。常用的对回归方程的拟合优度进行评判的数量指标是判定系数。

从图 9-5 和图 9-6 中可以看出，图 9-5 的数据点聚集在直线附近，而图 9-6 的数据点距离直线较远，因此图 9-5 回归直线的拟合优度高于图 9-6 回归直线的拟合优度。

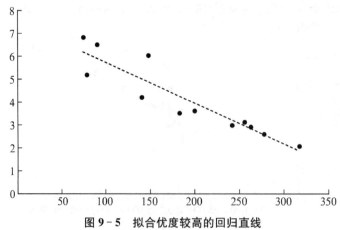

图 9-5 拟合优度较高的回归直线

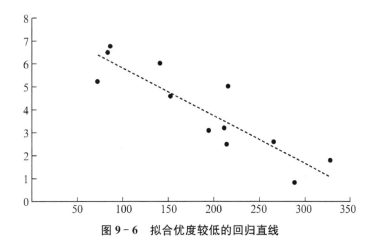

图 9-6 拟合优度较低的回归直线

1. 判定系数

在回归直线中,实际观测值 Y 的大小是围绕着 Y 的平均值 $\bar{Y}$ 上下波动的。Y 的这种波动称为变差。变差的产生受到两个方面的影响:一是自变量的影响,X 的取值变动会引起 Y 的取值变化;二是除自变量以外其他因素的影响(如 X 对 Y 的非线性影响、测量误差等)。

对于每个观测值而言,变差的大小可以用离差 $(Y-\bar{Y})$ 表示,而全部 n 个观测值的总变差可以用这些离差的平方和表示,记为总离差平方和 TSS(total sum of squares)或 L_{yy}:

$$\text{TSS} = \sum_{i=1}^{n}(y_i-\bar{y})^2 \tag{9.14}$$

其自由度为 $n-1$。被解释变量观测值 y_i、被解释变量估计值 $\hat{y}$ 以及被解释变量平均值 $\bar{y}$ 的关系如图 9-7 所示。

显然,$(y_i-\bar{y})$ 可以分解为:

$$(y_i-\bar{y}) = (y_i-\hat{y}_i) + (\hat{y}_i-\bar{y}) \tag{9.15}$$

将式(9.15)左右两边同时平方,并对所有观测值求和,得:

$$\sum_{i=1}^{n}(y_i-\bar{y})^2 = \sum_{i=1}^{n}(y_i-\hat{y}_i)^2 + \sum_{i=1}^{n}(\hat{y}_i-\bar{y})^2 + 2\sum_{i=1}^{n}(y_i-\hat{y}_i)(\hat{y}_i-\bar{y}) \tag{9.16}$$

可以证明,$\sum_{i=1}^{n}(y_i-\hat{y}_i)(\hat{y}_i-\bar{y})=0$,则:

$$\sum_{i=1}^{n}(y_i-\bar{y})^2 = \sum_{i=1}^{n}(y_i-\hat{y}_i)^2 + \sum_{i=1}^{n}(\hat{y}_i-\bar{y})^2 \tag{9.17}$$

式(9.17)的左端是总平方和。等式右端,$\sum_{i=1}^{n}(\hat{y}_i-\bar{y})^2$ 是回归值 $\hat{y}_i$ 和均值 $\bar{y}$ 的离差平方和,由于 $\hat{Y}=\hat{\beta}_0+\hat{\beta}_1X$,因此 $\sum_{i=1}^{n}(\hat{y}_i-\bar{y})^2$ 可以看作 Y 的总变差中 X 和 Y 的线性关系引起的 Y 的变化部分,是由回归直线解释的 Y 的变差部分,称为回归平方和,记作

RSS(regression sum of squares)，自由度为 1；$\sum_{i=1}^{n}(y_i-\hat{y}_i)^2$ 是观测值与估计值的残差平方和，它解释了除 X 与 Y 的线性关系之外的其他因素引起的 Y 的变差部分，称为残差平方和，记作 ESS(error sum of squares)，自由度为 $n-2$。

$$TSS=RSS+ESS$$

显然，总平方和中，回归平方和的占比越大，说明 Y 的总变差中 X 与 Y 的线性关系影响的部分越大，也即回归直线的拟合效果越好。回归平方和 RSS 与总离差平方和 TSS 的比值称为判定系数(coefficient of determination)，记为 R^2。

$$R^2=\frac{\text{RSS}}{\text{TSS}}=\frac{\sum_{i=1}^{n}(\hat{y}_i-\bar{y})^2}{\sum_{i=1}^{n}(y_i-\bar{y})^2}=1-\frac{\sum_{i=1}^{n}(y_i-\hat{y}_i)^2}{\sum_{i=1}^{n}(y_i-\bar{y})^2} \qquad(9.18)$$

判定系数是非负的统计量，其取值范围为 $0\leqslant R^2\leqslant 1$，$R^2=0$ 时，Y 的变化与 X 和 Y 的线性关系无关；$R^2=1$ 时，回归直线可以完全拟合观测数据。R^2 是样本观测值的函数，是随抽样的变动而变动的随机变量。判定系数 R^2 测度了回归直线对观测值的拟合程度。R^2 越大，则回归直线对观测值的拟合程度越好；R^2 越小，回归直线对观测值的拟合程度越差。

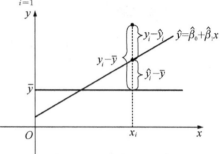

图 9-7 变差分解示意图

在一元线性回归中，判定系数 R^2 是相关系数 r 的平方，因此相关系数 r 总是大于或等于判定系数 R^2。从概念上来说，两者存在很大区别。首先，判定系数是针对估计的回归模型而言的，度量估计的回归模型对样本观测值的拟合程度；而相关系数是针对两个变量而言的，度量两个变量之间的线性依存程度。其次，判定系数度量的是自变量与因变量之间不对称的因果关系，说明了自变量对因变量的变差解释的比例，而不说明因变量被单一自变量的解释程度；而相关系数度量的是两个变量之间对称的相关关系，并不涉及具体的因果关系。最后，判定系数的取值范围是 $[0,1]$；而相关系数的取值范围是 $[-1,1]$。

在线性回归中，相关系数的使用可能会夸大自变量对因变量的作用，判定系数在此处的应用更有说服力。

例 9.5 根据例 9.2 中的数据和例 9.4 中估计的回归方程，计算回归方程的判定系数 R^2。

【解】 计算数据见表 9-4。

表 9-4 消费支出与食品烟酒支出的数据

地区	消费支出 x	食品烟酒支出 y	$\hat{y}$	$(y-\bar{y})^2$	$(\hat{y}-\bar{y})^2$
北京	40 346.3	8 003.3	10 152.83	1 377 889.74	11 044 782.73
天津	30 283.6	9 456.2	8 150.36	6 899 739.30	1 744 755.37

续表

地区	消费支出 x	食品烟酒支出 y	$\hat{y}$	$(y-\bar{y})^2$	$(\hat{y}-\bar{y})^2$
河北	20 600.3	5 067.1	6 223.38	3 105 928.69	367 338.80
山西	18 404	4 244.2	5 786.32	6 683 592.62	1 088 158.83
内蒙古	23 637.8	6 468.8	6 827.84	130 078.89	2.63
辽宁	25 379.4	6 988.3	7 174.42	25 228.71	118 994.70
吉林	20 051.2	5 168.7	6 114.11	2 758 138.78	511 733.80
黑龙江	19 269.8	5 247	5 958.61	2 504 193.94	758 387.24
上海	42 304.3	10 456.5	10 542.48	13 155 386.40	13 786 452.05
江苏	27 726.3	7 616.2	7 641.45	618 952.72	659 326.43
浙江	31 924.2	8 906.1	8 476.84	4 312 414.93	2 713 832.15
安徽	20 740.2	6 665.3	6 251.22	26 949.99	334 366.95
福建	25 980.5	8 551.6	7 294.04	2 965 750.62	215 829.92
江西	19 244.5	5 994	5 953.58	698 000.96	767 181.57
山东	23 072.1	6 179.6	6 715.27	422 323.89	13 040.87
河南	19 422.3	5 187.8	5 988.96	2 695 062.38	706 451.71
湖北	21 275.6	6 542.5	6 357.76	82 348.63	222 501.00
湖南	23 162.6	6 585	6 733.28	59 762.90	9 251.96
广东	30 197.9	9 711.7	8 133.30	8 307 281.38	1 699 992.45
广西	18 348.6	6 098.5	5 775.29	534 309.12	1 111 280.96
海南	20 371.9	7 575.3	6 177.93	556 270.57	424 499.70
重庆	22 759.2	7 305.3	6 653.00	226 419.41	31 139.44
四川	21 990.6	7 329.3	6 500.05	249 835.51	108 514.32
贵州	20 347.8	6 242.6	6 173.13	344 409.96	430 772.11
云南	19 559.7	5 665.1	6 016.30	1 355 744.73	661 236.04
西藏	21 087.5	9 253.6	6 320.33	5 876 432.84	259 215.41
陕西	20 388.2	5 798.6	6 181.17	1 062 681.65	420 283.45
甘肃	20 659.4	6 032.6	6 235.14	634 993.06	353 220.92
青海	21 473	6 060.8	6 397.05	590 845.14	186 984.91
宁夏	20 219.5	4 952.2	6 147.60	3 524 122.06	464 938.54
新疆	22 796.9	6 359.6	6 660.50	220 772.66	28 547.96
总和	733 025.2	211 713.4	211 713.53	72 005 862.21	41 243 014.91
均值	23 645.97	6 829.465	6 829.47	2 322 769.749	1 330 419.836

计算出的判定系数 R^2 为:

$$R^2 = \frac{\sum_{i=1}^{n}(\hat{y}_i - \bar{y})^2}{\sum_{i=1}^{n}(y_i - \bar{y})^2} = \frac{41\ 243\ 014.91}{72\ 005\ 862.21} \approx 0.572\ 8$$

判定系数为 0.572 8,表示消费支出可以解释食品烟酒支出变差的 57.28%;或者说,在食品烟酒支出的变差中,有 57.28% 可以由消费支出与食品烟酒支出之间的线性关系来解释。同时可以验证,两变量的相关系数的平方就是一元线性回归分析的判定系数值。

2. 估计标准误差

在回归直线中,残差平方和 ESS 度量的是实际观测值 Y 与估计值 $\hat{Y}$ 的差异程度,是除了 X 与 Y 的线性关系的影响之外的因素对 Y 的影响。估计标准误差(standard error of estimate)是度量各观测值点在回归直线周围散布状况的一个统计量,是均方残差的平方根,用 s_e 表示:

$$s_e = \sqrt{\frac{\sum_{i=1}^{n}(y_i - \hat{y}_i)^2}{n-2}} = \sqrt{\frac{\text{ESS}}{n-2}} = \sqrt{\text{MSE}} \tag{9.19}$$

估计标准误差 s_e 是对误差项 μ 的标准差 σ 的估计,是排除了 X 与 Y 的线性影响后,Y 随机波动大小的估计量。从实际意义上来看,它是用估计的回归方程预测 Y 时的平均预测误差大小。s_e 越小,回归直线对观测值的代表性越好;s_e 越大,回归直线对观测值的代表性越差。

例 9.6 根据例 9.2 中的数据和例 9.4 中估计的回归方程,计算回归方程的估计标准误差 s_e。

【解】 $\text{ESS} = \sum_{i=1}^{n}(y_i - \hat{y}_i)^2 = 30\ 750\ 125.03$,$\text{MSE} = \frac{\text{ESS}}{n-2} = \frac{30\ 750\ 125.03}{29} \approx 1\ 060\ 349.139$,$s_e \approx 1\ 029.733$,即根据消费支出估计食品烟酒支出时,平均的估计误差是 1 029.733 元。

9.2.4 显著性检验

建立了回归方程后,不能立刻进行估计和预测,因为回归方程是由样本数据计算得出的,其对于总体的代表性还需要进行显著性检验。回归分析中的显著性检验分为回归方程线性关系的显著性检验和回归系数的显著性检验。回归方程线性关系的显著性检验需要用到 F 检验,回归系数的显著性检验需要用到 t 检验。在一元线性回归中,由于自变量只有一个,因此 F 检验与 t 检验是一致的。但在多元回归分析中,F 检验和 t 检验不一致,要注意区分。

1. 线性关系的 F 检验

线性关系检验是检验自变量 X 与因变量 Y 之间的线性关系是否显著,也就是检验自变量与因变量之间能否用线性模型表示。检验所选用的统计量是 F 统计量,是均方回归 MSR(回归平方和 RSS 与自由度 k 的比值)和均方残差 MSE(残差平方和 ESS 与其自由度 $n-k-1$ 的比值)的比值,其中 k 是自变量的个数。这里 F 统计量服从于自由度分别为 1 和 $n-2$ 的 F 分布:

$$F=\frac{\text{RSS}/1}{\text{ESS}/(n-2)}=\frac{\text{MSR}}{\text{MSE}} \sim F(1,n-2) \tag{9.20}$$

F 检验首先要根据式(9.20)得出检验统计量 F 的值,然后确定显著性水平 α,根据相应的自由度查 F 分布表,得到临界值 F_α。

若 $F>F_\alpha$,则通过了显著性检验,认为两变量间的线性关系显著;若 $F<F_\alpha$,则认为两变量间的线性关系不显著。

一元线性回归方差分析表如表 9-5 所示。

表 9-5 一元线性回归方差分析表

方差来源	平方和	自由度	F 值
回归	RSS	1	$F=\dfrac{\text{RSS}/1}{\text{ESS}/(n-2)}$
残差	ESS	$n-2$	
总和	TSS	$n-1$	

例 9.7 根据例 9.2 中的数据和例 9.4 中估计的回归方程,在显著性水平 $\alpha=0.05$ 的条件下,检验消费支出与食品烟酒支出之间线性关系的显著性。

【解】 第一步:计算检验统计量。

$$F=\frac{\text{RSS}/1}{\text{ESS}/(n-2)}=\frac{\sum_{i=1}^{n}(\hat{y}_i-\bar{y})^2}{\sum_{i=1}^{n}(y_i-\hat{y}_i)^2} \cdot (n-2) \approx 38.896$$

第二步:做出决策。

查 F 分布表可得:$F_\alpha(1,29)=4.18$。因为 $F>F_\alpha$,所以通过了显著性水平检验,认为消费支出与食品烟酒支出之间的线性关系显著。

2. 回归系数的 t 检验

回归系数的检验是要检验自变量对因变量的影响是否显著。在一元线性回归模型中,如果自变量前面的系数也即回归系数为 0,那么表明自变量与因变量没有线性关系,因变量 Y 的取值不依赖于自变量 X。即使回归系数不为 0,也不意味着自变量与因变量之间有线性关系,因为回归系数不一定统计显著,为此要进行回归系数的显著性检验。

在估计的回归方程 $\hat{Y}_i=\hat{\beta}_0+\hat{\beta}_1 X_i$ 中,$\hat{\beta}_0$ 与 $\hat{\beta}_1$ 都是根据样本数据用最小二乘法(least squares,LS)计算得出的,都是随机变量。统计证明,回归系数 $\hat{\beta}_1$ 服从均值为 β_1、

标准差为 $\sigma_{\hat{\beta}_1}$ 的正态分布。记误差项 μ 的标准差为 σ,则 $\sigma_{\hat{\beta}_1}$ 的计算公式为:

$$\sigma_{\hat{\beta}_1} = \frac{\sigma}{\sqrt{\sum_{i=1}^{n} x_i^2 - \frac{1}{n}\left(\sum_{i=1}^{n} x_i\right)^2}} \tag{9.21}$$

因为 σ 未知,所以计算时采用 σ 的估计量 s_e 代替 σ,此时 $\hat{\beta}_1$ 的估计标准差为:

$$s_{\hat{\beta}_1} = \frac{s_e}{\sqrt{\sum_{i=1}^{n} x_i^2 - \frac{1}{n}\left(\sum_{i=1}^{n} x_i\right)^2}} \tag{9.22}$$

由此构造出的检验统计量服从自由度为 $n-2$ 的 t 分布:

$$t = \frac{\hat{\beta}_1 - \beta_1}{s_{\hat{\beta}_1}} \sim t(n-2) \tag{9.23}$$

t 检验的检验步骤为:

(1) 提出假设。

$$H_0: \beta_1 = 0 \qquad 回归系数不显著$$
$$H_0: \beta_1 \neq 0 \qquad 回归系数显著$$

(2) 建立检验统计量。

$$t = \frac{\hat{\beta}_1}{s_{\hat{\beta}_1}}$$

(3) 做出决策。

确定显著性水平 α,根据相应的自由度查 t 分布表,得到临界值 $t_{\alpha/2}$。

若 $|t| > t_{\alpha/2}$,则拒绝原假设,认为回归系数显著,即认为自变量对因变量的影响是显著的;若 $|t| < t_{\alpha/2}$,则没有充分的理由拒绝原假设,认为回归系数不显著,即自变量对因变量的影响不显著。

从 t 分布表可以看出,在给定显著性水平 $\alpha = 0.05$ 的情况下,当自由度大于 10 时,临界值 $t_{\alpha/2}$ 基本上都接近 2(此时正态分布的 z 值是 1.96)。因此,当回归系数估计的 t 统计量的绝对值明显超过 2 时,我们可以粗略做出判断,在显著性水平 0.05 下通过了显著性检验,认为相应自变量对因变量的影响是显著的,此时犯错误的概率不超过 0.05。如果回归系数估计的 t 统计量的绝对值远大于 2,那么犯错误的概率更小。

例 9.8 根据例 9.2 中的数据和例 9.4 中估计的回归方程,在显著性水平 $\alpha = 0.05$ 的条件下,检验消费支出与食品烟酒支出回归方程中回归系数的显著性。

【解】第一步:提出假设。

$$H_0: \beta_1 = 0 \qquad 回归系数不显著$$
$$H_0: \beta_1 \neq 0 \qquad 回归系数显著$$

第二步:计算检验统计量。

$$t = \frac{\hat{\beta}_1}{s_{\hat{\beta}_1}} = \frac{0.199}{0.032} \approx 6.219$$

第三步：做出决策。

确定显著性水平 $\alpha=0.05$，根据自由度 $n-2=31-2=29$ 查 t 分布表，得到临界值 $t_{\alpha/2}=2.045$。

因为 $|t|>t_{\alpha/2}$，所以拒绝原假设，认为回归系数显著，即认为自变量对因变量的影响是显著的。

一元线性回归中，回归系数的显著性检验与线性关系的检验在结果上没有差别，因为自变量只有一个，即一元线性回归的 F 检验和 t 检验是等价的，F 和 t 的关系为：$F=t^2$。多元回归分析中会进一步详细介绍，当然，在多元线性回归中，每个自变量前面的回归系数都要进行 t 检验，而 F 检验只需进行一次。

9.3　相关分析与一元线性回归的 SPSS 应用

9.3.1　两个变量间的线性相关关系的 SPSS 应用

本部分内容介绍两个变量间的线性相关的 SPSS 应用。

运动会上十名选手两个项目的成绩如表 9-6 所示，分析项目 1 与项目 2 的得分是否存在线性相关关系。

表 9-6　参赛选手项目 1 与项目 2 得分表

参赛选手	项目 1	项目 2
1	8.25	9.4
2	8.15	9.3
3	8.15	9.25
4	8.15	9.1
5	8.1	9.25
6	8.1	9.25
7	8.05	9
8	8.05	8.85
9	8.05	9.25
10	8.05	9.25

SPSS 软件操作步骤如下：

（1）依次点击"Graphs"→"Legacy Dialogs"→"Scatter/Dot"→"Simple Scatter"→"Define"，打开"Simple Scatterplot"窗口。

（2）将"项目 1"和"项目 2"分别放入"X Axis"和"Y Axis"框中，如图 9-8 所示。

（3）点击"OK"，得到散点图（图 9-9）。

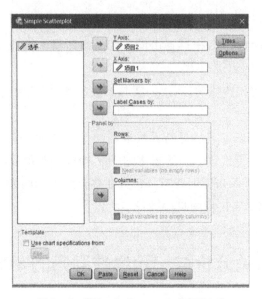

图 9-8 "Simple Scatterplot"窗口(1)

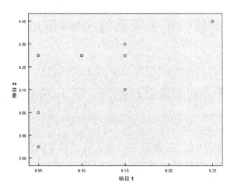

图 9-9 项目 1 与项目 2 的散点图

(4) 依次点击"Analysis"→"Correlate"→"Bivariate",打开双变量相关窗口,即"Bivariate Correlations"窗口。

(5) 将"项目1""项目2"放入"Variables"框中,如图 9-10 所示。

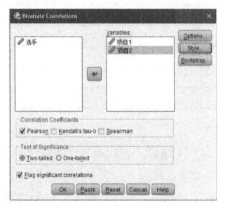

图 9-10 "Bivariate Correlations"窗口

(6) 点击"OK",得到的输出结果如表 9-7 所示。

表 9-7 相关分析表

		项目 1	项目 2
项目 1	Pearson Correlation	1	0.586
	Sig. (2-tailed)		0.075
	N	10	10
项目 2	Pearson Correlation	0.586	1
	Sig. (2-tailed)	0.075	
	N	10	10

在"Correlation Coefficients"栏中,提供了如下相关分析的类型:

① 皮尔逊相关(Pearson),是系统默认的相关分析方法。正态分布等间隔测度的变量使用的是皮尔逊相关分析法。

② 肯德尔 τ-b (Kendall's tau-b),调用 Nonpar Corr 非参数相关过程,考虑节点的影响,计算分类变量之间的秩相关系数。

③ 斯皮尔曼相关(Spearman),调用 Nonpar Corr 非参数相关过程计算斯皮尔曼秩相关系数。

倘若相关分析的变量是非连续型变量,就选择"Kendall's tau-b"或"Spearman"。

在"Test of Significance"栏中,有双侧 t 检验("Two-tailed")和单侧 t 检验("One-tailed")两种选择,双侧 t 检验是系统默认选项。

从图 9-9 中看不出两变量之间存在线性相关关系。

表 9-7 所示的是项目 1 和项目 2 之间的相关系数,项目 1 与项目 2 之间的相关系数是 0.586,计算出的相关系数表示项目 1 与项目 2 之间存在着中度线性相关关系,两个变量的观测值个数均为 10。双侧 t 检验的 P 值是 $0.075>0.05$,在 0.05 的显著性水平下没有通过显著性检验,无法拒绝原假设,认为两变量之间的相关关系不显著。

9.3.2 一元线性回归的 SPSS 应用

根据例 9.2 中的数据,使用 SPSS 软件求出估计的回归方程。

SPSS 具体操作步骤如下:

(1) 依次点击"Graphs"→"Legacy Dialogs"→"Scatter/Dot"→"Simple Scatter"→"Define",打开"Simple Scatterplot"窗口。

(2) 将"消费支出"和"食品烟酒支出"分别放入"X Axis"和"Y Axis"框中,如图 9-11 所示。

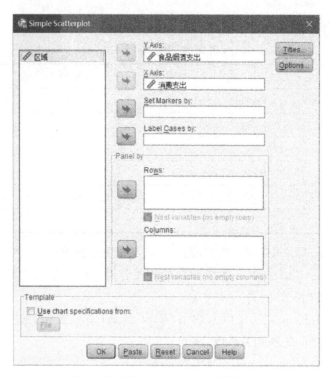

图9-11 "Simple Scatterplot"窗口(2)

(3) 点击"OK",得到散点图(图9-12)。

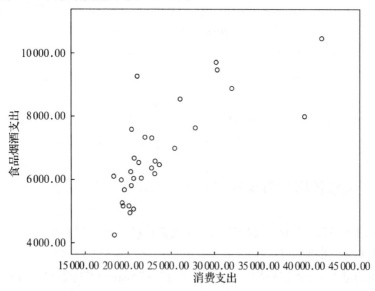

图9-12 消费支出与食品烟酒支出的散点图

(4) 依次点击"Analysis"→"Regression"→"Linear"调出"Linear Regression"窗口,将"食品烟酒支出"和"消费烟酒支出"分别放入"Dependent"和"Independent(s)"框中,如图9-13所示。

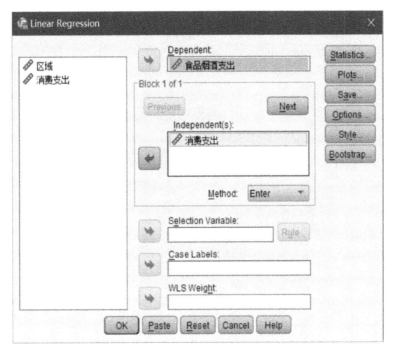

图 9-13 "Linear Regression"窗口(1)

(5) 打开"Statistics"选项,选择回归系数"Estimates"、模型拟合优度"Model fit"和残差"Durbin-Watson",点击"Continue",如图 9-14 所示。

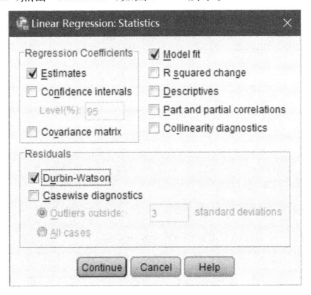

图 9-14 "Linear Regression:Statistics"窗口(2)

(6) 点击"Plots"选项,从左侧的源变量窗口中选择标准预测值"ZPRED"放入 X 框,选择标准化残差"ZRESID"放入 Y 框;在"Standardized Residual Plots"栏中选择"Histogram",点击"Continue"返回"Linear Regression"窗口,如图 9-15 所示。

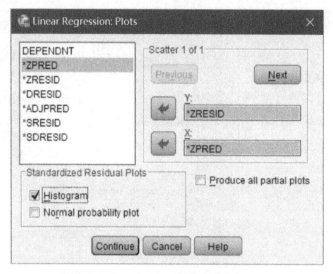

图 9-15 "Linear Regression:Plots"窗口(1)

(7) 点击"OK"提交运行,输出的结果如表 9-8~表 9-11 和图 9-16、9-17 所示。

从图 9-12 中可以看出消费支出与食品烟酒支出有明显的线性相关关系,以消费支出为自变量建立线性回归方程是可能的。

表 9-8 是模型汇总表,根据两个变量计算出来的相关系数为 0.757,根据回归方程计算出的判定系数 $R^2=0.573$,说明因变量的变差中可以用自变量与因变量的线性关系所解释的比例为 57.3%。DW 的值为 1.786,接近 2,说明随机误差基本是相互独立的。

表 9-8 模型汇总表[b]

Model	R	R Square	Adjusted R Square	Std. Error of the Estimate	Durbin-Watson
1	0.757[a]	0.573	0.558	1 029.732 54	1.786

a. Predictors:(Constant),消费支出。
b. Dependent Variable:食品烟酒支出。

表 9-9 是方差分析表,根据线性模型计算出的回归平方和为 41 255 738.16,残差平方和为 30 750 124.05,总平方和为 72 005 862.21。F 统计量的值为 38.908,P=0.000<0.05,拒绝原假设,认为消费支出和食品烟酒支出之间存在线性关系。

表 9-9 方差分析表[a]

Model		Sum of Squares	df	Mean Square	F	Sig.
1	Regression	41 255 738.16	1	41 255 738.16	38.908	0.000[b]
	Residual	30 750 124.05	29	1 060 349.105		
	Total	72 005 862.21	30			

a. Dependent Variable:食品烟酒支出。
b. Predictors:(Constant),消费支出。

表 9-10 是回归模型,估计的回归系数为 0.199,截距为 2 123.19。回归方程为 $\hat{y}=$

$2123.19+0.199x$,回归系数 t 检验的 P 值为 $0.000<0.05$,通过了显著性检验,认为自变量消费支出对因变量食品烟酒支出有显著影响。

表 9-10 模型系数表[a]

Model		Unstandardized Coefficients		Standardized Coefficients	t	Sig.
		B	Std. Error	Beta		
1	(Constant)	2 123.190	776.837		2.733	0.011
	消费支出	0.199	0.032	0.757	6.238	0.000

a. Dependent Variable:食品烟酒支出。

残差统计表中 Predicted Value 是预测值,Residual 是残差,Std. Predicted Value 是标准化预测值,Std. Residual 是标准化残差。从表 9-11 中可以看出,残差、标准化残差的均值都是 0,说明残差的分布满足均值为 0 的假定。

表 9-11 残差统计表[a]

	Minimum	Maximum	Mean	Std. Deviation	N
Predicted Value	5 775.124 5	10 543.043 9	6 829.464 5	1 172.685 50	31
Residual	−2 150.041 99	2 933.350 34	0.000 00	1 012.424 88	31
Std. Predicted Value	−0.899	3.167	0.000	1.000	31
Std. Residual	−2.088	2.849	0.000	0.983	31

a. Dependent Variable:食品烟酒支出。

从图 9-16 中可以看出,残差的分布接近正态分布。

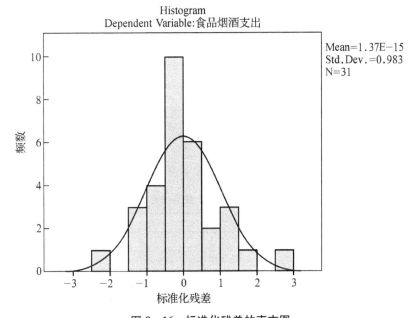

图 9-16 标准化残差的直方图

图 9-17 是以标准化预测值为横轴、标准化残差为纵轴绘制的散点图。残差散点图

可以检验齐方差性和奇异值,对模型的拟合效果进行判断。从图中可以看到绝大部分标准化残差随机落在±2的范围内,标准化预测值与标准化残差之间没有明显的关系,所以回归方程满足线性与方差齐性的假定且拟合效果较好。

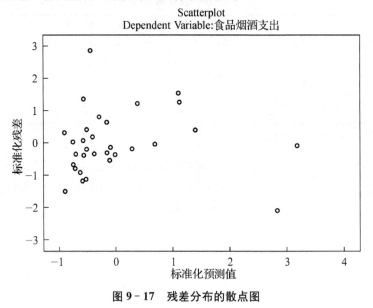

图 9-17 残差分布的散点图

练 习 题

一、简答题

1. 简述相关分析中的假定。
2. 相关分析主要解决哪些问题?
3. 简述相关分析与回归分析的区别。
4. 简述一元线性回归模型的假定。
5. 简述回归分析中判定系数的含义及其计算方法。

二、计算题

1. 某公司随机抽取12家直营店,得到的销售量和人流量的数据如表9-12所示。

表 9-12 直营店人流量与销售量数据

直营店序号	人流量/人	销售量/件
1	1 445	298
2	1 488	287
3	1 701	397
4	1 548	309
5	1 635	334
6	1 637	323

续表

直营店序号	人流量/人	销售量/件
7	1 739	365
8	1 576	291
9	1 534	305
10	1 566	334
11	1 719	421
12	1 444	267

(1) 请根据人流量与销售量数据绘制散点图,判断这两者之间的关系形态。
(2) 计算人流量与销售量之间的相关系数。
(3) 在显著性水平为 0.05 的条件下,对相关系数进行显著性检验。

2. 某公司为了解广告投入费用对销售额的影响,收集了过往 20 个营销案例的数据,如表 9-13 所示。

表 9-13 广告费用与销售额数据　　　　　　　　　　　单位:元

营销案例序号	广告费用	销售额
1	30 028.8	107 683
2	39 733.5	119 107
3	22 454.4	98 611
4	33 027	110 908.6
5	25 926	110 035
6	37 918.8	115 747
7	25 926	110 707
8	32 632.5	107 078.2
9	34 841.7	113 731
10	35 946.3	112 118.2
11	30 265.5	115 747
12	25 531.5	103 987
13	27 425.1	108 623.8
14	32 553.6	115 948.6
15	31 054.5	114 739
16	30 265.5	114 201.4
17	29 082	108 691
18	28 056.3	104 995
19	31 843.5	111 782.2
20	25 926	113 059

(1) 绘制广告费用与销售额之间的散点图,说明两者之间的关系形态。
(2) 用广告费用做自变量,销售额做因变量,建立估计的回归方程,并对其进行解释。
(3) 在显著性水平为 0.05 的条件下,检验回归系数的显著性。

第 10 章
偏相关与多元线性回归

回归分析是定量研究中应用最广泛的分析方法之一,用于分析两个或多个变量之间的关系,并且用回归方程的形式表达这一关系,为科学解释和预测提供依据。上一章介绍了相关分析和一元线性回归。在实际研究中,很多情况下研究的变量超过两个,这时,用多元回归的方法才能更好地处理变量间的关系。多元线性回归的分析方法与一元线性回归的分析方法类似,但是多元回归方程的计算太过复杂,手工计算难以完成,需要依赖软件来实现。

10.1 偏相关分析

线性相关分析通过计算两个变量间的相关系数并检验其显著性,对两个变量间线性相关的程度进行测度。但在实际应用中,经常存在第三个变量使得相关系数无法真正反映两个变量间的线性相关程度。如职工的年龄、最高学历与工资水平之间的关系。计算皮尔逊相关系数,可以得到工资水平与年龄和最高学历均存在较强的线性关系。但为了进行更精细的研究,如果分析年龄相同的职工的最高学历与工资水平,是否会得到最高学历越高,工资水平越高的结论呢?再比如,研究身高、体重与肺活量之间的关系。计算其相关系数,可以得出肺活量与身高和体重均存在较强的线性关系。这时,分析体重相同的人的身高和肺活量,是否能得出身高越高,肺活量越大的结论?

因此,在某些场合中,简单的皮尔逊相关系数并不是刻画相关关系的本质性统计量。为了满足研究的需要,在分析最高学历与工资水平的相关性的时候,就要控制职工年龄在相关分析中的影响,在分析身高与肺活量的相关性的时候,就要控制体重在相关分析中的影响。偏相关分析(partial correlation analysis)就是在研究两个变量之间的线性相关关系时,控制可能对其产生影响的其他变量,以利于更准确地判断两变量之间的相关关系和相关程度的相关分析方法。

10.1.1 偏相关系数

偏相关系数(partial correlation coefficient)是当其他变量被固定,即在其他变量被控制的条件下,给定两个变量计算出来的相关系数。

偏相关系数与相关系数的取值范围一致,都是$[-1,1]$。偏相关系数的值表示在控制第三个变量z后,x和y的相关程度和方向。

控制了一个变量z之后,x与y之间的偏相关系数$r_{xy.z}$的计算公式为:

$$r_{xy.z} = \frac{r_{xy} - r_{xz}r_{yz}}{\sqrt{1-r_{xz}^2}\sqrt{1-r_{yz}^2}} \tag{10.1}$$

控制了z_1、z_2两个变量之后,x与y之间的偏相关系数$r_{xy.z_1z_2}$的计算公式为:

$$r_{xy.z_1z_2} = \frac{r_{xy.z_1} - r_{xz_2.z_1}r_{yz_2.z_1}}{\sqrt{1-r_{xz_2.z_1}^2}\sqrt{1-r_{yz_2.z_1}^2}} \tag{10.2}$$

在定量分析中,简单相关系数r或r_{xy}是零阶相关(zero-order correlation)。偏相关系数中,控制了一个变量的偏相关系数$r_{xy.z}$称为一阶相关(first-order correlation);控制了两个变量的偏相关系数$r_{xy.z_1z_2}$称为二阶相关(second-order correlation);控制了三个变量的偏相关系数$r_{xy.z_1z_2z_3}$称为三阶相关(third-order correlation)。每一阶相关系数的计算都是以上一阶相关系数为基础计算出来的。

例10.1 研究者调查得到474名职工的初始工资x(单位:元)和当前工资y(单位:元),测得这两个变量的相关系数$r_{xy}=0.88$,散点图如图10-1所示。

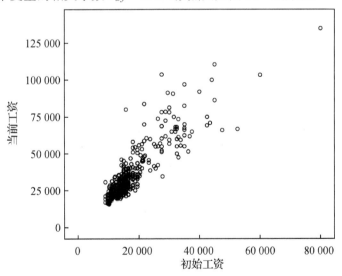

图10-1 初始工资与当前工资的散点图

进一步分析得到职工的初始工资和当前工资可能受受教育年限z的影响,测得初始工资与受教育年限的相关系数$r_{xz}=0.633$,当前工资与受教育年限的相关系数$r_{yz}=0.661$。求控制了受教育年限后,初始工资与当前工资的偏相关系数。

【解】 在控制了受教育年限变量的影响后,初始工资与当前工资的偏相关系数为

$$r_{xy \cdot z} = \frac{r_{xy} - r_{xz} r_{yz}}{\sqrt{1 - r_{xz}^2} \sqrt{1 - r_{yz}^2}} = \frac{0.88 - 0.633 \times 0.661}{\sqrt{1 - 0.633^2} \sqrt{1 - 0.661^2}} \approx 0.795$$

也就是说,在控制了受教育年限的情况下,职工的初始工资和当前工资的偏相关系数为 0.795。

10.1.2 偏相关系数的检验

根据样本数据计算出了偏相关系数之后,需要对偏相关系数进行检验,以判断样本变量间的关系能否代表总体变量间的关系。偏相关系数的检验通常使用 t 统计量。

t 统计量服从自由度为 $n-k-2$ 的 t 分布,其中,n 为样本容量,k 为控制变量的个数。若 $r_{xy \cdot z}$ 表示控制了 z 变量之后,x 与 y 之间的偏相关系数,则 t 统计量的计算公式为:

$$t = \frac{r_{xy \cdot z} \sqrt{n - k - 2}}{\sqrt{1 - r_{xy \cdot z}^2}} \tag{10.3}$$

则偏相关系数 $r_{xy \cdot z}$ 的显著性检验步骤如下:

(1) 提出假设。

$$H_0 : r_{xy \cdot z} = 0, H_1 : r_{xy \cdot z} \neq 0$$

(2) 计算检验统计量 t。

$$t = \frac{r_{xy \cdot z} \sqrt{n - k - 2}}{\sqrt{1 - r_{xy \cdot z}^2}} \sim t(n - k - 2) \tag{10.4}$$

(3) 根据给定的显著性水平 α,查自由度为 $n-k-2$ 的 t 分布临界值。若 $t > t_{\frac{\alpha}{2}}(n-k-2)$,则做出拒绝原假设 H_0 的决策,认为控制了第三个变量之后,总体的两变量之间仍存在显著的线性关系。

例 10.2 根据例 10.1 中提供的结果,在显著性水平为 0.05 的条件下,检验控制了受教育年限后,初始工资与当前工资的偏相关系数。

【解】 已知:控制变量个数 $k=1$,样本容量 $n=474$。

第一步:提出假设。

$$H_0 : r_{xy \cdot z} = 0, H_1 : r_{xy \cdot z} \neq 0$$

第二步:计算检验统计量 t。

$$t = \frac{r_{xy \cdot z} \sqrt{n - k - 2}}{\sqrt{1 - r_{xy \cdot z}^2}} = \frac{0.795 \times \sqrt{474 - 1 - 2}}{\sqrt{1 - 0.795^2}} \approx 28.44$$

第三步:根据给定的显著性水平 α,查自由度为 471 的 t 分布临界值得出 $t_{0.025}(471) \approx 1.96$。因为 $t > t_{0.025}(471)$,所以做出拒绝原假设 H_0 的决策,认为控制了第三个变量之后,总体的两变量之间仍存在显著的线性关系。

10.2 多元线性回归分析

10.2.1 多元线性回归模型

事物之间是相互联系的,一个事物的影响因素往往有多个,因此在实际应用中,影响因变量的自变量也有多个。例如,影响商品销售量的因素不仅有商品价格,还有消费者的收入水平、替代品的价格等。这种一个因变量与多个自变量进行回归的方法就是多元回归,当它们的回归形式为线性时,称为多元线性回归,表达这一数量关系的数学表达式称为多元线性回归模型(multiple linear regression model)。用多个自变量的最优组合共同来预测或估计因变量,比只用一个自变量进行预测或估计更有效、更符合实际,因此,多元线性回归比一元线性回归的实用意义更大。

1. 多元线性回归模型与多元线性回归方程

(1) 多元线性回归模型

设因变量为 Y,k 个自变量为 $X_1, X_2, \cdots, X_k (k=1,2,\cdots)$。因变量 Y 与 k 个自变量线性依存关系的表达式称为多元线性回归模型:

$$Y = \beta_0 + \beta_1 X_1 + \beta_2 X_2 + \cdots + \beta_k X_k + \mu \tag{10.5}$$

式中,$\beta_0, \beta_1, \cdots, \beta_k$ 是参数,μ 是随机误差项。β_j 被看作自变量 X_j 对因变量 Y 的一种偏效应(partial effect),是指在其他自变量既定的情况下,自变量 X_j 对因变量 Y 的净效应(net effect)。换句话说,就是在其他自变量保持不变的前提下,自变量 X_j 每变动一个单位,因变量平均变动 β_j 个单位($j=1,2,\cdots,k$),因而 β_j 又叫偏回归系数,也称偏斜率(partial slope)。μ 表示除了自变量与因变量的线性关系外的随机因素对因变量的影响,是不能由自变量与因变量的线性关系所解释的变异性。

(2) 多元线性回归方程

多元线性回归方程(multiple linear regression equation)描述了因变量 Y 的条件期望值与自变量 $X_1, X_2, \cdots, X_k$ 之间的线性关系,其表达式为:

$$E(Y|X_1, X_2, \cdots, X_k) = \beta_0 + \beta_1 X_1 + \beta_2 X_2 + \cdots + \beta_k X_k \tag{10.6}$$

2. 估计的多元线性回归方程

当回归方程中的参数 $\beta_0, \beta_1, \cdots, \beta_k$ 已知时,给定一组 $X_1, X_2, \cdots, X_k$ 的值,就可以得到因变量 Y 的期望值。但回归方程中的 $\beta_0, \beta_1, \cdots, \beta_k$ 是未知的,需要用样本数据进行估计。根据样本数据用最小二乘法对 $\beta_0, \beta_1, \cdots, \beta_k$ 进行估计,就得到了估计的多元线性回归方程(estimated multiple linear regression equation):

$$\hat{Y}_i = \hat{\beta}_0 + \hat{\beta}_1 X_1 + \hat{\beta}_2 X_2 + \cdots + \hat{\beta}_k X_k \tag{10.7}$$

具体的偏回归系数的值手动难以计算,一般借助于软件得出结果。

式(10.7)中 $\hat{\beta}_0$ 是截距项,是 Y 在 $X_1,X_2,\cdots,X_k$ 均等于 0 的情况下的预测值。但在大多数情况下,截距项都没什么意义,一般不对截距项进行解释。估计值 $\hat{\beta}_1,\hat{\beta}_2,\cdots,\hat{\beta}_k$ 具有偏效应。由式(10.7)可以得到:

$$\Delta\hat{Y}=\hat{\beta}_1\Delta X_1+\hat{\beta}_2\Delta X_2+\cdots+\hat{\beta}_k\Delta X_k \tag{10.8}$$

因此,我们能在给定 $X_1,X_2,\cdots,X_k$ 的变化量下,对 Y 的变化进行预测。特别地,当 $X_2,X_3,\cdots,X_k$ 固定,即 $\Delta X_2=\Delta X_3=\cdots=\Delta X_k=0$ 时:

$$\Delta\hat{Y}=\hat{\beta}_1\Delta X_1 \tag{10.9}$$

此时我们可以知道,当 $X_2,X_3,\cdots,X_k$ 包含在回归模型中的时候,X_1 前面的系数表示在其他变量保持不变的条件下,X_1 对 Y 的影响。

多元回归分析的作用在于,尽管很难在其他条件不变的情况下收集数据,但是方程中自变量前面的系数仍然可以做出其他条件不变的假设。

3. 多元线性回归模型的古典假定

首先,多元线性回归模型要求回归模型包含的自变量之间不能具有较强的线性关系。同时,多元线性回归模型也对误差项 μ 有一些假定。多元线性回归模型的基本假定如下:

(1) 零均值和正态假定。误差项 μ_i 是随机变量,假定期望值为 0,服从正态分布,即 $\mu_i \sim N(0,\sigma^2)$。

(2) 同方差和无自相关假定。假定随机误差项互不相关且方差相同。

$$\mathrm{Cov}(\mu_i,\mu_t)=E\{[\mu_i-E(\mu_i)][\mu_t-E(\mu_t)]\}=E(\mu_i\mu_t)=\begin{cases}\sigma^2 & i=t \\ 0 & i\neq t\end{cases} \quad (i,t=1,2,\cdots,n)$$

(3) 随机误差项与解释变量不相关假定。假定对于任意一组 $X_{1i},X_{2i},\cdots,X_{ki}$ 值,其对应的误差项 μ_i 与 $X_{1i},X_{2i},\cdots,X_{ki}$ 的值不相关。即 $\mathrm{Cov}(X_{ji},\mu_i)=0(j=1,2,\cdots,k;i=1,2,\cdots,n)$。

(4) 无多重共线性假定。假设各个解释变量之间不存在线性关系,也就是说,各解释变量的观测值之间线性无关。

以上假定即为多元线性回归模型的古典假定。在实际问题中,可能会遇到部分假定不成立的情况。

4. 判断模型好坏的准则

建立一个好的多元回归模型至关重要,其判断准则如下:

(1) 简约性(parsimony):模型永远无法完全描述现实,在建模中一定程度的抽象或简化不可避免。不是模型越复杂越好。

(2) 可识别性(identifiability):对于给定的一组数据,估计的参数值必须是唯一的,或者说每一个参数只有一个估计值。

(3) 拟合优度:回归分析的基本思想是用模型中所包含的解释变量尽可能地解释因变量的变化。

(4) 理论一致性(theoretical consistency):模型的系数应与理论基础相符合。

(5) 预测能力(predictive power)：对假设模型的有效性检验就是模型的拟合值应与历史值吻合。应该选择理论预测能够被实际经验所验证的模型。

5. 应用多元线性回归分析需要注意的问题

(1) 回归变量的选择问题。当考虑的影响因素较多时，对自变量的选择一定要经过筛选。筛选的目的：一是若自变量的个数较多，则对样本量的要求较高，如果样本量较小，回归分析的结果就没有意义；二是若自变量的个数较多，则容易造成信息的重叠，导致严重的多重共线性。

(2) 回归变量之间不能存在严重的多重共线性。多重共线性是指各自变量之间存在高度的线性相关。多重共线性会严重破坏多元回归分析的结果，使回归系数失真。此时，没有办法对回归系数进行解释。

(3) 多元回归系数是不可比较的。因为回归系数的大小受各变量的计量单位影响，多元回归方程中各回归系数的绝对值的大小并不表示它们对因变量的重要性高低。只有对数据进行标准化变换构造出标准化回归方程后，得到的标准回归系数才有可比性。

(4) 应该避免虚假回归。虚假回归是指变量之间在数量上表现为某种关系，并且能够用回归模型来表示，但事实上这种关系在理论与现实生活中并不存在。因此，在回归分析中首先应进行理论分析。

10.2.2 多元回归方程的拟合优度

在一元回归模型中，我们用判定系数 R^2 和估计标准误差来衡量估计的模型对观测值的拟合程度。多元回归分析中，也需要对回归直线的拟合效果进行评价，常用的有多重判定系数 R^2 和调整的多重判定系数 $\bar{R}^2$，以及估计标准误差。

1. 多重判定系数

与一元线性回归类似，在估计出多元线性回归方程之后，需要对估计的效果进行检验，即检验多元线性回归对样本观测值的拟合情况。可以使用在 Y 的总变差中能够由多个自变量解释的那部分变差的比重，即"回归平方和"与"总离差平方和"的比值进行评估。在多元回归中这一比值称为多重判定系数，用 R^2 表示。

全部 n 组观测值的总离差平方和 TSS 为：

$$\text{TSS} = \sum_{i=1}^{n}(y_i - \bar{y})^2 \tag{10.10}$$

总离差平方和 TSS 可分解为回归平方和 RSS 和残差平方和 ESS：

$$\sum_{i=1}^{n}(y_i - \bar{y})^2 = \sum_{i=1}^{n}(y_i - \hat{y}_i)^2 + \sum_{i=1}^{n}(\hat{y}_i - \bar{y})^2 \tag{10.11}$$

即： TSS=ESS+RSS

自由度： $n-1 = (n-k-1) + k$

总离差平方和 TSS 反映了因变量观测值总变差的大小；回归平方和 RSS 反映了因

变量回归估计值总变差的大小,它是因变量观测值总变差中能够由多个解释变量解释的那部分变差;残差平方和 ESS 反映了因变量观测值与估计值之间的变差,是因变量观测值总变差中未被列入模型的自变量解释的那部分变差。在总离差平方和中,回归平方和的占比越大,因变量观测值总变差中能够由自变量解释的那部分变差就越大,说明由自变量与因变量的线性关系影响的那部分变差越大,也即回归直线的拟合效果越好。在多元回归分析中,回归平方和 RSS 与总离差平方和 TSS 的比值称为多重判定系数(multiple coefficient of determination),记为 R^2。

$$R^2 = \frac{\text{RSS}}{\text{TSS}} = \frac{\sum_{i=1}^{n}(\hat{y}_i - \bar{y})^2}{\sum_{i=1}^{n}(y_i - \bar{y})^2} = 1 - \frac{\sum(y_i - \hat{y}_i)^2}{\sum(y_i - \bar{y})^2} \tag{10.12}$$

多重判定系数 R^2 测度了回归直线对观测值的拟合程度,反映了因变量 Y 的变差中被估计的回归方程所解释的比例。R^2 越大,则回归直线对观测值的拟合程度越好;R^2 越小,回归直线对观测值的拟合程度越差。多重判定系数 R^2 的算术平方根称为复相关系数,度量了因变量与 k 个自变量之间的相关程度。

2. 调整的多重判定系数

在多元线性回归中,关于多重判定系数有一点需要注意:自变量个数的增加,会使得预测误差变小,进而导致残差平方和 ESS 减小。因为 TSS=RSS+ESS,所以当 ESS 减小时,RSS 会增大。也就是说,自变量个数增加时,即使增加的自变量的影响在统计上是不显著的,它也会增大因变量的变差中被估计的回归方程解释的比例,即多重判定系数 R^2 变大。

通过上面的分析可知,多重判定系数是模型中解释变量个数的递增函数,即随着解释变量增多,R^2 会变大,这会给比较两个模型的拟合程度带来麻烦,因为变量不同时,不能简单地对比判定系数。

为了避免为增大多重判定系数而无节制地引入自变量从而导致产生一些新的问题,需要对多重判定系数进行优化。判定系数只考虑了变差,没有考虑自由度,可用自由度修正多重判定系数。可以用自变量的个数 k 和样本容量 n 对多重判定系数的计算公式进行调整,调整后的判定系数称为调整的多重判定系数(adjusted multiple coefficient of determination),记为 $\bar{R}^2$。计算公式为:

$$\bar{R}^2 = 1 - (1 - R^2)\left(\frac{n-1}{n-k-1}\right) \tag{10.13}$$

$\bar{R}^2$ 的意义与一元回归分析中的判定系数类似。在多元回归分析中,$\bar{R}^2$ 比 R^2 能更好地解释回归直线的拟合效果,它排除了自变量个数和样本容量对残差效应的影响,不会随着自变量个数的增多而逐渐趋近于 1。从式(10.13)中可以看出,当 $k>1$ 时,$\bar{R}^2 < R^2$。在这里需要注意的是,多重判定系数一定非负,但调整的多重判定系数可能为负,此时规定 $\bar{R}^2 = 0$。

在实际的定量分析中,往往希望所建立模型的 R^2 或 $\bar{R}^2$ 越大越好。但应明确,判定系数只是对模型拟合优度的度量,R^2 或 $\bar{R}^2$ 越大,只是说明列入模型中的自变量对因变量的联合影响程度越大,并非说明模型中各个自变量对因变量的影响程度都大,也就是说,即便判定系数大,也有可能某个自变量对因变量没有影响。在回归分析中,不仅要模型的拟合程度高,而且还要得到总体回归系数的可靠估计量。因此,在选择模型时,不能单纯地凭判定系数的高低断定模型的优劣。

3. 估计标准误差

多元回归分析中的估计标准误差 s_e 的计算公式为:

$$s_e = \sqrt{\frac{\sum_{i=1}^{n}(y_i - \hat{y}_i)^2}{n-k-1}} = \sqrt{\frac{\text{ESS}}{n-k-1}} = \sqrt{\text{MSE}} \tag{10.14}$$

估计标准误差 s_e 是对误差项 μ 的标准差 σ 的估计,是排除了自变量 $X_1, X_2, \cdots, X_k$ 对 Y 的线性影响后,Y 随机波动大小的估计量。从实际意义上来看,它是用估计的回归方程预测 Y 时的平均预测误差大小。s_e 越小,回归方程对观测值的代表性越好;s_e 越大,回归方程对观测值的代表性越差。

10.2.3　显著性检验

上一章提到过,一元线性回归分析的显著性检验分为回归方程线性关系的显著性检验和回归系数的显著性检验。其中,回归方程线性关系的显著性检验需要用到 F 统计量,回归系数的显著性检验需要用到 t 统计量,一元线性回归中这两个显著性检验的结果是一致的。多元线性回归也用到这两个统计量,但这时,F 检验和 t 检验的结果可能就会出现不一致的情况。

1. 回归方程的显著性检验(F 检验)

由于多元线性回归模型包含多个自变量,它们同因变量之间是否存在显著的线性关系,还需进一步做出判断。也就是要对模型中因变量与所有自变量之间的线性关系在整体上是否显著做出推断。

回归方程线性关系的显著性检验是在方差分析的基础上利用 F 检验进行的。因变量 Y 观测值的总变差有式(10.11)的分解形式,将自由度考虑进去进行方差分析,可得如表 10-1 所示的方差分析表。

表 10-1　多元线性回归方程显著性检验方差分析表

方差来源	平方和	自由度	F 值
回归	RSS	k	$F = \dfrac{\text{RSS}/k}{\text{ESS}/(n-k-1)}$
残差	ESS	$n-k-1$	
总和	TSS	$n-1$	

F 统计量是均方回归 MSR（回归平方和 RSS 与自由度 k 的比值）和均方残差 MSE（残差平方和 ESS 与其自由度 $n-k-1$ 的比值）的比值，其中 k 是自变量的个数。

$$F=\frac{\text{RSS}/k}{\text{ESS}/(n-k-1)}=\frac{\text{MSR}}{\text{MSE}}\sim F(k,n-k-1) \tag{10.15}$$

F 检验评价整个回归模型的显著性，即检验所有自变量联合影响的显著性，F 检验显著只能说明至少有一个自变量的回归系数不等于 0。

若 $F>F_a$，则通过了显著性检验，认为自变量与因变量间的线性关系显著，至少有一个自变量的回归系数不等于 0，即只要有一个自变量是显著的，就能通过 F 检验。

若 $F<F_a$，则没有通过显著性检验，认为自变量与因变量间的线性关系不显著，所有自变量的回归系数都等于 0。

2. F 统计量、t 统计量、判定系数 R^2 之间的关系

（1）一元回归中的 F 统计量和 t 统计量

在一元线性回归中，由于自变量只有一个，不存在自变量联合的整体检验问题，也就用不着进行 F 检验。如前文所说，在一元回归情形下，F 检验与 t 检验是一致的，它们之间存在如下关系：

$$F=t^2$$

即 F 统计量等于 t 统计量的平方。给定显著性水平 α，$F_a(1,n-2)$ 与 $t_{a/2}(n-2)$ 临界值之间也存在这种平方关系。也就是说，在一元回归情形下，对回归系数的显著性检验（t 检验）与对回归方程线性关系的显著性检验（F 检验）是等价的。

（2）F 统计量与判定系数 R^2

由方差分析可以看出，F 检验与判定系数有密切联系。事实上，F 检验与拟合优度检验都是在把总变差 TSS 分解为回归平方和 RSS 与残差平方和 ESS 的基础上构造统计量进行的检验，区别在于前者考虑了自由度，后者未考虑自由度。一般来说，模型对观测值的拟合程度越好，模型总体线性关系的显著性就越强。

F 统计量与判定系数 R^2 之间有如下关系：

$$F=\frac{\text{回归平方和的均值}}{\text{误差平方和的均值}}=\frac{\text{MSR}}{\text{MSE}}=\frac{\text{RSS}/k}{\text{ESS}/(n-k-1)}$$

$$R^2=\frac{\text{回归平方和}}{\text{总离差平方和}}=\frac{\text{RSS}}{\text{TSS}}$$

可以用 R^2 来计算 F 统计量：

$$F=\frac{n-k-1}{k}\cdot\frac{R^2}{1-R^2}$$

由上式可以看出，随着判定系数 R^2 的不断增加，F 统计量的值也会不断增加。当 $R^2=0$ 时，$F=0$；当 $R^2=1$ 时，$F\to\infty$。两者具有一致性，F 检验等价于对 $R^2=1$ 的检验，也就是说，对方程联合显著性检验的 F 检验，实际上也是对 R^2 的显著性检验。两者的不同点在于，判定系数和调整的判定系数只能给出模型拟合优度的具体度量值，但并没有给出模型通过检验的 R^2 或 $\bar{R}^2$ 确定的界限。而 F 检验则不同，它可以在给定显著性水

平下,给出统计意义上是否通过检验的结论。

3. 回归系数的显著性检验(t 检验)

在定量研究过程中,很多情况下我们研究的目的是弄清楚哪几个自变量对因变量的影响是显著的。因此,多元线性回归分析的目的,不仅是获得具有较高拟合优度的模型以及寻求方程整体的显著性,还要对各个总体回归参数做出有意义的估计。因为方程的整体线性关系显著并不一定表示每个自变量对因变量的影响都是显著的。因此,还必须分别对每个自变量的回归系数进行显著性检验。多元回归分析中对各个回归系数的显著性检验,目的在于分别检验当其他自变量不变时,该回归系数对应的自变量是否对因变量有显著影响。检验方法与简单线性回归的检验基本相同,多元回归中,每个自变量前面的系数都需要进行 t 检验。

首先计算回归系数 $\hat{\beta}_j$ 的估计标准差,然后构造检验统计量。$\hat{\beta}_j$ 的估计标准差为:

$$s_{\hat{\beta}_j} = \frac{s_e}{\sqrt{\sum_{i=1}^n x_{ji}^2 - \frac{1}{n}\left(\sum_{i=1}^n x_{ji}\right)^2}} \tag{10.16}$$

由此构造出的检验统计量服从自由度为 $(n-k-1)$ 的 t 分布:

$$t = \frac{\hat{\beta}_j - \beta_j}{s_{\hat{\beta}_j}} \sim t(n-k-1) \tag{10.17}$$

多元回归的 t 检验步骤与一元回归一样,只是多元回归需要对每个自变量的回归系数逐个进行 t 检验。同样地,当系数估计的 t 统计量的绝对值明显超过 2 时,我们可以粗略做出判断,在显著性水平 0.05 下通过了显著性检验。

一般来说,多元线性回归模型在经过参数估计和模型检验后,应对回归分析结果做出分析判断。倘若某个自变量对因变量的影响不显著,则多元线性回归模型应重新建立,且对新模型进行参数估计及假设检验,直到获得较为满意的模型为止。

例 10.3 根据表 10-2 中 50 名职工的工资以及受教育年限和工作经验数据,以小时工资 Y 为因变量,受教育年限 X_1 和工作经验 X_2 为自变量,建立估计的多元线性回归方程并解释回归系数的含义(显著性水平为 0.05),并给出受教育年限为 16 年,工作经验为 12 的职工的小时工资预测值。

表 10-2 50 名职工的数据

职工编号	小时工资/元	受教育年限/年	工作经验
1	3	11	2
2	6	8	44
3	5.3	12	7
4	8.75	16	9
5	11.25	18	15
6	5	12	5

续表

职工编号	小时工资/元	受教育年限/年	工作经验
7	3.6	12	26
8	18.18	17	22
9	6.25	16	8
10	8.13	13	3
11	8.77	12	15
12	5.5	12	18
13	22.2	12	31
14	17.33	16	14
15	7.5	12	10
16	10.63	13	16
17	3.6	12	13
18	4.5	12	36
19	6.88	12	11
20	8.48	12	29
21	6.33	16	9
22	0.53	12	3
23	6	11	37
24	9.56	16	3
25	7.78	16	11
26	12.5	16	31
27	12.5	15	30
28	3.25	8	9
29	13	14	23
30	4.5	14	2
31	9.68	13	16
32	5	12	7
33	4.68	12	3
34	4.27	16	22
35	6.15	12	15
36	3.51	4	39
37	3	14	3
38	6.25	12	11

续表

职工编号	小时工资/元	受教育年限/年	工作经验
39	7.81	12	3
40	10	12	20
41	4.5	14	16
42	4	11	45
43	6.38	13	11
44	13.7	15	20
45	1.67	10	1
46	2.93	12	36
47	3.65	14	9
48	2.9	12	15
49	1.63	12	18
50	8.6	16	3

【分析】 SPSS软件的回归结果如下：

$$\hat{Y} = -7.362 + 0.964X_1 + 0.127X_2$$

标准误： （3.202）（0.222）（0.047）

多重判定系数 $R^2=0.313$，因变量 Y 的变差中被估计的回归方程所解释的比例为 31.3%；调整的多重判定系数 $\bar{R}^2=0.284$，表明去除了自变量个数的影响之后，因变量 Y 的变差中被估计的回归方程所解释的比例为 28.4%。

估计标准误差 $s_e=3.735$，是对误差项 μ 的标准差 σ 的估计，表示排除了自变量 X_1 和 X_2 对 Y 的线性影响后，Y 随机波动大小的估计量为 3.735。

下面计算 F 统计量。$F=\dfrac{\text{RSS}/k}{\text{ESS}/(n-k-1)}=\dfrac{298.518/2}{655.802/47}\approx 10.697$，$F$ 检验的 $P=0.000<0.05$，表示自变量与因变量的线性关系显著。

下面计算 t 检验统计量。$t_1=\dfrac{\hat{\beta}_1}{s_{\hat{\beta}_1}}=\dfrac{0.964}{0.222}\approx 4.342>2$，$P$ 值为 $0.000<0.05$；$t_2=\dfrac{\hat{\beta}_2}{s_{\hat{\beta}_2}}=\dfrac{0.127}{0.047}\approx 2.702>2$，$P$ 值为 $0.009<0.05$。说明回归系数均通过了显著性检验。受教育年限的回归系数 0.964 表示，在工作经验不变的条件下，受教育年限每增加 1 年，小时工资平均增长 0.964 元。工作经验的回归系数 0.127 表示，在受教育年限相同的情况下，工作经验每增加 1 个单位，小时工资平均增加 0.127 个单位。

把 $X_1=16$，$X_2=12$ 代入回归方程得：$\hat{Y}=-7.362+0.964\times 16+0.127\times 12=9.586$ 元，即受教育年限为 16 年，工作经验为 12 的职工的小时工资预测值为 9.586 元。

10.2.4 标准化回归方程

在多元线性回归方程中,各自变量大多都具有不同的测量单位。由于回归系数会受各自变量自身量纲的影响,因此无法对各回归系数进行直接比较以判断不同自变量对因变量的重要程度。但是,多元线性回归中,因为我们需要找出各自变量中对因变量影响相对较大的一个,所以需要对各自变量对因变量的作用进行比较。解决这个问题的方法就是对数据进行标准化处理,建立一个标准化回归方程。此时,标准化回归方程中回归系数的数值大小就代表了自变量对因变量的相对作用。

设 k 个自变量与因变量的真实的回归方程为:

$$Y_i = \beta_0 + \beta_1 X_{1i} + \beta_2 X_{2i} + \cdots + \beta_k X_{ki} + \mu_i \tag{10.18}$$

对因变量和自变量分别进行如下的标准化变换(原始数据减去各自平均值后再除以其标准差),得到标准化后的因变量与自变量值:

$$Y_i^* = \frac{Y_i - \overline{Y}}{s_{Y_i}} \tag{10.19}$$

$$X_{ji}^* = \frac{X_{ji} - \overline{X}_j}{s_{X_j}} \tag{10.20}$$

其中: Y_i^* 是因变量标准化之后的结果, s_{Y_i} 是因变量的标准差, $\overline{Y}$ 是 Y 的均值; $\overline{X}_j$ 是第 j 个自变量的均值, s_{X_j} 是第 j 个自变量的标准差 $(j=1,2,\cdots,k)$。

于是,标准化回归方程就变为:

$$Y_i^* = \beta_1 X_{1i}^* + \beta_2 X_{2i}^* + \cdots + \beta_k X_{ki}^* + \varepsilon_i^* \tag{10.21}$$

标准化回归方程中的系数称为标准回归系数,注意,标准化回归方程中的截距项为 0。标准回归系数(standard regression coefficient)是消除因变量 Y 与各个自变量 X_1, $X_2,\cdots,X_k$ 量纲的影响之后得到的回归系数,某个自变量 X_i 的标准回归系数的绝对值大小反映了自变量 X_i 对因变量 Y 的影响程度。

标准回归系数有两个特点:第一,标准回归系数的取值范围是 $[-1,1]$;第二,标准回归系数之间可以直接进行比较,但一般不进行回归分析。

例 10.4 根据例 10.3 中给出的数据,建立估计的标准化回归方程,比较受教育年限和工作经验两个变量,哪个变量对小时工资的影响更大。

【分析】用 SPSS 软件建立的标准化回归方程为:

$$\hat{Y}^* = 0.547 X_1^* + 0.344 X_2^*$$

受教育年限的标准回归系数为 0.547,工作经验的标准回归系数为 0.344,因为 0.547>0.344,所以可以认为受教育年限和工作经验两个变量相比,受教育年限对小时工资的影响更大。

10.2.5 模型设定中的一些问题

多元线性回归分析很重要的一点就是所设定的模型必须是正确的,模型回归系数的解释和利用回归方程进行预测都建立在这一大前提之下。研究者通常根据某个理论或大量研究得到的历史经验来设定回归模型,但这种方法并不能完全奏效。变量的选择很大程度上影响了回归方程的正确性。其中有两类与模型变量选择有关的错误,第一类是模型中纳入了本来不该进入模型的无关自变量,第二类是模型中忽略了本来应该进入模型的相关自变量。

1. 纳入无关变量

纳入无关变量是指在多元回归分析中包含了一个无关变量(inclusion of irrelevant variable),或者对模型进行了过度设定(over specifying the model)。

例如,假设将模型设定为:

$$Y = \beta_0 + \beta_1 X_1 + \beta_2 X_2 + \beta_3 X_3 + \mu \tag{10.22}$$

它满足多元回归的基本假定,在控制了 X_1、X_2 之后,X_3 对 Y 没有影响,也就是说 $\beta_3 = 0$,但是我们事先并不能知道 $\beta_3 = 0$,构造出的估计方程依然包含了无关变量 X_3,方程为:

$$\hat{Y} = \hat{\beta}_0 + \hat{\beta}_1 X_1 + \hat{\beta}_2 X_2 + \hat{\beta}_3 X_3 \tag{10.23}$$

纳入无关变量对于偏回归系数 $\hat{\beta}_1$ 和 $\hat{\beta}_2$ 的无偏性没有什么影响,也就是说,它不会影响 LS 估计量的无偏性。但是,除非无关变量 X_3 与其他两个自变量 X_1、X_2 完全无关,否则它的引入会增大 LS 估计量 $\hat{\beta}_1$ 与 $\hat{\beta}_2$ 的方差。总的来说,纳入无关变量会带来以下不利影响:(1) 错过理论有意义的结果;(2) 违背了简约原则;(3) 浪费了自由度;(4) 导致估计精度下降。

2. 忽略有关变量

倘若我们不是纳入了无关变量,而是忽略了有关变量,则会对 LS 估计量产生偏误。假设一个总体模型具有两个自变量和一个误差项,且这个模型满足多元回归的基本假定:

$$Y = \beta_0 + \beta_1 X_1 + \beta_2 X_2 + \mu \tag{10.24}$$

假设我们关心自变量 X_1 对因变量 Y 的影响。为了得到偏回归系数 β_1 的一个无偏估计量,我们应该将 X_1 和 X_2 同时引入模型进行回归分析。但是由于我们的疏忽或认知不足,遗漏了有关变量 X_2,直接用 X_1 对 Y 进行了简单回归,则得到的估计方程就为:

$$\hat{Y} = \hat{\beta}_0 + \hat{\beta}_1 X_1 \tag{10.25}$$

这时候,估计出来的 $\hat{\beta}_1$ 一般是有偏的。但是,这种情况也不绝对,忽略 LS 估计量有偏的条件主要是:(1) 有关性条件,即被遗漏的变量对因变量有影响;(2) 不相关性条件,即被遗漏的变量与已纳入模型的其他自变量不存在相关性。

3. 变量选择与逐步回归

在根据多个自变量建立回归模型的时候,我们如果试图将所有的自变量都引入回归模型,那么会带来很多问题。但是如果在建立模型之前对所收集到的自变量进行筛选,留下必要的自变量,那么会使模型更简洁,并且也避免带来不必要的问题使得模型难以解释。

选择自变量的原则一般是对 F 统计量进行显著性检验。将一个变量引入模型的时候,看是否使得残差平方和显著变小,若使得残差平方和显著变小,则应该引入这个自变量;反之,则不应该引入这个自变量。在这一过程中,我们一般选择 F 统计量进行检验。变量选择的主要方法有:向前选择法、向后剔除法和逐步回归法。

(1) 向前选择法

向前选择(forward selection)法是一步一步向模型中引入自变量的方法。特点是只要一个自变量引入了模型,就会一直保留在模型中。

操作步骤如下:

① 对 k 个自变量 $X_1, X_2, \cdots, X_k$ 和因变量 Y 分别建立一元线性回归方程,在这 k 个方程中找到 F 统计量的值最大的方程,将该方程的自变量 X_i 引入回归模型($i=1,2,\cdots,k$)。注意,如果这 k 个方程中没有一个方程通过了 F 检验,那么不会将任何一个自变量引入模型,运算终止。

② 将剩下的 $k-1$ 个自变量分别引入含有自变量 X_i 的模型中,构造 $k-1$ 个二元线性回归模型。在这 $k-1$ 个方程中找到 F 统计量的值最大的方程,将该方程的自变量 X_j 引入多元线性回归模型($j=1,2,\cdots,k-1$)。如果这 $k-1$ 个方程中没有一个方程通过了 F 检验,那么运算终止。

③ 如此反复进行,直到没有合适的模型外的自变量可以引入为止,至此,得到的多元线性回归模型即为采用向前选择法得到的最终的模型。

(2) 向后剔除法

向后剔除(backward elimination)法与向前选择法相反,是先将所有自变量与因变量拟合成一个多元线性回归模型,再一步一步剔除。特点是被剔除的自变量都无法再进入模型。

操作步骤如下:

① 先将 k 个自变量与因变量 Y 拟合建立一个多元线性回归模型。然后考虑去掉一个自变量的模型(此时每个模型都有 $k-1$ 个自变量),将使模型的残差平方和减少最少的自变量(即在模型 F 检验通过的前提下,使偏回归平方和最小的自变量)挑选出来并剔除。

② 考虑所有再被剔除一个自变量的模型(此时,每个模型都有 $k-2$ 个自变量),将使模型的残差平方和减少最少的自变量挑选出来并剔除。

③ 如此反复进行,一直将自变量从模型中剔除,直至剔除一个自变量不会使残差平方和显著减小为止。至此,得到的多元线性回归模型即为采用向后剔除法得到的最终的模型。以上过程都可以通过 F 检验的 P 值判断。

(3) 逐步回归法

逐步回归(stepwise regression)法通过将向前选择和向后剔除两种方法结合来筛选自变量。特点是在逐步回归的过程中,前面步骤中引入的变量可能在后面步骤中剔除,前面步骤中剔除的变量可能在后面步骤中重新引入。

逐步回归法的操作步骤为:

① 先按照向前选择法的步骤引入自变量,然后在增加新自变量的时候,对模型中所有自变量进行检验,看看有没有可能剔除某个自变量。如果在增加了一个自变量后,前面增加的某个自变量对模型的贡献变得不显著,那么前面增加的这个自变量就会被剔除。

② 按照以上方法不停地增加自变量并考虑剔除以前增加的自变量的可能性,直至增加自变量已经不能导致残差平方和显著减少。至此,得到的多元线性回归模型即为采用逐步回归法得到的最终的模型。以上过程都可以通过 F 检验的 P 值判断。

10.2.6 多元回归的应用

多元回归可以剔除变量间的伪关系,也可以发现变量间的隐藏关系。同时对于一些定性变量,经过处理后,也能够以虚拟变量的形式出现在多元回归中。

1. 控制变量的处理

(1) 伪相关关系

双变量分析可以判断出两个变量之间是否有关联,但是它无法确定两个变量之间是否为"真关联",因为不引入其他变量,就无法检验是否存在替代因素。只有通过多元分析,引入其他变量,才能识别替代因素,排除虚假关联。因此,多元分析就十分有必要。

当两个变量之间的关联由第三个变量决定的时候,在考虑了第三个变量之后,这两者之间的关联就不存在了,那么我们称这两个变量之间是一种伪相关关系。

例如,在考虑数学考试成绩与是否拥有计算机的关系时,发现数学考试成绩与是否拥有计算机之间关系显著,但是在引入了新变量家庭财富水平后,会发现数学考试成绩与是否拥有计算机的回归斜率降为 0,而家庭财富水平与是否拥有计算机密切相关。可见,只要两个变量之间的关系是虚假的,如果把影响这两个变量的变量引入回归模型中,那么伪相关的两个变量的回归系数就会降为 0 或者无法通过显著性检验。

(2) 隐藏关系的发现

有时候,我们关注的两个变量之间表面上没有关联,但是在控制了第三个变量之后,原来那两个变量之间的关系显现,则这两个变量之间是一种被隐藏的关系。

这种情况一般较难发现,通常需要研究人员对被研究对象的实际情况有一定把握。在研究过程中,可以通过尝试引入不同变量来测试。例如,如果我们关心的两个变量之间没有关联,可以尝试着将不同的变量引入模型,观察原来两个变量之间的关系是否发生了变化。

例如,某物流公司对导致快递员缺勤率的影响因素进行分析,当研究者以快递员年龄为自变量对因变量缺勤率进行回归分析时,得到的判定系数很小,回归系数不显著;但是在研究者把路程长度作为自变量引入回归分析的时候,建立的多元线性回归方程的多重判定系数大大增加,且年龄和路程长度的回归系数都通过了显著性检验,说明年龄和路程长度对缺勤率都有影响。

2. 虚拟变量的处理

在前面的回归分析中,自变量与因变量都有定量的含义,变量的数值大小传递了有用的信息。但是在回归分析中如果需要考虑定性变量的影响,比如性别因素、一个地区的地理位置等,这种变量往往没有数值,或者数值仅表示类别,如何将其引入多元回归分析中呢? 这就是接下来所需要解决的问题。

定性变量通常以二值信息的形式出现:如一个人是男是女,一个人是否拥有房产,一个地区是否通过某项法案。在这些例子中,有关信息可以通过定义一个二值变量(binary variable)或一个 0—1 变量(zero-one variable)来刻画。常把二值变量称为虚拟变量(dummy variable)。

定义一个虚拟变量的时候,需要确定两个事件中哪个事件的取值为 1,哪个事件的取值为 0。如定义一个虚拟变量性别,男性的取值为 1,女性的取值为 0,通常将取值为 1 的事件定义为虚拟变量的名称。使用 0—1 变量刻画定性信息的真正好处在于,它使得回归模型的参数有相对自然的解释。

在只有一个虚拟变量的情形下,我们只在方程中增加一个虚拟变量作为自变量。如考虑决定小时工资的模型,认为影响小时工资 Y 的因素主要有受教育水平 X_1 和性别 X_2(男性=1,女性=0),则多元线性回归模型可列为:

$$Y=\beta_0+\beta_1 X_1+\beta_2 X_2+\mu \tag{10.26}$$

由于性别为男性时,$X_2=1$,性别为女时,$X_2=0$,因此此处参数 β_2 的含义是给定同等受教育水平(和同样的误差项 μ)的时候,女性与男性在小时工资水平上的差异。倘若 $\beta_2>0$,说明在其他因素相同时,男性比女性挣得多。这种情况可以表现在拟合直线的截距变化上。性别为女性时,回归直线在 y 轴上的截距为 β_0;性别为男性时,回归直线在 y 轴上的截距为 $\beta_0+\beta_2$。虚拟变量的回归系数 β_2 如果在统计上是显著的,那么说明在受教育水平相同的时候,性别对小时工资产生的差异是显著的。

例 10.5 表 10-3 给出了某公司 50 名职工的周工资 Y、智商 X_1 以及婚姻状况 X_2 数据。其中婚姻状况是虚拟变量,已婚取值为 1,未婚取值为 0。试以智商和婚姻状况为自变量对因变量周工资建立多元线性回归方程并解释(显著性水平为 0.05)。

表 10-3 50 名职工的周工资与个人信息数据

职工编号	周工资/元	智商	婚姻状况
1	825	108	1
2	650	96	1
3	562	74	1
4	1 400	116	1
5	600	91	0
6	1 081	114	1
7	1 154	111	1
8	1 000	95	1
9	930	132	1

续表

职工编号	周工资/元	智商	婚姻状况
10	921	102	1
11	900	125	0
12	1 318	119	1
13	1 792	118	1
14	958	105	1
15	1 360	109	1
16	850	72	1
17	830	105	1
18	471	101	1
19	1 275	123	1
20	1 615	113	1
21	873	95	1
22	2 137	145	1
23	1 053	114	1
24	1 602	124	1
25	1 188	93	1
26	800	115	1
27	1 417	125	1
28	635	128	0
29	1 000	103	1
30	1 424	98	1
31	2 668	108	1
32	666	129	1
33	1 779	132	1
34	782	92	1
35	1 572	108	1
36	1 274	106	1
37	714	105	1
38	1 081	123	1
39	692	108	1
40	1 318	122	1
41	1 239	109	1

续表

职工编号	周工资/元	智商	婚姻状况
42	1 027	100	1
43	1 748	125	1
44	981	122	0
45	770	105	1
46	1 154	94	1
47	1 155	102	1
48	808	109	1
49	1 100	105	1
50	1 154	134	1

【分析】 用 SPSS 软件估计的多元线性回归方程为：
$$\hat{Y} = -710.533 + 12.786X_1 + 465.627X_2$$
标准误： （469.874） （3.698） （197.291）

多重判定系数 $R^2 = 0.250$，因变量 Y 的变差中被估计的回归方程所解释的比例为 25%；调整的多重判定系数 $\bar{R}^2 = 0.218$，表明去除了自变量个数的影响之后，因变量 Y 的变差中被估计的回归方程所解释的比例为 21.8%。

估计标准误差 $s_e = 375.279$，是对误差项 μ 的标准差 σ 的估计，表示排除了自变量 X_1 和 X_2 对 Y 的线性影响后，Y 随机波动大小的估计量为 375.279。

计算 F 统计量。$F = \dfrac{\text{RSS}/k}{\text{ESS}/(n-k-1)} = \dfrac{2\ 207\ 503.941/2}{6\ 619\ 200.879/47} \approx 7.837$，$F$ 检验的 $P = 0.001 < 0.05$，表示自变量与因变量的线性关系显著。

计算 t 检验统计量。$t_1 = \dfrac{\hat{\beta}_1}{s_{\hat{\beta}_1}} = \dfrac{12.786}{3.698} \approx 3.458 > 2$，$P = 0.001 < 0.05$；$t_2 = \dfrac{\hat{\beta}_2}{s_{\hat{\beta}_2}} = \dfrac{465.627}{197.291} \approx 2.360 > 2$，$P = 0.022 < 0.05$，说明回归系数均通过了显著性检验。

智商的回归系数 12.786 表示，在婚姻状况相同的情况下，智商每增加 1 个单位，周工资平均增长 12.786 个单位；虚拟变量的回归系数 465.627 表示，在智商相同的情况下，婚姻状况为已婚的职工比未婚的职工周工资平均多 465.627 元。

10.3 可线性化的非线性回归分析

变量之间的关系往往不是简单的线性关系，而呈现为某种曲线或非线性的关系。选择适当的曲线拟合可以更准确地反映实际情况。为了确定选择的曲线类型，常用的方法是根据数据资料描绘出散点图，应用必要的专业知识和经验分析变量之间的函数关系。

在确定了变量间的函数关系后,需要估计函数关系中的未知参数,并对拟合效果进行显著性检验。通常称待建立的曲线方程为曲线回归方程。

SPSS 软件的"Analyze-Regression-Curve Estimation"就是用来解决这类问题的(可线性化的曲线估计)。它提供了 11 种不同的曲线估计回归模型,可以同时选用几种模型进行曲线拟合,然后根据回归统计的结果,以及观察数据散点图,通过对比确定一个最佳的曲线模型。

非线性回归模型的一般形式是:

$$Y_i = h(X_i, \beta) + \mu_i \tag{10.27}$$

在这里要注意的是,非线性模型有两种,第一种是可以转化为线性模型的非线性模型,另一种是不可以转化为线性模型的非线性模型。

有些模型表面上是非线性的,实际上是线性的。这类模型可以通过变量变换转换为线性模型。比如,考虑柯布-道格拉斯生产函数:

$$Y_i = \beta_1 X_{2i}^{\beta_2} X_{3i}^{\beta_3} \mu_i \tag{10.28}$$

其中,Y_i 是产出,X_{2i} 是劳动投入,X_{3i} 是资本投入。将式(10.28)两边同时取对数,把 $\ln\beta_1$ 写作 a,得:

$$Y = \ln Y_i, X_2 = \ln X_{2i}, X_3 = \ln X_{3i}, \mu = \ln\mu_i$$

即:

$$Y = a + \beta_2 X_2 + \beta_3 X_3 + \mu \tag{10.29}$$

则这个模型依然是线性(于参数)模型。

而若柯布-道格拉斯生产函数写成如下形式:

$$Y_i = \beta_1 X_{2i}^{\beta_2} X_{3i}^{\beta_3} + \mu_i \tag{10.30}$$

则无法通过一个简单的对数变换将其转换为线性模型,这时式(10.30)就是非线性回归模型。

10.4 偏相关与多元线性回归的 SPSS 应用

10.4.1 偏相关分析的 SPSS 应用

根据表 10-2 中的数据,在控制工作经验变量的条件下,求小时工资和受教育年限的偏相关系数。

SPSS 软件操作步骤如下:

(1) 依次点击"Analysis"→"Correlate"→"Partial",打开变量偏相关窗口,即"Partial Correlations"窗口。将"小时工资""受教育年限"放入"Variables"框中,把"工作经验"放入"Controlling for"窗口,如图 10-2 所示。

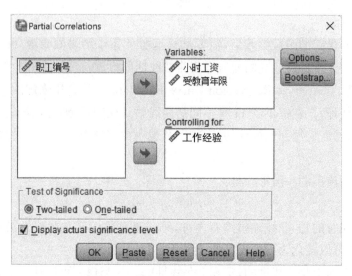

图 10-2 "Partial Correlations"窗口

在"Test of Significance"栏中，有双侧 t 检验（"Two-tailed"）和单侧 t 检验（"One-tailed"）两种选择。双侧 t 检验是系统默认选项。

"Display actual significance level"按钮是显著性水平输出与否的按钮，系统默认勾选。

（2）在"Partial Correlations"窗口中，点击右侧"Options"选项，出现"Partial Correlations：Options"窗口。选择"Means and standard deviations"按钮和"Zero-order correlations"按钮，如图 10-3 所示。

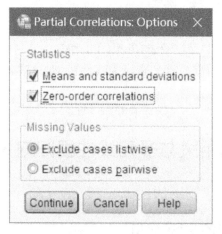

图 10-3 "Partial Correlations：Options"窗口

"Statistics"框中，选择均值与标准差项（"Means and standard deviations"），会在结果中显示变量的均值和标准差；选择零阶相关项（"Zero-order correlations"），会在结果中输出参与统计的变量的两两相关系数矩阵。

"Missing Values"框中，"Exclude cases listwise"表示剔除带有缺失值的所有个案，是系统默认选项；"Exclude cases pairwise"表示剔除参与相关测量的两个变量中都有缺失值的个案。

（3）点击"OK"，输出的结果如表 10-4 和表 10-5 所示。

表 10-4　描述统计量

	Mean	Std. Deviation	N
小时工资	7.142 2	4.413 15	50
受教育年限	12.920 0	2.505 83	50
工作经验	16.100 0	11.923 65	50

表 10-5　相关系数

Control Variables			小时工资	受教育年限	工作经验
-none-a	小时工资	Correlation	1.000	0.451	0.191
		Significance (2-tailed)		0.001	0.184
		df	0	48	48
	受教育年限	Correlation	0.451	1.000	−0.279
		Significance (2-tailed)	0.001		0.050
		df	48	0	48
	工作经验	Correlation	0.191	−0.279	1.000
		Significance (2-tailed)	0.184	0.050	
		df	48	48	0
工作经验	小时工资	Correlation	1.000	0.536	
		Significance (2-tailed)		0.000	
		df	0	47	
	受教育年限	Correlation	0.536	1.000	
		Significance (2-tailed)	0.000		
		df	47	0	

a. Cells contain zero-order (Pearson) correlations.

表 10-4 对三个变量的均值、标准差和样本容量进行了说明。

表 10-5 上半部分是三个变量两两进行相关分析的结果，是没有控制变量的零阶皮尔逊相关系数、双侧检验的 P 值和自由度。小时工资和受教育年限的皮尔逊相关系数是 0.451，且双侧检验的 $P=0.001$，通过了显著性水平为 0.05 的显著性检验；小时工资和工作经验的皮尔逊相关系数是 0.191，双侧检验的 $P=0.184>0.05$，没有通过显著性水平为 0.05 的显著性检验；工作经验和受教育年限的皮尔逊相关系数是 −0.279，双侧检验的 $P=0.05$，通过了显著性水平为 0.05 的显著性检验。

表 10-5 下半部分是控制了工作经验变量之后的结果，小时工资和受教育年限的偏相关系数是 0.536，自由度为 47，双侧检验的 P 值是 $0.000<0.05$，说明偏相关系数通过了显著性检验。

10.4.2 多元线性回归分析的 SPSS 应用

例 10.6 表 10-6 给出了大学某班级 50 名学生的管理定量分析课程的成绩 score，以及这 50 名学生学期初的平均绩点 gpa、英语的课程表现 acteng 和数学的课程表现 actmth。用 SPSS 软件估计 score 关于 gpa、acteng 和 actmth 的线性回归方程并对其进行解释。

表 10-6　某班级学生相关成绩　　　　　　单位：分

学生编号	gpa	acteng	actmth	score
1	2.754 9	28	26	48.36
2	2.258 6	16	21	55.74
3	2.372 5	25	18	54.1
4	2.173	24	24	79.51
5	2.857 1	19	17	65.57
6	2.205 8	23	20	77.05
7	2.453 7	24	27	61.48
8	2.572 9	29	30	74.59
9	2.982 7	24	26	88.52
10	2.836	23	23	68.85
11	2.719 3	19	21	62.3
12	2.791 6	26	27	79.51
13	2.130 4	26	27	69.67
14	2.88	22	24	67.21
15	1.932 6	27	30	64.75
16	3.758	20	22	82.79
17	2.605 7	23	29	74.59
18	3.019 2	20	25	85.25
19	2.228 2	16	18	64.75
20	2.472 2	20	19	64.75
21	1.803 9	13	18	65.57
22	2.8	24	29	73.77
23	2.432 6	21	23	86.89
24	1.980 3	31	33	78.69

续表

学生编号	gpa	acteng	actmth	score
25	3.1964	15	19	59.84
26	3.1666	26	26	86.07
27	1.9594	16	17	79.51
28	2.9426	22	24	70.49
29	3.5089	19	28	94.26
30	3.5645	25	20	77.87
31	3.5178	29	24	77.05
32	2.6551	24	20	77.05
33	3.6428	28	23	89.34
34	2.931	22	24	45.08
35	2.5517	23	25	81.15
36	2.3103	21	22	79.51
37	2.3673	17	14	49.18
38	3.2954	24	24	79.51
39	2.0118	20	24	71.31
40	3.5131	22	18	72.13
41	2.3979	21	23	59.84
42	2.4519	20	20	54.92
43	3.8653	24	24	79.51
44	3.6666	23	27	92.62
45	2.372	17	18	42.62
46	2.6406	19	18	41.8
47	2.4824	19	17	61.48
48	2.9482	25	27	81.97
49	3.4909	24	26	84.43
50	2.1	23	20	57.38

SPSS软件操作步骤如下：

(1) 依次点击"Analysis"→"Regression"→"Linear"，调出"Linear Regression"窗口，将"score"放入"Dependent"框中，将"gpa""acteng"和"actmth"三个变量放入"Independent(s)"框中，如图10-4所示。

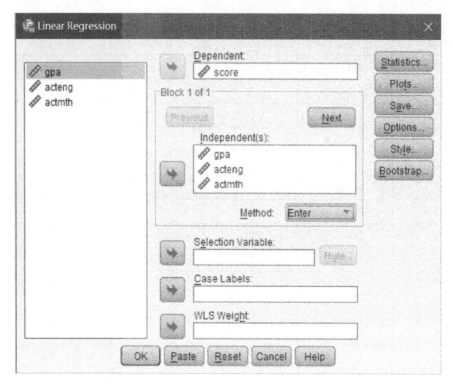

图10-4 "Linear Regression"窗口(2)

在"Method"框里提供了五种确定自变量进入模型的方法。有时人为选定的变量不一定都对因变量产生显著影响。系统会根据自变量对因变量作用的大小，从选定的自变量中筛选一部分自变量纳入模型。

这五种方法分别是：

a. "Enter"强行进入法，即所有人为选定的自变量都进入模型，是系统默认的选项。

b. "Stepwise"逐步回归法，是在人为选定的自变量中通过逐步回归法筛选自变量进入模型的方法。

c. "Remove"消除法，是根据"Options"设定的条件逐步剔除对因变量影响不显著的变量的方法。

d. "Backward"向后剔除法，是在人为选定的自变量中通过向后剔除法筛选自变量进入模型的方法。

e. "Forward"向前选择法，是在人为选定的自变量中通过向前选择法筛选自变量进入模型的方法。

(2) 点击"Statistics"选项，打开"Linear Regression：Statistics"对话框；选择"Estimates""Model fit""R squared change""Collinearity diagnostics""Durbin-Watson"按钮，点击"Continue"按钮，如图10-5所示。

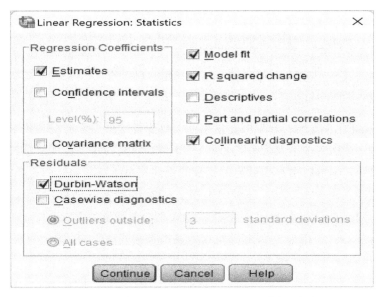

图 10-5 "Linear Regression: Statistics"窗口(2)

(3) 点击"Plots"选项,从左侧的源变量窗口中选择标准预测值"ZPRED"放入 X 框,选择标准化残差"ZRESID"放入 Y 框;在"Standardized Residual Plots"栏中选择"Histogram"按钮;点击"Continue"返回"Linear Regression"窗口,如图 10-6 所示。

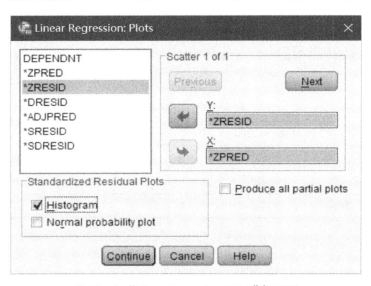

图 10-6 "Linear Regression: Plots"窗口(2)

(4) 点击"OK"提交运行,输出的结果如表 10-7~表 10-11 及图 10-7~图 10-8 所示。

表 10-7 显示了变量选择方法,Enter 表示我们选择的是自变量全部进入回归模型。

表 10-7　进入或剔除模型的变量[a]

Model	Variables Entered	Variables Removed	Method
1	actmth, gpa, acteng[b]		Enter

a. Dependent Variable：score.
b. All requested variables entered.

表 10-8 是模型汇总表，根据因变量与三个自变量计算出来的复相关系数为 0.591，根据回归方程计算出的多重判定系数为 $R^2=0.350$，调整后的多重判定系数 $\bar{R}^2=0.307$，说明因变量的变差中可以由自变量与因变量的线性关系所解释的比例为 30.7%。

估计标准误差 $s_e=10.990$，是对误差项 μ 的标准差 σ 的估计，表示排除了自变量 X_1，X_2 和 X_3 对 Y 的线性影响后，Y 随机波动大小的估计量为 10.990。

DW 的值为 1.942，接近 2，说明随机误差基本是相互独立的。

表 10-8　模型汇总表[b]

Model	R	R Square	Adjusted R Square	Std. Error of the Estimate	Change Statistics					Durbin-Watson
					R Square Change	F Change	df1	df2	Sig. F Change	
1	0.591[a]	0.350	0.307	10.989 92	0.350	8.250	3	46	0.000	1.942

a. Predictors：(Constant), actmth, gpa, ateng.
b. Dependent Variable：score.

表 10-9 是方差分析表，根据线性回归模型计算出的回归平方和为 2 989.258，自由度为 3；残差平方和为 5 555.803，自由度为 46；总平方和为 8 545.061，自由度为 49。F 统计量的值为 8.250，$P=0.000<0.05$，拒绝原假设，认为回归模型的线性关系显著。

表 10-9　方差分析表[a]

Model		Sum of Squares	df	Mean Square	F	Sig.
1	Regression	2 989.258	3	996.419	8.250	0.000[b]
	Residual	5 555.803	46	120.778		
	Total	8 545.061	49			

a. Dependent Variable：score.
b. Predictors：(Constant), actmth, gpa, acteng.

表 10-10 是估计的回归系数表，回归方程为

$$\widehat{score}=17.293+9.257gpa-0.209acteng+1.43acrmth$$

回归方程的截距项为 17.293，绩点 gpa 前面的回归系数为 9.257，回归系数显著性检验的 $P=0.003<0.05$，表明回归系数通过了显著性检验，表示在英语的课程表现和数学的课程表现相同的前提下，gpa 每提高 1 分，管理定量分析课程的成绩平均提高 9.257 分。

表 10-10 回归系数表[a]

Model		Unstandardized Coefficients		Standardized Coefficients	t	Sig.
		B	Std. Error	Beta		
1	(Constant)	17.293	11.520		1.501	0.140
	gpa	9.257	2.973	0.380	3.114	0.003
	acteng	−0.209	0.561	−0.062	−0.372	0.712
	actmth	1.430	0.515	0.452	2.777	0.008

a. Dependent Variable：score.

英语的课程表现 acteng 的回归系数是 −0.209，回归系数显著性检验的 $P=0.712>0.05$，表明回归系数没有通过显著性检验，并且回归系数为负，根据经验，英语课程表现越好的学生，管理定量分析课程的成绩并不会越差。

数学的课程表现 actmth 的回归系数为 1.43，回归系数显著性检验的 $P=0.008<0.05$，表明回归系数通过了显著性检验，表示在绩点和英语的课程表现相同的前提下，数学的课程表现每提高 1 个单位，管理定量分析课程的成绩平均提高 1.43 个单位。

根据标准回归系数的大小可以看出，数学的课程表现 actmth 对管理定量分析课程的成绩相对来说最重要，绩点次之。

残差统计表中 Predicted Value 是预测值，Residual 是残差，Std. Predicted Value 是标准化预测值，Std. Residual 是标准化残差。从表 10-11 中可以看出，残差、标准化残差的均值都是 0，说明残差的分布满足均值为 0 的假定。

表 10-11 残差统计表[a]

	Minimum	Maximum	Mean	Std. Deviation	N
Predicted Value	55.685 1	85.861 7	70.803 6	7.810 59	50
Residual	−29.084 23	23.100 62	0.000 00	10.648 18	50
Std. Predicted Value	−1.936	1.928	0.000	1.000	50
Std. Residual	−2.646	2.102	0.000	0.969	50

a. Dependent Variable：score.

从图 10-7 中可以看出，残差的分布接近正态分布。

图 10-8 是以标准化预测值为横轴、标准化残差为纵轴绘制的散点图。残差散点图可以检验齐方差性和奇异值，对模型的拟合效果进行判断。从图中可以看到绝大部分标准化残差随机落在 ±2 的范围内，标准化预测值与标准化残差之间没有明显的关系，所以回归方程满足线性与方差齐性的假定且拟合效果较好。

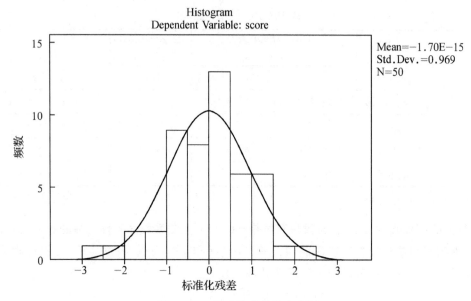

图 10-7 标准化残差的直方图

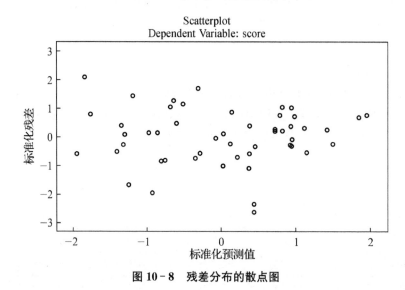

图 10-8 残差分布的散点图

练 习 题

一、简答题

1. 简述多元线性回归模型的基本假定。
2. 解释多元线性回归分析中为何不使用多重判定系数而使用调整的多重判定系数。
3. 简述多元线性回归中的 F 检验和 t 检验。
4. 简述多元线性回归分析中,选择自变量的方法主要有哪些。

二、计算题

1. 婴儿对外面环境变化的适应能力和抗病能力极为薄弱，自然或社会环境对人口死亡的影响首先反映在婴儿身上。根据分析问题的需要，依据数据可得性原则，我们选择 64 个国家的女性识字率（FLR）、人均国民生产总值（PGNP）两个变量研究其对婴儿死亡率（CM）的影响。建立的估计的回归方程为 $\widehat{CM} = 263.6416 - 2.2316\text{FLR} - 0.0056\text{PGNP}$，其中 $s_{\hat{\beta}_1} = 0.2099, s_{\hat{\beta}_2} = 0.0020, R^2 = 0.7077, \bar{R}^2 = 0.6981, F = 73.8325$，Prob(F-Statistics)=0.0000。请解释该回归方程。

2. 某化妆品公司的月销售收入以及投入在电视广告上的费用和自媒体营销的费用如表 10-12 所示。试以月销售收入为因变量，以电视广告费用和自媒体营销费用为自变量建立多元线性回归模型，用 SPSS 软件进行多元线性回归分析，并对回归结果进行讨论。

表 10-12 月销售收入与营销广告投入　　　　　　　　单位：万元

月销售收入 y	电视广告费用 x_1	自媒体营销费用 x_2
192	10	3
180	4	4
190	8	3
184	5	5
190	6	6.6
188	7	4.6
188	5	8.4
188	6	5

3. 某大学正在进行一项关于职场上的性别歧视调查，调查人员从家具销售行业的从业人员中采集了 500 个样本的年薪 y、年销售件数总量 x_1、工作年限 x_2 以及从业人员性别 x_3（男性取值为 1）四个变量的信息。得到的多元线性回归方程为：$\hat{y} = 17\,946 + 72x_1 + 2\,563x_2 + 2\,173x_3$，其中 $s_{\hat{\beta}_1} = 33, s_{\hat{\beta}_2} = 407, s_{\hat{\beta}_3} = 323, R^2 = 0.71, \bar{R}^2 = 0.645$。请解释该回归方程，并估计一位工作了 4 年、年销售家具 30 件的女性家具销售职工的年薪。

4. 根据表 10-13 中的数据确定与鸡肉消费量相关的解释变量，并建立模型。

表 10-13　1960—1982 年鸡肉消费量及其影响因素

年份	鸡肉消费量/kg	居民可支配收入/元	鸡肉价格/元	猪肉价格/元	牛肉价格/元
1960	27.8	397.5	0.422	0.507	0.783
1961	29.9	413.3	0.381	0.52	0.792
1962	29.8	439.2	0.403	0.54	0.792
1963	30.8	459.7	0.395	0.553	0.792

续表

年份	鸡肉消费量/kg	居民可支配收入/元	鸡肉价格/元	猪肉价格/元	牛肉价格/元
1964	31.2	492.9	0.373	0.547	0.774
1965	33.3	528.6	0.381	0.637	0.802
1966	35.6	560.3	0.393	0.698	0.804
1967	36.4	624.6	0.378	0.659	0.839
1968	36.7	666.4	0.384	0.645	0.855
1969	38.4	717.8	0.401	0.7	0.937
1970	40.4	768.2	0.386	0.732	1.061
1971	40.3	843.3	0.398	0.678	1.048
1972	41.8	911.6	0.397	0.791	1.14
1973	40.4	931.1	0.521	0.954	1.241
1974	40.7	1 021.5	0.489	0.942	1.276
1975	40.1	1 165.9	0.583	1.235	1.429
1976	42.7	1 349.6	0.579	1.299	1.436
1977	44.1	1 449.4	0.565	1.176	1.392
1978	46.7	1 575.5	0.637	1.309	1.655
1979	50.6	1 759.1	0.616	1.298	2.033
1980	50.1	1 994.2	0.589	1.28	2.196
1981	51.7	2 258.1	0.664	1.41	2.216
1982	52.9	2 478.7	0.704	1.682	2.326

第 11 章

线性回归的基本问题

前两章提到,线性回归模型的参数估计是建立在一系列的理论假设基础之上的,如果没有办法全部满足那些假定,就会引发一系列问题。比如,如果自变量之间存在近似线性关系,那么就会产生多重共线性问题;如果误差项不满足同方差假定,那么就会引发异方差问题;如果误差项之间存在相关关系,那么就会导致自相关问题。总体的实际情况是否符合这些基本假定需要进一步检验。线性回归模型还要求误差项满足零均值假定和正态性假定。违反零均值假定主要会对截距项的估计产生影响,并不影响更重要的斜率系数的估计,即并不影响模型的线性结构;违反正态性假定不影响普通最小二乘法(ordinary least squares,OLS)估计是最佳线性无偏估计,特别是大样本下误差项会渐近服从正态分布,可以不展开讨论。因此,本章仅讨论多重共线性、异方差性和自相关性三大基本问题。

11.1 多重共线性

多重共线性是指多元线性回归模型中的自变量间由于存在精确相关关系或高度相关关系而使模型估计失真或难以估计准确。多重共线性包含完全多重共线性和不完全多重共线性两种类型。完全多重共线性是指多元线性回归模型中至少有一个解释变量可以被其他解释变量线性表示,存在严格的线性关系。不完全多重共线性是指多元线性回归模型中自变量间存在不严格的线性关系,即近似线性关系。如果自变量间不存在完全或不完全的线性关系,那么称无多重共线性。但是自变量间不存在线性关系,并不一定不存在非线性关系,当自变量间存在非线性关系时,并不违反无多重共线性假定。另外,如果我们的研究目的仅仅限于预测因变量,且自变量间的多重共线性的关系在未来预测期内将会继续保持,这种情况下,虽然无法准确估计个别回归系数,但可估计这些系数的某些线性组合,因此,多重共线性可能不会严重影响预测。

关于多重共线性,我们较为关注如下几个问题:

(1) 多重共线性产生的背景是什么?

(2) 多重共线性带来的后果是什么?

(3) 如何诊断多重共线性？

(4) 解决多重共线性的措施有哪些？

11.1.1 多重共线性产生的原因

由于经济现象的变化涉及多个影响因素，而影响因素之间常常存在一定的相关性，因此多重共线性产生的原因主要有以下几种：

(1) 数据采集所使用的方法。例如，抽样仅限于总体中解释变量取值的一个有限范围，使得变量变异不大，或由于总体受限，多个自变量的样本数据之间存在相关性，都可能出现多重共线性。

(2) 经济变量之间具有相同方向的变化趋势。例如，在进行水电消费对收入和住房面积的影响研究时，一般在总体中都会有这样一种约束，那就是收入较高的人群相对于收入较低的人群来说，住房面积会更大。当这些变量同时作为解释变量进入模型时就会带来多重共线性问题。

(3) 模型中包含滞后变量。如果滞后变量和当期变量在经济意义上关联度较为密切，那么就有很大可能会产生多重共线性。比如在影响消费的研究中，不仅要考察当期收入，还要考虑上期收入，但当期收入和上期收入之间存在多重共线性的可能性很大。

(4) 变量之间的联系较为密切。例如，以粮食产量和化肥用量、水浇地面积、农业投入资金三个自变量建立回归模型，发现回归效果较差，因为农业投入资金的影响已经通过化肥用量、水浇地面积两个因素体现出来了。

11.1.2 多重共线性带来的后果

多重共线性带来的后果有以下几点：

(1) OLS 估计量的方差和标准误较大。如果估计量的标准误增加了，那么估计其真实值就困难了，即 OLS 估计量的精确度下降。假设自变量 X_2 和 X_3 之间存在近似的线性关系，随着两变量的线性关系增强，即随着 X_2 和 X_3 之间的相关系数 r_{23} 不断增大，估计量的方差也在不断增大；当 $r_{23}=1$ 时，估计量的方差会变为无穷大，并且随着 r_{23} 的增大，估计量之间的协方差 $\mathrm{Cov}(\hat{\beta}_2,\hat{\beta}_3)$ 的绝对值也在不断增大。

(2) 置信区间变宽。因为标准误较大，所以总体参数的置信区间变宽。因此，在高度多重共线性条件下，样本数据可能与分歧很大的一些假设均无矛盾，这样就增加了犯第二类错误的概率，即接受一个错误的原假设。

(3) t 值变小，回归系数不显著。在前面的章节中，我们知道第 j 个自变量的 t 检验计算公式是 $t=\dfrac{\hat{\beta}_j}{s_{\hat{\beta}_j}}$。由于在高度共线性的条件下，标准误变大的速度非常快，因此 t 检验的 t 值会很快变小，回归系数的 t 检验不易通过显著性检验，也就是说多重共线性可以导致斜率看起来是不显著的，但事实上它们是显著的。

(4) R^2 值较高,但 t 值并不都是统计显著的。在高度共线性的条件下,有可能会出现一个或多个偏回归系数的 t 值是不显著的,但是多重判定系数 R^2 却非常高的情况。

(5) OLS估计量及其标准误对数据的微小变化非常敏感,即趋于不稳定。稍微改变解释变量的数据,回归模型的系数值以及系数的标准误都将发生很大的变化,即方程的结构不是稳定的。

(6) 回归系数符号有误。如果变量间存在严重的多重共线性,那么有可能出现回归系数的正负号不符合经济理论的情况。

(7) 难以评估各个解释变量对回归平方和或者 R^2 的贡献。

11.1.3　多重共线性的诊断方法

在研究多重共线性问题的时候,我们首先需要对涉及多个自变量的模型是否存在多重共线性进行判断。在这里,克曼塔提出了两点需要我们注意:

第一,多重共线性是一个程度问题而不是存在与否问题。

第二,由于多重共线性针对的解释变量是非随机的情形,因而它是一个样本特征,而不是总体特征。

关于多重共线性的诊断,我们拥有一些经验法则。

1. 简单相关系数检验法

简单相关系数检验法是利用解释变量之间的线性相关程度判断是否存在严重多重共线性的一种简便方法。一般而言,如果每两个解释变量的简单相关系数(即上一章中提到的零阶相关系数)比较高,如简单相关系数大于 0.8,那么可认为两个解释变量之间存在较严重的多重共线性。但要注意,这一准则在应用方面有一个弊端,那就是虽然较高的简单相关系数表明了共线性,但是并非所有共线性问题都存在高零阶相关系数,即使简单相关系数很小,也有可能存在共线性问题。也就是说,较高的简单相关系数是多重共线性存在的充分非必要条件。

在涉及三个或三个以上自变量的模型中,简单相关系数检验法不能为多重共线性的判别提供一个准确的方法,但是如果模型中只有两个自变量,那么简单相关系数检验法就可以准确判断出自变量之间是否具有多重共线性。

2. 直观判断法

(1) R^2 较高但是 t 值统计显著的不多

这是多重共线性的经典征兆,如果 R^2 较高,那么 F 检验一般会拒绝所有偏回归系数同时为0的假设,但是 t 检验显著的个数很少,也就是说,大部分偏回归系数在统计上显著为0。出现这种情况就可以判定有些自变量可能与其他自变量之间存在共线性关系。

(2) 回归系数的正负号与预期相反

部分解释变量的回归系数所带正负号与经济结果违背时,很可能存在多重共线性。

(3) 理论性强,显著性弱

一些重要的解释变量的回归系数的标准误较大,在回归方程中没有通过显著性检验时,可初步判断存在严重的多重共线性的可能。

(4) 变量或观测值变化导致回归系数发生较大变化

增加或剔除一个解释变量,或者改变一个观测值时,回归系数的估计值发生较大变化,则表示回归方程可能存在严重的多重共线性。

3. 容忍度与方差扩大(膨胀)因子法

对于多元线性回归模型来说,如果分别以每个自变量为因变量,进行与其他解释变量的回归,那么就称为辅助回归(subsidiary regression)。以一个自变量 x_j 为因变量,其余 $k-1$ 个自变量为自变量建立模型,方程的多重判定系数用 R_j^2 表示,则可以证明自变量 x_j 前面的偏回归系数 $\hat{\beta}_j$ 的方差为:

$$\mathrm{Var}(\hat{\beta}_j) = \frac{\sigma^2}{\sum_{i=1}^{n} x_j^2} \cdot \frac{1}{1-R_j^2} = \frac{\sigma^2}{\sum_{i=1}^{n} x_j^2} \cdot \mathrm{VIF}_j \tag{11.1}$$

式中,$1-R_j^2$ 称为容忍度(tolerance, TOL),VIF_j 称为方差膨胀因子(variance inflation factor, VIF):

$$\mathrm{VIF}_j = \frac{1}{1-R_j^2} \tag{11.2}$$

R_j^2 度量了 x_j 与其他自变量之间的线性相关程度,如果 R_j^2 越大,那么说明多重共线性的程度越严重,同时,容忍度会越小,方差膨胀因子也会越大;如果 R_j^2 越小,那么 x_j 与其他自变量之间的线性相关程度也就越弱,同时,容忍度会越大,方差膨胀因子也越接近于1。因此,方差膨胀因子 VIF 的大小就度量了多重共线性的严重程度。通常认为,当 TOL≤0.1 或 VIF≥10 时,自变量与其余自变量之间存在严重的多重共线性,并且会过度地影响最小二乘估计值。

11.1.4 多重共线性的补救措施

在回归分析中,多重共线性问题比较常见。当这种问题发生时,我们需要进行处理才能保证模型本身的有效性。

如果发生的是完全多重共线性问题,那么直接删除不必要的变量,保证删除变量后没有完全多重共线性问题即可。当完全多重共线性问题发生时,软件无法正常进行求解,并会自动报告发生了共线性问题。

如果发生的是不完全多重共线性问题,处理起来就会复杂一些。主要方法有经验方法和逐步回归法两种。

1. 经验方法

(1) 剔除变量

当回归方程中存在严重的多重共线性时,可以将一个或多个相关的自变量从方程中剔除使得保留的自变量间尽可能不相关。但是,如果剔除的变量是重要变量,那么又可能引起模型的设定误差。

在选择进入回归方程的自变量时,可以通过将回归方程的线性关系检验与回归系数的显著性检验相结合、考虑方差膨胀因子 VIF 的数值以及检验自变量的经济含义及回归系数的符号等方法来进行判断。

(2) 增大样本容量

由于多重共线性是一个样本特性,因此有可能在关于同样变量的另一个样本中共线性没有第一个样本中那么严重。这时,可以通过增大样本容量来减弱共线性(但并不意味着所有严重的共线性问题都可以通过这种方法解决)。这样做的原因在于,样本容量增加之后,第 j 个自变量的平方和 $\sum_{j=1}^{n} x_j^2$ 就会增大,根据式(11.1),估计量回归系数的方差 $\mathrm{Var}(\hat{\beta}_j)$ 就会变小,标准误也会减小。因此尽可能地收集足够多的样本数据,以增大模型参数的估计精度。

(3) 变换模型形式

将原设定的模型形式做适当的变换,有可能消除或减弱原模型中解释变量之间的相关关系。例如,可采用差分法,即将原模型变形为差分模型形式,如设原回归模型为:

$$Y_t = \beta_0 + \beta_1 X_{1t} + \beta_2 X_{2t} + \mu_t \tag{11.3}$$

式中,自变量 X_{1t} 和 X_{2t} 之间存在多重共线性,X_{1t} 和 X_{2t} 都是时间序列数据,对于 $t-1$ 期:

$$Y_{t-1} = \beta_0 + \beta_1 X_{1,t-1} + \beta_2 X_{2,t-1} + \mu_{t-1} \tag{11.4}$$

用式(11.3)减去式(11.4),则得到:

$$Y_t - Y_{t-1} = \beta_1 (X_{1t} - X_{1,t-1}) + \beta_2 (X_{2t} - X_{2,t-1}) + \mu_t - \mu_{t-1} \tag{11.5}$$

令 $\Delta Y_t = Y_t - Y_{t-1}$,$\Delta X_{1t} = X_{1t} - X_{1,t-1}$,$\Delta X_{2t} = X_{2t} - X_{2,t-1}$,$\Delta \mu_t = \mu_t - \mu_{t-1}$,则式(11.5)可以写成:

$$\Delta Y_t = \beta_1 \Delta X_{1t} + \beta_2 \Delta X_{2t} + \Delta \mu_t \tag{11.6}$$

式(11.6)即为一阶差分模型,这样进行转化,原模型中存在的严重的多重共线性就得到了解决。但是这样进行处理也有一定缺点,会损失信息,与此同时模型的误差项 $\Delta \mu_t$、$\Delta \mu_{t-1}$、$\Delta \mu_{t-2}$ 等必然存在序列相关性,带来随机扰动序列相关问题,会违背经典线性模型的相关假定,在运用的时候要慎重。

(4) 利用非样本先验信息

先验信息法是指根据经济理论或者其他已有研究成果事前确定回归模型参数间的某种关系,将此约束条件和样本信息结合起来进行最小二乘估计。运用参数间的先验信息可以消除多重共线性。

(5) 横截面数据与时间序列数据相结合

将横截面数据与时间序列数据组合,称为合并数据(pooled data)。这种方法的假设是:参数的横截面估计和从纯粹时间序列分析中得到的估计是一致的。当横截面估计在不同截面之间没有较大变化时,这是一个不错的方法。

横截面数据与时间序列数据相结合以避免多重共线性的基本做法是:先利用横截面数据估计出部分参数,再将它们代入原模型中,将上述估计值所对应的自变量移项至因变量一边看作整体并作为新的因变量,此时建立其关于那些保留的自变量间的回归模型,然后利用时间序列样本数据估计出另外的部分参数,最后将根据横截面数据得到的回归参数估计值和根据时间序列数据得到的估计值结合起来得到整个模型参数的估计。

(6) 变量变换

将变量进行变换有时也可以减弱多重共线性,但这种方法也许能得到较好的结果,也许不能得到较好的结果。变换方式主要有以下四种:

① 计算相对指标。如原来的是总量指标,可计算人均指标或比例指标等。经过这样处理的数据有时可以减弱共线性。

② 将名义数据转换为实际数据。例如,名义数据剔除物价水平变动影响后得到的数据只包含纯粹的物量上的变化,不包含价格变动的影响,有助于描述现象之间真实的数量变化关系,因此在多数经济分析中采用的是实际数据而不是名义数据。

③ 将小类指标合并成大类指标。例如,若将工业增加值、建筑业增加值同时引入模型,会因两者之间存在高度线性相关关系而出现严重的多重共线性,将两者合并成第二产业增加值,即将小类指标合并成一个大类指标即可解决"内部化"这种多重共线性问题。

④ 将总量指标进行对数变换。总量指标经过对数变换后,可将原来建立的线性回归模型转换为双对数模型,进而可分析各自变量的增减率对因变量增减率的影响。

2. 逐步回归法

上一章在变量选择中,提到过可以采用逐步回归法选择进入回归模型的自变量,这种方法也可以用来剔除引起多重共线性的变量。

逐步回归法的优点在于,将统计上不显著的自变量剔除,使最后保留在模型中的自变量间的多重共线性不明显,而且对因变量有较好的解释贡献。逐步回归法的缺点在于,它可能因为删除了重要的相关变量而导致设定偏误。

11.2 异方差

经典线性回归模型中有一个假定,即假定出现在总体回归函数中的随机误差项 μ_i 是同方差的。在不满足同方差假定的时候,即使样本容量很大,在线性回归模型中使用 OLS 估计的 t 检验、F 检验和置信区间都不再可信。本节我们研究此假定不满足时会出现

什么情况,回归模型可能会出现什么问题,以及如何解决问题。在本节中,关注以下几点:

(1) 产生异方差的原因是什么?
(2) 异方差带来的后果是什么?
(3) 如何诊断存在异方差?
(4) 如果存在异方差,如何解决?

11.2.1 异方差产生的原因

经典线性回归模型中的同方差(homoscedasticity)假定意味着每一个误差项 μ_i ($i=1,2,\cdots$)都具有相同的方差,用符号表示为:

$$\text{Var}(\mu_i) = \sigma^2 \tag{11.7}$$

这里的 σ^2 表示随机扰动项围绕其均值的分散程度。因为随机扰动项的均值为 0,所以方差 σ^2 度量的也相当于是因变量 y 的观测值围绕其回归直线的分散程度。同方差假定实质上是相对于回归直线,因变量所有观测值的分散程度相同。一旦误差项之间的方差不同,则:

$$\text{Var}(\mu_i) = \sigma_i^2 \tag{11.8}$$

此时称误差项 μ_i 具有异方差性(heteroscedasticity)。

在经济分析中,往往会出现某些因素随其观测值的变化而对因变量产生不同的影响,导致随机误差项的方差不同。异方差的产生主要有如下原因:

1. 模型形式设定误差

模型函数的设定形式存在误差,把变量间本来为非线性的关系设定为线性,也可能导致异方差。比如,将指数曲线模型设为线性模型,那么误差就会有增大的趋势。

2. 模型中缺少重要自变量

如果将某些对因变量有显著影响的因素纳入随机误差项,并且这些影响因素的变化具有差异性,那么就会对因变量产生不同的影响,进而使得误差项的方差随之变化,即产生异方差性。上一节提到可以通过剔除自变量的方法解决多重共线性问题,但是现在我们知道,一旦删除了重要的变量,就有可能带来异方差的问题。因此在选择进入模型的变量时,应该要考虑多方面的影响。

3. 测量误差的变化

测量误差对异方差性的影响体现在两方面:第一,样本数据的观测误差经常在一段时间内逐步累积,导致误差越来越大,比如自变量的值越大,测量误差就会越大;第二,测量误差可能随着时间的变化而变化,比如随着观测技术的发展测量误差就会逐渐缩小。因此,测量误差引起的异方差一般存在于时间序列中。

4. 截面数据中总体各单位的差异

截面数据与时间序列数据相比更容易产生异方差。这是由数据的性质决定的,因为同一时间不同对象之间的差异,通常会大于同一对象不同时间之间的差异。但也有例外,当时间序列数据发生较大变化时,也可能出现比截面数据更严重的异方差。

5. 异常值的出现

随机因素发生较大变动的时候,比如金融危机、自然灾害、战争和政策变动等,会导致异常值的出现。

11.2.2 异方差带来的后果

考虑多元线性回归模型:
$$Y = \beta_0 + \beta_1 X_1 + \beta_2 X_2 + \cdots + \beta_k X_k + \mu \tag{11.9}$$

首先要注意到,异方差性并不会导致 $\beta_j (j=1,2,\cdots,k)$ 的OLS估计量出现偏误或产生不一致性,因为参数的无偏性仅仅依赖于误差项的零均值假定,但是忽略一个重要变量却会导致这些问题。我们对拟合优度指标多重判定系数 R^2 和调整的多重判定系数 $\bar{R}^2$ 的解释也不受异方差的影响。

但是OLS估计量的方差在没有同方差假定的条件下是有偏的,如果随机误差项具有异方差性,那么就无法保证OLS估计的方差最小,或能够找到比OLS估计的方差更小的估计方法。在样本容量较大时,得到一个有效估计量可能就不是那么重要了。也就是说在异方差存在时,虽然OLS估计量依然保持线性无偏性和一致性,但却失去了有效性。由于OLS标准误直接以这些方差为基础,因此它们都不能用来构造 t 检验和置信区间。在异方差情况出现的时候,OLS的 t 统计量不再服从 t 分布,即使是大样本也不能解决这个问题。类似地,F 统计量也不再服从 F 分布。

同时,异方差还对因变量的预测产生了不利影响。尽管参数的OLS估计量仍然是无偏的,并且基于此的预测也是无偏的,但是由于参数估计量不是有效的,因此对因变量的预测也将不是有效的。

11.2.3 异方差的诊断方法

事实上,并不存在检验异方差的硬性标准,只有少数经验准则。若要检验模型中是否存在异方差,则需要对随机误差项的分布进行研究,但随机误差项的变化受模型之外的其他因素影响,具体取值难以观测。在实际应用过程中,一般将用OLS估计得到的残差 e_i 作为误差 μ_i 的估计量,通过残差的分布推测随机误差项的分布。异方差常见的诊断方法有如下几种:

1. 图示检验法

(1) 相关图形分析

方差描述的是随机变量相对其均值的离散程度。前面说过,因变量 Y 与随机误差项 μ_i 有相同的方差,所以分析随机误差项 μ_i 是否存在异方差,就可以通过分析因变量来代替。通过自变量与因变量的相关图可以大致观察到因变量的离散程度是否与自变量有相关关系。如果随着自变量的增加,因变量的离散程度有逐渐增大(或减小)的变化趋势,那么认为存在递增型(或递减型)的异方差。图 11-1 为同方差在相关图中的情形,图 11-2~图 11-4 为异方差在相关图中的几种情形。

图 11-2 是递增型方差,方差随自变量的增加而增大,在散点图中,表现为随着自变量的增加,因变量的波动幅度越来越大。

图 11-3 是递减型方差,方差随自变量的增加而减小,在散点图中,表现为随着自变量的增加,因变量的波动幅度越来越小。

图 11-4 是复杂型方差,方差在自变量增加时没有产生有规律的变化,在散点图中,表现为随着自变量的增加,因变量的波动幅度没有规律变动。

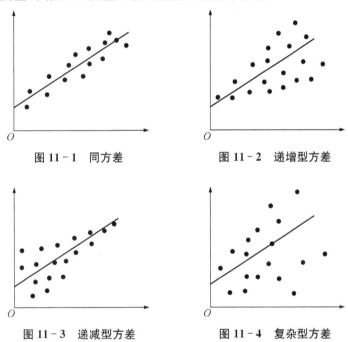

图 11-1 同方差　　　　图 11-2 递增型方差

图 11-3 递减型方差　　图 11-4 复杂型方差

(2) 残差分布图

虽然随机误差项无法观测,但样本回归的残差一定程度上反映了随机误差的某些分布特征,可通过残差分布图对异方差性进行观察。对于多元线性回归模型,用 OLS 估计出来回归方程后,将因变量的观测值减去因变量的估计值作为残差,即 $e_i = Y_i - \hat{Y}_i$。绘制以残差平方 e_i^2 为纵轴、以因变量 $\hat{Y}_i$ 为横轴的散点图。

残差图的形态如图 11-5 所示。

若残差平方项 e_i^2 与因变量 $\hat{Y}_i$ 之间没有对应变动关系,则说明可能不存在异方差性。

图 11-5(b)至图 11-5(e)中,残差平方项 e_i^2 随着因变量 $\hat{Y}_i$ 的变化而变化,表明误差项存在异方差。

图示检验法的优点是简单直观便于操作,但是由于引起异方差性的原因错综复杂,仅根据图示检验法有时很难准确对误差项是否存在异方差做出判断,还需要采用其他统计检验方法。

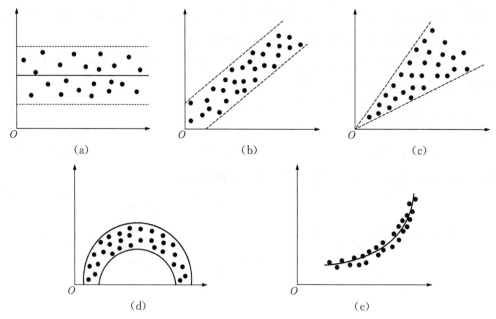

图 11-5 残差平方估计值的假想图样

2. Goldfield-Quanadt 检验法

Goldfield-Quanadt 检验法主要用于检验递增型异方差或递减型异方差，适用于大样本情形，要求除了同方差假定之外其他假定条件都满足。其基本思想是将样本分为两部分，分别对两部分样本进行回归，然后计算并比较两个回归的残差平方和之间是否有显著差异，以此来判断模型是否存在异方差问题。

检验步骤如下：

(1) 把样本观测值按照自变量的大小进行排序。

(2) 剔除排在中间的 c 个观测值(一般剔除样本容量的 $1/5\sim1/4$)，再将两端的观测值分为两个部分，每部分的观测值个数一般为 $(n-c)/2$。

(3) 提出假设

$$H_0: 两部分数据的方差相等$$
$$H_1: 两部分数据的方差不等$$

(4) 构造 F 统计量。根据两部分数据分别构造回归方程，计算得到两部分的残差平方和 $\sum_{i=1}^{n}e_{1i}^2$ 和 $\sum_{i=1}^{n}e_{2i}^2$。设有 k 个参数，则自由度均为 $[(n-c)/2-k]$，F 统计量服从显著性水平为 α、自由度为 $[(n-c)/2-k]$，$[(n-c)/2-k]$ 的 F 分布：

$$F = \frac{\sum_{i=1}^{n}e_{1i}^2 \Big/ \left(\frac{n-c}{2}-k\right)}{\sum_{i=1}^{n}e_{2i}^2 \Big/ \left(\frac{n-c}{2}-k\right)} \sim F_\alpha\left(\frac{n-c}{2}-k, \frac{n-c}{2}-k\right)$$

(5) 做出决策。若 $F > F_\alpha$，则认为两部分数据方差不等，即模型中的随机误差存在异方差；反之则认为模型中的随机误差不存在异反差。

Goldfield-Quanadt 检验的效果与观测值排序的正确与否有关,也与剔除的观测值个数 c 有关。这种方法得到的 F 分布是近似的,在多元回归中,无法判断具体是由哪个自变量引起的异方差。

3. White 检验法

White 检验法要求大样本,其基本思想是通过判断方差 σ_i^2 是否与自变量存在某种联系来判断是否存在异方差。因为方差 σ_i^2 未知,所以用 OLS 估计的残差平方和 e_i^2 代替。

构造残差平方和与自变量各项、自变量平方项、自变量两两交叉项的辅助回归,得到方程的多重判定系数。以二元回归模型为例:

$$Y_i = \beta_0 + \beta_1 X_{1i} + \beta_2 X_{2i} + \mu_i \tag{11.10}$$

首先得到残差 e_i,用 $\hat{e}_i^2$ 作为对 e_i^2 的估计,并对 $X_{1i}, X_{2i}, X_{1i}^2, X_{2i}^2, X_{1i}X_{2i}$ 进行辅助回归:

$$\hat{e}_i^2 = \hat{\alpha}_0 + \hat{\alpha}_1 X_{1i} + \hat{\alpha}_2 X_{2i} + \hat{\alpha}_3 X_{1i}^2 + \hat{\alpha}_4 X_{2i}^2 + \hat{\alpha}_5 X_{1i}X_{2i} \tag{11.11}$$

提出的原假设与备择假设分别为:

H_0:回归系数全为 0

H_1:回归系数不全为 0

由于样本容量为 n,辅助回归的多重判定系数为 R^2,因此构造的检验统计量为 nR^2。由于辅助回归中有 5 个自变量,因此检验统计量服从自由度为 5 的卡方分布。查卡方分布表,若 $nR^2 > \chi_\alpha^2(5)$,则拒绝原假设,认为模型中随机误差存在异方差。

White 检验的优点是可以判断出是哪个自变量引起了异方差。

4. Glejser 检验法

Glejser 检验法要求大样本,其基本思想是根据 OLS 得到残差 e_i,对残差的绝对值 $|e_i|$ 与某个自变量 x_i 进行回归分析,确定回归模型的形式,然后根据回归模型的显著性和拟合优度判断异方差是否存在。建立方程:

$$|e_i| = \alpha_0 + \alpha_1 f(X_i) + \varepsilon_i \tag{11.12}$$

式中,$f(X_i)$ 是自变量 X_i 的函数,形式可以多种多样。也可以对多个自变量建立方程:

$$|e_i| = \alpha_0 + \alpha_1 f(X_1, X_2, \cdots) + \varepsilon_i \tag{11.13}$$

对 $\hat{\alpha}_0, \hat{\alpha}_1$ 进行显著性检验,如果 $\hat{\alpha}_0$ 和 $\hat{\alpha}_1$ 显著不为 0,那么说明存在异方差;但是如果 $\hat{\alpha}_0$ 和 $\hat{\alpha}_1$ 均为 0,也不一定说明不存在异方差,因为函数 $f(X_i)$ 的形式可能不是回归方程中设立的那样。

11.2.4 异方差的补救措施

如果通过检验证实真的存在异方差,那么需要对模型进行修正。解决异方差的方法一般是对原始模型进行变量代换,使得异方差的模型变为同方差的模型。真实方差 σ_i^2 是已知还是未知决定了采取什么样的处理方法来解决异方差问题。

1. σ_i^2 已知

σ_i^2 已知时,使用加权最小二乘法进行补救。

以一元线性回归模型为例:

$$Y_i = \beta_0 + \beta_1 X_i + \mu_i \tag{11.14}$$

式(11.14)两边同时除以 σ_i,得:

$$\frac{Y_i}{\sigma_i} = \beta_0 \frac{1}{\sigma_i} + \beta_1 \frac{X_i}{\sigma_i} + \frac{\mu_i}{\sigma_i} \tag{11.15}$$

令 $Y_i^* = \frac{Y_i}{\sigma_i}, \beta_0^* = \beta_0 \frac{1}{\sigma_i}, X_i^* = \frac{X_i}{\sigma_i}, \mu_i^* = \frac{\mu_i}{\sigma_i}$,则:

$$Y_i^* = \beta_0^* + \beta_1 X_i^* + \mu_i^* \tag{11.16}$$

此时 $\mathrm{Var}(\mu_i^*) = \frac{1}{\sigma_i^2} \mathrm{Var}(\mu_i) = \frac{1}{\sigma_i^2} \sigma_i^2 = 1$,异方差问题得以解决。

2. σ_i^2 未知

σ_i^2 未知时,做变量代换。如果可以确定异方差的具体形式,即 $\mathrm{Var}(\mu_i) = \sigma^2 f(X_i)$,那么就可以对模型做变量代换以降低异方差的影响。根据图示检验法或 Glejser 检验法可以知道,常见的 $f(X_i)$ 的形式有以下两种:

(1) $f(X_i) = X_i$

当误差项方差与 X_i 成比例时,做平方根变换。以一元线性回归模型为例:

$$Y_i = \beta_0 + \beta_1 X_i + \mu_i \tag{11.17}$$

式(11.17)两边同时除以 $\sqrt{X_i}$,得:

$$\frac{Y_i}{\sqrt{X_i}} = \frac{\beta_0}{\sqrt{X_i}} + \beta_1 \frac{X_i}{\sqrt{X_i}} + \frac{\mu_i}{\sqrt{X_i}} \tag{11.18}$$

在式(11.18)中,$\mathrm{Var}\left(\frac{\mu_i}{\sqrt{X_i}}\right) = \frac{1}{X_i} \mathrm{Var}(\mu_i) = \frac{1}{X_i} \cdot \sigma^2 X_i = \sigma^2$,异方差问题得以解决。

(2) $f(X_i) = X_i^2$

当误差项方差与 X_i^2 成比例时,做倒数变换。式(11.17)两边同时除以 X_i,得:

$$\frac{Y_i}{X_i} = \frac{\beta_0}{X_i} + \beta_1 + \frac{\mu_i}{X_i} \tag{11.19}$$

在式(11.19)中,$\mathrm{Var}\left(\frac{\mu_i}{X_i}\right) = \frac{1}{X_i^2} \mathrm{Var}(\mu_i) = \frac{1}{X_i^2} \cdot \sigma^2 X_i^2 = \sigma^2$,异方差问题得以解决。

3. 重新建立模型

除了推测方差以外,有时也可以通过重新建立模型消除异方差。例如,建立双对数模型。以一元线性回归模型为例,建立如下双对数模型:

$$\ln Y_i = \beta_0 + \beta_1 \ln X_i + \mu_i \tag{11.20}$$

经过双对数模型变换之后,测定变量值的尺度就缩小了,并且残差表示相对误差,相对误差的差异一般比绝对误差小。但是要注意模型变换后的经济意义,如果变量之间在经济意义上不呈对数线性关系,那么不可以进行对数变换。

实际上,选择更合适的模型更加困难。

11.3 自相关

在经典假定中,要求随机误差项 μ_i 满足 $\mathrm{Cov}(\mu_i,\mu_j)=0$ ($i\neq j$ 且 $i,j=1,2,\cdots,n$),即随机误差项之间不相关。若 $\mathrm{Cov}(\mu_i,\mu_j)\neq 0$,则不同观测点上的误差项彼此相关,称随机误差项之间自相关(autocorrelation)或序列相关(serial correlation),用符号表示为:

$$\mathrm{Cov}(\mu_i,\mu_j|x_i,x_j)=E(\mu_i,\mu_j)\neq 0 \tag{11.21}$$

若 $\mathrm{Cov}(\mu_t,\mu_{t-1})\neq 0$,则称随机误差序列存在一阶自相关。这里主要讨论 μ_t 和 μ_{t-1} 满足以下关系的情况:

$$\mu_t=\rho\mu_{t-1}+v_t \tag{11.22}$$

其中,ρ 为自相关系数,$-1\leqslant\rho\leqslant 1$;$v_t$ 为误差项,且满足经典假定。

自相关现象主要存在于时间序列数据中,但是在横截面数据中也可能会出现自相关,通常称其为空间自相关(spatial autocorrelation)。时间序列数据的观测值服从时间上的自然顺序,所以连续的观测值可能出现内部的相关,尤其是观测的时间间隔非常短时,如一天、一周、一个月等。在这种情况下,随机误差项不相关的假定就很难满足。例如,GDP、价格、就业等经济数据,都会随经济系统的周期而波动。又如,在经济高涨时期,较高的经济增长率会持续一段时间,而在经济衰退期,较高的失业率也会持续一段时间,这种情况下经济数据很可能表现为自相关。自相关可以表现为正相关,也可以表现为负相关,自相关系数 $\rho>0$ 时,表现为正相关;$\rho<0$ 时,表现为负相关;$\rho=0$ 时,表现为不相关。

对于自相关,我们通常关注如下问题:

(1) 自相关产生的原因及带来的后果是什么?
(2) 自相关的检验方法有哪些?
(3) 自相关的解决方法是什么?

11.3.1 自相关产生的原因及带来的后果

1. 自相关产生的原因

(1) 经济系统的惯性。自相关现象大多出现在时间序列数据中,而经济系统的经济行为都具有时间上的惯性。经济衰退时,大多数经济序列开始下降,序列每一时刻的值都低于上一时刻的值;经济复苏时,大多数经济序列开始上升,序列每一时刻的值都高于上一时刻的值。

(2) 滞后效应。滞后效应是指一个变量不仅在当期影响另一个变量,而且会影响变量接下来的若干期。一般表现为因变量的滞后项作为自变量进入模型,由此引起变量的自相关。例如,由于人的消费观念的改变存在一定的适应期,因此当居民当期可支配收入增加时,居民的消费要经过若干期才能达到相应的水平。

(3) 蛛网现象(cobweb phenomenon)。在微观经济学中有一个观点,认为供给对价格的反应要滞后一段时间,也就是说供给的调整需要经过一定的时间才能实现。假定某粮食时期 t 的价格低于上一时期的价格,农民就会缩小生产规模,使得下一时期的产量减少,如此循环下去就会形成蛛网现象。此时不认为干扰项 μ_i 是随机的。

(4) 模型设定偏误。模型中变量的选择是经过多次试验确定的。若模型中有些自变量应该被包含在模型内却被研究者忽略了,则会产生系统误差。这种误差存在于随机误差项中,带来了自相关。而只要这些自变量进入模型,就会消除干扰项中观察到的自相关现象。同时,模型函数形式设定出错也会导致自相关。

(5) 数据处理。如果因为某种原因对数据进行了修正和插值(interpolation)处理,那么这样的数据序列中可能产生自相关。例如,将月度数据调整为季度数据,由于季度数据是将三个月份的数据进行平均得到的,减弱了月度数据的波动,使季度数据具有平滑性,这种平滑性可能产生自相关。对缺失的历史资料,采用特定统计方法进行插值处理,也可能使得数据前后期相关,从而产生自相关。

2. 自相关带来的后果

自相关带来的后果与异方差类似。

(1) 自相关对参数估计的影响。用 OLS 进行估计时,可能会低估存在自相关时参数估计值的真实方差。当存在自相关时,运用 OLS 得到的估计量不再是最佳线性无偏估计量,它在线性无偏估计量中的方差不是最小的。

(2) 自相关对模型检验的影响。在使用 OLS 进行估计时,会低估参数估计量的方差,使得 t 检验统计量的值变大,进而导致夸大了估计参数的显著性,使得某些本应该被剔除在模型外的自变量被包含在模型中。这时,t 检验失去了意义。类似地,F 检验和判定系数 R^2 也失去了意义。

(3) 自相关对模型预测的影响。当存在自相关现象时,预测的置信区间不再可靠,预测精度降低。

11.3.2 自相关的诊断方法

检验模型自相关常用的方法有图示检验法、DW 检验法、残差图示法和 LM 检验法等,这里只简要介绍图示检验法、DW 检验法和残差图示法。

1. 图示检验法

经典模型中的非自相关是针对总体误差项的,但由于随机误差项 μ_t 无法观测,我们只能将根据 OLS 估计出来的残差 e_t 作为随机误差项 μ_t 的估计值。图示检验法的具体做法有两种:一是绘制 e_t 与 e_{t-1} 的散点图,二是绘制 e_t 与 t 的散点图,其中 $t=2$,$3,\cdots,n$。

(1) 绘制 e_t 与 e_{t-1} 的散点图

以 (e_{t-1},e_t) 为坐标,在二维平面直角坐标系中绘制散点图,如图 11-6 和图 11-7 所示。其中,图 11-6 中,大多数点落在第一象限和第三象限,表示随机误差项存在正自相关;图 11-7 中,大多数点落在第二象限和第四象限,表示随机误差项存在负自相关。

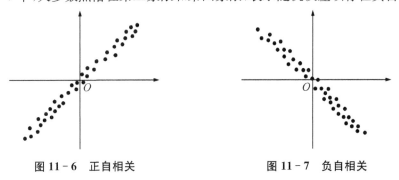

图 11-6　正自相关　　　　　　　　图 11-7　负自相关

(2) 绘制 e_t 与 t 的散点图

以时间 t 为横轴,按照时间序列绘制回归残差项 e_t 的散点图,图 11-8 和图 11-9 所示。若 e_t 随着时间 t 的变化呈锯齿形或循环形这样有规律的变化,则可以判断随机误差项存在自相关。若 e_t 的变化并不频繁地改变符号,几个正的后面跟着几个负的,如图 11-8 所示,则表明随机误差项存在正自相关;若 e_t 随着时间 t 的变化逐次改变符号,一个正的一个负的,如图 11-9 所示,则表明随机误差项存在负自相关。

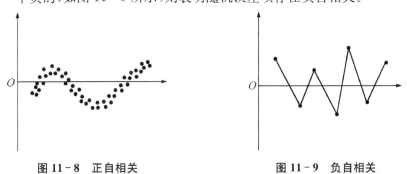

图 11-8　正自相关　　　　　　　　图 11-9　负自相关

2. DW 检验法

DW 检验法是杜宾和沃森在 1951 年提出的检验方法。检验的前提条件如下:

(1) 解释变量 X 是随机的;

(2) 随机误差项是一阶自回归形式,如式(11.22)所示;

(3) 线性回归的自变量不包括因变量的滞后项,如不出现以下形式:

$$Y_t = \beta_0 + \beta_1 X_t + \beta_2 Y_{t-1} + \mu_t \tag{11.23}$$

(4) 截距项不为 0;

(5) 数据序列无缺失值。

进行DW检验要先提出原假设和备择假设：

H_0：自相关系数 $\rho = 0$

H_1：自相关系数 $\rho \neq 0$

然后构造检验统计量DW，但必须先计算出回归估计式的残差 e_t。定义DW的计算公式为：

$$DW = \frac{\sum_{t=2}^{n}(e_t - e_{t-1})^2}{\sum_{t=1}^{n} e_t^2} \qquad (11.24)$$

经过计算化简可得：$DW \approx 2(1-\hat{\rho})$，并且DW与 $\hat{\rho}$ 的对应关系如表11-1所示。

表11-1 $\hat{\rho}$ 与DW的对应关系

$\hat{\rho}$	DW
-1	4
$(-1,0)$	$(2,4)$
0	2
$(0,1)$	$(0,2)$
1	0

由表11-1可知DW的取值范围为$[0,4]$。根据样本容量 n 和解释变量的个数 k（不包括常数项），查DW分布表得到两个临界值 d_L 和 d_U（DW分布表的下界和上界要求样本容量 $n \geq 15$），则DW检验规则如表11-2和图11-10所示。

表11-2 DW检验规则

DW的取值范围	自相关状态
$0 \leq DW \leq d_L$	误差项之间存在正自相关
$d_L < DW \leq d_U$	无法确定
$d_U < DW \leq 4-d_U$	误差项之间无自相关
$4-d_U < DW \leq 4-d_L$	无法确定
$4-d_L < DW \leq 4$	误差项之间存在负自相关

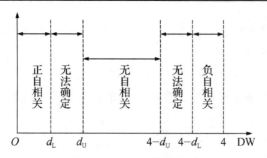

图11-10 DW检验规则

当 $0 \leqslant \mathrm{DW} \leqslant d_L$ 时,误差项之间存在一阶正自相关,并且 DW 的值越接近于 0,正自相关性越强;当 $4-d_L < \mathrm{DW} \leqslant 4$ 时,误差项之间存在一阶负自相关,并且 DW 的值越接近于 4,负自相关性越强。

但 DW 有十分明显的缺点,在 $d_L < \mathrm{DW} \leqslant d_U$ 和 $4-d_U < \mathrm{DW} \leqslant 4-d_L$ 两个区间,DW 检验失效,此时,只有增大样本容量或者采取其他办法进行检验。同时,DW 检验也不适用于误差项具有高阶自相关时的检验。

3. 残差图示法

以预测值 $\hat{Y}$ 为横轴,以 Y 与 $\hat{Y}$ 之间的残差 e 或学生化残差为纵轴,绘制得到残差散点图。如果散点呈现明显的规律性,那么存在自相关性、非线性、异方差性等问题;如果散点呈随机分布,那么认为残差与因变量之间相互独立。

同时,利用残差图可以判断模型拟合效果。如果散点绝大部分落在 $\pm 2\sigma$ 的范围内(68%的点落在 $\pm \sigma$ 的范围内,96%的点落在 $\pm 2\sigma$ 的范围内),那么说明拟合效果好;如果大部分落在 $\pm 2\sigma$ 的范围外,那么说明拟合效果不好。

11.3.3　自相关的补救措施

随机误差项存在自相关时,应该想办法对其进行补救。首先需要确定自相关产生的原因是不是模型设定偏误。如果是模型设定上的问题,那么通过增加有关重要变量或改变函数形式来解决;如果是纯粹的自相关(pure autocorrelation),那么需要根据自相关系数 ρ 是否已知决定使用何种方法解决自相关问题。

1. 自相关系数已知

自相关系数已知时,一般采用广义差分法。我们一般假定随机误差项 μ_t 是一阶自回归,如式(11.22)所示,其中 $|\rho|<1$,v_t 满足古典假定:

$$\mu_t = \rho \mu_{t-1} + v_t$$

以一元线性回归模型为例:

$$Y_t = \beta_0 + \beta_1 X_t + \mu_t \tag{11.25}$$

将式(11.25)滞后一期得:

$$Y_{t-1} = \beta_0 + \beta_1 X_{t-1} + \mu_{t-1} \tag{11.26}$$

式(11.26)左右两端同时乘自相关系数 ρ 得:

$$\rho Y_{t-1} = \rho \beta_0 + \rho \beta_1 X_{t-1} + \rho \mu_{t-1} \tag{11.27}$$

用式(11.25)减去式(11.27)得:

$$Y_t - \rho Y_{t-1} = \beta_0(1-\rho) + \beta_1(X_t - \rho X_{t-1}) + \mu_t - \rho \mu_{t-1} \tag{11.28}$$

令 $Y_t^* = Y_t - \rho Y_{t-1}$,$X_t^* = X_t - \rho X_{t-1}$,$\beta_0^* = \beta_0(1-\rho)$,$\beta_1^* = \beta_1$,由式(11.22)可知,$\mu_t - \rho \mu_{t-1} = v_t$,此时式(11.28)可写为:

$$Y_t^* = \beta_0^* + \beta_1^* X_t^* + v_t \tag{11.29}$$

对式(11.29)进行普通最小二乘估计,即可得到最佳线性无偏估计量。在进行广义差分时,解释变量 X 与被解释变量 Y 均以差分形式出现,在取差分的过程中,由于第一次观测没有前期值,因此损失了一次观测。为了避免损失一个自由度,可以将 Y 和 X 的第一次观测 Y_1、X_1 转化为 $Y_1\sqrt{1-\rho^2}$、$X_1\sqrt{1-\rho^2}$。

2. 自相关系数未知

实际上,自相关系数 ρ 一般是难以得知的,因此需要采用其他方法对自相关系数进行估计。最简单的方法是通过 $DW\approx 2(1-\hat{\rho})$ 来估算 ρ,但是这样做精度不高。更精确的估计方法是采用科克伦-奥克特迭代法。科克伦-奥克特迭代法先通过逐次迭代寻求更精确的 ρ 值,再采用广义差分法解决自相关问题。

先根据普通最小二乘法计算出残差 $e_t(e_t=Y_t-\hat{Y}_t)$,将 e_t 代入式(11.22)得:

$$e_t = \rho e_{t-1} + v_t \tag{11.30}$$

根据式(11.30),用普通最小二乘法可以计算出自相关系数的估计值 $\hat{\rho}_1$:

$$\hat{\rho}_1 = \frac{\sum_{t=2}^{n} e_t e_{t-1}}{\sum_{t=2}^{n} e_{t-1}^2} \tag{11.31}$$

再用 $\hat{\rho}_1$ 代替 ρ,进行一次广义差分,得出新的回归方程后,通过计算得出新的残差。重复式(11.30)和式(11.31),可以得到自相关系数的第二轮估计值 $\hat{\rho}_2$。如果不能确定第二轮估计值是不是 ρ 的最佳估计值,那么可以再进行第三次迭代,得到第三轮估计值 $\hat{\rho}_3$。一般来说,经过迭代很快就能得到自相关系数的较高精度估计值。

11.4 具有共线性的多元回归分析的 SPSS 应用

例 11.1 近年来,中国国内旅游业高速发展,为了规划未来旅游业的发展,现给出 1994 年至 2020 年的一些指标数据。用 Y_t 表示第 t 年国内旅游总花费(单位:亿元); X_{1t} 表示第 t 年国内游客总数(单位:百万人次); X_{2t} 表示第 t 年城镇居民国内旅游人均花费(单位:元);用 X_{3t} 表示第 t 年农村居民国内旅游人均花费(单位:元);用 X_{4t} 表示第 t 年铁路营业里程(单位:万公里);用 X_{5t} 表示第 t 年公路里程(单位:万公里)。分析影响国内旅游市场发展的主要因素。

表 11-3 1994—2020 年国内旅游数据

年份	Y_t	X_{1t}	X_{2t}	X_{3t}	X_{4t}	X_{5t}
1994	1 023.5	524	414.7	54.9	5.9	111.78
1995	1 375.7	629	464	61.5	6.24	115.7
1996	1 638.4	639	534.1	70.5	6.49	118.58
1997	2 112.7	644	599.8	145.7	6.6	122.64

续表

年份	Y_t	X_{1t}	X_{2t}	X_{3t}	X_{4t}	X_{5t}
1998	2 391.2	694	607	197	6.64	127.85
1999	2 831.9	719	614.8	249.5	6.74	135.17
2000	3 175.5	744	678.6	226.6	6.87	167.98
2001	3 522.4	784	708.3	212.7	7.01	169.8
2002	3 878.4	878	739.7	209.1	7.19	176.52
2003	3 442.3	870	684.9	200	7.3	180.98
2004	4 710.7	1102	731.8	210.2	7.44	187.07
2005	5 285.9	1212	737.1	227.6	7.54	334.52
2006	6 229.7	1394	766.4	221.9	7.71	345.7
2007	7 770.6	1610	906.9	222.5	7.8	358.37
2008	8 749.3	1712	849.4	275.3	7.97	373.02
2009	10 183.7	1902	801.1	295.3	8.55	386.08
2010	12 579.8	2103	883	306	9.12	400.82
2011	19 305.4	2641	877.8	471.4	9.32	410.64
2012	22 706.2	2957	914.5	491	9.76	423.75
2013	26 276.1	3262	946.6	518.9	10.31	435.62
2014	30 311.9	3611	975.4	540.2	11.18	446.39
2015	34 195.1	3990	985.5	554.2	12.1	457.73
2016	39 389.8	4435	1009.1	576.4	12.4	469.63
2017	45 660.8	5001	1024.6	603.3	12.7	477.35
2018	51 278.3	5539	1034	611.9	13.17	484.65
2019	57 250.9	6006	1062.6	634.7	13.99	501.25
2020	22 286.3	2879	870.3	530.5	14.63	519.81

数据来源:国家统计局。

第一步:将表11-3中数据输入SPSS软件中,依次点击"Analyze"→"Regression"→"Linear",打开"Linear Regression"线性回归对话框。

第二步:将"国内旅游总花费"变量放入"Dependent"框中,将"国内游客总数""城镇居民国内旅游人均花费""农村居民国内旅游人均花费""铁路营业里程"和"公路里程"这5个变量放入"Independent(s)"框中;在"Method"下拉菜单中选择"Enter"变量全部进入模型选项,如图11-11所示。

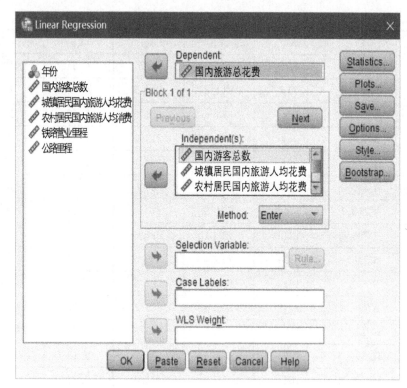

图 11-11　多元线性回归的"Linear Regression"对话框

第三步：在"Linear Regression"对话框中，点击"Statistics"选项，打开"Linear Regression：Statistics"对话框，在原有默认的选择下，再多选择一个"Collinearity diagnostics"选项，要求进行共线性诊断，然后点击"Continue"回到主对话框，如图 11-12 所示。

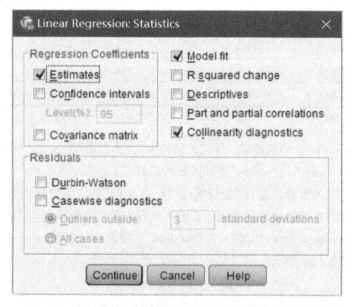

图 11-12　多元线性回归的"Linear Regression：Statistics"对话框

第四步：在主对话框中点击"OK"，输出的部分结果如表11-4～表11-6所示。

表11-4是方差分析表，F检验的P值为$0.000<0.05$，表示方差分析的F值达到了高度显著性水平。表11-5是回归系数表，从回归系数的t检验结果来看，城镇居民国内旅游人均花费和农村居民国内旅游人均花费都没有通过t检验；城镇居民国内旅游人均花费的系数为$-2.327<0$，则城镇居民国内旅游人均花费越高，国内旅游总花费越低，显然这与现实是不相符的。另外，表11-5中，前四个自变量的VIF方差膨胀因子的数值均大于10，说明自变量与其他自变量存在多重共线性。

表11-4 多元回归方差分析表[a]

Model		Sum of Squares	df	Mean Square	F	Sig.
1	Regression	7 427 231 426	5	1 485 446 285	4 668.410	0.000[b]
	Residual	6 682 012.286	21	318 191.061		
	Total	7 433 913 438	26			

a. Dependent Variable：国内旅游总花费。
b. Predictors：(Constant)、公路里程、国内游客总数、城镇居民国内旅游人均花费、铁路营业里程、农村居民国内旅游人均花费。

表11-5 多元回归系数表[a]

Model		Unstandardized Coefficients		Standardized Coefficients	t	Sig.	Collinearity Statistics	
		B	Std. Error	Beta			Tolerance	VIF
1	(Constant)	-4 295.429	1 436.140		-2.991	0.007		
	国内游客总数	10.965	0.223	1.077	49.202	0.000	0.089	11.200
	城镇居民国内旅游人均花费	-2.327	2.086	-0.025	-1.116	0.277	0.087	11.511
	农村居民国内旅游人均花费	4.192	2.456	0.046	1.707	0.103	0.058	17.181
	铁路营业里程	404.158	153.609	0.063	2.631	0.016	0.075	13.316
	公路里程	-21.488	2.363	-0.188	-9.095	0.000	0.100	9.961

a. Dependent Variable：国内旅游总花费。

表11-6给出了共线性诊断的结果，在表中的"Eigenvalue"特征值栏中，有四个特征值分别为0.030、0.014、0.008和0.002，非常接近于0；并且对应的四个"Condition Index"条件索引值分别为13.829、20.163、26.425和54.555，数值都很大，后三个条件索引值都大于15，说明这三个变量之间可能存在共线性，最后一个条件索引值大于30，说明一定存在共线性。

表 11-6 共线性诊断

Model	Dimension	Eigenvalue	Condition Index	Variance Proportions					
				(Constant)	国内游客总数	城镇居民国内旅游人均花费	农村居民国内旅游人均花费	铁路营业里程	公路里程
1	1	5.695	1.000	0.00	0.00	0.00	0.00	0.00	0.00
	2	0.251	4.766	0.01	0.05	0.00	0.01	0.00	0.00
	3	0.030	13.829	0.02	0.23	0.00	0.00	0.00	0.40
	4	0.014	20.163	0.00	0.54	0.00	0.66	0.00	0.10
	5	0.008	26.425	0.00	0.05	0.19	0.02	0.41	0.03
	6	0.002	54.555	0.97	0.13	0.81	0.32	0.58	0.47

a. Dependent Variable：国内旅游总花费。

以上的回归结果都表明存在多重共线性，现采用逐步回归法对多重共线性问题进行处理。

第五步：在"Method"下拉菜单中选择"Backward"，使用向后剔除法进行逐步回归分析，如图 11-13 所示。

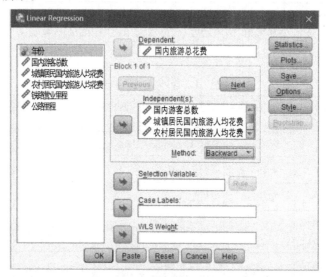

图 11-13 向后剔除法多元回归的"Linear Regression"对话框

第六步：点击"OK"，输出的部分回归结果如表 11-7～表 11-9 所示。

表 11-7 模型汇总表

Model	R	R Square	Adjusted R Square	Std. Error of the Estimate
1	1.000[a]	0.999	0.999	564.084 27
2	1.000[b]	0.999	0.999	567.208 51
3	0.999[c]	0.999	0.999	576.859 57

a. Predictors：(Constant)、公路里程、国内游客总数、城镇居民国内旅游人均花费、铁路营业里程、农村居民国内旅游人均花费。
b. Predictors：(Constant)、公路里程、国内游客总数、铁路营业里程、农村居民国内旅游人均花费。
c. Predictors：(Constant)、公路里程、国内游客总数、铁路营业里程。

表 11-8　向后剔除法多元回归的方差分析表[a]

Model		Sum of Squares	df	Mean Square	F	Sig.
1	Regression	7 427 231 426	5	1 485 446 285	4 668.410	0.000[b]
	Residual	6 682 012.286	21	318 191.061		
	Total	7 433 913 438	26			
2	Regression	7 426 835 477	4	1 856 708 869	5 771.096	0.000[c]
	Residual	7 077 960.985	22	321 725.499		
	Total	7 433 913 438	26			
3	Regression	7 426 259 798	3	2 475 419 933	7 438.899	0.000[d]
	Residual	7 653 640.181	23	332 766.964		
	Total	7 433 913 438	26			

a. Dependent Variable：国内旅游总花费。
b. Predictors：(Constant)、公路里程、国内游客总数、城镇居民国内旅游人均花费、铁路营业里程、农村居民国内旅游人均花费。
c. Predictors：(Constant)、公路里程、国内游客总数、铁路营业里程、农村居民国内旅游人均花费。
d. Predictors：(Constant)、公路里程、国内游客总数、铁路营业里程。

表 11-9　多元线性回归的回归系数表[a]

Model		Unstandardized Cofficients		Standardized Coefficients	t	Sig.	Collinearity Statistics	
		B	Std. Error	Beta			Tolerance	VIF
1	(Constant)	−4 295.429	1 436.140		−2.991	0.007		
	国内游客总数	10.965	0.223	1.077	49.202	0.000	0.089	11.200
	城镇居民国内旅游人均花费	−2.327	2.086	−0.025	−1.116	0.277	0.087	11.511
	农村居民国内旅游人均花费	4.192	2.456	0.046	1.707	0.103	0.058	17.181
	铁路营业里程	404.158	153.609	0.063	2.631	0.016	0.075	13.316
	公路里程	−21.488	2.363	−0.188	−9.095	0.000	0.100	9.961
2	(Constant)	−5 682.949	721.866		−7.873	0.000		
	国内游客总数	10.908	0.218	1.072	50.018	0.000	0.094	10.607
	农村居民国内旅游人均花费	2.937	2.196	0.032	1.338	0.195	0.074	13.580
	铁路营业里程	474.192	140.970	0.074	3.364	0.003	0.090	11.092
	公路里程	−23.248	1.769	−0.203	−13.142	0.000	0.181	5.523
3	(Constant)	−5 907.724	713.981		−8.274	0.000		
	国内游客总数	11.058	0.190	1.086	58.145	0.000	0.128	7.799
	铁路营业里程	545.587	132.696	0.085	4.112	0.000	0.105	9.502
	公路里程	−22.517	1.711	−0.197	−13.159	0.000	0.200	4.996

a. Dependent Variable：国内旅游总花费。

向后剔除法的结果显示,经过向后逐步回归分析,依次剔除了城镇居民国内旅游人均花费、农村居民国内旅游人均花费两个变量。在最终的回归模型中,仅保留了国内游客总数、铁路营业里程和公路里程三个变量,并且回归系数都达到了统计上的显著性,它们的VIF值都小于10,表明已经消除了多重共线性的影响。

练 习 题

1. 简述多重共线性带来的后果、诊断方法及补救措施。
2. 简述异方差带来的后果、诊断方法及补救措施。
3. 简述自相关的诊断方法及补救措施。

第 12 章

时间序列分析

时间序列就是按照时间顺序记录下来随机事件变化发展过程的一列有序数据。对时间序列进行观察、研究,寻找时间序列数据发展变化的规律,预测未来的走势,就是时间序列分析。时间序列分析法作为一种常用的预测手段被广泛应用。最早的时间序列分析出现在古埃及,当地人为了发展农业生产,将尼罗河涨落的情况逐天记录下来,构成了时间序列。古埃及人通过对时间序列进行观察,发现在天狼星与太阳同时升起后,过 200 天左右,尼罗河就会开始持续 70~80 天的泛滥。在洪水过后,土地十分肥沃,播种就会有较好的收成。这就是时间序列分析应用的一个较好的例子。当前,时间序列分析常用在国民经济宏观控制、区域综合发展规划、企业经营管理等方面。

12.1 时间序列分析概述

1. 时间序列的定义

在调查研究中,一个随机事件的时间序列是按照时间顺序排列的一组随机变量:

$$X_1, X_2, \cdots, X_t, \cdots$$

我们将观测到的这组随机变量的有序取值用 $x_1, x_2, \cdots, x_t, \cdots$ 表示,那么其序列长度为 n 的观测值序列就是 $x_1, x_2, \cdots, x_n$,记作 $\{x_t, t=1,2,\cdots,n\}$。在我们的日常生活中,有很多时间序列数据。如我们把 2001 年到 2020 年的婴儿出生率按照时间顺序记录下来,就形成了一个序列长度为 20 的婴儿出生率时间序列。再比如,记录贵州茅台股票一个交易日内每 5 分钟的成交量,就形成了一个时间序列。我们用随机事件序列的时间观测值序列来研究随机事件序列的性质。

2. 时间序列的分类

时间序列(time series)是同一现象在不同时间上的相继观测值排列而成的序列。由于观测时间的不同,时间间隔可以是时、日、月、季、年等。编制时间序列的注意事项是保证数列中数据的可比性,也就是说自始至终要保持时间序列中的数据在时间间隔、总体范围、计算方法和数据内涵四个方面的一致性。

时间序列分为平稳序列（stationary series）和非平稳序列（non-stationary series）两类。通常不满足平稳序列条件的时间序列，就是非平稳时间序列。

实际上，自然界中大部分时间序列都会因为确定性的因素或者随机性的因素而成为非平稳时间序列。确定因素导致的非平稳序列往往会显示出明显的规律性。

3. 非平稳时间序列

我们主要研究确定因素导致的非平稳时间序列。不同的时间序列千变万化，但是这些变化可以归结为以下几个方面的综合影响：

(1) 长期趋势（trend）是时间序列在长期呈现出来的某种持续上升或持续下降的变动。时间序列中的趋势可以是线性的，也可以是非线性的。

(2) 循环波动（cyclical fluctuation）是时间序列中呈现出来的围绕长期趋势的一种波浪形或振荡式变动，也称周期性（cyclicity）。循环波动通常无固定规律，变动周期通常在一年以上，长短不一，一般由经济环境的变化所引起。

(3) 季节性（seasonality）变化是时间序列在一年内重复出现的周期性波动，也称季节波动（seasonal fluctuation）。

(4) 偶然因素也会导致时间序列呈现出随机性波动。时间序列中剔除趋势、季节和周期性之后的偶然性波动称为随机性（randomness），也称不规则波动（irregular fluctuation）。

12.2 非平稳时间序列分析方法

非平稳时间序列分析的基本步骤为：先绘制序列的散点图；再检验散点图是否存在季节效应，如果存在季节效应，确定季节性的长度并剔除这个波动；然后确定时间与分析变量之间是否存在某种关系，并拟合回归模型估计时间与分析变量之间的关系；最后根据回归方程进行预测。

12.2.1 仅有趋势项时间序列的分析

1. 线性趋势分析

如果时间序列存在长期趋势并且长期趋势呈现出线性的特征，那么我们可以使用线性方程对其进行拟合。

例12.1 表12-1给出了2002—2021年全国居民人均消费支出，假定未来几年人均消费支出的趋势不变，请根据这20年的数据对接下来5年的人均消费支出进行预测。

表 12-1　2002—2021 年全国居民人均消费支出

年份	人均消费支出/元
2002	3 548
2003	3 889
2004	4 395
2005	5 035
2006	5 634
2007	6 592
2008	7 548
2009	8 377
2010	9 378
2011	10 820
2012	12 054
2013	13 220
2014	14 491
2015	15 712
2016	17 111
2017	18 322
2018	19 853
2019	21 559
2020	21 210
2021	24 100

数据来源：国家统计局。

第一步：绘制散点图。将年份视作自变量，全国居民人均消费支出视作因变量绘制散点图，如图 12-1 所示。

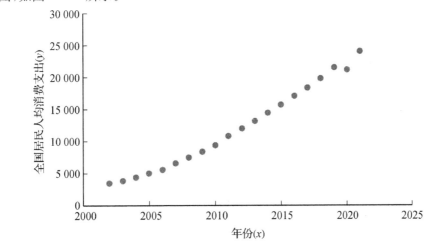

图 12-1　2002—2021 年全国居民人均消费支出散点图

第二步:通过散点图可以看出,数据不存在短期波动。

第三步:如果数据存在季节效应,那么有必要消除季节效应的影响(因为该数据不存在季节效应,所以跳过这一步骤)。

第四步:确定变量是否有关。从图12-1中以看出,年份与全国居民人均消费支出存在正线性关系。

第五步:利用线性回归估计年份与全国居民人均消费支出之间的函数关系。把2002年记为1,2003年记为2,以此类推。重新计数后,得到数据集如表12-2所示。

表12-2 用虚拟变量表示年份的2002—2021年全国居民人均消费支出　　　　单位:元

x	y
1	3 548
2	3 889
3	4 395
4	5 035
5	5 634
6	6 592
7	7 548
8	8 377
9	9 378
10	10 820
11	12 054
12	13 220
13	14 491
14	15 712
15	17 111
16	18 322
17	19 853
18	21 559
19	21 210
20	24 100

进行线性回归得到的回归方程为 $\hat{y}=539.063+1\,105.08x$,$R^2=0.983$,$s_e=878.674\,3$,$\bar{x}=10.5$,$s_x=5.92$,自由度为 $n-2=18$(即样本容量减去待估计的参数的个数),显著性水平为 $\alpha=0.05$ 的 t 临界值为 $t_{0.025}(18)=2.101$,回归方程拟合较好。

根据估计的标准误差与到 x 均值的距离的修正项,研究人员得到该估计95%置信水平下的置信区间:

$$\left(\hat{y} \pm t_{0.025}(18) \cdot s_e \cdot \sqrt{1+\frac{1}{n}+\frac{(x_0-\bar{x})^2}{(n-1)s_x^2}}\right)$$

2022年的全国居民人均消费支出的预测值为 $\hat{y}=539.063+1\,105.08\times21=23\,745.743$；代入数据可得到预测值的置信区间：

$$\left(23\,745.743\pm2.101\times878.674\,3\times\sqrt{1+\frac{1}{20}+\frac{(21-10.5)^2}{(20-1)\times5.92^2}}\right)$$

则2022年的全国居民人均消费支出预测值的置信区间为(21 710.37,25 781.12)。

同理可以计算得：

2023年的全国居民人均消费支出的预测值为 $\hat{y}=539.063+1\,105.08\times22=24\,850.823$；置信区间为(22 815.45,26 886.20)。

2024年的全国居民人均消费支出的预测值为 $\hat{y}=539.063+1\,105.08\times23=25\,955.903$；置信区间为(23 920.53,27 991.28)。

在用回归方程进行预测时，我们一般要求自变量的取值要在样本的取值范围里。只有当可以从逻辑上假定未来与过去极度相似时，才能以较高的置信度进行预测。

2. 曲线趋势分析

如果长期趋势呈现出非线性的特征，那么可以用曲线进行拟合。对曲线进行拟合遵循一个原则：能通过变换把原模型转换为线性模型的，都转换成线性模型用线性最小二乘法进行估计；不能通过变换把原模型转换成线性模型的，采用迭代法进行参数估计。常见的曲线模型如表12-3所示。

表12-3 曲线趋势拟合方法

模型	变换	参数估计方法
二次型：$T_t=a+bt+ct^2$	令 $t_2=t^2$，使得模型转化为 $T_t=a+bt+ct_2$	线性最小二乘法
指数型：$T_t=ab^t$	两边同时取对数，令 $T_t'=\ln T_t$，$a'=\ln a$，$b'=\ln b$，使得模型转化为 $T_t'=a'+b't$	线性最小二乘法
修正指数型：$T_t=a+b^t$	无法转化为线性模型	迭代法
Gompertz型：$T_t=e^{a+bc^t}$		
Logistic型：$T_t=\dfrac{1}{a+bc^t}$		

例12.2 表12-4给出了2002—2021年的专利授权数，假定未来几年专利授权的趋势不变，请根据这20年的数据对接下来5年的专利授权情况进行预测。

表12-4 2002—2021年专利授权数

年份	专利授权数/项
2002	132 399
2003	182 226

续表

年份	专利授权数/项
2004	190 238
2005	214 003
2006	268 002
2007	351 782
2008	411 982
2009	581 992
2010	814 825
2011	960 513
2012	1 255 138
2013	1 313 000
2014	1 302 687
2015	1 718 192
2016	1 753 763
2017	1 836 434
2018	2 447 460
2019	2 591 607
2020	3 639 268
2021	4 601 000

数据来源：国家统计局。

将年份视作自变量，专利授权数视作因变量绘制散点图，如图 12-2 所示。

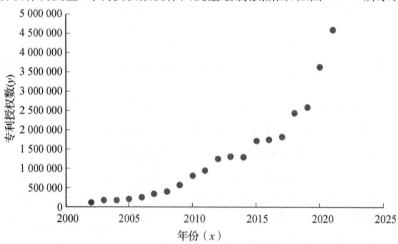

图 12-2　2002—2021 年专利授权数散点图

通过散点图可以看出数据不存在短期波动。现把2002年记为1,2003年记为2,以此类推,重新计数后,对数据建立一元线性回归模型,得回归方程为 $\hat{y}=-670\,110.911+190\,327.282x$。

2022年专利授权数的预测值为 $\hat{y}=-670\,110.911+190\,327.282\times21\approx3\,326\,762$;
2023年专利授权数的预测值为 $\hat{y}=-670\,110.911+190\,327.282\times22\approx3\,517\,089$;
2024年专利授权数的预测值为 $\hat{y}=-670\,110.911+190\,327.282\times23\approx3\,707\,417$。

很显然,我们可以观察到2022年专利授权数的预测值比2021年专利授权数的实际值低了1 274 238。在时间序列的趋势不是线性的时候,预测的值通常是低估的。时间序列的趋势不一定是线性的,还有可能是非线性的,如指数型。从散点图中可以看出,该时间序列是指数型的。这种情况下我们的一般做法是对因变量进行取对数处理,如表12-5所示。

表 12-5　2002—2021 年专利授权数及其对数

序号(x)	专利授权数	专利授权数的对数(y)
1	132 399	11.793 58
2	182 226	12.113
3	190 238	12.156 03
4	214 003	12.273 75
5	268 002	12.498 75
6	351 782	12.770 77
7	411 982	12.928 73
8	581 992	13.274 21
9	814 825	13.610 73
10	960 513	13.775 22
11	1 255 138	14.042 76
12	1 313 000	14.087 83
13	1 302 687	14.079 94
14	1 718 192	14.356 78
15	1 753 763	14.377 27
16	1 836 434	14.423 34
17	2 447 460	14.710 56
18	2 591 607	14.767 79
19	3 639 268	15.107 29
20	4 601 000	15.341 78

对表 12-5 中的 x 和 y 进行线性回归,得到回归方程为 $\hat{y}=11.726+0.181x$。回归斜率为 0.181,先将回归斜率取反对数,结果为 $e^{0.181}\approx 1.198$;再将反对数减 1,结果就是专利授权数每年的增长率,即专利授权数每年的增长率为 19.8%。

表 12-6 给出了 2022 年至 2026 年专利授权数的预测值,将 y 值取反对数即可得到预测的专利授权数。

表 12-6 2022—2026 年专利授权数的预测

年份	x	y	预测的专利授权数/项
2022	21	15.527	5 537 203
2023	22	15.708	6 635 868
2024	23	15.889	7 952 525
2025	24	16.07	9 530 426
2026	25	16.251	11 421 407

2022 年专利授权数的预测值为 553.720 3 万项;2023 年专利授权数的预测值为 663.586 8 万项;2024 年专利授权数的预测值为 795.252 5 万项。

3. 平滑法

之前介绍的内容都不存在短期随机波动,这一部分介绍当时间序列数据存在短期随机波动时,我们如何对其进行修匀。平滑法是进行预测时对短期随机波动进行修匀的方法。

例 12.3 我国 2014—2019 年的进出口当期总额月度数据如表 12-7 所示。

表 12-7 2014—2019 年的进出口当期总额月度数据

时间	编号	进出口当期总额/亿美元
2014 年 1 月	1	3 823.949 44
2014 年 2 月	2	2 511.761 82
2014 年 3 月	3	3 325.126 81
2014 年 4 月	4	3 586.285 25
2014 年 5 月	5	3 550.241 1
2014 年 6 月	6	3 420.123 78
2014 年 7 月	7	3 784.815 75
2014 年 8 月	8	3 670.952 51
2014 年 9 月	9	3 964.115 7
2014 年 10 月	10	3 683.279 43
2014 年 11 月	11	3 688.489 6
2014 年 12 月	12	4 054.132 12

续表

时间	编号	进出口当期总额/亿美元
2015 年 1 月	13	3 404.841 85
2015 年 2 月	14	2 777.620 96
2015 年 3 月	15	2 860.558 98
2015 年 4 月	16	3 185.271 52
2015 年 5 月	17	3 212.477 14
2015 年 6 月	18	3 374.121 04
2015 年 7 月	19	3 471.680 95
2015 年 8 月	20	3 334.967 75
2015 年 9 月	21	3 507.673 03
2015 年 10 月	22	3 231.481 87
2015 年 11 月	23	3 391.816 36
2015 年 12 月	24	3 879.778 4
2016 年 1 月	25	2 910.845 68
2016 年 2 月	26	2 196.970 06
2016 年 3 月	27	2 917.697 33
2016 年 4 月	28	2 999.580 11
2016 年 5 月	29	3 121.432 22
2016 年 6 月	30	3 124.590 54
2016 年 7 月	31	3 150.568 73
2016 年 8 月	32	3 291.353 39
2016 年 9 月	33	3 270.183 66
2016 年 10 月	34	3 069.696 7
2016 年 11 月	35	3 428.632 37
2016 年 12 月	36	3 780.165 88
2017 年 1 月	37	3 141.617
2017 年 2 月	38	2 493.056
2017 年 3 月	39	3 372.849
2017 年 4 月	40	3 219.44
2017 年 5 月	41	3 412.343
2017 年 6 月	42	3 504.292
2017 年 7 月	43	3 404.774
2017 年 8 月	44	3 567.656

续表

时间	编号	进出口当期总额/亿美元
2017年9月	45	3 678.57
2017年10月	46	3 397.744
2017年11月	47	3 945.5
2017年12月	48	4 089.081
2018年1月	49	3 806.337
2018年2月	50	3 094.812
2018年3月	51	3 532.257
2018年4月	52	3 716.885
2018年5月	53	4 008.171
2018年6月	54	3 917.244
2018年7月	55	4 030.81
2018年8月	56	4 068.58
2018年9月	57	4 216.713
2018年10月	58	4 005.504
2018年11月	59	4 101.86
2018年12月	60	3 854.427
2019年1月	61	3 959.764
2019年2月	62	2 663.202
2019年3月	63	3 646.402
2019年4月	64	3 731.29
2019年5月	65	3 860.33
2019年6月	66	3 746.957
2019年7月	67	3 984.945
2019年8月	68	3 947.458
2019年9月	69	3 965.979
2019年10月	70	3 828.142
2019年11月	71	4 047.484
2019年12月	72	4 293.248

数据来源：国家统计局。

根据月份编号和进出口当期总额绘制散点图得图12-3。

显然，散点图呈现出了周期性波动，周期为12个月。观察可发现，编号为2、14、26、38、50、62对应的月份进出口当期总额达到极小值。也就是说每年2月进出口当期总额都是当年最低。短期波动，使得长期趋势不是很明显，因此需要对短期波动进行剔除。

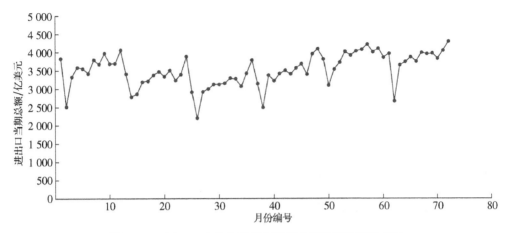

图 12-3　2014—2019 年进出口当期总额月度数据散点图

剔除短期波动,我们一般使用移动平均法(moving average)。移动平均法是通过对时间序列逐期递移求得平均数并将其作为预测值的一种预测方法,主要分为简单移动平均法(simple moving average)和加权移动平均法(weighted moving average)。这里介绍简单移动平均法。

使用简单移动平均法需要先确定移动间隔 k。如果 $k=2p+1(p=0,1,\cdots)$,那么移动平均法是对原始序列 t 处的值用自身及其前 p 项和后 p 项值进行了平均,称为奇数项的中心化移动平均,移动平均后,序列减少了前 p 项和后 p 项;如果 $k=2p$,那么在进行 k 项移动平均之后,还需要进行一次 2 项移动平均,这样,前后就都减少了 p 项。

设 $X_t=\{x_1,x_2,\cdots,x_{n-1},x_n\}$ 是时长为 n 的时间序列,移动平均后的序列记为 $M(X_t)$,则原始序列 X_t 的 k 项移动平均的计算公式为:

$$M(X_t)=\sum_{k=-p}^{p}X_{t+k}\Big/k \tag{12.1}$$

其中,$t=p+1,p+2,\cdots,n-p$。

注意,进行移动平均后的新序列在一定程度上剔除了周期波动,修匀了原始序列,突显了序列在长时间范围内的趋势变动状况。对于简单移动平均法,最重要的是确定移动间隔 k。同一个时间序列采用不同的移动间隔 k 得到的结果也不同。移动平均的项数越大,剔除不规则等因素的效果越好,然而这样序列长度的损失也会越大。实际应用中应该视研究需要而定,或选择使得均方误差最小的移动间隔 k。

本例题中的短期趋势的长度很明显,为 12 个月。于是,本题应该进行移动间隔为 12 的简单移动平均。计算过程如表 12-8 所示。

表 12-8　2014 年 1 月—2019 年 12 月我国进出口当期总额及其 12 项移动平均

时间	进出口当期总额/亿美元	12 项移动平均	2 项移动平均
2014 年 1 月	3 823.949 44		
2014 年 2 月	2 511.761 82		
2014 年 3 月	3 325.126 81		

续表

时间	进出口当期总额/亿美元	12项移动平均	2项移动平均
2014年4月	3 586.285 25		
2014年5月	3 550.241 1		
2014年6月	3 420.123 78		
2014年7月	3 784.815 75	3 588.606 11	3 571.143 293
2014年8月	3 670.952 51	3 553.680 48	3 564.757 941
2014年9月	3 964.115 7	3 575.835 41	3 556.478 412
2014年10月	3 683.279 43	3 537.121 42	3 520.412 514
2014年11月	3 688.489 6	3 503.703 61	3 489.630 11
2014年12月	4 054.132 12	3 475.556 61	3 473.639 831
2015年1月	3 404.841 85	3 471.723 05	3 458.675 767
2015年2月	2 777.620 96	3 445.628 48	3 431.629 118
2015年3月	2 860.558 98	3 417.629 75	3 398.611 309
2015年4月	3 185.271 52	3 379.592 86	3 360.767 966
2015年5月	3 212.477 14	3 341.943 07	3 329.581 683
2015年6月	3 374.121 04	3 317.220 3	3 309.955 559
2015年7月	3 471.680 95	3 302.690 82	3 282.107 647
2015年8月	3 334.967 75	3 261.524 47	3 237.330 686
2015年9月	3 507.673 03	3 213.136 9	3 215.517 663
2015年10月	3 231.481 87	3 217.898 43	3 210.161 285
2015年11月	3 391.816 36	3 202.424 14	3 198.630 605
2015年12月	3 879.778 4	3 194.837 07	3 184.439 963
2016年1月	2 910.845 68	3 174.042 86	3 160.663 183
2016年2月	2 196.970 06	3 147.283 51	3 145.466 242
2016年3月	2 917.697 33	3 143.648 98	3 133.753 586
2016年4月	2 999.580 11	3 123.858 2	3 117.117 147
2016年5月	3 121.432 22	3 110.376 1	3 111.910 099
2016年6月	3 124.590 54	3 113.444 1	3 109.293 578
2016年7月	3 150.568 73	3 105.143 06	3 114.758 51
2016年8月	3 291.353 39	3 124.373 96	3 136.710 884
2016年9月	3 270.183 66	3 149.047 8	3 168.012 466
2016年10月	3 069.696 7	3 186.977 13	3 196.137 958
2016年11月	3 428.632 37	3 205.298 79	3 217.420 072
2016年12月	3 780.165 88	3 229.541 36	3 245.362 261
2017年1月	3 141.617	3 261.183 17	3 271.775 071

续表

时间	进出口当期总额/亿美元	12 项移动平均	2 项移动平均
2017 年 2 月	2 493.056	3 282.366 98	3 293.879 584
2017 年 3 月	3 372.849	3 305.392 19	3 322.408 274
2017 年 4 月	3 219.44	3 339.424 36	3 353.093 001
2017 年 5 月	3 412.343	3 366.761 64	3 388.297 778
2017 年 6 月	3 504.292	3 409.833 91	3 422.705 356
2017 年 7 月	3 404.774	3 435.576 8	3 463.273 504
2017 年 8 月	3 567.656	3 490.970 21	3 516.043 361
2017 年 9 月	3 678.57	3 541.116 51	3 547.758 523
2017 年 10 月	3 397.744	3 554.400 53	3 575.127 407
2017 年 11 月	3 945.5	3 595.854 28	3 620.680 448
2017 年 12 月	4 089.081	3 645.506 61	3 662.712 941
2018 年 1 月	3 806.337	3 679.919 27	3 706.004 083
2018 年 2 月	3 094.812	3 732.088 9	3 752.960 729
2018 年 3 月	3 532.257	3 773.832 56	3 796.255 178
2018 年 4 月	3 716.885	3 818.677 8	3 844.001 123
2018 年 5 月	4 008.171	3 869.344 5	3 875.839 486
2018 年 6 月	3 917.244	3 882.354 52	3 872.577 29
2018 年 7 月	4 030.81	3 862.800 06	3 869.192 842
2018 年 8 月	4 068.58	3 875.585 63	3 857.601 875
2018 年 9 月	4 216.713	3 839.618 12	3 844.374 129
2018 年 10 月	4 005.504	3 849.130 14	3 849.730 336
2018 年 11 月	4 101.86	3 850.330 54	3 844.170 488
2018 年 12 月	3 854.427	3 838.010 44	3 830.915 123
2019 年 1 月	3 959.764	3 823.819 81	3 821.908 784
2019 年 2 月	2 663.202	3 819.997 76	3 814.951 01
2019 年 3 月	3 646.402	3 809.904 26	3 799.457 05
2019 年 4 月	3 731.29	3 789.009 84	3 781.619 745
2019 年 5 月	3 860.33	3 774.229 65	3 771.963 983
2019 年 6 月	3 746.957	3 769.698 33	3 787.982 542
2019 年 7 月	3 984.945	3 806.266 77	
2019 年 8 月	3 947.458		
2019 年 9 月	3 965.979		
2019 年 10 月	3 828.142		
2019 年 11 月	4 047.484		
2019 年 12 月	4 293.248		

绘制时间序列数据移动平均后的折线图如图12-4所示。由图可见,2014—2019这6年,我国的进出口当期总额经历了一个先下降后上升再下降的过程。

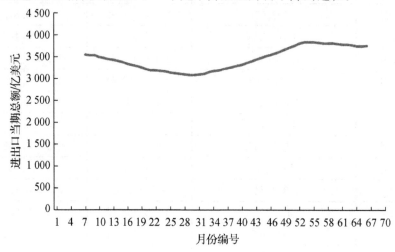

图12-4 进出口当期月度总额序列移动平均效果图

12.2.2 有季节效应的时间序列的处理

实际生活中,我们会遇到很多带有季节效应的时间序列。例如一年四季的气温、全国全年菠萝产量、全国分月货运量等。这些时间序列呈现出固定的周期变化,我们把这些时间序列的周期变化称为季节效应。季节效应的时间范畴指的不只是季度,可以是月度,也可以是年度等,只要时间序列的周期变化是固定的,就可以称之为季节效应。

如果我们需要对具有季节效应的时间序列进行预测分析,那么我们需要计算其季节指数,消去其季节效应后再进行分析。

季节指数的计算步骤如下:

第一步:计算移动平均值。

季度数据采用4项移动平均,月份数据采用12项移动平均。将其结果进行中心化处理。中心化处理就是将移动平均的结果再进行一次2项移动平均,即得出"中心化移动平均值"。

第二步:计算移动平均的比值,即季节比率。

将序列的各观测值除以相应的中心化移动平均值,得到季节比率。

第三步:计算季节指数。

将季节比率按照季度(或月份)计算得到平均值,就是季节指数。

第四步:季节指数调整。

各季节指数的平均数应等于1或100%,若根据第二步计算得到的季节比率的平均值不等于1时,则需要进行调整。具体方法是:将第二步计算得到的每个季节比率的平均值除以它们的总平均值。

若季节指数大于1,则说明该季度的值高于总平均值;若季节指数小于1,则说明该季度的值低于总平均值。

例12.3中,2014—2019年的分月进出口总额时间序列就是具有季节效应的时间序列。例12.3已经计算出了中心化移动平均值,接下来将各观测值除以中心化移动平均值,得到2014年7月至2019年6月的季节比率,对每个月份的季节比率求均值,得到季节指数(表12-9)。因为各月份季节指数的平均值为1,所以不需要对季节指数进行调整。

表12-9 进出口当期总额季节指数

月份	年份						季节指数
	2014	2015	2016	2017	2018	2019	
1		0.984	0.921	0.960	1.027	1.036	0.986
2		0.809	0.698	0.757	0.825	0.698	0.757
3		0.842	0.931	1.015	0.930	0.960	0.936
4		0.948	0.962	0.960	0.967	0.987	0.965
5		0.965	1.003	1.007	1.034	1.023	1.007
6		1.019	1.005	1.024	1.012	0.989	1.010
7	1.060	1.058	1.011	0.983	1.042		1.031
8	1.030	1.030	1.049	1.015	1.055		1.036
9	1.115	1.091	1.032	1.037	1.097		1.074
10	1.046	1.007	0.960	0.950	1.040		1.001
11	1.057	1.060	1.066	1.090	1.067		1.068
12	1.167	1.218	1.165	1.116	1.006		1.135

画出各月份的季节指数,如图12-5所示。可以看出,2月的季节指数最低,说明2月是全年进出口当期总额最低的月份,12月的季节指数最高,说明12月是进出口当期总额最高的月份。

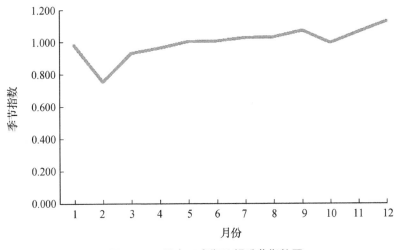

图12-5 进出口当期总额季节指数图

下面再来看一个例子,看看如何对具有季节效应的时间序列进行预测。

例 12.4 对 2015—2019 年全国分月货运量进行分析,预测 2020 年 1 月的货运量。根据 2015—2019 年全国分月货运量时间序列数据绘制的时序图如图 12-6 所示。

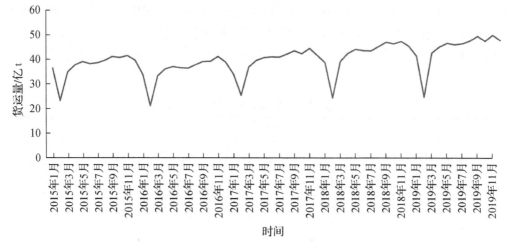

图 12-6 2015—2019 年全国分月货运量时序图

从时序图中能够明显地看出:全国分月货运量的变化呈现出一种周期性变化,周期的长度为 12 个月。货运量在不同年份的相同月份有相近的观测值。接下来我们计算其季节指数。

由于全国分月货运量呈现出以年为单位的变化,因此我们需要计算每个月的季节指数 $S_1, S_1, \cdots, S_{12}$。计算得出季节指数之后,我们要去除原始序列季节效应的影响,以便观察它的潜在趋势。

确定性的四个因素导致的非平稳时间序列的模型主要分为加法模型和乘法模型,一般认为如果季节效应与趋势效应没有关系,那么就用加法模型;如果季节效应与趋势效应有关系,那么就用乘法模型。这里我们选用乘法模型,认为 $x_t = T_t \times S_t \times I_t \times C_t$,其中 x_t 为第 t 期的值,T_t 为第 t 期的长期趋势值,S_t 为第 t 期的季节变动值,I_t 为第 t 期的不规则随机变动值,C_t 为第 t 期的循环变动值。

将原始观测值除以其季节指数,就去除了它的季节效应。

表 12-10 季节指数计算过程

时间	货运量/亿 t	12 步移动平均	2 步移动平均	季节比率	季节指数	调整后的货运量/亿 t
2015 年 1 月	36.408				0.932	39.064
2015 年 2 月	23.220				0.603	38.507
2015 年 3 月	34.799				0.950	36.631
2015 年 4 月	37.652				1.016	37.059
2015 年 5 月	38.947				1.045	37.270

续表

时间	货运量/亿t	12步移动平均	2步移动平均	季节比率	季节指数	调整后的货运量/亿t
2015年6月	38.109				1.033	36.892
2015年7月	38.472	37.469	37.358	1.030	1.026	37.497
2015年8月	39.466	37.246	37.155	1.062	1.058	37.302
2015年9月	41.025	37.065	36.997	1.109	1.094	37.5
2015年10月	40.630	36.929	36.860	1.102	1.077	37.725
2015年11月	41.359	36.790	36.706	1.127	1.110	37.260
2015年12月	39.548	36.623	36.558	1.082	1.050	37.665
2016年1月	33.721	36.492	36.402	0.926	0.932	36.181
2016年2月	21.050	36.312	36.239	0.581	0.603	34.909
2016年3月	33.173	36.166	36.082	0.919	0.950	34.919
2016年4月	35.980	35.997	35.933	1.001	1.016	35.413
2016年5月	36.943	35.869	35.858	1.030	1.045	35.352
2016年6月	36.540	35.846	35.814	1.020	1.033	35.373
2016年7月	36.306	35.782	35.790	1.014	1.026	35.386
2016年8月	37.720	35.798	35.979	1.048	1.058	35.652
2016年9月	39.000	36.160	36.313	1.074	1.094	35.649
2016年10月	39.086	36.465	36.610	1.068	1.077	36.292
2016年11月	41.090	36.754	36.906	1.113	1.110	37.018
2016年12月	38.772	37.058	37.240	1.041	1.050	36.926
2017年1月	33.916	37.422	37.610	0.902	0.932	36.391
2017年2月	25.392	37.798	37.978	0.669	0.603	42.109
2017年3月	36.838	38.158	38.341	0.961	0.950	38.777
2017年4月	39.449	38.524	38.655	1.021	1.016	38.828
2017年5月	40.589	38.785	38.920	1.043	1.045	38.841
2017年6月	40.907	39.055	39.173	1.044	1.033	39.600
2017年7月	40.822	39.290	39.487	1.034	1.026	39.788
2017年8月	42.031	39.683	39.643	1.060	1.058	39.727
2017年9月	43.399	39.603	39.700	1.093	1.094	39.670

续表

时间	货运量/亿t	12步移动平均	2步移动平均	季节比率	季节指数	调整后的货运量/亿t
2017年10月	42.219	39.796	39.917	1.058	1.077	39.201
2017年11月	44.39	40.038	40.181	1.103	1.110	39.936
2017年12月	41.590	40.34	40.432	1.029	1.050	39.610
2018年1月	38.635	40.540	40.645	0.951	0.932	41.454
2018年2月	24.427	40.750	40.877	0.598	0.603	40.509
2018年3月	39.160	41.004	41.150	0.952	0.950	41.221
2018年4月	42.352	41.295	41.463	1.021	1.016	41.685
2018年5月	44.020	41.630	41.751	1.054	1.045	42.124
2018年6月	43.498	41.872	42.026	1.035	1.033	42.108
2018年7月	43.344	42.179	42.291	1.025	1.026	42.246
2018年8月	45.074	42.402	42.411	1.063	1.058	42.603
2018年9月	46.895	42.421	42.560	1.102	1.094	42.866
2018年10月	46.242	42.700	42.808	1.080	1.077	42.936
2018年11月	47.227	42.917	43.019	1.098	1.110	42.547
2018年12月	45.277	43.122	43.222	1.048	1.050	43.121
2019年1月	41.307	43.33	43.446	0.951	0.932	44.321
2019年2月	24.654	43.570	43.671	0.565	0.603	40.886
2019年3月	42.511	43.771	43.876	0.969	0.950	44.748
2019年4月	44.953	43.980	44.029	1.021	1.016	44.245
2019年5月	46.481	44.078	44.189	1.052	1.045	44.479
2019年6月	45.906	44.299	44.401	1.034	1.033	44.439
2019年7月	46.312	44.503			1.026	45.138
2019年8月	47.488				1.058	44.885
2019年9月	49.402				1.094	45.157
2019年10月	47.418				1.077	44.028
2019年11月	49.877				1.110	44.934
2019年12月	47.727				1.050	45.454

数据来源：国家统计局。

对去除了季节效应后的货运量序列绘制散点图,如图 12-7 所示。

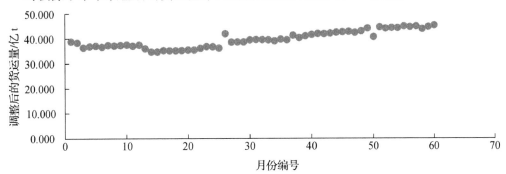

图 12-7 去除了季节效应后的货运量序列散点图

从图 12-7 中可以看出,去除季节效应后的货运量数据呈现出明显的趋势。接下来以月份编号为解释变量,调整后的货运量为被解释变量,拟合线性模型,结果如下:

$$\hat{y} = 34.796 + 0.165x$$

其中,$R^2 = 0.780$,$s_e = 1.544$,$s_\beta = 0.012$,回归系数的 t 值为 14.341,P 值为 $0.000 < 0.05$,通过了回归系数的显著性检验。对 2020 年 1 月的货运量进行预测得:

$$\hat{y} = 34.796 + 0.165 \times 61 = 44.861$$

要想得到真正的预测值,需要将根据回归方程得出的结果再乘对应的季节指数。即真正的 2020 年 1 月的货运量预测值为:

$$44.861 \times 0.932 \approx 41.810$$

12.2.3 二元预测

本小节介绍二元预测,在前面两节的分析中,自变量都是时间,而在二元预测中,自变量可以不是时间。

例 12.5 2002—2021 年研究与试验发展经费支出与发明专利授权数如表 12-11 所示。因为发明专利需要一定的资金支持,所以调查人员把经费支出与专利授权数量结合起来,以预测 2022 年的发明专利授权数。若研究与试验发展经费支出接下来每年以 10% 的速度增长,什么时候发明专利授权数能达到 100 万项?

表 12-11 2002—2021 年研究与试验发展经费支出与发明专利授权数

年份	研究与试验发展经费支出/亿元	发明专利授权数/项
2002	1 287.64	21 473
2003	1 539.63	37 154
2004	1 966.33	49 360
2005	2 449.97	53 305

续表

年份	研究与试验发展经费支出/亿元	发明专利授权数/项
2006	3 003.1	57 786
2007	3 710.24	67 948
2008	4 616.02	93 706
2009	5 802.11	128 489
2010	7 063	135 110
2011	8 687	172 113
2012	10 298.41	217 105
2013	11 846.6	207 688
2014	13 015.63	233 228
2015	14 169.88	359 316
2016	15 676.75	404 208
2017	17 606.13	420 144
2018	19 677.93	432 147
2019	22 143.6	452 804
2020	24 393.11	530 127
2021	27 956.31	695 946

数据来源：国家统计局。

由于发明专利授权数和研究与试验发展经费支出高度相关，而预计研究与试验发展经费支出每年以10%的速度增长，因此可以对下一年研究经费的投入进行估计，从而估计出下一年发明专利授权数。

以研究与试验发展经费支出 x 为自变量，发明专利授权数 y 为因变量进行回归分析，结果如下：

$$\hat{y} = -14\,712.939 + 23.354x$$

其中，$R^2 = 0.973$，$s_e = 32\,921.45$，$s_\beta = 0.92$，$s_x = 8\,232.91$，$\bar{x} = 10\,840.85$，$t_{0.025}(18) = 2.101$。

回归方程拟合结果告诉我们，研究与试验发展经费支出与发明专利授权数有很强的相关关系。因为经费支出以10%的速度增长，所以2022年的预估经费支出为 $27\,864 \times (1+10\%) = 30\,650.4$。利用回归方程，对2022年的发明专利授权数进行估计：$\hat{y} = -14\,712.939 + 23.354 \times 30\,650.4 \approx 701\,097$，因此预估2022年的发明专利授权数为701 097项。

根据估计的标准误和到 x 均值的距离的修正项，研究人员得到该估计95%置信水平下的置信区间：

$$\left(\hat{y} \pm t_{0.025}(18) \cdot s_e \cdot \sqrt{1+\frac{1}{n}+\frac{(x_0-\bar{x})^2}{(n-1)s_x^2}}\right)$$

代入数据得：

$$\left(701\,097 \pm 2.101 \times 32\,921.45 \times \sqrt{1+\frac{1}{20}+\frac{(30\,650.4-10\,840.85)^2}{(20-1) \times 8\,232.91^2}}\right)$$

解得置信水平为95%的置信区间为(620 590.97,781 603.03)。

按照经费支出每年10%的增速，2023年经费支出为33 715.44亿元，2024年经费支出为37 086.98亿元，2025年经费支出为40 795.68亿元，2026年经费支出为44 875.25亿元。倘若发明专利授权数要达到100万项，将 $\hat{y} = 1\,000\,000$ 代入方程，则计算得出需要经费支出43 449.21亿元。因此，认为2026年发明专利授权数将达到100万项。

2023年的发明专利授权数预测值为 $\hat{y} = -14\,712.939 + 23.354 \times 33\,715.44 \approx 772\,677$；95%置信水平下的置信区间为(692 170.97,853 183.03)。

2024年的发明专利授权数预测值为 $\hat{y} = -14\,712.939 + 23.354 \times 37\,086.98 \approx 851\,416$；95%置信水平下的置信区间为(770 909.97,931 922.03)。

2025年的发明专利授权数预测值为 $\hat{y} = -14\,712.939 + 23.354 \times 40\,795.68 \approx 938\,029$；95%置信水平下的置信区间为(857 522.97,1 018 535.03)。

由于预测时间离当前越远，预测的风险也就越大，因此预测不要太过超前。一旦研究与试验发展经费投入发生了变动，就要进行重新预测。

12.3 其他非平稳时间序列分析方法

12.3.1 短期效应

对于非平稳时间序列的分析，首先要识别一些基本模式，然后要对结果进行统计检验。一种常见的模式是短期效应。短期效应是指产出变量有一个瞬时变动，但是数据的基本趋势是不变的，如图12-8所示。

用图来判断政策影响较为容易，但是当图变得复杂时，图示判断法可能会造成误判。在实践过程中，我们通常利用多元回归对非平稳时间序列进行分析。下面我们通过一个例子来介绍这种方法。

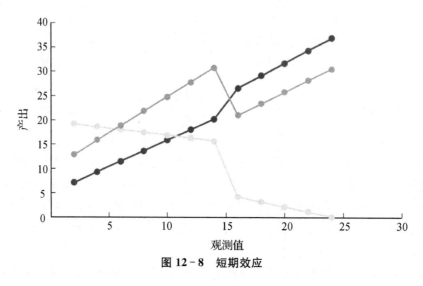

图 12-8 短期效应

例 12.6 2015 年我国遭遇了 11 次大范围雾霾过程,且集中在最后两个月,特别是 11 月 27 日到 12 月 1 日。这次雾霾,涉及了华北、山东、河南,具有强度强、范围广、强浓雾与严重霾混合、能见度持续偏低、影响大等特点,是 2015 年最严重的一次雾霾天气过程。大范围长时间的雾霾受到了全国各地的广泛关注。政府表示在污染控制方面投入巨资,加大力度推进大气污染防治工作。分析人员把 2015 年前后二氧化硫(雾霾主要成分之一)排放量的数据列在表 12-12 中。

表 12-12 2004—2020 年二氧化硫排放量

年份	二氧化硫排放量/万 t	时间	治理
2004	2 254.9	1	0
2005	2 549.4	2	0
2006	2 588.8	3	0
2007	2 468	4	0
2008	2 321	5	0
2009	2 214	6	0
2010	2 185	7	0
2011	2 217.91	8	0
2012	2 118	9	0
2013	2 043.9	10	0
2014	1 974.4	11	0
2015	1 859.1	12	0
2016	854.89	13	1

续表

年份	二氧化硫排放量/万 t	时间	治理
2017	610.84	14	1
2018	516.12	15	1
2019	457.29	16	1
2020	318.22	17	1

数据来源:国家统计局。

为了确定国家对空气污染的防治是否起了短期效应,建立了两个新的自变量:第一个自变量是时间变量,记 2004 年为 1,2005 年为 2,以此类推;第二个自变量被称为治理变量,是虚拟变量,政府实行有力度的政策投入大量资金治理记为 1,没有的话记为 0。把二氧化硫排放量作为因变量,时间 x_1 和治理 x_2 作为自变量进行回归分析,结果如下:

$$\hat{y}=2\,612.781-58.448x_1-1\,184.586x_2$$

其中: $R^2=0.983, s_{\beta_1}=9.32, s_{\beta_2}=100.228, s_e=115.307$。

对方程进行检验,回归系数 -58.448 表示在政府没有采取政策投入资金治理空气污染的情况下,每增加一年,二氧化硫排放量平均降低 58.448 万 t;回归系数 $-1\,184.586$ 表示政府出台措施治理后二氧化硫排放量平均降低 1 184.586 万 t。两个回归系数的 t 值均为 0.000,均通过了显著性水平 0.05 的显著性检验。

我们通常在政策出台前后不同时间点收集因变量的信息以检验政策的实行效果,不过需要控制其他因素的干扰。在时间序列分析中,可以运用前面所学的多元线性回归中的内容。非平稳时间序列只是因变量在时间序列上发生的某种改变。

12.3.2 长期效应

长期效应是指在大多数情况下,政策的下达需要经过较长的时间才能产生显著效果,这时预期变化是缓慢的,并不会像短期效应那样起到立竿见影的效果,如图 12-9 所示。

在长期效应中,直线的斜率发生了改变,这是与短期效应不同的地方。注意,短期效应与长期效应都是持久效应,并不是说短期效应的影响是暂时的,只是短期效应的作用时长更加短暂,能产生立竿见影的效果,而长期效应的作用较为缓慢。

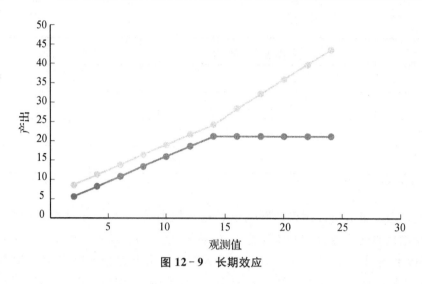

图 12-9 长期效应

例 12.7 某市 7 月实行某项政策想要扶持朝阳产业,该产业 1—12 月的月销售数据如表 12-13 所示。

表 12-13 1—12 月销量数据

月份	销量/万件	长期效应
1	9.3	0
2	11.1	0
3	12.4	0
4	14.3	0
5	15.7	0
6	17.1	0
7	21.4	1
8	25.5	2
9	28.9	3
10	32.8	4
11	37.9	5
12	42.7	6

为了确定政府对朝阳产业的扶持是否产生效果,建立了两个新的自变量:第一个自变量是月份变量;第二个自变量是长期效应变量,政府实行扶持政策对朝阳产业的长期影响记为计数变量(1,2,3,4,5,6),否则记为 0。把朝阳产业月销量作为因变量,月份 x_1 和长期效应 x_2 作为自变量进行回归分析,结果如下:

$$\hat{y}=7.995+1.517x_1+2.636x_2$$

其中：$R^2=0.999, s_{\beta_1}=0.094, s_{\beta_2}=0.153, s_e=0.217$。

对方程进行检验，回归系数 1.517 表示在政府没有采取政策扶持朝阳产业的情况下，每增加一月，月销量平均增加 1.517 万件；回归系数 2.636 表示随着政府出台措施扶持朝阳产业，月销量逐月再增加 2.636 万件，但这并不意味着月销量实际增加 2.636 万件。两个回归系数的 t 值均为 $0.000<0.05$，均通过了显著性水平为 0.05 的显著性检验。把这两个回归系数加起来的结果为 4.153，表示政策实施后销量实际每月平均增加 4.153 万件。

12.3.3 同时考虑短期效应和长期效应

在很多情况下，人们对公共政策如何影响个人与产出的理论认识并不充分。我们可能并不知道预期一项计划的变动会产生短期效应还是长期效应。或许，公共政策的发布既会产生长期效应，又会产生短期效应，也就是说，在很短的时间内政策产生了效果，并且还改变了趋势线的斜率，如图 12-10 所示。

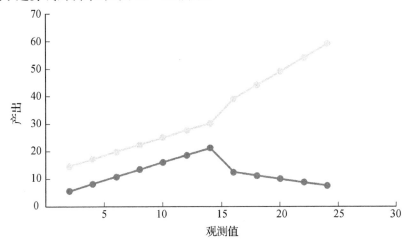

图 12-10 短期效应与长期效应结合

下面举个例子说明既有短期效应又有长期效应的非平稳时间序列分析。

例 12.8 某市 7 月实行某项政策想要打击盗版图书，1—12 月盗版图书的销售数据如表 12-14 所示。

表 12-14 1—12 月盗版图书销量数据

月份	销量/万本	短期效应	长期效应
1	11.2	0	0
2	13.6	0	0
3	16.7	0	0
4	19.3	0	0

续表

月份	销量/万本	短期效应	长期效应
5	21.5	0	0
6	24.5	0	0
7	18.9	1	1
8	19.2	1	2
9	20.4	1	3
10	20.7	1	4
11	21.4	1	5
12	22.1	1	6

为了确定政府对盗版图书的打击是否产生效果,建立了三个新的自变量:第一个自变量是月份变量;第二个自变量是短期效应变量,是虚拟变量,政府实行政策打击盗版图书记为 1,否则记为 0;第三个自变量是长期效应变量,政府实行政策打击盗版图书记为计数变量(1,2,3,4,5,6),否则记为 0。把盗版图书月销量作为因变量,月份 x_1、短期效应 x_2、长期效应 x_3 作为自变量进行回归分析,结果如下:

$$\hat{y}=8.52+2.651x_1-6.269x_2-1.997x_3$$

其中:$R^2=0.998, s_{\beta_1}=0.052, s_{\beta_2}=0.256, s_{\beta_3}=0.073, s_e=0.217$。

对方程进行检验,回归系数 2.651 表示在政府没有采取政策打击盗版图书的情况下,每增加一月,盗版图书月销量平均增加 2.651 万本;回归系数 -6.269 表示随着政府出台措施打击盗版图书,盗版图书的月销量瞬间降低 6.269 万本;回归系数 -1.997 表示,盗版图书的月销量平均再降低 1.997 万本。三个回归系数的 t 值均为 $0.000<0.05$,均通过了显著性水平为 0.05 的显著性检验。把这三个回归系数加起来的结果为 -5.615,表示政策实施后盗版图书的销量每月平均减少 5.615 万件。

12.3.4 脉冲效应

在某些情况下,政策只会产生短暂的暂时效应。这种暂时效应称为脉冲效应,如图 12-11 所示。

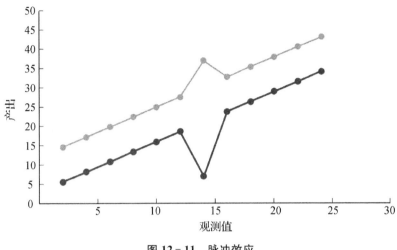

图 12-11 脉冲效应

例 12.9 某高校准备评选文明单位,其中一个评选指标就是校内卫生状况。该校加大力度改善校内卫生环境,并每月对卫生状况进行记录。校领导 7 月进行全校卫生检查,校内卫生改善以来 12 个月的卫生指数如表 12-15 所示。

表 12-15 1—12 月校内卫生指数

月份	卫生指数	脉冲效应
1	37.5	0
2	42.3	0
3	46.8	0
4	53.3	0
5	56	0
6	64.5	0
7	98.8	1
8	71.9	0
9	77.6	0
10	84.4	0
11	89	0
12	93.8	0

为了确定校领导 7 月进行卫生检查是否具有脉冲效应,建立了两个新的自变量:第一个自变量是月份变量;第二个自变量是脉冲变量,是虚拟变量,检查的月份记为 1,否则记为 0。把卫生指数作为因变量,月份 x_1 和脉冲效应 x_2 作为自变量进行回归分析,结果如下:

$$\hat{y} = 31.891 + 5.159x_1 + 30.795x_2$$

其中：$R^2=0.998, s_{\beta_1}=0.087, s_{\beta_2}=1.091, s_e=1.044$。

回归系数 30.795 表示 7 月的卫生指数比简单趋势预测的值高 30.795。回归系数的 t 值为 $0.000<0.05$，通过了显著性水平为 0.05 的显著性检验。

一般来说，检验一项计划的时候，应当根据理论决定是否寻找短期效应、长期效应或脉冲效应。如果没有理论，那么可以先绘制散点图，根据图形猜测是否存在短期效应、长期效应或脉冲效应。如果还是无法判断，那么可以对短期效应、长期效应、脉冲效应都进行估计，只要发现一种效应不显著，就剔除，然后重新进行估计，直到模型中余下的所有效应都显著为止。

12.4 非平稳时间序列的应用

1. 利用数据表示计划波动

在本章所使用的非平稳时间序列分析模型中，自变量可以是趋势变量，可以是虚拟变量，也可以是计数变量。政策或者计划的改变与实施就可以量化为用数据来表示，不过虚拟变量相对来说比较笼统，研究人员通常用更好的测度来表示政策的变动，比如雾霾治理的过程中投入大量资金，就可以用投入的资金数额来代替虚拟变量或计数变量进行回归分析。这样对于投入资金变量的回归系数的含义就会有经济意义上的解释，回归结果也更加精确。

2. 控制其他变量

非平稳时间序列分析的一个优点是研究人员可以对可能影响因变量的其他因素进行控制，方法就是将影响因变量的因素作为自变量纳入模型中进行分析。

3. 应用中可能出现的问题

非平稳时间序列在应用过程中可能会出现滞后型的问题，具体表现为虚拟变量或滞后变量后移。虽然我们通常假设政策自其颁布之日起就发生效用，但是现实生活中这个假设可能不是在任何情况下都是合理的，因为政策的实施与普及需要时间。有时候法律在上一年颁布，却在下一年实施。在进行时间序列分析时，我们需要考量一个政策展现出显著影响的时间点。如果政策实施时间在年中，那么一般做法是把该年份编码为 1。如果无法确定政策产生效果的时间点，也可以尝试选取两年或是更多年份作为政策实施年份，来观察它们在模型中产生了怎样的影响。

应用过程中也要注意时间序列是否存在多重共线性、异方差性或自相关性等问题。这些问题的检验以及解决方法都在上一章中有过详细介绍，如果存在这些问题，那么应该尽量解决，不然分析结果的可靠性将大大降低。

练 习 题

一、简答题

1. 简述时间序列的分类。
2. 简述短期效应、长期效应和脉冲效应。
3. 简述对短期随机变动进行修匀的方法。

二、计算题

1. 表 12-16 给出了我国 2004—2020 年的城市绿地面积数据,请根据表中数据进行时间序列分析,预测 2021 年的城市绿地面积,并给出预测的置信水平为 95% 的置信区间。

表 12-16 2004—2020 年城市绿地面积

年份	城市绿地面积/万 hm^2
2004	132.19
2005	146.82
2006	132.12
2007	170.9
2008	174.75
2009	199.3
2010	213.43
2011	224.29
2012	236.78
2013	242.72
2014	252.8
2015	266.96
2016	278.61
2017	292.13
2018	304.71
2019	315.29
2020	331.22

数据来源:国家统计局。

2. 表 12-17 给出了我国 2004—2020 年的道路长度数据,假定未来几年道路修建的趋势不变,请根据表中的数据对接下来 5 年的道路长度进行预测,并预计哪一年我国道路长度可以达到 55 万 km。

表 12-17 2004—2020 年道路长度

年份	道路长度/万 km
2004	22.3
2005	24.7
2006	24.1
2007	24.6
2008	26
2009	26.9
2010	29.4
2011	30.9
2012	32.7
2013	33.6
2014	35.2
2015	36.5
2016	38.2
2017	39.8
2018	43.2
2019	45.9
2020	49.3

数据来源:国家统计局。

3. 研究人员认为某市罪犯人数与该市 18~40 岁青年的人口数量有关,于是收集了过去 30 年每年的罪犯人数和 18~40 岁青年人数,以青年人数为自变量,罪犯人数为因变量进行回归分析,得到的回归结果如下:

$$\hat{y} = -13 + 0.0008x$$

其中:$s_\beta = 0.000006, s_e = 19.8, R^2 = 0.94$。

(1) 预估下一年该市的 18~40 岁青年人口数量为 2 079 000,请预测罪犯人数。

(2) 根据该回归方程估计该市 18~40 岁青年人口数量达到多少时,预测的罪犯人数能达到 2 000 人。

4. 研究人员打算用卫生机构床位数(单位:万张)来衡量中国医疗发展的规模,记录了 2007—2021 年这 15 年的床位数。将 2007 年记为 1,2008 年记为 2,以此类推,得到估

计的回归方程如下:
$$\hat{y}=316.624+42.703x$$
其中:$s_\beta=0.487,s_e=8.15,R^2=0.998,\bar{x}=8,s_x=4.47,t_{0.025}(14)=2.14$。

(1) 请估计未来5年的卫生机构床位数,并给出置信水平为95%的置信区间;

(2) 预计哪一年卫生机构床位数能达到120万张?

5. 某市教育领域的投入经费大致以每年4%的速率增长,该市可以用线性回归模型对经费投入进行预测吗? 如果不可以,请给出预测方法。

6. 收集1990年以来30年间的交通死亡人数,将1990年记为1,1991年记为2,以此类推,以年份编号为自变量,交通死亡人数为因变量进行回归分析,估计的回归方程如下:
$$\hat{y}=1\,357+35.7x$$
其中:$s_\beta=1.8,s_e=22,R^2=0.98,\bar{x}=15.5,s_x=8.8,t_{0.025}(29)=2.05$。

请预测2020年、2021年、2022年这三年的交通死亡人数,并给出置信水平为95%的置信区间。

7. 某地禁毒大队收集到了1991—2010年因涉嫌毒品被抓的人数,为了解1998年通过的一项禁毒法案是否有效,将1991年记为1,1992年记为2,以此类推,建立一个关于时间的趋势变量;将法案颁布之后记为1,颁布之前记为0,建立短期效应变量;将法案颁布的年份记为1,以后每年增加1,法案颁布之前记为0,建立长期变量。以涉嫌毒品被抓的人数为因变量,趋势变量x_1、短期效应x_2和长期效应x_3为自变量建立如下回归方程:
$$\hat{y}=552.3-5.6x_1+62.69x_2+4.1x_3$$
其中:$R^2=0.998,s_{\beta_1}=0.91,s_{\beta_2}=16.9,s_{\beta_3}=1.4,s_e=33.7$。

请对回归系数进行解释。

8. 为了衡量一个国家的总体保健状况,采用1951—1989年美国的婴儿死亡率(每1 000个活产婴儿中死亡的婴儿数)作为因变量;将1951年记为1,1952年记为2,以此类推,建立一个关于时间的趋势变量,记为x_1;将联邦医疗救助计划的支出总额记为x_2;将妇女、婴儿、儿童的联邦医疗救助计划的支出总额记为x_3,建立如下回归方程:
$$\hat{y}=28.3-0.26x_1-0.001\,4x_2+0.002x_3$$
其中:$R^2=0.99,s_{\beta_1}=0.003\,65,s_{\beta_2}=0.000\,17,s_{\beta_3}=0.001\,1,s_e=0.12$。

请对回归系数进行解释。

第 13 章

线性概率模型

前面学习的回归模型,自变量(或解释变量)既可以是定量的也可以是定性的(或虚拟的),而因变量我们都假定是定量的。但是在很多实际问题中,经常出现因变量是定性变量(分类变量)的情况。例如,在日常生活或管理决策中经常会面临选择性问题,人们需要在多个方案中做出选择,或者面对一个建议时,我们是选择采纳还是放弃,面对一个问题时我们回答"是"或"不是"等,此时因变量是二分性质的定性变量。这种决策问题在现实生活中和管理实践中是经常出现的,因此讨论二分或多分因变量的定性选择模型在管理研究中非常重要。我们在做社会调查时,也经常会进行意愿调查和选择性调查,在处理调查数据时会用到定性因变量回归模型。

介绍因变量是定性的模型,目标是分析某事件发生的概率,所以也称这类模型为概率模型。主要包括线性概率模型(linear probability model,LPM),还有 Logistic 模型和 Probit 模型。本章主要介绍线性概率模型。

13.1 定性因变量回归模型的性质

本节介绍定性因变量回归模型的性质。例如,在研究大学生是否考研的决策问题时,因为一个大学生或者决定考研或者决定不考研,所以考研是一个"是"或者"否"的决策。这样,因变量只能取两个值,即如果这个大学生决定考研,那么取值 1;如果决定不考研,那么取值 0。换言之,因变量是一个二值或二分变量。一般来说,是否考研的决策是大学期间平时成绩、大学毕业生就业率等因素的函数。这种定性因变量的例子还有很多。例如,一个家庭或者拥有住房或者不拥有,农民对自己的宅基地愿意流转或者不愿意流转,某种药物在医治一种疾病中有效或者无效,等等。这种二元选择模型(binary choice model)假设人们面临两者选其一的选择。但是因变量不仅仅局限于二分类型,比如在对公司员工考核时,可能会给出优秀、合格、不合格三个结果;外出旅行时面临飞机、高铁、自驾三个选择;我们对某项服务的满意度,可以是满意、一般、不满意等。这里的因变量是三分变量,这就是多元选择模型。也就是说,不必将因变量仅仅限于"是""否"或二分类型,我们可以有一个多分因变量或多类型因变量。在介绍定性因变量回归模型时,我们先考虑二分因变量,再分析这个基本模型的各种扩展形式。

研究定性因变量回归模型的目的是确定具有给定特征的个体做这种选择而不做那种选择的概率。例如,在一个模型中,如果 Y 是定量的,那么我们的目标是给定自变量的值,估计因变量的期望值或均值。在介绍多元线性回归时,其中各个 X 是自变量,X 既有定量的,又有定性的,如果 Y 是定性的,在模型中,我们的目标是找出某事件发生的概率,比如拥有一套住房、愿意流转土地或参加一项运动等的概率。因此,我们通常也称这类模型为概率模型(probability model)。

首先介绍二值因变量回归模型。下面给出了三种二值因变量的概率模型:

第一种是线性概率模型,简称 LPM;

第二种是 Logit 模型,或 Logistic 模型;

第三种是 Probit 模型。

由于线性概率模型相对简单而且能用普通最小二乘法(OLS)进行估计,因此我们首先讨论线性概率模型。

13.2 线性概率模型

13.2.1 线性概率模型的概念

关于线性概率模型,先看如下回归模型:
$$Y_i = \beta_1 + \beta_2 X_i + u_i$$
其中 X 为家庭收入,是表示个体特征的变量。如果该家庭拥有住房,那么 $Y=1$;如果该家庭不拥有住房,那么 $Y=0$。u_i 为相互独立且均值为零的随机变量。

该模型把二分因变量 Y_i 表示为自变量 X_i 的函数,看似是一个典型的线性回归模型,但由于因变量是二值的,或二分的,因此这个模型被称为线性概率模型。因为 Y_i 在给定 X_i 下的条件期望 $E(Y_i|X_i)$ 可解释为在给定 X_i 下事件发生的条件概率(比如家庭拥有住房的概率),即给定 X_i 下 $Y_i=1$ 的概率,写成 $P\{Y_i=1|X_i\}$。

假定 $E(u_i)=0$,可以得到:
$$E(Y_i|X_i) = \beta_1 + \beta_2 X_i$$

令 P_i 表示 "$Y_i=1$" 即事件发生的概率,令 $1-P_i$ 表示 "$Y_i=0$" 即事件不发生的概率,则数学期望为:
$$E(Y_i|X_i) = 1 \times P_i + 0 \times (1-P_i) = P_i$$

在这个例子里,条件期望 $E(Y_i|X_i)$ 给出了一个家庭拥有自己的住房且其收入是某给定的数额 X_i 的概率,因此线性概率模型可以进一步写成:
$$E(Y_i|X_i) = \beta_1 + \beta_2 X_i = P_i$$

或
$$P_i = \beta_1 + \beta_2 X_i + u_i$$

因为概率 P_i 必须介于 0 和 1 之间，所以 Y_i 在给定 X_i 下的条件期望 $E(Y_i|X_i)$ 必须介于 0 和 1 之间，即
$$0 \leqslant E(Y_i|X_i) \leqslant 1$$

13.2.2 线性概率模型参数估计的注意事项

在模型参数估计时，普通最小二乘法似乎很容易就能扩展到二值因变量回归模型，但是对于线性概率模型需注意如下几个问题。

1. 模型不满足 $0 \leqslant E(Y_i|X_i) \leqslant 1$ 情形（即 Y_i 条件期望值不满足落在 [0,1] 区间的条件）

在设定线性概率回归模型时，我们并没有对自变量 X_i 的取值范围加以限定，对回归系数 β_i 和误差项 u_i 也没有限定，那么理论上 $E(Y_i|X_i)$ 可以在 $(-\infty, +\infty)$ 区间内任意取值。但事实上，$E(Y_i|X_i)$ 作为概率，其取值必须落在 [0,1] 区间上。如果我们采用线性概率模型，由于它是线性函数，随着自变量 X_i 取值的增大或减小，$E(Y_i|X_i)$ 的估计量 $\hat{Y}_i$ 将超过概率的合理取值范围，这显然是有问题的。有两种方法可以帮助我们弄清楚估计的 $\hat{Y}_i$ 是否介于 0 与 1 之间。一种方法是用 OLS 估计 LPM，看估计的 $\hat{Y}_i$ 是否介于 0 与 1 之间，如果有些 $\hat{Y}_i$ 小于 0（即是负的），那么取其为零；如果有些 $\hat{Y}_i$ 大于 1，那么取其为 1。另一种方法是设计一种估计方法，以保证所估计的条件概率 $\hat{Y}_i$ 必定落在 0 与 1 之间。

2. 非线性问题

我们可以用普通最小二乘法进行估计，但是，因为 P 的值一定在 [0,1] 区间上，而且当 P 接近于 0 或 1 时，自变量即使有很大变化，P 值也不可能变化很大，所以直接用普通最小二乘法进行估计不是很合适。从数学上来看，函数 P 对 X_i 的变化在 $P=1$ 或 $P=0$ 的附近是不敏感的、缓慢的，且非线性的程度较高，使用线性概率模型存在难以解决的问题。

3. 干扰项 u_i 的非正态性

大家都知道，线性回归模型要求干扰项服从均值为 0 的正态分布。在线性概率模型中，由于干扰项 u_i 和 Y_i 一样，只取两个值，因此 u_i 的正态性假定便不再成立。我们可以把线性概率回归方程写成如下形式：
$$u_i = Y_i - \beta_1 - \beta_2 X_i$$

其中 Y_i 只有两个值，1 或 0，显然我们不能再假定 u_i 服从正态分布。

因为普通最小二乘法的点估计值仍然保持无偏性，如果我们的目的是点估计，那么正态性假定就无关紧要。此外，当样本无限增大时，统计理论表明，OLS 估计量一般都趋于正态分布。因此，在大样本中，LPM 的统计推断仍可沿用正态性假定下常用的 OLS 程序，在这里 u_i 是否服从正态分布并不是很重要。

4. 干扰项 u_i 的异方差性

线性回归模型还要求干扰项 u_i 具有相同的方差,即同方差条件。根据误差项的分布以及方差的定义,可以证明 LPM 中干扰项 u_i 的方差等于 $P_i(1-P_i)$。由于 $P_i = E(Y_i|X_i) = \beta_1 + \beta_2 X_i$,因此 u_i 的方差最终依赖于 X_i 的值,即干扰项 u_i 的方差是自变量 X_i 的函数,在 X_i 取不同值时,就有不同的方差,即存在异方差。当出现异方差时,普通最小二乘法估计虽然是无偏的,却不是有效的,也就是说,它不再具有最小方差。

解决异方差的方法之一就是进行数据变换,将模型 $Y_i = \beta_1 + \beta_2 X_i + u_i$ 两边同时除以 u_i 的标准差,具体见表达式:

$$\sqrt{E(Y_i|X_i)[1-E(Y_i|X_i)]} = \sqrt{P_i(1-P_i)} = \sqrt{\omega_i}$$

从而将方程转换为:

$$\frac{Y_i}{\sqrt{\omega_i}} = \frac{\beta_1}{\sqrt{\omega_i}} + \beta_2 \frac{X_i}{\sqrt{\omega_i}} + \frac{u_i}{\sqrt{\omega_i}}$$

可以证明变换后的误差项是同方差的,因此就可以用 OLS 对方程进行估计,这就是以 ω_i 为权数的加权最小二乘法。

但是实践中,真实的 $E(Y_i|X_i)$ 是未知的,因此权重也是未知的,ω_i 也是未知的,为了估计出 ω_i,采取如下两个步骤:

第一步:暂时撇开异方差问题,对方程 $Y_i = \beta_1 + \beta_2 X_i + u_i$ 进行估计,得到真实的 $E(Y_i|X_i)$ 的估计值 $\hat{Y}_i$,再由此求出 ω_i 的估计值 $\hat{\omega}_i = \hat{Y}_i(1-\hat{Y}_i)$。

第二步:用估计的 ω_i 对方程 $\frac{Y_i}{\sqrt{\omega_i}} = \frac{\beta_1}{\sqrt{\omega_i}} + \beta_2 \frac{X_i}{\sqrt{\omega_i}} + \frac{u_i}{\sqrt{\omega_i}}$ 进行数据变换,并用 OLS 估计变换后的方程。

5. 拟合优度 R^2 的价值有限

我们常用拟合优度 R^2 的值评价模型的质量,在二分因变量回归模型中,R^2 的价值是有限的。对于给定的 X,Y 为 0 或 1。因此,所有的 Y 值必定要么落在 X 轴上,要么落在直线 $Y=1$ 上,如图 13-1 所示。

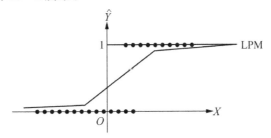

图 13-1 线性概率模型(1)

一般地说,不能期望有任何 LPM 能很好地拟合这样的散点,因此,对这样的模型,按惯例算出的 R^2 很可能比 1 小很多。在大多数实际应用中,R^2 都介于 0.2 与 0.6 之间。

对于这种模型,只有当实际的散点非常密集地分布在点 A 和点 B 周围时(图 13-2),

R^2 才会高,比方说高于 0.8,因为这时容易通过 A 和 B 两点把直线的位置固定下来。这时,预测的 Y 值将非常靠近于 0 或 1。

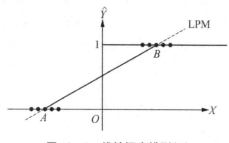

图 13-2 线性概率模型(2)

通过上面的介绍,对线性概率模型有了更多了解,我们会发现线性概率模型总是存在一些问题。

在有方便的计算机软件包用来估计 Logit 和 Probit 模型之前,线性概率模型由于它的简单性,曾相当广泛地被使用。当然正是由于我们了解了线性概率模型的局限性,我们才能够真正认识到 Logit 和 Probit 模型的优点,认识到 Logit 和 Probit 模型产生并被广泛使用的原因。这个问题我们后面会讨论到。

13.3 其他概率模型

线性概率模型总是存在这样那样的问题,比如 u_i 的非正态性、u_i 的异方差性、Y_i 落在[0,1]区间外,以及 R^2 值一般来说都比较低等。

但这些困难是可以克服的。例如,我们可以用加权最小二乘法解决异方差性问题或增大样本容量以减轻非正态性问题等。但即使这样做了,线性概率模型的根本问题在于,它在逻辑上不是一个很有吸引力的模型,因为它假定事件发生的概率 P_i 随 X 线性变动,即 X 的边际或临界效应一直保持不变。

例如,在住房所有权一例中,我们求出,X 每增加 1 个单位(即 1 万元),拥有住房的概率一律增加 10%,无论收入水平是 8 万元、10 万元、18 万元还是 22 万元,这显然是不现实的。事实上,人们预料 P_i 与 X_i 之间存在非线性关系,即收入很低的家庭将不会拥有一套住房,即便收入减少,对拥有住房的概率也影响不大;但收入充分高,比如说超过 X^* 的家庭很可能拥有自己的住房,超过 X^* 的任何收入增加将不会对拥有房子的概率有什么影响。因此,在收入分布的两端,X 的一个小小的增加或减小实质上不会影响拥有住房的概率。

因此,我们所需要的是具有如下二分性质的概率模型:

(1) 随着 X_i 增加,P_i,也就是 $Y_i=1$ 的概率 $P_i=E(Y_i=1|X_i)$ 也增加,但永远不超出(0,1)这个区间;

(2) P_i 和 X_i 之间的关系是非线性的,即随着 X_i 逐渐减小,估计概率趋于 0 的速度越来越慢,而随着 X_i 逐渐增大,估计概率趋于 1 的速度也越来越慢。

从几何上来看,我们所要的概率模型如图 13-3 所示。

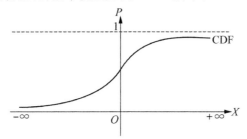

图 13-3　累积分布函数

在此模型中,概率位于 0 与 1 之间并且随着 X 的变大而非线性变化。

我们会发现图中的 S 形曲线很像一个随机变量的累积分布函数(cumulative distribution function,CDF)。因此,当回归模型中的因变量是取 0 和 1 的二分变量时,容易用累积分布函数建立回归模型。问题是用哪一个 CDF 呢?因为尽管所有的 CDF 都是 S 形的,但每个随机变量有唯一的 CDF。由于历史和实际两方面的原因,通常选择用以代表 0 和 1 因变量模型的 CDF 是 Logistic 和 Normal,前者给出 Logit 模型,而后者给出 Probit 或 Normit 模型。

练 习 题

1. 定性因变量回归模型具有哪些性质?
2. 用普通最小二乘法估计线性概率模型的参数,需要注意哪些问题?
3. 根据表 14-1"拥有住房(如果拥有住房 $Y=1$,否则 $Y=0$)以及收入 X 数据",进行线性回归分析,并根据回归模型估计收入水平为 22 万元的家庭拥有住房的概率,并对结果进行解释。

第 14 章

Logistic 回归模型

在管理学研究中,特别是对人们的意愿或决策进行社会调查时,经常会用 Logistic 回归模型分析属于分类因变量的调查数据,因为 Logistic 模型既能够将因变量转换为分类变量并预测其发生的概率,又能够成功解决线性概率模型存在的因变量概率值不能满足[0,1]取值区间、误差项异方差等问题。根据分类因变量取值的不同,可以把 Logistic 回归分为二元 Logistic 回归模型(binary logistic regression model)和多元 Logistic 回归模型(multinomial logistic regression model)。二元 Logistic 回归模型中因变量取两个值 1 和 0(虚拟因变量),多元 Logistic 回归模型中因变量可以取多个值。本教材主要介绍二元 Logistic 回归模型。

14.1 Logistic 回归模型原理

因变量取两个值,很多情况下表示一种决策或一种结果的两种可能性。例如,某个人是否拥有房子,受多种因素的影响,如家庭情况、工龄、收入情况等,但最终的可能性只有两个,要么拥有住房,要么没有住房。类似地,农户是否流转宅基地,可能受到农户是否在城镇就业、是否在城镇买房、农户的收入水平、农户的受教育程度等因素的影响,但结果也只有两个,要么流转,要么不流转。

我们把 $Y=1$ 定义为流转,$Y=0$ 定义为不流转,即:

$$Y=1 \quad 流转$$
$$Y=0 \quad 不流转$$

从模型的角度出发,不妨把事件发生的情况定义为 $Y=1$,事件未发生的情况定义为 $Y=0$。这样取值为 1、0 的因变量可以写为

$$Y=1 \quad 事件发生$$
$$Y=0 \quad 事件未发生$$

可以采取多种方法对取值为 1 和 0 的因变量进行分析。用 P 表示事件发生的概率(事件未发生的概率为 $1-P$),并把 P 看作是自变量 X_i 的函数,即:

$$P = P\{Y=1\} = F(b_i X_i) \quad i = 1, 2, 3, \cdots, k$$

不同的函数形式 $F(b_i X_i)$ 就有不同形式的模型,最简单的莫过于使 $F(b_i X_i)$ 为线性函数,即:

$$P = b_0 + b_1 X_1 + b_2 X_2 + b_3 X_3 + \cdots + b_k X_k$$

这是我们前面讨论过的线性概率模型,由于其存在难以解决的问题,因此我们需要寻求一个新的模型,使得 P 对 X_i 的变化在 $P=1$ 或 $P=0$ 的附近是不敏感的、缓慢的,且具有较高的非线性,由此引入 Logistic 概率函数。

我们用住房所有权的例子来说明 Logit 模型的基本思想。回顾一下,在解释住房所有权与收入的关系时,线性概率模型是:

$$P_i = \beta_1 + \beta_2 X_i$$

其中,X_i 表示家庭收入,P_i 表示家庭拥有住房的概率。现在考虑住房所有权的这样一个表达式:

$$P_i = \frac{1}{1 + e^{-(\beta_1 + \beta_2 X_i)}}$$

为便于讲解,我们也可以把其中的 $\beta_1 + \beta_2 X_i$ 用 Z_i 替换,即 $Z_i = \beta_1 + \beta_2 X_i$,然后把方程写成:

$$P_i = \frac{1}{1 + e^{-Z_i}} = \frac{e^{Z_i}}{1 + e^{Z_i}}$$

这个方程就是 Logistic(概率)分布函数(logistic distribution function)。

Logistic 概率分布函数的表达形式可以写成:

$$P_i = F(Y_i) = F(\beta_1 + \beta_2 X_i) = \frac{1}{1 + e^{-(\beta_1 + \beta_2 X_i)}}$$

其中,P_i 表示概率,$F(Y_i)$ 表示 Logistic 累积概率密度函数。对于给定的 X_i,P_i 表示相应的对象做出某种选择的概率。Y_i 称作隐(潜)变量,Y_i 的取值区间为 $(-\infty, +\infty)$,Y_i 通过 Logistic 概率函数被转换为概率,且随着 Y_i 从 $-\infty$ 变到 $+\infty$,P_i 从 0 变到 1,满足了 P_i 在 $[0,1]$ 区间取值,以及 P_i 与 X_i 存在非线性关系的要求。

Logistic 概率函数有如下性质:

(1) 当 β_2 是正数时,Logistic 概率分布函数随 X_i 增加而单调增加;反之,则单调减小。

(2) Logistic 概率密度函数的斜率在 $P_i = 0.5$ 时最大,在累积分布的两个尾端的斜率逐渐减小,说明相对于 $P_i = 0.5$ 附近的自变量 X_i 的变化对概率的影响最大,而相对于 P_i 接近于 0 和 1 附近 X_i 的变化对概率的影响较小。点 $(-\beta_1/\beta_2, 0.5)$ 是临界点,即 $X_i = -\beta_1/\beta_2$,$P_i = 0.5$,此时做出两种选择的概率都是 0.5,机会相等,此时 X_i 的变化对 P_i 的影响最大。

(3) β_2 绝对值越大,P_i 的变化速度越快,在曲线图形上表现为上升或下降的速度越快,尤其是在曲线中段上。

14.2 Logistic 模型的 Logit 变换

14.2.1 Logistic 模型

Logistic 概率函数满足了概率模型对因变量和自变量的取值及其之间非线性关系的要求,却造成了模型估计的问题,因为从方程中可以清楚地看出,P_i 不仅是 X_i 的非线性函数,而且也是 β 的非线性函数。这就意味着我们不能用大家熟悉的 OLS 程序估计模型的参数。如何解决这个问题? 我们可以通过 logit 变换,实现对方程 $P_i = \dfrac{1}{1+e^{-(\beta_1+\beta_2 X_i)}}$ 的线性化。步骤如下:

如果拥有住房的概率 P_i 由方程(14.1)给出:

$$P_i = \frac{e^{Z_i}}{1+e^{Z_i}} \tag{14.1}$$

那么不拥有住房的概率是:

$$1-P_i = \frac{1}{1+e^{Z_i}} \tag{14.2}$$

进一步可以得到:

$$\frac{P_i}{1-P_i} = e^{Z_i} \tag{14.3}$$

现在 $P_i/(1-P_i)$ 就是拥有住房的机会比或发生比(odds),即一个家庭拥有住房的概率与不拥有住房的概率的比值。比方说,若 $P_i=0.9$,则这个家庭拥有住房的机会比就是 9。事件 A 的 odds 等于事件 A 出现的次数和非事件 A 出现的次数的比值。

注意:机会比或发生比不同于优势比或比值比(odds ratio,OR),优势比是指某一群体相对于另一群体发生某一事件的比率。

现在如果取方程的自然对数,那么可得到如下结果:

$$L_i = \ln\left(\frac{P_i}{1-P_i}\right) = Z_i = \beta_1 + \beta_2 X_i$$

其中,$P_i/(1-P_i)$ 是发生比,L_i 是因变量 $Y=1$ 的发生比或似然比(likelihood ratio)的自然对数,称为对数发生比(log odds)、对数似然比(log likelihood ratio)或分对数。可以看出来,函数关于 $\ln(P_i=0.5)=0$ 成中心对称,且 L_i 在 $P=0$ 和 $P=1$ 附近变化幅度很大。用机会比的对数 L_i 代替 P_i,克服了 Logistic 函数中 P_i 与 X_i 不是线性关系的困难。L_i 不仅是 X_i 的线性函数,而且(从估计的观点看)也是参数的线性函数(当然普通最小二乘法的线性假定并不要求 X 变量一定是线性的,关键在于模型对参数而言是线性的)。

进一步分析我们会发现,当概率等于 0.5 时,odds 等于 1;概率 P 的变化范围是

[0,1]，而 odds 的变化范围是[0,+∞)；再进一步，对 odds 取自然对数（即 ln），就可以将概率 P 的范围[0,1]映射到($-\infty$,+∞)上。从概率 P 到 odds，再到 logit，这就是一个 logit 变换。实际上，logit 模型可以理解成 log-it（即 it 的自然对数——这里的 it 指的就是 odds）。由于 logit 和($\beta_1+\beta_2 X_i$)一样都在($-\infty$,+∞)上变化，因此通过 logit 变换我们就建立 logit 和($\beta_1+\beta_2 X_i$)之间的对应关系：

$$\text{logit}(P_i)=\ln\left(\frac{P_i}{1-P_i}\right)=\beta_1+\beta_2 X_i$$

上述这样的模型被命名为 logit 模型。与概率不同，logit 的一个很重要的特性就是没有上下限——这就给建模带来极大方便。

通常人们将"logit 模型"与"logistic 回归""logistic 模型""logistic 回归模型"的称谓相互通用，唯一的区别是形式有所不同：logistic 回归是直接估计概率，而 logit 模型对概率做了 logit 变换。本教材将"logit 模型"与"logistic 回归模型"的称谓相互通用，只是在比较说明时才做区分。

14.2.2 Logistic 模型的优点

Logistic 模型有以下几个优点：

第一，随着 P 从 0 变到 1，L 或 Z 从 $-\infty$ 变到 $+\infty$。Logistic 模型的优点是把[0,1]区间上的预测概率的问题转化为在实数轴上预测某事件发生的机会比。

第二，虽然 L 是 X 的线性函数，但概率本身却不然。这一性质和概率随 X 而线性变化的 LPM 模型形成了鲜明的对比。利用微积分知识，可以证明 logistic 模型中的概率 P 对 X 的变化率为 $dP/dX=\beta_2 P(1-P)$，这表明概率对 X 的变化率不仅取决于 β_2，还取决于用来测度概率变化的概率水平，因此变化率是变化的，而不是固定不变的。当 $P=0.5$ 时 X_i 变化一单位对 P 的影响最大，而当 P 接近于 0 或 1 时影响最小。

第三，若 L 为正，当自变量的值增加时，因变量等于 1 的机会（也就是有利于事件发生的机会）也增大；若 L 为负，当自变量的值增加时，因变量等于 1 的机会将减小。

第四，与线性概率模型假定 P_i 和 X_i 存在线性关系一样，logit 模型假定发生比的自然对数与 X_i 有线性关系。发生比的含义是：在其他自变量固定不变的情况下，自变量 X_i 改变一个单位(β_i)，因变量对应的发生比平均改变 e^{β_i} 倍。

14.3 Logistic 回归模型的检验

当评估线性回归模型时，最常用的标准有两部分。第一，整体模型是否可行，即模型的整体合适度，我们有没有信心认为所有自变量与因变量相关，如果相关，强度有多大？我们常用的标准是判定系数 R^2 和 F 检验。第二，如果整体模型是可行的，那么每个自变量的重要性如何？每个自变量对因变量又有多大的预测力？我们常用的标准

是对回归系数进行 t 检验。那么在 Logistic 回归模型中我们用什么标准呢？下面分别来做介绍。

14.3.1 Logistic 回归模型的统计显著性检验

1. 模型 χ^2 检验（-2 倍对数似然值之差）

Logistic 回归模型的 χ^2 检验类似于线性回归的 F 检验。

（1）对数似然函数

观测值与预测值的比较还可以用对数似然函数（log likelihood function）表示，所谓"似然"（likelihood）即在一定参数估计条件下得到该观测结果的概率。在模型评价中，有三个重要的模型：零模型、完全模型、当前模型。零模型只包含截距项 β_0，没有任何自变量，用 L_0 表示其似然函数值；完全模型包含每一个单元格的参数，所得的拟合值可以精确地还原观测数据，用 L_f 表示其似然函数值；当前模型包含的参数个数介于零模型和完全模型之间，用 L_c 表示其似然函数值。

-2 倍对数似然值（-2 log likelihood，-2LL）表示预测值与观测值的差异程度，可以视为多元线性回归中的残差平方和（error sum of squares，ESS），值越小越好。对数似然是负数，-2LL 是正数，其数值越大，表示因变量预测越差。模型中涉及连续型自变量时，-2 倍对数似然值和皮尔逊 χ^2 不适合用来检验模型拟合优度。

（2）模型 χ^2

$-2\log L_0$ 是零模型（只含截距项）的对数似然函数值的 -2 倍，类似于线性回归模型的总离差平方和（total sum of squares，TSS）；$-2\log L_c$ 是当前模型（有"截距和协变量"）的对数似然函数值的 -2 倍，类似于线性回归模型的残差平方和 ESS；两者之差，即 $-2(\log L_0 - \log L_c)$，类似于线性回归模型的回归平方和（regression sum of squares，RSS），在 Logistic 回归模型中被称作模型 χ^2（model χ^2 或 model chi-square）。模型 χ^2 也称为似然比统计量（likelihood ratio statistic，LR）。

$$\text{model } \chi^2 = -2\log(L_0/L_c) = -2(\log L_0 - \log L_c)$$

简单地说，模型 χ^2 是将当前模型的拟合情况与零模型进行比较，卡方值等于零模型与当前模型的 -2 倍对数似然值之差。模型 χ^2 统计量评价了相对于零模型拟合度，当前模型中所增加的参数对模型拟合度的改善程度。如果模型成立，那么在大样本条件下，该统计量服从 χ^2 分布，自由度为两个模型中变量个数之差，即 $k-1$（回归系数个数）。

模型 χ^2 在 Logistic 回归中，两个对数似然值之差乘 -2，可解释为 χ^2 统计。它们来自两个不同的模型，而且其中一个嵌套在另一个模型中，即第一个模型包括第二个模型的部分但非全部的预测变量，同时又不包括第二个模型没有的预测变量。换言之，第一个模型的预测变量就是第二个模型的一个子集，模型 χ^2 可直接解释为第一个模型（只含截距）和第二个模型（包含截距和一个或多个预测变量）之间的差别。

(3) 模型 χ^2 是对整个模型的综合检验

模型 χ^2 与多元线性回归中的多元变量 F 检验十分类似，是对整个模型的综合检验。为了对 Logistic 回归模型进行有意义的解释，要求模型中所包含的自变量必须对因变量有显著的解释能力，即所设模型必须比零假设模型（只包含常数项的模型）要好。在多元线性回归模型中，常用 F 检验来检验"除常数项外的所有回归系数都等于 0"的假设。而 Logistic 回归中可以用模型 χ^2 来检验模型是否统计上显著。模型 χ^2 的统计量可以检验零假设（即"除常数项外的所有系数都等于 0"的假设，通常用公式表示为 $H_0:\beta_1=\beta_2=\beta_3=\cdots=\beta_k=0$），如果模型 χ^2 统计上显著（$P<0.05$），那么我们便拒绝零假设并得出结论，比起不包含任何自变量，包含变量的类型有更好的预测，即认为自变量所提供的信息有助于我们更好地预测事件是否发生。

很多统计软件的输出结果都提供 $-2\log L_0$ 和 $-2\log L_c$ 的值，以及模型 χ^2 值。在 SPSS 的 LOGISTIC REGRESSION 的输出"模型系数综合检验表"（omnibus tests of model coefficients）和"模型概要表"（model summary）中分别会提供模型卡方值和 -2LL 值。模型 χ^2 值在 SPSS 的 LOGISTIC REGRESSION 程序的输出报告中被称为"Model Chi-square"。

2. 皮尔逊 χ^2（Pearson χ^2）检验和霍斯默-莱梅肖（Hosmer-Lemeshow）检验

对于分组数据（数据事先按照固定单元格加以分类），整个模型的统计显著性检验，常用的有 Pearson χ^2 检验和 Hosmer-Lemeshow 检验。检验高度依赖于观测数据是如何分组（大致分 10 组），并由每组的观测频数与预测频数决定，自由度为分组数减 2。

这两个检验是针对观测值与期望值差别的 χ^2 检验，如果该 P 值小于给定的显著性水平，那么拒绝观测值与期望值不存在差异的零假设，因而模型是不合适的。P 值越大，说明预测值与观测值之差越小，差别不显著，模型很好地拟合数据；P 值越大拟合效果越好，与其他检验相反；P 值大于 0.05 通过检验（在模型设置正确且样本量大的情况下，Hosmer-Lemeshow 检验统计量近似是一个自由度为 8 的卡方统计量。）

在检验时，如果能通过 Pearson χ^2 检验，那么说明模型已很好了，但实际上有很多情况下通不过。当自变量数量增加，特别是连续变量引入模型之后，协变量数量变得很大，有过多的不同值，导致大量的协变类型存在，在样本规模固定为 n 时，大量的协变类型意味着每种协变类型中只能有少数案例，Pearson χ^2 不再适合评价拟合优度。

Hosmer-Lemeshow 检验比 Pearson χ^2 检验要宽松一些，因此目前一般应用 Hosmer-Lemeshow 检验方法进行检验。对于个体层次上的数据也可以用 Hosmer-Lemeshow 检验，它是一个广为接受的拟合优度指标，在 SPSS 软件和 SAS 软件中都会给出这个指标。在 SPSS 的 LOGISTIC REGRESSION 的输出中提供了 Hosmer-Lemeshow 检验选项。

14.3.2 Logistic 回归模型拟合优度的 R^2 检验

对于 Logistic 二分因变量概率模型，常用的拟合优度指标 R^2 没有多大意义。类似

R^2 的所谓伪 R^2（即 pseudo R^2）有多种选择。下面介绍四个伪 R^2：McFadden R^2、count R^2、Cox & Snell R^2 和 Nagelkerke R^2。

1. 麦克法登 R^2（McFadden R^2）

线性回归的 R^2＝回归平方和/总离差平方和＝RSS/TSS，表示模型可解释的离差与总离差的比率。Logistic 回归中，直接模拟线性回归模型，建立 $R^2 = -2(\log L_0 - \log L_c)/(-2\log L_0) = (\log L_0 - \log L_c)/\log L_0$，即麦克法登 R^2（McFadden R^2），记作 R^2_{McF}。和 R^2 一样，R^2_{McF} 也介于 0 和 1 之间。与其他特性的 R^2 相比，R^2_{McF} 是最适合 Logistic 模型的，它在概念上最接近于线性回归的 OLS 的 R^2。

EViews 软件可以直接提供 R^2_{McF} 的值。SPSS 软件可以提供模型中仅含有截距项的"-2 倍对数似然值"（$-2\log L_0$），以及包含所有自变量的"-2 倍对数似然值"（$-2\log L_c$），R^2_{McF} 可以计算出来。

2. 计数 R^2（count R^2）

另一个相对简单的拟合优度指标是计数 R^2（count R^2），它被定义为：

$$\text{计数 } R^2 = \frac{\text{正确预测的次数}}{\text{观测总次数}}$$

由于 Logistic 模型中因变量的取值为 1 或 0，因此如果预测概率大于 0.5，那么我们就把它归类为 1；如果预测概率小于 0.5，那么将其归类为 0。然后，我们数出正确预测的次数，就可以计算出计数 R^2。

3. Cox & Snell R^2 和 Nagelkerke R^2

模型拟合优度评价还有另外两个指标：Cox & Snell R^2 和 Nagelkerke R^2，类似于 R^2 和调整后的 R^2。Cox & Snell R^2 类似于 R^2，一般要求大于 0.3；Nagelkerke R^2 类似于调整后的 R^2，其值更大，接近于 1，一般要求大于 0.5。这两个指标通常没有线性回归中的 R^2 大。

需要注意的是，在二分因变量模型中，拟合优度是次重要的，回归系数的期望符号以及它们统计上和实际上的显著性才是首要的。

14.3.3 Logistic 回归系数的统计检验

采用 Newton-Raphson 迭代方法进行参数估计，回归系数（斜率）的统计显著性检验常采用服从自由度为 1 的 Wald χ^2 检验：

$$\text{Wald } \chi^2 = z^2 = \left[\frac{\beta_i}{\text{SE}(\beta_i)}\right]^2$$

卡方值相当于标准正态分布统计量的平方，其显著性可以参考 z 值（的平方），例如，$\alpha = 0.05$ 时，Wald $\chi^2 > 3.8416$（$1.96^2 = 3.8416$），拒绝 $H_0(\beta_i = 0)$，回归系数显著，说明事件发生的可能性依赖于 X_i 的变化。

在 SPSS 软件输出结果"方程中的变量表"中有 Wald χ^2 值及其对应的 P 值。采用向前逐步回归方法选择自变量时,"不在方程中的变量表"中有回归系数的 Score 检验值(相当于 Wald χ^2 值)及其对应的 P 值。

14.4 Logistic 回归模型的参数估计

在介绍了 Logistic 模型的特点之后,我们来探讨一下 Logistic 模型的估计问题。

为了方便估计,我们把模型写成如下形式:

$$L_i = \ln\left(\frac{P_i}{1-P_i}\right) = Z_i = \beta_1 + \beta_2 X_i + u_i$$

其中 u_i 为干扰项。

为了估计这个方程,除 X_i 外我们还需要因变量(或 Logit)L_i 的数值,这取决于我们用于分析的数据类型。我们要区分两种数据类型:一是个体(或微观)层次上的数据;二是群组数据或重复观测数据。

14.4.1 个体层次上的数据

如果像表 14-1 中这样,我们拥有个体家庭的数据,那么上述方程的 OLS 估计就是不可行的。

表 14-1 是否拥有住房(如果拥有住房 $Y=1$,否则为 $Y=0$)以及收入 X 数据

家庭	Y	X/万元	家庭	Y	X/万元
1	0	8	17	1	16
2	1	16	18	0	10
3	1	18	19	0	8
4	0	11	20	1	18
5	0	12	21	1	22
6	1	19	22	1	16
7	1	20	23	0	12
8	0	13	24	0	11
9	0	9	25	1	16
10	0	10	26	0	11
11	1	17	27	1	20
12	1	18	28	1	18
13	0	14	29	0	11
14	1	20	30	0	10
15	0	6	31	1	17
16	1	19	32	0	13

续表

家庭	Y	X	家庭	Y	X
33	1	21	37	1	17
34	1	20	38	1	16
35	0	11	39	0	7
36	0	8	40	1	17

因为就表中的数据而言,若某家庭拥有住房,则 $P_i=1$;若不拥有住房,则 $P_i=0$。但如果我们将这些值直接代入 L_i,就会得到:若一个家庭拥有住房,则 $L_i=\ln\left(\frac{1}{0}\right)$;若一个家庭不拥有住房,则 $L_i=\ln\left(\frac{0}{1}\right)$。

显然,这些表达式是没有意义的。因此,如果拥有微观或个体层次上的数据,那么我们就无法运用标准的 OLS 程序。在这种情况下,我们一般用最大似然估计(maximum likelihood estimation,MLE)法对参数进行估计。可以证明,在随机样本条件下,Logistic 模型的最大似然估计具有一致性、渐近有效性和渐近正态性等基本特点,最大似然估计法的基本思想是先建立似然函数与对数似然函数,再通过使对数似然函数达到最大来求解模型中参数的估计值,所得到的估计值称为参数的最大似然估计值。Logistic 回归中,似然函数方程与未知参数是非线性的关系,其求解十分困难。最大似然估计法是通过采用 Newton-Raphson 迭代方法计算完成的。与 OLS 可直接算出参数的答案不同,Logistic 回归模型先用一个暂定的答案,稍做修订后再重新估计,看看是否有改善,不断重复以上过程直至其中一个步骤与下一个步骤改变的结果差异微小到可被忽略为止。这个估计、检验、再估计的重复过程称为迭代(iteration),重复估计而得出一个答案的过程称为迭代过程(iterative process)。当似然函数从一步到下一步所做的改变可被忽略,即称为收敛(converge)。用 SPSS 软件的 Logistic 回归分析很容易计算得到未知参数,所有过程都可以由特定设计的计算机程序处理,我们不一定要掌握参数的具体求解过程。

14.4.2 群组或重复观测数据

现在考虑表 14-2 中所给出的数据,其中 X 是家庭收入(万元),N 是收入为 X 的家庭数,n 是拥有住房的家庭数。

表 14-2 家庭收入 X、收入为 X 的家庭数 N 和拥有住房的家庭数 n 数据

X	N	n
6	40	8
8	50	12
10	60	18
13	80	28
15	100	45

续表

X	N	n
20	70	36
25	65	39
30	50	33
35	40	30
40	25	20

根据收入水平以及每个收入水平下拥有住房的家庭数,表 14-2 给出了几个家庭的群组或重复观测数据。对应于每个收入水平 X_i 都有 N_i 个家庭,n_i 表示其中拥有住房的家庭数($n_i \leqslant N_i$)。因此,如果我们计算:

$$\hat{P}_i = \frac{n_i}{N_i}$$

即相对频率,那么对于每个 X_i,我们可以把它用作真实 P_i 的一个估计值。如果 N_i 相当大,那么 $\hat{P}_i$ 将是 P_i 相当好的估计值(因为一个事件发生的概率是其相对频率在样本容量无限增大时的极限),利用 $\hat{P}_i$,可以得到如下估计的 Logit:

$$\hat{L}_i = \ln\left(\frac{\hat{P}_i}{1-\hat{P}_i}\right) = \hat{\beta}_1 + \hat{\beta}_2 X_i$$

如果在每一 X_i 处的观测数 N_i 都足够大,那么这将是真实 Logit 即 L_i 的一个相当好的估计值。

总之,给定像表 14-2 那样的群组或重复观测数据,就能获得用于估计模型的因变量 Logits 的数据。

这时能对方程 $L_i = \ln\left(\frac{P_i}{1-P_i}\right) = Z_i = \beta_1 + \beta_2 X_i + u_i$ 应用 OLS 并按平常的方式估计参数吗?

现在还不能确定,因为我们还没有考虑随机干扰项的性质。可以证明,如果 N_i 相当大,而且在一个给定收入 X_i 中的每一次观测独立地服从一个二值变量的分布,那么 u_i 服从均值为 0、方差为 $1/N_i P_i(1-P_i)$ 的正态分布:

$$u_i \sim N\left[0, \frac{1}{N_i P_i(1-P_i)}\right]$$

因此,如同线性概率模型,Logit 模型的干扰项也是异方差的。这样一来,我们必须使用加权最小二乘法而不是普通最小二乘法。但在经验研究中,我们用 $\hat{P}$ 代替未知的 P_i,并用下式作为 σ^2 的估计量:

$$\hat{\sigma}^2 = \frac{1}{N_i \hat{P}_i(1-\hat{P}_i)}$$

现在我们来介绍模型估计中 Logit 回归的步骤:
(1) 对每一收入水平 X_i,计算拥有住房的估计概率:

$$\hat{P}_i = n_i / N_i$$

(2) 对每一 X_i 求 Logit,也就是计算:

$$\hat{L}_i = \ln\left(\frac{\hat{P}_i}{1-\hat{P}_i}\right)$$

(3) 为解决异方差的问题,将方程:

$$L_i = \ln\left(\frac{P_i}{1-P_i}\right) = Z_i = \beta_1 + \beta_2 X_i + u_i$$

变换为:

$$\sqrt{\omega_i} L_i = \beta_1 \sqrt{\omega_i} + \beta_2 \sqrt{\omega_i} X_i + \sqrt{\omega_i} u_i$$

我们把它写成:

$$L_i^* = \beta_1 \sqrt{\omega_i} + \beta_2 X_i^* + v_i$$

其中,权重 $\omega_i = N_i \hat{P}_i (1-\hat{P}_i)$,$L_i^*$ 等于变换后或加权的 L_i;X_i^* 等于变换后的或加权的 X_i;v_i 是变换后的误差项。原始的误差项方差是 $\sigma_u^2 = 1/N_i \hat{P}_i (1-\hat{P}_i)$,可以验证变换后的误差项 v_i 是同方差的。

(4) 用普通最小二乘法估计方程:

$$\sqrt{\omega_i} L_i = \beta_1 \sqrt{\omega_i} + \beta_2 \sqrt{\omega_i} X_i + \sqrt{\omega_i} u_i$$

加权最小二乘法就是对于变换后数据的普通最小二乘法。注意方程没有明确引入截距项,因此还需用过原点回归程序估计方程。

(5) 按照平常的 OLS 框架构造置信区间、进行检验假设。但是,严格地说,仅当样本足够大时,所得到的结论才是可靠的。因此,对于小样本如何解释估计的结果需谨慎。

14.4.3 Logistic 群组模型的数值例子

1. 群组数据模型估计

因为表 14-2 中的数据是群组数据,所以以这些数据为基础的 Logit 模型被称为 Logit 群组模型(grouped logit model,Glogit)。所需的原始数据,以及应用 Glogit 所必需的其他相关计算列在表 14-3 中。

表 14-3 估计房屋所有权的 Logit 群组模型的数据

X	N	n	$\hat{P}=n/N$	$\hat{L}=\ln\left(\frac{\hat{P}}{1-\hat{P}}\right)$	$\sqrt{\omega}=\sqrt{N\hat{P}(1-\hat{P})}$
6	40	8	0.20	-1.3863	2.5298
8	50	12	0.24	-1.1527	3.0199
10	60	18	0.30	-0.8473	3.5496
13	80	28	0.35	-0.6190	4.2661
15	100	45	0.45	-0.2007	4.9749

续表

X	N	n	$\hat{P}=n/N$	$\hat{L}=\ln\left(\dfrac{\hat{P}}{1-\hat{P}}\right)$	$\sqrt{\omega}=\sqrt{N\hat{P}(1-\hat{P})}$
20	70	36	0.51	0.040 0	4.182 5
25	65	39	0.60	0.405 5	3.949 7
30	50	33	0.66	0.663 3	3.349 6
35	40	30	0.75	1.098 6	2.738 6
40	25	20	0.80	1.386 3	2.000

表 14-3 中不仅有 X_i、N_i、n_i 数据,还有 $\hat{P}_i$、$\hat{L}_i$ 和 $\sqrt{\omega_i}$ 数据,以表中数据为基础的加权最小二乘回归为:

$$L_i^* = \beta_1 \sqrt{\omega_i} + \beta_2 X_i^* + v_i$$

注意方程中没有截距项,因此在这里使用过原点回归的程序。回归结果如下:

$$L_i^* = -1.594\ 7\sqrt{\omega_i} + 0.078\ 62 X_i^*$$
$$\text{s.e.} = (0.110\ 46) \quad (0.005\ 39)$$
$$t = (-14.436\ 19)\ (14.566\ 75)$$
$$R^2 = 0.921\ 4$$

R^2 是实测 L_i^* 和估计的 L_i^* 之间相关系数的平方,L_i^* 和 X_i^* 是加权的 L_i 和 X_i。出于教学目的,表 14-3 中给出了 Logit 群组模型的计算过程,其实在 STATA 等软件中,使用 Glogit 命令,可以轻松完成。

2. 模型估计值的解释

对模型进行估计之后,我们该如何解释回归结果呢?

(1) Logit 的解释

估计的斜率系数表明,当加权收入增加一个单位(1 万元)时,拥有住房的机会比的加权对数值会上升 0.08 个单位。当然,这种解释似乎意义不大。

(2) 机会比的解释

由于 $L_i = \ln[P_i/(1-P_i)]$,因此取 Logit 估计值的反对数,我们便得到 $P_i/(1-P_i)$,即机会比。对方程:

$$L_i^* = -1.594\ 7\sqrt{\omega_i} + 0.078\ 62 X_i^*$$

取反对数,我们便得到如下这个式子:

$$\frac{\hat{P}_i}{1-\hat{P}_i} = e^{-1.594\ 7\sqrt{\omega_i} + 0.078\ 62 X_i^*} = e^{-1.594\ 7\sqrt{\omega_i}} \cdot e^{0.078\ 62 X_i^*}$$

可以算出 $e^{0.078\ 62} \approx 1.081\ 7$,这意味着加权收入每增加一个单位,拥有住房的加权机会比增加 0.081 7 或者增加 8.17%。一般来说,取第 i 个斜率系数的反对数,再从中减去 1 后乘 100,将得到对应于这个自变量每增加一个单位的机会比的百分比变化。

(3) 概率的计算

对于 Logit 和机会比,很多人不容易直接理解,所以我们通常计算出某个收入水平下拥有住房的概率。假定我们要计算出 $X=20$(即 20 万元)时的这种概率。将 $X=20$ 代入方程 $L_i^* = -1.5947\sqrt{\omega_i} + 0.07862 X_i^*$ 中,便得到 $L_i^* \approx -0.09327$,然后除以 $\sqrt{\omega_i} = 4.1825$(见表 14-3),我们得到 $\hat{L}_i \approx -0.0223$。因此,在收入水平为 20 万元时,有:

$$-0.0223 = \ln\left(\frac{\hat{P}_i}{1-\hat{P}_i}\right)$$

因此:

$$\frac{\hat{P}_i}{1-\hat{P}_i} = e^{-0.0223} \approx 0.978$$

$$\hat{P}_i = \frac{e^{-0.0223}}{1+e^{-0.0223}} \approx 0.4944$$

也就是这个概率的估计值是 0.4944,即在收入为 20 万元的条件下,某个家庭拥有住房的概率大约为 49%。我们可以计算出各种工资水平下的这一概率。拥有住房的概率随收入增加而增加,但不是线性的,因为这里使用的不是线性概率模型。

(4) 概率变化率的计算

拥有住房的概率取决于收入水平。我们怎样才能计算出收入变化引起的概率变化率呢?

利用微积分知识,可以证明概率 P 对 X 的变化率 $dP/dX = \beta_2 P_i(1-P_i)$,这表明概率对 X 的变化率不仅取决于 β_2,还取决于用来测度概率变化时所处的概率水平,后者当然取决于计算概率时的收入水平。如前所说,当 $P=0.5$ 时,X_i 变化一个单位对 P 的影响最大,而当 P 接近于 0 或 1 时影响最小。

举例来说,假定我们要度量收入水平为 20 万元时拥有住房概率的变化率。这时,收入每增加一个单位,概率的变化率就是 $\hat{\beta}_2 \hat{P}_i(1-\hat{P}_i) = 0.0786 \times 0.5056 \times 0.4944 \approx 0.0196$。当收入水平为 40 万元时,概率的变化率为 0.01135。大家可以自己试一试计算这个概率变化率,我们可以计算出每个收入水平下拥有住房的概率变化率。在概率接近于 0 或 1 时,概率的变化率会越来越小。

14.4.4 Logistic 个体数据模型的数值例子

1. 个体数据模型的估计

我们再来看一个非群组数据或个体数据的 Logit 模型。看一下表 14-4 所给出的数据。

表 14-4　私人辅导(SRFD)对大二学生英语六级成绩影响的数据

序号	PSCJ	QCCJ	SRFD	CET6(Y)	序号	PSCJ	QCCJ	SRFD	CET6(Y)
1	2.66	60	0	0	17	2.75	75	0	0
2	2.89	66	0	0	18	2.83	57	0	0
3	3.28	72	0	0	19	3.12	69	1	0
4	2.92	32	0	0	20	3.16	75	1	1
5	4.00	63	0	1	21	2.06	66	1	0
6	2.86	51	0	0	22	3.62	84	1	1
7	2.76	51	0	0	23	2.89	42	1	0
8	2.87	63	0	0	24	3.51	78	1	0
9	3.03	75	0	0	25	3.54	72	1	1
10	3.92	87	0	1	26	2.83	81	1	1
11	2.63	60	0	0	27	3.39	51	1	1
12	3.3	69	0	0	28	2.67	72	1	0
13	3.57	69	0	0	29	3.65	63	1	1
14	3.26	75	0	1	30	4.00	69	1	1
15	3.53	78	0	0	31	3.10	63	1	0
16	2.74	57	0	0	32	2.39	57	1	1

若某学生大学英语六级考试通过了,则 $Y=1$；若没有通过,则 $Y=0$。将平时成绩(PSCJ)、期初成绩(QCCJ)和私人辅导(SRFD)作为成绩的解释变量。这里 Logit 模型可以写成如下式子：

$$L_i = \ln\left(\frac{P_i}{1-P_i}\right) = \beta_1 + \beta_2 \text{PSCJ}_i + \beta_3 \text{QCCJ}_i + \beta_4 \text{SRFD}_i + u_i$$

在这种情况下,普通最小二乘法和加权最小二乘法都无能为力。我们必须在非线性估计过程中使用最大似然估计法。大多数现代统计软件包可以估计非群组数据的 Logit 模型,使用 SPSS 得到的结果以表格形式给出,详见表 14-5。

表 14-5　方程中的变量(1)

		B	S.E.	Wals	df	Sig.	Exp(B)
1[a]	PSCJ	2.824	1.263	5.002	1	0.025	16.842
	QCCJ	0.032	0.047	0.455	1	0.500	1.032
	SRFD	2.376	1.065	4.981	1	0.026	10.765
	常量	−13.011	4.926	6.976	1	0.008	0.000

2. 模型估计结果的解释

(1) 偏回归系数的 Wald χ^2 检验和偏回归系数的含义

如果样本非常大,那么 t 分布收敛于正态分布,因此我们使用标准正态 z 统计量而

不用 t 统计量对系数的统计显著性进行评价,所以推断是以正态分布表为基础的。表 14-5 给出了每个回归系数的 Wald 卡方统计量(Wald χ^2)及其对应的显著性水平(P 值),只是 QCCJ 的影响在统计上不太显著。

方程中的每个斜率系数都是偏斜率系数,且表 14-5 给出了(保持其他条件不变)给定自变量的值变动 1 个单位导致的 Logit 估计值的变化。例如,PSCJ 的系数是 2.824,这意味着,其他变量保持不变,如果 PSCJ 增加 1 个单位,那么估计 Logit 平均约增加 2.83 个单位,从而表明两者之间呈正相关。其他自变量对 Logit 均有正效应。

通过对各个斜率系数取反对数而得到的机会比是一个更加有意义的解释。那么,如果对 SRFD 的系数 2.376 取反对数,那么将得到 10.762($\approx e^{2.376}$)。这就表明,在其他条件不变的情况下,接受私人辅导的学生通过考试的可能性是没有接受私人辅导的学生的 10 倍有余。

假如要计算某个学生通过考试的实际概率,考虑表 14-4 中序号为 10 的学生。将这个学生的实际数据代入 Logit 模型,可以验证,这个学生的估计 Logit(即 $\beta_1+\beta_2 X_i$)值为 0.817 8。利用方程:

$$P_i = \frac{1}{1+e^{-(\beta_1+\beta_2 X_i)}}$$

可以算出估计概率 $P_i \approx 0.694$,SPSS 也可以提供这个结果。既然该生实际上通过了考试,而且 Logit 模型对通过考试的同学赋予的概率是 1,那么估计概率 0.694 虽然不正好等于 1,但也接近于 1。

(2) 拟合优度 R^2

在这个例子中,EViews 提供的衡量拟合优度的统计量 R^2_{McF} 的值为 0.374。SPSS 软件可以提供模型中仅含有截距项的"-2 倍对数似然值"-2LL_0(在本方程中为 41.183,详见表 14-6),以及模型中包含所有自变量的"-2 倍对数似然值"-2LL_c(在本方程中为 25.773,详见表 14-7),由此我们可以计算出 $R^2_{\text{McF}} = \dfrac{-2(\text{LL}_0-\text{LL}_c)}{-2\text{LL}_0} = (41.183-25.773)/41.183 \approx 0.374$,与 EViews 的计算结果一致。

表 14-6 迭代历史记录[a,b,c] (1)

迭代		-2 倍对数似然值	系数
			常量
步骤 0	1	41.187	-0.625
	2	41.183	-0.647
	3	41.183	-0.647

a. 模型中包括常量。
b. 初始 -2 倍对数似然值:41.183。
c. 因为参数估计的更改范围小于 0.001,所以估计在迭代次数 3 处终止。

表 14-7　迭代历史记录[a,b,c,d](2)

迭代		−2倍对数似然值	系数			
			常量	PSCJ	QCCJ	SRFD
步骤1	1	27.492	−7.966	1.859	0.013	1.512
	2	25.911	−11.424	2.540	0.025	2.114
	3	25.775	−12.824	2.791	0.031	2.346
	4	25.773	−13.009	2.823	0.032	2.376
	5	25.773	−13.011	2.824	0.032	2.376
	6	25.773	−13.011	2.824	0.032	2.376

a. 方法:输入。
b. 模型中包括常量。
c. 初始−2倍对数似然值:41.183。
d. 因为参数估计的更改范围小于0.001,所以估计在迭代次数6处终止。

(3) 模型系数的综合检验——模型 χ^2 检验

所有自变量都对是否通过考试有显著影响,因为 LR 统计量,即模型 χ^2（SPSS 提供的卡方值）为 15.40 [model $\chi^2 = -2(LL_0 - LL_c) = 41.183 - 25.773 = 15.410$],其 P 值相当小,大约是 0.001(卡方值为 15.410、自由度即回归系数的个数为 3 时对应的 P 值)。具体见表 14-8。

表 14-8　模型系数综合检验表(1)

		卡方	df	Sig.
步骤1	步骤	15.410	3	0.001
	块	15.410	3	0.001
	模型	15.410	3	0.001

回忆前面定义的计数 R^2。根据 SPSS 的回归结果,32 个观测中有 6 个不正确的预测(序号分别为 14、19、24、26、31 和 32 的学生)。因此,计数 R^2 的值为 26/32=0.8125,详见表 14-9。而麦克法登 $R^2_{\text{McF}} = 0.374$。尽管这两个值没有直接的可比性,但它们还是让我们对两者的大小关系有了一些认识。在因变量为二分变量的模型中,不应过度强调拟合优度的重要性。

表 14-9　分类表[a](1)

			已预测		
			大二学生英语六级成绩		百分比校正
	已观测		没有通过	通过	
步骤1	大二学生英语六级成绩	没有通过	18	3	85.7
		通过	3	8	72.7
	总计百分比				81.3

a. 切割值为 0.500。

14.5 SPSS 在 Logistic 回归模型中的应用

例 14.1 表 14-10 是农户宅基地流转意愿数据,X_1 表示农户非农收入(单位:千元),X_2 表示农户农业收入(单位:千元),X_3 表示房屋建造成本(单位:千元),X_4 表示退出的补偿倍数(建造成本的倍数),X_5 表示农户在城镇是否拥有商品房(1 表示拥有,0 表示不拥有),Y 表示宅基地退出意愿(1 表示愿意,0 表示不愿意)。应用 SPSS 软件对影响农户宅基地流转意愿的影响因素进行 Logistic 回归分析。

表 14-10 农户宅基地流转意愿数据

编号	X_1/千元	X_2/千元	X_3/千元	X_4	X_5	Y
1	20	5.2	21	1	1	0
2	100	5.0	84	3	1	1
3	70	4.5	42	2	1	1
4	80	5.0	63	1	1	1
5	40	4.0	84	1	0	0
6	60	4.5	42	2	1	1
7	20	4.9	84	1	0	0
8	40	4.1	42	1	0	0
9	60	4.2	42	2	0	1
10	20	4.6	105	2	0	0
11	80	4.1	42	3	1	1
12	80	5.4	21	1	1	1
13	100	4.3	105	1	0	0
14	40	4.0	84	3	0	1
15	80	4.9	63	2	1	1
16	40	5.4	21	3	0	1
17	20	4.3	105	1	0	0
18	60	4.5	63	2	1	1
19	80	4.0	84	1	1	1
20	60	5.9	63	1	0	0
21	40	4.3	105	3	1	1
22	40	4.0	84	1	0	1
23	20	4.6	105	2	1	0

续表

编号	X_1/千元	X_2/千元	X_3/千元	X_4	X_5	Y
24	40	4.3	105	1	0	0
25	80	4.9	63	3	1	1
26	40	4.0	84	2	1	1
27	40	4.9	84	1	0	0
28	60	5.9	63	2	0	0
29	80	5.0	63	1	1	1
30	40	4.3	105	1	0	0

1. SPSS 软件操作步骤

在 SPSS 软件中进行 Logistic 回归操作的基本步骤如下。

(1) 在数据编辑窗口建立数据文件后,点击主菜单"分析→回归→二元 Logistic",如图 14-1 所示。

图 14-1 "IBM SPSS Statistics 数据编辑器"窗口

(2) 在"Logistic 回归"对话框中,选择将"宅基地退出意愿[Y]"移入右侧的"因变量",将 X_1、X_2、X_3、X_4、X_5 移入右侧的"协变量"作为自变量,然后点击右上角第三行的"选项",如图 14-2 所示。

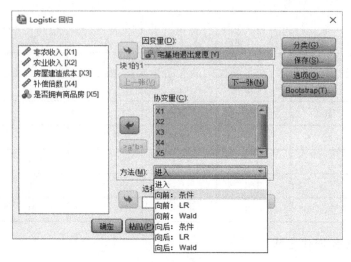

图 14-2 "Logistic 回归"对话框

(3) 在"Logistic 回归:选项"对话框中,勾选相应的菜单,点击最下面的"继续"按钮,返回主对话框,如图 14-3 所示。

图 14-3 "Logistic 回归:选项"对话框

回到"Logistic 回归"对话框后,点击"方法",在这里有 7 种回归分析方法,如图 14-2 所示。

① [进入]:所有自变量强制进入回归方程。可以根据回归系数 t 检验结果确定哪些自变量最终进入模型。

② [向前:条件]:让变量以步进的方式进入回归方程。其进入的标准是分值统计量的显著性水平,从回归方程中删除变量的标准是条件参数估计的似然比统计量的概率。

③［向前:LR］:让变量以步进的方式进入回归方程。其进入的标准是分值统计量的显著性水平,从回归方程中删除变量的标准是最大似然估计的似然比统计量的概率。

④［向前:Wald］:让变量以步进的方式进入回归方程。其进入的标准是分值统计量的显著性水平,从回归方程中删除变量的标准是Wald统计量的概率。

⑤［向后:条件］:先让所有的变量都进入回归方程,再删除,删除的标准是条件参数估计的似然比统计量的概率。

⑥［向后:LR］:先让所有的变量都进入回归方程,再删除,删除的标准是最大似然估计的似然比统计量的概率。

⑦［向后:Wald］:先让所有的变量都进入回归方程,再删除,删除的标准是Wald统计量的概率。

本例选择［向前:条件］的回归方法。

2. SPSS输出结果解释

单击主对话框中的"确定"按钮进行运算,在输出窗口,可以看到如下主要结果输出。

(1) 仅含常数项的迭代历史记录

表14-11给出了在Block 0处只有常数项的"-2倍对数似然值"-2LL$_0$:41.054,类似于线性回归模型的总离差平方和TSS。经过3次迭代,"-2倍对数似然值"参数估计的更改范围小于0.001,所以估计在迭代次数3处终止。

表14-11 迭代历史记录[a,b,c](3)

迭代		-2倍对数似然值	系数
			常量
步骤0	1	41.054	0.267
	2	41.054	0.268
	3	41.054	0.268

a. 模型中包括常量。
b. 初始-2倍对数似然值:41.054。
c. 因为参数估计的更改范围小于0.001,所以估计在迭代次数3处终止。

(2) 仅含常数项的预测分类表

表14-12为分类表,在17例观测值为1的记录中,共有17例被预测为1,在13例观测值为0的记录中也都被预测为1,总预测准确率为56.7%,这是不纳入任何解释变量时的预测准确率,相当于比较的基线。

表 14-12 分类表[a,b] (2)

已观测		已预测		
		宅基地退出意愿		百分比校正
		不愿意	愿意	
步骤 0	宅基地退出意愿 不愿意	0	13	0.0
	宅基地退出意愿 愿意	0	17	100.0
	总计百分比			56.7

a. 模型中包括常量。
b. 切割值为 0.500。

(3) 仅含常数项的参数估计

表 14-13 此时拟合的是只有常数项的无效模型,其常数项系数为 0.268。

表 14-13 方程中的变量(2)

		B	S.E.	Wals	df	Sig.	Exp(B)
步骤 0	常量	0.268	0.368	0.530	1	0.467	1.308

(4) 仅含常数项的"不在方程中的变量"

表 14-14 为在 Block 0 处尚未纳入分析方程的候选变量,所做的检验表示如果分别将它们纳入方程,那么方程的改变是否会有显著意义。根据回归系数得分(服从自由度为 1 的 χ^2 分布)所对应的 Sig.(P 值),如果将变量 X_1、X_3、X_4、X_5 纳入方程,那么方程的改变是有显著意义的(在 0.05 的显著性水平下)。由于逐步方法是一个一个地进入变量,因此下一步将会先纳入 P 值最小的变量 X_5,再重新计算该表,然后做下一个变量选择。

表 14-14 不在方程中的变量(1)

			得分	df	Sig.
步骤 0	变量	X1	8.251	1	0.004
		X2	0.529	1	0.467
		X3	4.351	1	0.037
		X4	8.281	1	0.004
		X5	10.995	1	0.001
	总统计量		20.400	5	0.001

(5) 引入自变量的迭代历史记录

进入 Block 1,表 14-15 是关于 Block 1 的 Newton-Raphson 迭代法的计算过程。在步骤 1 中,经过 4 次迭代,X_5 被引入回归模型;在步骤 2 中,经过 5 次迭代,X_4 被引入回归模型;在步骤 3 中,经过 6 次迭代,X_1 被引入回归模型。X_2 和 X_3 两个变量没有被引入回归模型,这表明这两个变量对回归模型的影响是不显著的。

此时有了初始的"-2 倍对数似然值"(-2LL_0:41.054),也有了引入 3 个自变量后的最终方程的"-2 倍对数似然值"($-2\mathrm{LL}_c$：17.066），可以计算出 $R_{\mathrm{McF}}^2 = \dfrac{-2(\mathrm{LL}_0 - \mathrm{LL}_c)}{-2\mathrm{LL}_0} = (41.054 - 17.066)/41.054 \approx 0.584$。

表 14-15 迭代历史记录[a,b,c]（4）

迭代		-2 倍对数似然值	系数			
			常量	X5	X4	X1
步骤 1[d]	1	29.510	−0.933	2.400		
	2	29.182	−1.010	2.832		
	3	29.178	−1.012	2.883		
	4	29.178	−1.012	2.883		
步骤 2[e]	1	24.624	−2.341	1.952	0.960	
	2	22.869	−3.387	2.608	1.513	
	3	22.712	−3.803	2.868	1.743	
	4	22.709	−3.858	2.901	1.774	
	5	22.709	−3.859	2.902	1.775	
步骤 3[f]	1	21.485	−3.433	1.433	0.934	0.026
	2	17.799	−5.780	1.991	1.690	0.045
	3	17.110	−7.30	2.448	2.183	0.056
	4	17.066	−7.848	2.613	2.345	0.060
	5	17.066	−7.899	2.628	2.360	0.060
	6	17.066	−7.900	2.628	2.360	0.060

a. 方法：向前步进（条件）。
b. 模型中包括常量。
c. 初始 -2 倍对数似然值：41.054。
d. 因为参数估计的更改范围小于 0.001，所以估计在迭代次数 4 处终止。
e. 因为参数估计的更改范围小于 0.001，所以估计在迭代次数 5 处终止。
f. 因为参数估计的更改范围小于 0.001，所以估计在迭代次数 6 处终止。

（6）模型系数的综合检验——模型 χ^2 检验

表 14-16 为模型系数综合检验表。表中的"卡方"栏给出了各个步骤的模型卡方值，卡方值等于零模型与当前模型的 -2 倍对数似然值之差，即模型 $\chi^2 = -2(\log L_0 - \log L_c)$。本例中步骤 3 最终设定模型的卡方值：模型 $\chi^2 = -2(\log L_0 - \log L_c) = 41.054 - 17.066 = 23.988$，服从自由度为 3（自变量个数，本例有 3 个自变量最终引入模型）的卡方分布，对应的 P 值几乎为 0，说明设定的模型通过了整个模型系数的综合检验，自变量对因变量有显著的解释能力。

表 14-16 模型系数综合检验表(2)

步骤		卡方	df	Sig.
步骤 1	步骤	11.876	1	0.001
	块	11.876	1	0.001
	模型	11.876	1	0.001
步骤 2	步骤	6.468	1	0.011
	块	18.344	2	0.000
	模型	18.344	2	0.000
步骤 3	步骤	5.643	1	0.018
	块	23.988	3	0.000
	模型	23.988	3	0.000

(7) Cox & Snell R^2 和 Nagelkerke R^2

表 14-17 为模型汇总表,该表分别给出三个步骤的模型拟合优度评价的另外两个伪 R^2 指标:Cox & Snell R^2 和 Nagelkerke R^2,类似于线性回归模型中的 R^2 和调整后的 R^2。其中步骤 3 给出了最终模型的两个伪 R^2 分别是 0.550 和 0.738,分别大于 0.3 和 0.5,说明本例的模型拟合较好。

表 14-17 模型汇总表

步骤	-2 倍对数似然值	Cox & Snell R^2	Nagelkerke R^2
1[a]	29.178	0.37	0.439
2[b]	22.709	0.457	0.614
3[c]	17.066	0.550	0.738

a. 因为参数估计的更改范围小于 0.001,所以估计在迭代次数 4 处终止。
b. 因为参数估计的更改范围小于 0.001,所以估计在迭代次数 5 处终止。
c. 因为参数估计的更改范围小于 0.001,所以估计在迭代次数 6 处终止。

(8) Hosmer-Lemeshow 检验

表 14-18 给出了 Hosmer-Lemeshow 检验,与其他检验相反,P 值越大拟合效果越好,通常 P 值大于 0.05 通过检验,本例的 P 值为 0.558。

表 14-18 Hosmer-Lemeshow 检验

步骤	卡方	df	Sig.
1	0.000	0	
2	1.761	4	0.780
3	4.894	6	0.558

(9) 引入自变量后设定模型的预测分类表

表 14-19 的分类表分别给出了步骤 1 到步骤 3 的分类预测情况。其中步骤 3 为当前模型的分类预测,在 13 例观测值为"不愿意"的记录中共有 10 例被预测为"不愿意",

预测准确率为 76.9%；在 17 例观测值为"愿意"的记录中共有 16 例被预测为"愿意",预测准确率为 94.1%。总预测准确率为 86.7%，相比于不纳入任何解释变量时的预测准确率(56.7%)提高了 30 个百分点。

表 14-19　分类表[a](3)

已观测			已预测		
			宅基地退出意愿		百分比校正
			不愿意	愿意	
步骤 1	宅基地退出意愿	不愿意	11	2	84.6
		愿意	4	13	76.5
	总计百分比				80.0
步骤 2	宅基地退出意愿	不愿意	11	2	84.6
		愿意	2	15	88.2
	总计百分比				86.7
步骤 3	宅基地退出意愿	不愿意	10	3	76.9
		愿意	1	16	94.1
	总计百分比				86.7

a. 切割值为 0.500。

(10) 回归方程中变量系数及其统计显著性检验

表 14-20 为回归方程中变量系数及其统计显著性检验，重点看步骤 3 给出的系数及检验结果。X_1、X_4、X_5 的回归系数(斜率)分别是 0.060、2.360、2.628，常数项(截距)为 -7.900；Newton-Raphson 迭代方法回归系数的统计显著性检验采用服从自由度为 1 的 Wald χ^2 检验，X_1、X_4、X_5 的 Wald χ^2 的 P 值分别为 0.035、0.025、0.046，常数项的 P 值为 0.01，均小于 0.05，都达到了较高显著性水平。Wald χ^2 值等于 z^2，$z=B/S.E.$，各系数的显著性可以参照标准正态分布的 z 值。

表 14-20　方程中的变量(3)

		B	S.E.	Wals	df	Sig.	Exp(B)	Exp(B)的95%置信区间	
								下限	上限
步骤 1[a]	X5	2.883	0.958	9.058	1	0.003	17.875	2.734	116.877
	常量	−1.012	0.584	3.002	1	0.083	0.364		
步骤 2[b]	X4	1.775	0.819	4.690	1	0.030	5.898	1.183	29.390
	X5	2.902	1.113	6.800	1	0.009	18.205	2.056	161.198
	常量	−3.859	1.534	6.35	1	0.012	0.021		

续表

		B	S. E.	Wals	df	Sig.	Exp(B)	Exp(B)的95%置信区间	
								下限	上限
步骤3[c]	X1	0.060	0.029	4.422	1	0.035	1.062	1.004	1.123
	X4	2.360	1.056	4.995	1	0.025	10.589	1.337	83.877
	X5	2.628	1.319	3.969	1	0.046	13.850	1.044	183.808
	常量	−7.900	3.069	6.624	1	0.010	0.000		

a. 在步骤1中输入的变量：X5。
b. 在步骤2中输入的变量：X4。
c. 在步骤3中输入的变量：X1。

(11) 相关系数矩阵

表14-21列出了常量、自变量之间的相关系数矩阵。X_1与X_4之间的相关系数最大，为0.449，X_1与X_5之间的相关系数最小，为0.164。

表14-21 相关系数矩阵

		常量	X5	X4	X1
步骤1	常量	1.000	−0.609		
	X5	−0.609	1.000		
步骤2	常量	1.000	−0.512	−0.889	
	X4	−0.889	0.250	1.000	
	X5	−0.512	1.000	0.250	
步骤3	常量	1.000	−0.417	−0.845	−0.793
	X1	−0.793	0.164	0.449	1.000
	X4	−0.845	0.271	1.000	0.449
	X5	−0.417	1.000	0.271	0.164

(12) 移去相应变量的"更改显著性"

表14-22移去相应变量的"更改显著性"为假设将这些变量单独移出回归方程，则回归方程的改变有无统计学意义。在每个步骤中，移去相应变量的"更改显著性"均小于0.05，说明这些变量对回归方程都是有统计性显著意义的，因此应当保留在模型中。

表14-22 移去相应变量的"更改显著性"[a]

变量		模型对数似然性	在−2倍对数似然中的更改	df	更改的显著性
步骤1	X5	−20.689	12.200	1	0.000
步骤2	X4	−14.827	6.945	1	0.008
	X5	−16.130	9.550	1	0.002

续表

变量		模型对数似然性	在-2倍对数似然中的更改	df	更改的显著性
步骤3	X1	-11.722	6.377	1	0.012
	X4	-13.014	8.962	1	0.003
	X5	-11.270	5.473	1	0.019

a. 基于条件参数估计。

(13) 未引入回归方程的变量

表 14-23 说明的是在每一步中,尚未引入回归方程的变量若再引入现有回归方程,则回归方程的改变有无统计学意义。步骤 1 时,X_1 和 X_4 的 P 值很小,应该被引入,先引入 P 值最小的 X_4。步骤 2 时,发现 X_1 应该被引入(有时在引入一个变量后,本来显著的变量变得不显著而无须引入)。步骤 3 时,未引入的 X_2、X_3 不显著,不需要引入,模型的变量就确定了。

表 14-23 不在方程中的变量(2)

			得分	df	Sig.
步骤1	变量	X1	4.206	1	0.040
		X2	1.142	1	0.285
		X3	2.202	1	0.138
		X4	6.288	1	0.012
	总统计量		14.711	4	0.005
步骤2	变量	X1	6.167	1	0.013
		X2	1.546	1	0.214
		X3	1.301	1	0.254
	总统计量		11.563	3	0.009
步骤3	变量	X2	2.056	1	0.152
		X3	1.185	1	0.276
	总统计量		5.971	2	0.051

(14) 建立 Logistic 回归模型

模型的变量确定之后,就可以建立 Y 对 X_1、X_4、X_5 的 Logistic 回归模型:

$$P_i = \frac{1}{1+e^{-(-7.9+0.06X_1+2.36X_4+2.628X_5)}}$$

或者

$$L_i = \ln\left(\frac{P_i}{1-P_i}\right) = -7.9 + 0.06X_1 + 2.36X_4 + 2.628X_5$$

练 习 题

1. 简述 Logistic 回归模型原理。
2. 简述 Logistic 模型的 Logit 变换。
3. Logistic 回归模型主要有哪些检验方法？请简要介绍。
4. 根据表 14-10 "农户宅基地流转意愿数据"，练习运用 SPSS 软件进行 Logistic 回归分析。
5. 根据对全国 81 个城市居民就市区交通情况满意度的调查数据，估计出以下 Logit 模型，用以解释不同城市交通满意度的区别及影响因素。

$$L_i = \ln\left(\frac{P_i}{1-P_i}\right) = 1.4803 + 0.0018 X_1 + 0.0783 X_2 - 0.526 X_3$$

s. e. = (0.00127)(0.0291)(0.2081)

其中，P_i 表示城市居民交通满意的比例，X_1 表示城市市区人口，X_2 表示人口城镇化增长率，X_3 表示私家车拥有率，s. e. 是标准误。

(1) 请解释各回归系数。
(2) 回归系数是否通过了显著性检验？
(3) 人口城镇化增长率每增加一个百分点，对居民交通满意度有什么影响？
(4) 私家车拥有率每提高一个百分点，对居民交通满意度有什么影响？

6. 表 14-24 是关于家庭农场经营是否存在风险的调查数据，根据表中数据进行 Logistic 回归分析，并对回归模型进行检验，对回归结果进行解释。X_1 表示农地经营规模（单位：亩），X_2 表示本年种养殖业总收入（单位：万元），X_3 表示本年应还商业贷款（单位：万元），X_4 表示本年租借农机费（单位：万元），X_5 表示本年负债总额（单位：万元），X_6 表示本年可获得的政府补贴（单位：万元），Y 表示是否存在经营风险。

表 14-24　家庭农场经营是否存在风险的调查数据

X_1/亩	X_2/万元	X_3/万元	X_4/万元	X_5/万元	X_6/万元	Y
9 934	1 104	100	22	387	105	1
967	729	11	0	273	0	1
8 903	2 487	13	5	340	46	1
9 591	2 286	0	0	216	0	1
8 655	611	120	16	310	0	1
175	75	13	0	16	2	0
199	14	0	0	5	0	0
3 760	273	9	8	54	8.5	1

续表

X_1/亩	X_2/万元	X_3/万元	X_4/万元	X_5/万元	X_6/万元	Y
235	65	1	0	1	0	0
208	74	30	0	79	0	1
158	46	7	0	15	0	0
120	13	1	0	1	1.6	0
402	28	2.4	0	7	0	0
447	22	5.5	4	6	0	0
96	12	1	0	1	0	0
104	65	0	0	33	1	0
434	18	4.4	0	5	0	0
536	21	3	0	8	0	0
536	19	11.5	0	15	0	0
112	15	2.4	0	3	2.9	0
488	25	17	3	35	3	0
354	33	25	0	25	4.5	1
1 189	64	14	6	30	10.3	1
109	10	3.5	0	4	0.6	0
1 740	110	53	0	50	0	1
4 224	203	62	12	77	0	1
342	18	2.4	0	6	0.7	0
760	50	5	0	8	5	1
188	20	6.7	0	7	1	1
1 885	170	10.6	10	45	0	1
1 358	80	19	0	21	19	1
206	13	4.7	0	5	10	0

第 15 章

Probit 模型

15.1 Probit 模型原理

解释二分因变量的行为,除了使用 Logistic 累积分布函数,还可以使用其他的函数将概率 P 从 $[0,1]$ 映射到 $(-\infty, +\infty)$。使用正态累积分布函数(CDF)估计的模型称为 Probit 模型(probit model),有时也称为 Normit 模型(normit model)。Probit 模型也称为概率单位回归模型,原则上,可以用正态 CDF 代替 Logistic CDF,并按照前面介绍的过程进行估计。现在从效用理论或理性选择行为的视角来介绍 Probit 模型。

如果我们假设每一个决策主体都是理性的,即经济学中的"理性经济人"假设,那么决策主体所追求的目标都是使自己的效用最大化——这就是效用最大化准则。对于决策主体而言,若方案 a 的效用高于方案 b 的效用,则选取方案 a。换个说法,方案 a 被个体选中的概率 P 等价于方案 a 的效用高于方案 b 的效用发生的概率。这样,我们就把一个选择问题表示成了一个概率问题。

我们以分析住房所有权决策为例,第 i 个家庭对是否拥有住房的决策取决于一种不可观测的效用指标(utility index) I_i,它也被称为潜在变量(latent variable)。即指数 I_i 的值越大,表示拥有住房的效用就越大,或者说拥有住房比不拥有住房的效用越大,家庭拥有住房的概率就越大,而 I_i 又取决于一个或多个解释变量(比方说收入 X_i)。我们把指数 I_i 表示为:

$$I_i = \beta_1 + \beta_2 X_i$$

其中 X_i 表示第 i 个家庭的收入。

如果一个家庭拥有住房,那么令 $Y=1$,否则 $Y=0$。假定对每一个家庭都有这个指数的临界水平或门槛水平,并记为 I_i^*:如果 I_i 超过 I_i^*,也就是拥有住房的效用大于不拥有住房的效用,那么该家庭将拥有住房,否则就不拥有住房。门槛值 I_i^* 和 I_i 一样是不可观测的,假定每个 I_i 都是具有相同均值和方差的正态变量,那么不仅有可能估计方程的参数,而且有可能获得关于不可观测指标本身的某些信息,具体计算过程如下。

给定正态性假定,$I_i^* \leqslant I_i$ 的概率可由标准化正态 CDF 推出:
$$P_i = P\{Y=1|X\} = P\{I_i^* \leqslant I_i\} = P\{Z_i \leqslant \beta_1 + \beta_2 X_i\} = F(\beta_1 + \beta_2 X_i)$$

其中,$P\{Y=1|X\}$ 表示给定解释变量 X 值时一个事件发生的概率;$Z \sim N(0,1)$,即 Z 是标准正态变量;$\beta_1 + \beta_2 X_i$ 称作概率密度函数值,服从标准正态分布;F 是累积标准正态分布函数,在这里,它可以被明确地写成如下这个式子:
$$F(I_i) = \frac{1}{\sqrt{2\pi}} \int_{-\infty}^{I_i} e^{\frac{-z^2}{2}} dz = \frac{1}{\sqrt{2\pi}} \int_{-\infty}^{\beta_1 + \beta_2 X_i} e^{\frac{-z^2}{2}} dz$$

因为 P_i 代表事件发生的概率,在这里是拥有住房的概率,所以可由标准正态曲线下 $-\infty$ 到 I_i 所围成的面积来度量,如图 15-1 所示。

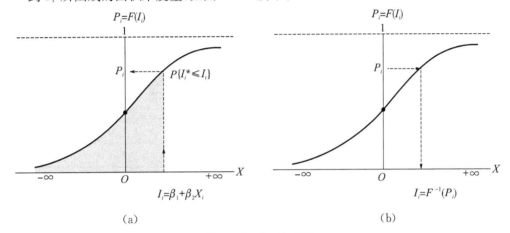

图 15-1 Probit 模型

现在为了获得关于效用指标 I_i 以及 β_1 和 β_2 的信息,我们取方程 $P_i = P\{I_i^* \leqslant I_i\} = F(\beta_1 + \beta_2 X_i)$ 的反函数,得到:
$$I_i = F^{-1}(P_i) = \beta_1 + \beta_2 X_i$$

其中,F^{-1} 是累积标准正态分布函数的反函数,即概率密度函数。图 15-1(a)表示在给定 $I_i^* \leqslant I_i$ 下,从纵坐标读出拥有住房的(累积)概率;而图 15-1(b)表示在给定 P_i 值下,从横坐标读出概率密度函数 I_i 值。后者不过是前者的逆过程。下面根据拥有群组数据还是非群组数据,分别说明估计 β_1 和 β_2 以及求出指标 I_i 的方法。

15.2 群组数据的 Gprobit 模型

下面我们介绍基于群组数据的 Probit 估计:Gprobit 模型估计。

15.2.1 Gprobit 模型估计

既然 14.4.3 小节已经得到了各个收入水平下拥有住房的相对频率 $\hat{P}_i$(也就是概率

的经验度量),那么我们就能用它从正态 CDF 中求出 I_i[比如,通过正态分布表可以查到,累积分布概率等于 0.20 时,对应的正态分布的 z 值(在这里就是 I_i)等于 $-0.841\,6$;同样地,0.24 对应的是 $-0.706\,3$],如表 15-1 和图 15-2 所示。

表 15-1 对标准正态 CDF 的指数 I_i 的估计

X	$\hat{P}=n/N$	$I=F^{-1}(P)=\beta_1+\beta_2 X$
6	0.20	$-0.841\,6$
8	0.24	$-0.706\,3$
10	0.30	$-0.524\,4$
13	0.35	$-0.385\,3$
15	0.45	$-0.125\,7$
20	0.51	$0.025\,1$
25	0.60	$0.253\,3$
30	0.66	$0.412\,5$
35	0.75	$0.674\,5$
40	0.80	$0.841\,6$

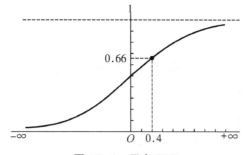

图 15-2 正态 CDF

从图 15-2 中可以看出,与 I_i 等于 0.4 相对应的是 0.66 的概率。

有了 X_i 的值和 I_i 的估计值,由方程 $I_i=\beta_1+\beta_2 X_i$ 就可以估计 β_1 和 β_2。在 Probit 分析的用语中,观测不到的效用指标 I_i 又称为正态等效利差 n.e.d.(normal equivalent deviate,Normit)。由于只要 $P_i<0.5$,n.e.d. 或 I_i 就为负数,故实践中将 n.e.d. 加上 5 的结果称为一个 Probit。

下面利用住房的例子来说明 Gprobit。

对于这个例子,前面已经得到了 Glogit 模型的结果。对于同样的数据,根据已获得的 X_i 和 I_i 的值,用 OLS 对线性方程 $I_i=\beta_1+\beta_2 X_i$ 中的 β_1 和 β_2 两个参数进行估计,得到 Probit 群组模型(Gprobit)的结果如下。

表 15-2 给出的是 n.e.d.($=I$)的回归结果,表 15-3 是基于 Probits($=I+5$)的回归结果。

表 15-2　SPSS 输出结果(基于 I)系数[a]

模型		非标准化系数		标准系数	t	Sig.
		B	标准误差	试用版		
1	(常量)	−1.017	0.057		−17.747	0.000
	收入	0.048	0.002	0.990	19.559	0.000

a. 因变量：I。

表 15-3　SPSS 输出结果(基于 $I+5$)系数[a]

模型		非标准化系数		标准系数	t	Sig.
		B	标准误差	试用版		
1	(常量)	3.983	0.057		69.534	0.000
	收入	0.048	0.002	0.990	19.559	0.000

a. 因变量：$I+5$。

注意，这些结果没有对异方差性进行修正。除了截距项，表 15-2 和表 15-3 给出的结果完全相同。

15.2.2　Gprobit 模型估计结果解释

如果想弄清楚 X(即以万元计的收入)的单位变动对 $Y=1$(即某家庭购买住房)的概率的影响，那么我们再次看这个方程：

$$P_i = P\{Y=1|X\} = P\{I_i^* \leqslant I_i\} = P\{Z_i \leqslant \beta_1 + \beta_2 X_i\} = F(\beta_1 + \beta_2 X_i)$$

将这个函数 P_i 对 X_i 求导数(即概率相对收入的变化率)：

$$dP_i/dX_i = f(\beta_1 + \beta_2 X_i)\beta_2$$

其中 $f(\beta_1 + \beta_2 X_i)$ 是在 $\beta_1 + \beta_2 X_i$ 处的标准正态概率密度函数。我们可以看出这个值的计算将取决于 X 变量的特定值。

下面仍以第 14 章表 14.3 的数据为例，我们从表 14-3 中取 X 的一个值，比如说 $X=6$，根据表 15-2 中给出的参数估计值，$f(-1.0166+0.04846\times6) = f(-0.7258)$，参照正态分布表，我们发现对于 $z=-0.7258$，正态密度约为 0.3066。现在将这个值乘斜率系数的估计值 0.04846，我们得到 0.01486。这就意味着，从 6 万元的收入水平开始，如果收入每上升 1 万元，那么一个家庭购买住房的可能性将上升约 1.5%。这个结果与前面 Glogit 的结果基本一致，大家可以自己计算验证一下。

与 LPM 和 Logit 模型相比，使用 Probit 模型计算概率的变化更加复杂。假如从拟合的 Gprobit 模型中找出估计概率，而不去计算概率的变化，就简单得多。利用回归结果数据，将 X 值代入模型，可以算出 n.e.d.估计值，如表 15-4 所示(保留两位小数)。

表 15-4 n.e.d. 估计值

X	6	8	10	13	15	20	25	30	35	40
n.e.d. 估计值	−0.72	−0.63	−0.53	−0.39	−0.29	−0.05	0.19	0.43	0.68	0.92

根据 n.e.d. 估计值就可以查出相应的累积分布函数的概率。

15.3 个体数据的 Probit 模型

现在我们讨论非群组或个体数据的 Probit 模型。再回到 14.4.4 小节大二学生英语六级考试成绩的例子。

表 14-4 中提供了 32 名学生的英语六级成绩。其中,六级成绩与平时成绩、期初成绩和私人辅导有关。我们已经进行了 Logit 回归分析,现在我们来看看 Probit 的回归结果。如同个体数据的 Logit 模型一样,我们使用最大似然估计法来估计这个非线性模型。

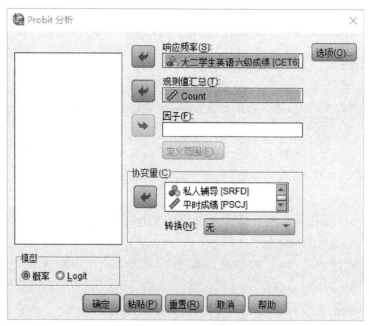

图 15-3 Probit 分析对话框

由图 15-3 可知,SPSS 操作时,"响应频率"是"大二学生英语六级成绩[CET6]";"观测值汇总"是"Count=1",每个因变量的案例数均为 1,因此 Count 变量都是 1。SPSS 中 Probit 更适合试验结果分析,比如每组试验观测总数,即"观测值汇总";对应每组因变量的频数,即"响应频率"。由 SPSS 计算出的结果如表 15-5 所示。

表 15-5 SPSS 输出结果(六级成绩)参数估计值

参数		估计	标准误	z	Sig.	95%置信区间	
						下限	上限
PROBIT[a]	平时成绩	1.625	0.694	2.343	0.019	0.265	2.984
	期初成绩	0.017	0.028	0.619	0.536	−0.037	0.072
	私人辅导	1.425	0.595	2.394	0.017	0.258	2.591
	截距	−7.446	2.539	−2.932	0.003	−9.985	−4.906

a. PROBIT 模型:PROBIT(P)=截距+BX。

Probit 模型的结果和 Logit 模型的结果很相似,因为"平时成绩"和"私人辅导"在两个模型中都是个别统计显著的。所有系数也是联合统计显著的,但是不能将 Logit 和 Probit 的回归系数直接进行比较。定性地看,LPM 的结果也与 Logit 和 Probit 模型的结果类似,因为在 LPM 中"平时成绩"和"私人辅导"也都是个别统计显著的,而"期初成绩"不是统计显著的,由于 F 值 6.645 6 的 P 值只有 0.001 5,因此它在统计上是显著的,故所有解释变量共同对成绩有显著的影响。

15.4 Logit 和 Probit 模型比较

Logit 和 Probit 这两个模型十分类似,区别在于采用的分布函数不同,前者假设随机变量服从逻辑概率分布,而后者假设随机变量服从正态分布。其实,这两种分布函数很相似,函数值相差不大,区别在于逻辑概率分布函数的尾巴比正态分布粗一些。也就是说,与 Probit 模型相比,在 Logit 模型中,条件概率趋近于 0 或 1 的速度更慢一些,比如当 $z=-2.0$ 时,累积正态分布函数值是 0.022 8,累积 Logistic 分布函数值是 0.119 2,Probit 累积正态分布函数值更接近于 0;当 $z=2.0$ 时,累积正态分布函数值是 0.977 2,累积 Logistic 分布函数值是 0.880 8,此处 Probit 累积正态分布函数值更接近于 1。

根据 Logistic 回归中的偏回归系数可以计算其发生比,所以当我们得出结果后,Logistic 回归可以得到很好的直观解释与应用。而相比之下,Probit 的含义表示自变量对累积正态分布函数的逆作用,模型中偏回归系数的含义为其他自变量取值保持不变时自变量每改变一个单位,出现某结果的概率密度函数值的改变量。显然解释起来比较麻烦,不容易理解。当然,实际上我们也可以通过正态分布值求出 Probit 回归中的概率值,并将其作为概率预测,只是比 Logistic 回归要麻烦一些。

总体来看,Logit 和 Probit 相差很小,一般情况下可以换用。实践中,Logistic 回归的应用远远多于 Probit 回归,这主要是因为 Logit 模型使用相对简单的数学模型,且回归结果易解释,而不是 Logistic 回归比 Probit 回归更好或更适合数据。

但是，当我们要测试分析刺激强度与反应比例之间的关系时，一般用 Probit 模型。例如，对于指定数量的病人，分析他们的给药剂量与治愈比例之间的关系。此方法应用的另一个典型例子是分析杀虫剂浓度和杀死害虫数量之间的关系，并据此判断什么样的剂量浓度是最佳的。另外，Logit 模型强调因变量的最终结果是发生还是不发生，其取值有明显的 0、1 分化。而 Probit 研究的是在因变量具有两种相反属性时，随着自变量的变化，因变量取某属性的比例变化情况。如家庭购买电脑的比例与家庭人均收入之间的关系，研究的不是在某收入水平下是否会购买，而是在不同的收入水平下购买的比例。一般情况下，Probit 回归更适用于从有计划的试验中获得的数据，而 Logistic 回归更适用于直接的观测数据。

尽管这两个模型很相似，但是在解释这两个模型的估计系数时必须小心。例如，对于大学英语六级成绩的例子来说，用 Probit 模型得出的"平时成绩"系数 1.625 8 和用 Logit 模型得出的"平时成绩"系数 2.826 1 并不能直接进行比较。原因在于，尽管标准 Logistic 分布和标准正态分布的均值都等于 0，但它们的方差是不同的：对于标准正态分布来说，方差是 1；而对于 Logistic 分布来说，方差是 $\pi^2/3$，其中 $\pi \approx 22/7$。因此，如果把 Probit 系数乘 1.81（近似等于 $\pi/\sqrt{3}$），那么就会近似得到 Logit 系数。对于这个例子而言，"平时成绩"的 Probit 系数是 1.625 8，将它乘 1.81 便得到约 2.94，它很接近 Logit 系数 2.83。相反，如果把 Logit 系数乘 0.55（$\approx 1/1.81$），那么将会得到 Probit 系数。也有学者建议将 Logit 的估计值乘 0.625 以得到 Probit 的一个更好的估计值。相反，将 Probit 系数乘 1.6（=1/0.625）将得到相应的 Logit 估计值。

15.5　有序 Logit 和有序 Probit 模型

定性因变量回归模型的应用范围广泛。前面介绍的是这方面的一些基本模型，这里简单介绍一下有序 Logit 和有序 Probit 模型。

二分因变量 Logit 和 Probit 模型是为"是"或"否"的因变量建模。但通常因变量或响应变量有多于两个的结果，并且这些结果常常具有顺序的（ordinal）性质，它们不能用一个等距尺度来度量。通常，在调查型研究中的回答是利克特量表形式的态度度量，例如"非常同意""同意""非常不同意"。或者在教育背景调查中的回答可能会是"低于高中教育""高中教育""大学教育""研究生教育"。这些回答常常被标号为 0（低于高中教育）、1（高中教育）、2（大学教育）、3（研究生教育）。这就是顺序度量，因为不同类别之间存在着明显的等级，但不能说 2（大学教育）是 1（高中教育）的 2 倍或者 3（研究生教育）是 1（高中教育）的 3 倍。研究这类现象，可以扩展二分 Logit 和 Probit 模型，把多个等级的类型考虑进去。因变量是序次变量，回归时多用有序 Probit 模型，有序 Probit 可以看作是 Probit 的扩展。

再来简单介绍一下多类别 Logit 和多类别 Probit 模型。在顺序 Probit 和顺序 Logit 模型中，因变量有两个以上的有序或等级类型。但在有些情况下，因变量是无序的。例如上班所采用的交通方式的选择。选择可能会是自行车、摩托车、汽车、公共汽车或火车。尽管有不同类型的回答,但这里的回答没有等级或次序,只是不同的特征类别。多类别 Logit 和多类别 Probit 模型可用来研究这种类别因变量。如果在某些特殊情况下需要用到此类模型,那么前面提到的统计软件也能用来估计这种模型。

有序和多类别 Logit 和 Probit 模型,这里介绍得非常简洁,深入的讨论超出了本教材的范围,感兴趣的同学可以进一步查阅相关资料。

练 习 题

1. 简述 Probit 模型的原理。
2. 简述群组数据 Gprobit 模型的估计。
3. 比较 Logit 和 Probit 模型。
4. 简述有序 Logit 和有序 Probit 模型。

第 16 章

聚类分析

在经济、社会、人口研究中,往往存在许多需要通过划分属性来解决问题的情况。比如,根据某校的期末考试各科成绩对学生的学习状况进行分类;根据客户购买情况和消费习惯对品牌消费者进行分类;根据平台用户画像,广告方针对特定用户群体投放广告等。在过去,人们没有系统的方法对事物进行分类,只能利用自己的专业知识和历史经验做主观判断,因此无法揭示客观事物本身存在的联系与差异。而近年来,随着数理统计学的发展,多元统计分析技术被引入进来;随着计算机技术的发展,多元统计方法的广泛应用得到了保障。于是,我们对事物的分类有了具体的方法。其中最常用的分类方法就是聚类分析。

16.1 聚类分析概述

类就是相似样品或指标的集合。聚类分析(cluster analysis)是根据"物以类聚"的思想,对样品或指标进行分类,使得同一类中的对象之间的相似性比与其他类的对象的相似性更强的一种多元统计分析方法。聚类分析的目的是把相似的研究对象划分为类,使得类内对象的同质性最大化和类间对象的异质性最大化。

在聚类分析中既可以对样品进行聚类(clustering for individuals),又可以对指标(即变量)进行聚类(clustering for variables)。我们把对样品个体进行的聚类称为 Q 型聚类,对指标进行的聚类称为 R 型聚类。

Q 型聚类与 R 型聚类的目标是不同的。一般来说,Q 型聚类主要是利用多个变量的信息对样品进行分类,其结果比较直观,聚类分析谱系图可以清楚地表示数值分类的结果。而 R 型聚类主要用于对指标进行分类,可以了解各个指标之间以及各个组合之间的亲疏程度。

我们所研究的样品或指标总是存在着不同程度的相似性。聚类分析的基本思想是根据一批样品的多个观测指标,具体地找出一些能够度量样品或指标之间相似程度的统计量,然后利用统计量将样品或指标进行归类。把相似的样品或指标归为一类,把不相似的归为其他类,直到把所有的样品或指标聚合完毕。

聚类分析中有很多种分类方法,其中包括系统聚类法、模糊聚类法、K-均值聚类法、有序样品聚类法、分解法和加入法。

16.1.1 相似性度量

在聚类分析的实际应用中,我们如何去度量"相似"这个概念呢?在这里,我们给出度量"相似"的统计指标。对于样品的聚类分析,我们将类与类之间的距离作为相似性度量的统计指标。距离近的点具有相似性,距离远的点不具有相似性。因此我们把距离近的点聚合成一类。对于指标(变量)的聚类分析,我们将变量间的相似系数作为聚类的统计指标。将相似系数大的变量归为一类,这样就可以把变量的亲疏关系直观地表示出来。

1. 距离

设有 n 个样品,每个样品有 p 个指标,数据结构如表 16-1 所示。

表 16-1 数据结构

样品	指标			
	X_1	X_2	⋯	X_p
1	x_{11}	x_{12}	⋯	x_{1p}
2	x_{21}	x_{22}	⋯	x_{2p}
⋮	⋮	⋮		⋮
n	x_{n1}	x_{n2}	⋯	x_{np}

如果将每个样品看成是 p 维空间的一个点,那么 n 个样品表示 p 维空间的 n 个点,这时两个样品之间的相似程度可以用 p 维空间中点与点之间的距离来表示。我们用 d_{ij} 表示第 i 个样品与第 j 个样品之间的距离,则两个样品之间的距离 d_{ij} 满足以下条件:

(1) 当且仅当 $i=j$ 时,$d_{ij}=0$;
(2) 对于任意的 i,j,$d_{ij}\geqslant 0$;
(3) 对于任意的 i,j,$d_{ij}=d_{ji}$;
(4) 对于任意的 i,j,k,$d_{ij}\leqslant d_{ik}+d_{kj}$。

d_{ij} 的值越大,表示样品之间的距离越大;d_{ij} 的值越小,表示样品之间的距离越小。把所有样品之间的距离计算出来,就可以得到距离矩阵 $\boldsymbol{D}$:

$$\boldsymbol{D}=\begin{bmatrix} d_{11} & d_{12} & \cdots & d_{1n} \\ d_{21} & d_{22} & \cdots & d_{2n} \\ \vdots & \vdots & & \vdots \\ d_{n1} & d_{n2} & \cdots & d_{nn} \end{bmatrix}$$

其中,$d_{11}=d_{22}=\cdots=d_{nn}=0$。我们根据 $\boldsymbol{D}$ 对样品进行分类,把距离近的样品聚为一类,

距离远的样品聚为不同的类。

通常,最常用的距离有以下几种:

(1) 闵可夫斯基(Minkowski)距离

$$d_{ij}(q) = \left(\sum_{k=1}^{p} |x_{ik} - x_{jk}|^q\right)^{1/q} \tag{16.1}$$

式(16.1)就是闵可夫斯基距离的表达式,闵可夫斯基距离又称闵氏距离。q 为自然数,显然,$q=1$ 时,$d_{ij}(1) = \sum_{k=1}^{p} |x_{ik} - x_{jk}|$,是比较常见的绝对值距离;$q=2$ 时,$d_{ij}(2) = \left(\sum_{k=1}^{p} |x_{ik} - x_{jk}|^2\right)^{1/2}$,是欧氏距离;$q=\infty$ 时,$d_{ij}(\infty) = \max_{1 \leq k \leq p} |x_{ik} - x_{jk}|$,是切比雪夫距离。

闵氏距离在实际中有着非常广泛的应用,但是同时也存在着一些缺点。首先,计算出来的距离具有量纲,它的大小受指标观测值单位的影响。各指标计量单位的选择有一定的人为性和随意性,计量单位的不同不仅使样品之间距离的实际意义难以解释,而且只要改变任一指标的计量单位,就会使得闵氏距离的大小发生变动。其次,闵氏距离没有考虑指标之间的相关性和重要性,其同等看待每个指标,将两个样品在各个指标上的离差进行了简单的综合。因此,闵氏距离适合变量之间互不相关的情形。当各变量的单位不同或测量值范围相差很大时,需要先对各变量的数据进行标准化处理,然后用标准化后的数据计算闵氏距离。

(2) 马哈拉诺比斯(Mahalanobis)距离

设 σ_{ij} 是样品 i 和样品 j 之间的协方差,则 $\sigma_{ij} = \frac{1}{n-1}\sum_{k=1}^{n}(x_{ik} - \bar{x}_i)(x_{jk} - \bar{x}_j)(i,j=1,2,\cdots,n)$,其中 $\bar{x}_i = \frac{1}{n}\sum_{k=1}^{n} x_{ik}$, $\bar{x}_j = \frac{1}{n}\sum_{k=1}^{n} x_{jk}$。

设 $\boldsymbol{\Sigma}$ 是数据矩阵的协方差阵,也就是说 $\boldsymbol{\Sigma} = (\sigma_{ij})_{p \times p}$,那么样品之间的马哈拉诺比斯距离(马氏距离)为:

$$d_{ij}^2(M) = (\boldsymbol{x}_{(i)} - \boldsymbol{x}_{(j)})^T \boldsymbol{\Sigma}^{-1} (\boldsymbol{x}_{(i)} - \boldsymbol{x}_{(j)}) \tag{16.2}$$

其中,$\boldsymbol{x}_{(i)} = (x_{i1}, x_{i2}, \cdots, x_{ip})^T$,$\boldsymbol{x}_{(j)} = (x_{j1}, x_{j2}, \cdots, x_{jp})^T$ 分别是样品 i 和样品 j 的 p 个指标组成的向量,是数据矩阵行向量的转置。在对变量进行线性变换之后,马氏距离的值不变。马氏距离的优点是它不受指标观测值量纲的影响,同时也考虑到了指标之间的相关性,解决了闵氏距离存在的问题;它的缺点是协方差矩阵难以确定。

(3) 兰氏(Canberra)距离

兰氏距离仅适用于 $x_{ij} > 0 (i,j=1,2,\cdots,n)$ 的情况。兰氏距离克服了各个指标之间量纲不同造成的影响,但是没有把指标之间的相关性带来的影响纳入考虑中。

$$d_{ij}(L) = \frac{1}{p}\sum_{k=1}^{p} \frac{|x_{ik} - x_{jk}|}{x_{ik} + x_{jk}} \tag{16.3}$$

2. 相似系数

聚类分析也可以对指标(变量)进行聚类,通常用相似系数来衡量变量之间的距离。常用的相似系数有以下几种。

(1) 夹角余弦

夹角余弦是变量间的相似关系,它不再将变量的绝对长度作为标准,而是从变量的形状出发反映变量之间的关系。

如图 16-1 所示,曲线 AB 和曲线 CD 虽然长度不一致,但是形状相似。当长度不是研究的重点时,我们需要定义一个相似系数来度量曲线 AB 和曲线 CD 之间的相似程度。于是,我们选择夹角余弦作为指标间相似程度的一种衡量。

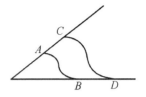

图 16-1 夹角余弦

记指标变量 $(x_{1i}, x_{2i}, \cdots, x_{ni})$ 和 $(x_{1j}, x_{2j}, \cdots, x_{nj})$ 之间的夹角余弦为 $c_{ij}(i,j=1,2,\cdots,p)$,则:

$$c_{ij} = \frac{\sum_{k=1}^{n} x_{ki} x_{kj}}{\left[\left(\sum_{k=1}^{n} x_{ki}^2\right)\left(\sum_{k=1}^{n} x_{kj}^2\right)\right]^{1/2}} \tag{16.4}$$

c_{ij} 的取值范围为 $0 \leqslant c_{ij} \leqslant 1$。$c_{ij}$ 的值越大,说明变量之间的相似程度越高。当 $c_{ij}=1$ 时,说明两个变量之间完全相似;当 $c_{ij}=0$ 时,两个变量完全不相似。式中,$c_{11}=c_{22}=\cdots=c_{pp}=1$。

(2) 相关系数

相关系数是指将数据标准化后的夹角余弦。变量 i 和变量 j 之间的相关系数用 r_{ij} 表示,即:

$$r_{ij} = \frac{\sum_{k=1}^{n}(x_{ki}-\overline{X}_i)(x_{kj}-\overline{X}_j)}{\left[\sum_{k=1}^{n}(x_{ki}-\overline{X}_i)^2 \sum_{k=1}^{n}(x_{kj}-\overline{X}_j)^2\right]^{1/2}} \tag{16.5}$$

其中,$\overline{X}_i$ 表示第 i 个变量的平均值,$\overline{X}_j$ 表示第 j 个变量的平均值。相关系数的取值范围为 $-1 \leqslant r_{ij} \leqslant 1$。相关系数的绝对值越接近于 1,说明两个变量之间的相似程度越高;越接近于 0,说明两个变量之间的相似程度越低。式中,$r_{11}=r_{22}=\cdots=r_{pp}=1$。

距离与相似系数可以相互转化,也就是说,两个指标之间的接近程度也可以用距离表示。两指标之间的距离 $d_{ij}=1-c_{ij}^2=1-r_{ij}^2$,或者 $d_{ij}=[2(1-c_{ij})]^{1/2}=[2(1-r_{ij})]^{1/2}$。

16.1.2 类与类之间距离的计算方法

在聚类分析中类与类之间距离的计算方法有很多种,有最短距离法、最长距离法、类平均法、重心法、离差平方和法等。设类 G_p 和类 G_q 里面分别有 k 个和 m 个样品,它们的重心分别为 $\bar{x}_p$ 和 $\bar{x}_q$,它们之间的距离用 $D(p,q)$ 表示。

1. 最短距离法

最短距离法(nearest neighbor method 或 single linkage method)是指将两类中最近

的两个样品间的距离作为类间距离。

$$D_k(p,q)=\min\{d_{jl}|j\in G_p,l\in G_q\} \tag{16.6}$$

最短距离法的类间距离如图 16-2 所示。

图 16-2 最短距离法的类间距离

2. 最长距离法

最长距离法(farthest neighbor method 或 complete linkage method)是指将两类中最远的两个样品间的距离作为类间距离。

$$D_s(p,q)=\max\{d_{jl}|j\in G_p,l\in G_q\} \tag{16.7}$$

最长距离法的类间距离如图 16-3 所示。

图 16-3 最长距离法的类间距离

3. 类平均法

类平均法(group average method)是指将类 G_p 和类 G_q 中任意两个样品距离的平均值作为类间距离。

$$D_G(p,q)=\frac{1}{lk}\sum_{i\in G_p}\sum_{j\in G_q}d_{ij} \tag{16.8}$$

类平均法充分利用了样品的信息,是一种应用比较广泛、聚类效果比较好的方法。类平均法的类间距离如图 16-4 所示。

图 16-4 类平均法的类间距离

4. 重心法

重心法(centroid method)是指将两个类重心之间的距离作为类间距离。

$$D_c(p,q)=d_{x_p x_q} \tag{16.9}$$

重心法考虑到了每一类中所包含的样品数,但计算量较大。

5. 离差平方和法

离差平方和法(sum of squares method)又称 Ward 法,基于方差分析的思想,如果分类合理,那么同类样品间的离差平方和较小,类间样品的离差平方和较大。在实际应用中,离差平方和法的应用比较广泛,分类效果较好,但是离差平方和法要求样品间的距离要使用欧氏距离。

假定将 n 个样品聚为 k 类,记作 $G_1,G_2,\cdots,G_k$,n_t 表示 G_t 类中样品的个数,$\boldsymbol{x}_t$ 表示 G_t 类的重心,$\boldsymbol{x}_{ti}$ 表示 G_t 类中第 i 个样品($i=1,2,\cdots,n_t$,注意 $\boldsymbol{x}_{ti}$ 是 p 维向量),那么 G_t 类中样品的离差平方和就是:

$$S_t = \sum_{i=1}^{n_t}(\boldsymbol{x}_{ti}-\boldsymbol{x}_t)^{\mathrm{T}}(\boldsymbol{x}_{ti}-\boldsymbol{x}_t) \tag{16.10}$$

那么这 k 个类的总离差平方和为:

$$S = \sum_{t=1}^{k}S_t = \sum_{t=1}^{k}\sum_{i=1}^{n_t}(\boldsymbol{x}_{ti}-\boldsymbol{x}_t)^{\mathrm{T}}(\boldsymbol{x}_{ti}-\boldsymbol{x}_t) \tag{16.11}$$

在 k 固定的时候,要选择合适的分类,使得 S 达到极小值。

离差平方和法先把 n 个样品聚为 n 类,此时 $S=0$;然后计算任意两类合为一类的总离差平方和 S,选择使总离差平方和增加最小的两个样品聚为一类,此时共有 $n-1$ 类;重复这个步骤,每次都选择使总离差平方和 S 增加最小的两类合并,直到将所有的样品归为一类。

16.2 系统聚类法

系统聚类法(hierarchical clustering method)也称谱系聚类法,是聚类分析中应用最广泛的一种聚类方法。系统聚类法的基本思想是把每个指标看作是 p 维空间的坐标轴,把样品看作是 p 维空间的 n 个点,首先将 n 个样品各自作为一类,并规定样品之间的距离和类与类之间的距离;然后将距离最近的两类合并成一个新类,计算新类与其他类之间的距离;重复进行两个最近类的合并,每次减少一类,直至所有的样品合并为一类。

系统聚类法的一般步骤如下:
(1) 对数据进行变换,以便于比较和计算,或者改变数据结构;
(2) 计算 n 个样品两两之间的距离,每个样品作为一类,共 n 个类;
(3) 将距离最近的两类合并为一个新类;
(4) 计算新类与剩下各类之间的距离,并将距离最近的两类合并为 个新类;
(5) 重复步骤(4),直到类的个数为 1 为止;
(6) 画出谱系聚类图,按照一定的标准给出分类结果。

系统聚类法类间距离的计算方法比较重要,不同的类间距离计算方法,会产生不同的谱系图,对我们进行分类的判定有一定影响。下面通过一个例子了解一下不同方法的具体应用。

例 16.1 现有 5 个样品,收集这 5 个样品的 8 项指标,将这 5 个样品各自作为一类,这 5 类间的欧氏距离如表 16-2 所示。

表 16-2　样品间的欧氏距离 D_0

	G_1	G_2	G_3	G_4	G_5
G_1	0				
G_2	2	0			
G_3	10	8	0		
G_4	14	12	4	0	
G_5	20	18	10	6	0

距离矩阵中各元素的数值大小表示这 5 个样品之间的接近程度。

1. 最短距离法

现用最短距离法将这 5 个样品进行分类,定义 $D_k(i,j)=d_{ij}$,$i,j=1,2,\cdots,5$。表 16-2 中,类间距离最小的是 $D_0(1,2)=2$,因此将第 1 类 G_1 和第 2 类 G_2 合并成一个新类 $G_6=\{1,2\}$,然后计算 G_6 与 G_3、G_4、G_5 之间的距离:$D_1(6,i)=\min\{D_0(1,i),D_0(2,i)\}$,$i=3,4,5$。例如,$D_1(6,3)=\min\{D_0(1,3),D_0(2,3)\}=\min\{10,8\}=8$。

计算得到类间的距离如表 16-3 所示。

表 16-3　样品间的欧氏距离 $D_1(1)$

	G_3	G_4	G_5	G_6
G_3	0			
G_4	4	0		
G_5	10	6	0	
G_6	8	12	18	0

表 16-3 中,类间距离最小的是 $D_1(3,4)=4$,因此把第 3 类 G_3 和第 4 类 G_4 合并成一个新类 $G_7=\{3,4\}$,然后计算 G_7 与 G_5、G_6 之间的距离,如表 16-4 所示。

表 16-4　样品间的欧氏距离 $D_2(1)$

	G_5	G_6	G_7
G_5	0		
G_6	18	0	
G_7	6	8	0

表 16-4 中,类间距离最小的是 $D_2(5,7)=6$,把第 5 类 G_5 和第 7 类 G_7 合并成一个新类 $G_8=\{5,7\}$,然后计算 G_8 与 G_6 之间的距离,如表 16-5 所示。

表 16-5　样品间的欧氏距离 $D_3(1)$

	G_6	G_8
G_6	0	
G_8	8	0

合并类 G_6 与 G_8 形成一个大的聚类系统,以上合并过程的谱系图如图 16-5 所示。

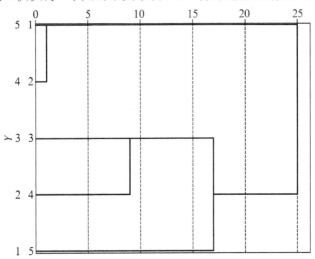

图 16-5 最短距离法的谱系聚类图

最后,决定类的个数和类,如果划分为两类,那么在 20 处切一刀,样品 1 和样品 2 为一类,样品 3、样品 4 和样品 5 为一类。如果划分为 3 类,那么在 15 处切一刀,样品 1 和样品 2 为一类,样品 3 和样品 4 为一类,样品 5 为一类。

2. 最长距离法

用最短距离法对样品进行分类时,类间距离使用两类中最近的两个样品之间的距离;而在最长距离法中,类间距离的计算方法不同,它使用两类中最远的两个样品之间的距离作为两类之间的距离。最长距离法中选择最大的距离作为类与类之间的距离,然后在所有类与类之间的距离中,选择类间距离最小的两类合并起来得到一个新的类,直到所有类合并为一个类为止。

表 16-2 中,类间距离最小的是 $D_0(1,2)=2$,因此将第 1 类 G_1 和第 2 类 G_2 合并成一个新类 $G_6=\{1,2\}$,然后计算 G_6 与 G_3、G_4、G_5 之间的距离:$D_1(6,i)=\max\{D_0(1,i), D_0(2,i)\}$,$i=3,4,5$。例如,$D_1(6,3)=\max\{D_0(1,3),D_0(2,3)\}=\max\{10,8\}=10$。

计算得到类间的距离如表 16-6 所示。

表 16-6 样品间的欧氏距离 $D_1(2)$

	G_3	G_4	G_5	G_6
G_3	0			
G_4	4	0		
G_5	10	6	0	
G_6	10	14	20	0

表 16-6 中,类间距离最小的是 $D_1(3,4)=4$,把第 3 类 G_3 和第 4 类 G_4 合并成一个新类 $G_7=\{3,4\}$,然后计算 G_7 与 G_5、G_6 之间的距离,如表 16-7 所示。

表 16-7 样品间的欧氏距离 $D_2(2)$

	G_5	G_6	G_7
G_5	0		
G_6	20	0	
G_7	10	14	0

表 16-7 中,类间距离最小的是 $D_2(5,7)=10$,把第 5 类 G_5 和第 7 类 G_7 合并成一个新类 $G_8=\{5,7\}$,然后计算 G_8 与 G_6 之间的距离,如表 16-8 所示。

表 16-8 样品间的欧氏距离 $D_3(2)$

	G_6	G_8
G_6	0	
G_8	20	0

最后,合并类 G_6 与 G_8 形成一个大的聚类系统,上述 5 个样品使用最长距离法计算得出的谱系聚类图如图 16-6 所示。

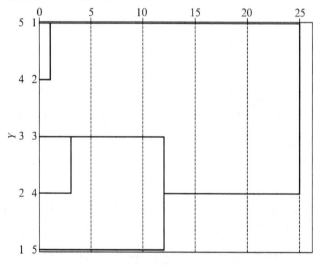

图 16-6 最长距离法的谱系聚类图

最短距离法和最长距离法的谱系图得出的分类结果并无差别,但是能够很明显地看出,最短距离法因为类与类之间的距离是所有距离中的最短者,在类与类合并以后,类间距离变得更小,这样会更容易形成更大的类。最短距离法的聚类效果没有那么好,因此我们很少使用这种方法。而最长距离法的两类合并之后与其他类的距离是原来两个类中距离的最大值,合并后类与类的距离被放大了。

3. 类平均法

类平均法分为组间联结法(between-groups linkage)和组内联结法(within-groups linkage)。组间联结法计算两类之间样品距离的平均值,一般默认使用组间联结法;组内联结法计算两类所有样品之间距离的平均值。一般认为,类平均法是系统聚类法中最好的方法之一。

使用类平均法进行分类的谱系聚类图如图 16-7 所示。

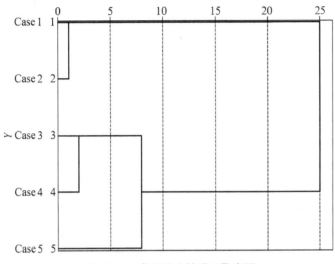

图 16-7　类平均法的谱系聚类图

4. 重心法

使用重心法绘制的谱系聚类图如图 16-8 所示。

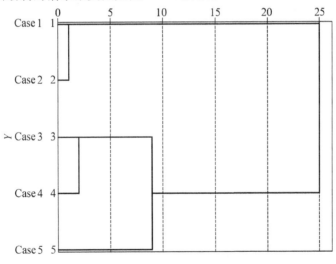

图 16-8　重心法的谱系聚类图

5. 离差平方和法

使用离差平方和法绘制的谱系聚类图如图 16-9 所示。

一般来说,最短距离法适用于条形的类,最长距离法、重心法、类平均法、离差平方和法适用于椭圆形的类。与类平均法相比,最短距离法和重心法使得空间收缩;最长距离法和离差平方和法使得空间扩张。

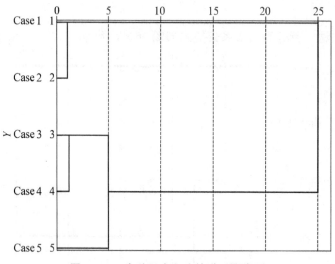

图 16-9 离差平方和法的谱系聚类图

6. 分类数的确定

聚类分析是为了对样品或指标进行分类,但具体分为几类需要我们进行人为判断。

(1) 德米尔曼(Demirmen)准则

德米尔曼于 1972 年提出应该根据研究目的确定合适的分类方法,并且提出了根据谱系图进行分类的准则。

准则 1:任何类都必须在临近类中是突出的,也就是说两类之间重心的距离需要很大。

准则 2:在确定的类中,各类所包含的单位不宜过多。

准则 3:分类的目的应该符合实用性。

准则 4:倘若采用几种不同的聚类方法进行处理,则在各自的聚类图中应该发现相同的类。

(2) 其他方法

① 根据合适的阈值确定分类数。按照某种系统聚类方法得到聚类谱系图后,给定临界值(阈值)T 将所有样品分为两类:类间距离$\leqslant T$ 的各类中所包含的样品归为一类,其他的样品归为一类。

② 根据散点图确定分类数。这种方法适合观测指标较少的情况,当只有两个观测指标时,可以根据二维坐标系中的散点图直观地确定类的个数;当有三个观测指标时,可以绘制三维散点图并通过旋转三维坐标轴由样本点的分布情况确定分类数。

③ 根据统计量确定分类数。有些统计软件中提供的一些统计量可以近似地检验分类数如何设置更合适。

16.3 K-均值聚类法

K-均值聚类法又称快速聚类法,是麦奎因(MacQueen)在1967年提出的聚类方法。快速聚类法把样品聚集成 K 个类,类的个数可以事先给定,也可以在聚类过程中确定。系统聚类法在处理大批量的数据时运算起来十分烦琐,计算速度也很慢。反而 K-均值聚类法比起系统聚类法,可以用于处理比较大的数据组。

K-均值聚类法是指选择一批凝聚点(或给出的初始分类),让样品按某种原则向凝聚点凝聚,对凝聚点进行不断的修改或迭代,直至分类比较合理或迭代稳定为止。类的个数 K 可以指定,也可以在聚类过程中确定。具体类数的确定可以根据实践经验,也可以使用系统聚类法对一部分样品进行聚类分析,根据系统聚类法的结果选择合适的类数作为 K-均值聚类法的类数。选择初始凝聚点的简单方法是随机抽选(随机分割)样品。

K-均值聚类法的步骤如图 16-10 所示。

第一步:运用标准变换法对原始数据进行标准化处理。

第二步:把样品粗略分成 K 个初始类,将这 K 个类的重心作为初始凝聚点。

第三步:进行修改,逐个分派样品到其最近均值的类中。重新计算接受新样品的类和失去样品的类的重心。

第四步:重复第三步,直到各类无元素进出。

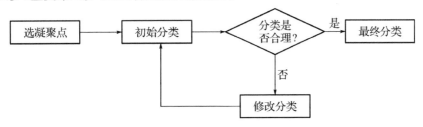

图 16-10 K-均值聚类法流程图

16.4 聚类分析的 SPSS 应用

例 16.2 为了研究 2020 年全国 31 个省、自治区、直辖市的消费支出的结构和水平,根据消费支出的结构和水平对省、自治区、直辖市进行聚类。收集关于食品烟酒支出(X_1)、衣着支出(X_2)、居住支出(X_3)、生活用品及服务支出(X_4)、交通通信支出(X_5)、教育文化娱乐支出(X_6)、医疗保健支出(X_7)、其他用品及服务支出(X_8)这 8 个指标的数据,具体如表 16-9 所示。

表 16-9 2020年各地区人均消费支出　　　　　　　　　　　　　单位：元

地区	X_1	X_2	X_3	X_4	X_5	X_6	X_7	X_8
北京	8 373.9	1 803.5	15 710.5	2 145.8	3 789.5	2 766	3 513.3	800.7
天津	8 516	1 711.8	7 035.3	1 669.4	3 778.7	2 253.7	2 646	850.5
河北	4 992.5	1 249.7	4 394.5	1 171.2	2 356.9	1 799.1	1 692	381.2
山西	4 362.4	1 235.8	3 460.4	863.9	1 980.9	1 608.4	1 854	366.9
内蒙古	5 686.1	1 568.3	4 148.6	1 119.2	3 099.2	1 835.9	1 891.5	445.8
辽宁	6 110.1	1 378.2	4 473.8	1 091.8	2 660	1 950.8	2 303.2	704.1
吉林	5 021.6	1 293.9	3 448.2	906.7	2 386	1 742	2 031.2	488.1
黑龙江	5 287.2	1 300.6	3 450.7	895.4	2 122.2	1 602.9	2 023.2	374.4
上海	11 224.7	1 694	15 247.3	2 091.2	4 557.5	3 662.9	3 033.4	1 025.3
江苏	7 258.4	1 450.5	7 505.9	1 523	3 588.8	2 298.2	2 018.6	581.8
浙江	8 922.1	1 703.2	9 009.1	1 789.3	4 301.2	2 889.4	1 955.9	724.4
安徽	6 280.4	1 210.4	4 375.9	1 108.4	2 172.1	1 855.3	1 548	326.8
福建	8 385.1	1 182.4	7 304.8	1 274.8	2 972	1 895.9	1 583.2	527.5
江西	5 780.6	987.2	4 454.9	966.5	2 146.4	1 879	1 437.3	303.3
山东	5 757.3	1 438	4 437	1 571	3 004.1	2 373.7	1 914	444.8
河南	4 417.9	1 221.8	3 807.6	1 077.6	1 917.2	1 685.4	1 621.9	393.2
湖北	5 897.7	1 173	4 659.6	1 088.9	2 559.5	1 755.9	1 764.9	346.4
湖南	6 251.7	1 236.9	4 436.2	1 289	2 745.5	2 587.3	2 034.7	416.3
广东	9 629.3	1 044.5	7 733	1 560.6	3 808.7	2 442.9	1 677.9	595.1
广西	5 591.5	595	3 579	929.1	2 107.9	1 766.2	1 540.7	247.3
海南	7 514	660.6	4 168	890	2 118.9	1 880.5	1 407.3	332.3
重庆	7 284.6	1 459.1	4 062.1	1 517.4	2 630.9	2 120.9	2 101.5	501.6
四川	7 026.4	1 190.4	3 855.7	1 234.8	2 465.1	1 650.5	19 08	452.4
贵州	4 606.9	944.6	2 998.2	901.1	2 218	1 636.7	1 269.6	298.7
云南	5 092.1	868.3	3 469.8	958.5	2 709.4	1 835.8	1 547.4	311
西藏	4 786.6	1 137.2	2 970.5	838.6	1 987.5	550.9	589.9	363.6
陕西	4 819.5	1156.6	3 857.6	1 179.3	2 194	1 756.6	2 078.4	375.6
甘肃	4 768.8	1 140.6	3 557.6	1 045.5	2 020.4	1 728.6	1 544.7	369.1
青海	5 224.5	1 301.4	3 618.5	1 073.4	3 121	1 521.3	1 975.7	448.5
宁夏	4 816.3	1 263.9	3 348.8	1 037.2	2 922	1 760.6	1 906.3	450.7
新疆	5 225.9	1138.9	3 304.7	1 031	2 318.9	1 488.4	1 611.7	392.7

数据来源：《中国统计年鉴 2021》。

1. 系统聚类法

第一步:在 SPSS 软件中输入相关数据,依次点击"Analyze"→"Classify"→"Hierarchical Cluster",打开"Hierarchical Cluster Analysis"聚类分析对话框。

第二步:将食品烟酒、其他用品及服务等 8 个指标放入"Variables(s)"框中;将地区变量放入"Label Cases by"框中作为标识变量;"Cluster"框中有"Cases"和"Variables"两个按钮,分别表示对样品进行聚类分析和对变量进行聚类分析,此处选择"Cases"按钮;在"Display"框中选择"Statistics"和"Plots",输出统计量和图形,如图 16-11 所示。

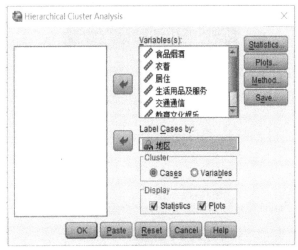

图 16-11 "Hierarchical Cluster Analysis"对话框

第三步:在"Hierarchical Cluster Analysis"对话框中,点击右侧的"Statistics"选项,打开"Hierarchical Cluster Analysis:Statistics"对话框,选择"Agglomeration schedule",显示每一阶段聚类的结果;选择"Proximity matrix",显示样品间相似性矩阵。在"Cluster Membership"聚类成员框中选择"None"不输出类成员表,若选择"Single solution"并输入"4",则会输出分为 4 类的类成员表;若选择"Range of solutions",则会输出指定类的范围的类成员表。然后点击"Continue"回到主对话框中,如图 16-12 所示。

图 16-12 "Hierarchical Cluster Analysis:Statistics"对话框

第四步：在"Hierarchical Cluster Analysis"对话框中，点击"Plots"选项，打开"Hierarchical Cluster Analysis：Plots"对话框。选择"Dendrogram"选项输出树状图。"Icicle"冰状图框中有三个选项，"All clusters"选项表示将聚类的每一步都表现在图中；"Specified range of clusters"是聚类的指定全距，在开始聚类框"Start cluster"中输入"1"，在停止聚类框"Stop cluster"中输入终止的类数，这里输入"4"；"None"表示不输出冰柱图，此处选择指定聚类范围。在"Orientation"框中有两个按钮，分别是"Vertical"和"Horizontal"，分别表示输出纵向的冰柱图和输出水平向的冰柱图，这里选择"Vertical"按钮。然后点击"Continue"回到主对话框中，如图 16 - 13 所示。

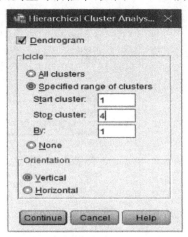

图 16 - 13　"Hierarchical Cluster Analysis：Plots"对话框

第五步：在"Hierarchical Cluster Analysis"对话框中，点击"Method"选项，打开"Hierarchical Cluster Analysis：Method"对话框。"Cluster Method"的下拉选项中，"Between-groups linkage"选项表示使用组间联结法的类平均法；"Within-groups linkage"选项表示使用组内联结法的类平均法；"Nearest neighbor"表示最近距离法；"Farthest neighbor"表示最远距离法；"Centroid cluster"表示重心法；"Median cluster"表示中位数聚类法；"Ward's method"表示离差平方和法。此处我们选择类平均法。在度量标准"Measure"栏中指定距离测度方法，如果是连续变量，那么选择"Interval"区间选项；如果是离散变量，那么选择"Counts"计数选项；如果是二值变量，那么选择"Binary"选项。此处我们选择"Interval"，其下拉菜单中有"Euclidean distance"欧氏距离、"Squared Euclidean distance"欧氏距离的平方、"Cosine"余弦相似度测度、"Pearson correlation"皮尔逊相关系数、"Chebychev"切比雪夫距离、"Block"直接距离、"Minkowski"闵可夫斯基距离、"Customized"用户自定义距离。此处选择欧氏距离的平方。在"Transform Values"转换值框中选择"Z scores"和"By variable"，将数值标准化到 Z 分数。然后点击"Continue"回到主对话框中，如图 16 - 14 所示。

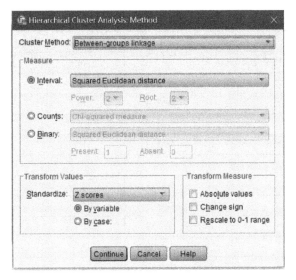

图 16-14 "Hierarchical Cluster Analysis:Method"对话框

第六步:在"Hierarchical Cluster Analysis"对话框中,点击"Save"选项,打开"Hierarchical Cluster Analysis:Save"对话框。在"Cluster Membership"聚类成员框中,选择"Single solution"单一方案,在"Number of clusters"中输入要保存在数据文件中的类别数。然后点击"Continue"回到主对话框中,如图 16-15 所示。

第七步:在主对话框中点击"OK"选项。部分输出结果如下文相关表和图。

欧式不相似性系数平方矩阵表里的数值体现的是不相似性,数值越大,说明省份之间的消费结构与水平越不相似,由于此处表格过大,因此不进行展示。

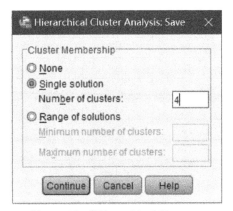

图 16-15 "Hierarchical Cluster Analysis:Save"对话框

表 16-10 是对每一阶段聚类结果的展示,其中,Stage 表示聚类顺序号,Cluster 1 和 Cluster 2 是一步中被合并的两个观测值。比如第一阶段聚类中,将第 16 个观测值和第 28 个观测值合并成一类。Coefficients 表示的是聚合系数,是距离测度值,表示不相似性的系数,从此表中可以看出,数值较小的两类比数值较大的两类先合并。Stage Cluster First Appears 是指首次出现复聚类的阶段,其中有一个为 0 的是观测与类的合并,两个为 0 的是观测与观测的合并,两个均不为 0 的是类与类的合并。比如第 5 阶段中,第 16 类和第 31 观测合并成了一类,而第 16 类是在第 1 阶段中观测 16 和观测 28 合并成的类。Next Stage 表示此步合并结果继续在下一步合并时的序号。

表 16-10 每一阶段聚类结果

Stage	Cluster Combined		Coefficients	Stage Cluster First Appears		Next Stage
	Cluster 1	Cluster 2		Cluster 1	Cluster 2	
1	16	28	0.207	0	0	5
2	29	30	0.384	0	0	12
3	4	8	0.496	0	0	17
4	3	17	0.557	0	0	6
5	16	31	0.640	1	0	10
6	3	12	0.722	4	0	10
7	4	7	0.887	3	0	11
8	14	24	1.056	0	0	9
9	14	25	1.099	8	0	18
10	3	16	1.129	6	5	13
11	4	27	1.264	7	0	13
12	5	19	1.515	0	2	19
13	3	4	1.540	10	11	17
14	15	22	1.550	0	0	16
15	20	21	1.686	0	0	18
16	15	18	2.028	14	0	20
17	3	23	2.499	13	0	19
18	14	20	2.782	9	15	24
19	3	5	2.899	17	12	24
20	10	15	3.726	0	16	23
21	13	19	4.007	0	0	25
22	2	11	4.725	0	0	29
23	6	10	4.896	0	20	25
24	3	14	5.321	19	18	27
25	6	13	7.380	23	21	27
26	1	9	9.254	0	0	29
27	3	6	9.906	24	25	28
28	3	26	16.106	27	0	30
29	1	2	16.211	26	22	30
30	1	3	45.704	29	28	0

图 16-16 是聚为 4 类的冰柱图,冰柱图需要从下往上看,从空缺处分界。由于冰柱图选择了起始聚类为 1 类,最终聚类为 4 类,因此图中只显示了最多聚到 4 类的结果。西藏为一类,北京、上海为一类,天津、浙江为一类,剩下的省、自治区、直辖市为一类。

从图 16-17 中可以看出,如果划分为两类,那么天津、浙江、北京、上海聚为一类,剩下的省、自治区、直辖市划分为一类。说明天津、浙江、北京、上海的消费结构与水平较为相似,这几个省市的经济也比较好。

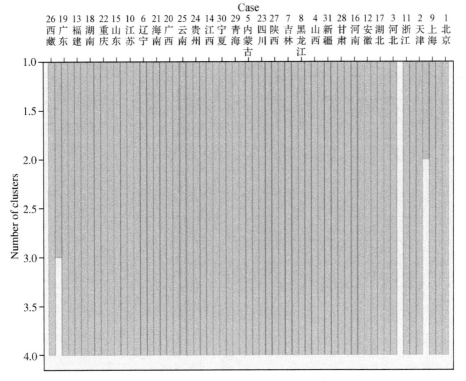

图 16-16 聚为 4 类的冰柱图

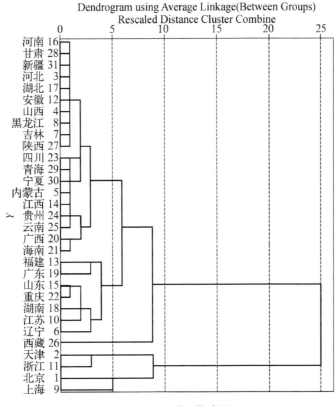

图 16-17 谱系聚类图

表16-11也给出了分为4类的系统聚类法聚类结果。

表16-11 系统聚类法聚类结果

地区	类别
北京	1
天津	2
河北	3
山西	3
内蒙古	3
辽宁	3
吉林	3
黑龙江	3
上海	1
江苏	3
浙江	2
安徽	3
福建	3
江西	3
山东	3
河南	3
湖北	3
湖南	3
广东	3
广西	3
海南	3
重庆	3
四川	3
贵州	3
云南	3
西藏	4
陕西	3
甘肃	3
青海	3
宁夏	3
新疆	3

2. K-均值聚类法

依然使用例16.2中的数据,对数据进行标准化,然后使用K-均值聚类法进行聚类分析。

第一步:在SPSS软件中输入相关数据,依次点击"Analyze"→"Descriptive Statistics"→"Descriptives",打开"Descriptives"对话框,将8个指标变量放入"Variable(s)"框中,并选择下方的"Save standardized values as variables",将标准化后的数据保存作为变量,点击"OK"运行,如图16-18所示。标准化后的数值如表16-12所示。

图16-18 "Descriptives"对话框

表16-12 2020年各地区标准化后的人均消费支出

地区	X_1	X_2	X_3	X_4	X_5	X_6	X_7	X_8
北京	1.213 9	1.976 4	3.343 9	2.643 4	1.466 3	1.506 5	3.144 4	1.820 4
天津	1.296 5	1.649 1	0.578 1	1.282 2	1.451 2	0.555 8	1.483 0	2.096 4
河北	−0.753 4	0.000 1	−0.263 8	−0.141 2	−0.524 2	−0.287 9	−0.344 4	−0.504 7
山西	−1.120 0	−0.049 6	−0.561 7	−1.019 3	−1.046 7	−0.641 9	−0.034 1	−0.584 0
内蒙古	−0.349 9	1.137 0	−0.342 2	−0.289 8	0.507 1	−0.219 6	0.037 8	−0.146 7
辽宁	−0.103 2	0.458 6	−0.238 6	−0.368 1	−0.103 1	−0.006 4	0.826 4	1.285 0
吉林	−0.736 5	0.157 8	−0.565 5	−0.897 0	−0.483 8	−0.393 9	0.305 4	0.087 8
黑龙江	−0.582 0	0.181 7	−0.564 7	−0.929 3	−0.850 3	−0.652 1	0.290 0	−0.542 4
上海	2.872 4	1.585 6	3.196 3	2.487 4	2.533 3	3.171 1	2.225 1	3.065 2
江苏	0.564 9	0.716 6	0.728 1	0.863 9	1.187 4	0.638 3	0.281 2	0.607 1
浙江	1.532 6	1.618 4	1.207 4	1.624 8	2.177 2	1.735 9	0.161 1	1.397 5
安徽	−0.004 1	−0.140 2	−0.269 8	−0.307	−0.781 0	−0.183 6	−0.620 2	−0.806 6
福建	1.220 4	−0.240 1	0.664 0	0.154 8	0.330 4	−0.108 5	−0.552 5	0.306 6
江西	−0.294 9	−0.936 7	−0.244 6	−0.726 1	−0.816 7	−0.139 7	−0.832 3	−0.936 5
山东	−0.308 5	0.672 0	−0.250 4	1.001 1	0.375 0	0.778 5	0.080 9	−0.152 2
河南	−1.087 7	−0.099 5	−0.451 0	−0.408 7	−1.135 2	−0.499 0	−0.478 7	−0.438 2
湖北	−0.226 8	−0.273 7	−0.179 3	−0.376 4	−0.242 7	−0.368 1	−0.204 8	−0.697 6

续表

地区	X_1	X_2	X_3	X_4	X_5	X_6	X_7	X_8
湖南	−0.020 8	−0.045 6	−0.250 5	0.195 3	0.015 7	1.174 9	0.312 1	−0.310 2
广东	1.944 3	−0.732 2	0.800 5	0.971 4	1.492 9	0.906 9	−0.371 4	0.680 8
广西	−0.404 9	−2.336 3	−0.523 8	−0.833 0	−0.870 2	−0.349 0	−0.634 2	−1.246 8
海南	0.713 6	−2.102 2	−0.336 1	−0.944 7	−0.854 9	−0.136 9	−0.889 7	−0.775 7
重庆	0.580 1	0.747 3	−0.369 8	0.847 9	−0.143 5	0.309 3	0.440 0	0.162 6
四川	0.429 9	−0.211 6	−0.435 6	0.040 5	−0.373 9	−0.563 7	0.069 4	−0.110 1
贵州	−0.977 8	−1.088 7	−0.709 0	−0.913 0	−0.717 2	−0.589 3	−1.153 5	−0.962 0
云南	−0.695 5	−1.361 0	−0.558 7	−0.749 0	−0.034 5	−0.219 8	−0.621 4	−0.893 8
西藏	−0.873 2	−0.401 4	−0.717 8	−1.091 5	−1.037 5	−2.604 4	−2.455 5	−0.602 3
陕西	−0.854 1	−0.332 2	−0.435 0	−0.118 1	−0.750 6	−0.366 8	0.395 8	−0.535 7
甘肃	−0.883 6	−0.389 3	−0.530 8	−0.500 4	−0.991 8	−0.418 8	−0.626 6	−0.571 8
青海	−0.618 4	0.184 5	−0.511 2	−0.420 7	0.537 4	−0.803 5	0.199 1	−0.131 7
宁夏	−0.855 9	0.050 7	−0.597 2	−0.524 1	0.260 9	−0.359 4	0.066 1	−0.119 5
新疆	−0.617 6	−0.395 4	−0.611 3	−0.541 8	−0.577 0	−0.864 6	−0.498 2	−0.441 0

第二步：在 SPSS 软件中输入相关数据，依次点击"Analyze"→"Classify"→"K-Means Cluster"，打开"K-Means Cluster Analysis"聚类分析对话框。

第三步：将标准化后的食品烟酒、其他用品及服务等 8 个指标放入"Variables"框中；将"地区"变量放入"Label Cases by"框中作为标识变量；将分类数"Number of Clusters"设为"4"，如图 16-19 所示。

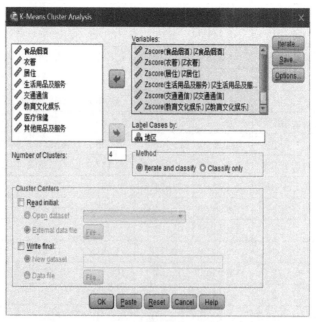

图 16-19 "K-Means Cluster Analysis"对话框

第四步：在"K-Means Cluster Analysis"对话框中，点击右侧的"Options"选项打开"K-Means Cluster Analysis：Options"对话框。选择"Initial cluster centers"初始分类中心、"ANOVA table"方差分析表、"Cluster information for each case"每个样品的分类信息。然后点击"Continue"回到主对话框中，如图 16-20 所示。

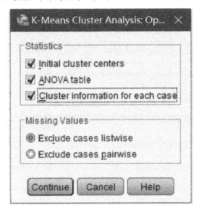

图 16-20 "K-Means Cluster Analysis：Options"对话框

第五步：在"K-Means Cluster Analysis"对话框中，点击右侧的"Save"选项打开"K-Means Cluster Analysis：Save New Variable"对话框。选择"Cluster membership"聚类成员和"Distance from cluster center"与聚类重心的距离。然后点击"Continue"回到主对话框中，如图 16-21 所示。

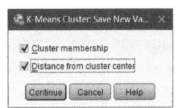

图 16-21 "K-Means Cluster Analysis：Save New Variable"对话框

第六步：在主对话框中点击"OK"选项。部分输出结果如表 16-13 至表 16-17 所示。

表 16-13 给出了初始各类的中心。表 16-14 给出了样品的分类情况，其中北京和上海为一类，天津、江苏、浙江、福建和广东为一类，西藏为一类，剩下的省、自治区、直辖市为一类。K-均值聚类法的结果与系统聚类法不同，但是大体上还是相似的。

表 16-13 初始各类的中心

	Cluster			
	1	2	3	4
Zscore(食品烟酒)	−0.854 07	1.944 25	2.872 44	−0.873 21
Zscore(衣着)	−0.332 19	−0.732 23	1.585 58	−0.401 42
Zscore(居住)	−0.435 01	0.800 54	3.196 26	−0.717 84

续表

	Cluster			
	1	2	3	4
Zscore(生活用品及服务)	−0.118 09	0.971 35	2.487 38	−1.091 54
Zscore(交通通信)	−0.750 58	1.492 93	2.533 33	−1.037 49
Zscore(教育文化娱乐)	0.366 81	0.906 88	3.171 05	−2.604 44
Zscore(医疗保健)	0.395 78	−0.371 40	2.225 12	−2.455 51
Zscore(其他用品及服务)	−0.535 74	0.680 83	3.065 21	−0.602 25

表 16-14 样品的分类情况

Case Number	地区	Cluster	Distance
1	北京	3	1.521
2	天津	2	2.024
3	河北	1	0.566
4	山西	1	1.243
5	内蒙古	1	1.722
6	辽宁	1	2.164
7	吉林	1	1.026
8	黑龙江	0	1.056
9	上海	3	1.521
10	江苏	2	0.892
11	浙江	2	1.875
12	安徽	1	0.849
13	福建	2	2.053
14	江西	1	1.225
15	山东	1	2.163
16	河南	1	1.068
17	湖北	1	0.479
18	湖南	1	1.747
19	广东	2	1.635
20	广西	1	2.370
21	海南	1	2.415
22	重庆	1	2.159
23	四川	1	1.078
24	贵州	1	1.677
25	云南	1	1.415
26	西藏	4	0.000
27	陕西	1	0.850
28	甘肃	1	0.917

续表

Case Number	地区	Cluster	Distance
29	青海	1	1.296
30	宁夏	1	0.972
31	新疆	1	0.788

表 16-15 给出了最终各类的中心,表 16-16 给出了最终的类中心的距离。

表 16-15 最终各类的中心

	Cluster			
	1	2	3	4
Zscore(食品烟酒)	−0.424 87	1.311 77	2.043 15	−0.873 21
Zscore(衣着)	−0.268 36	0.602 36	1.780 96	−0.401 42
Zscore(居住)	−0.426 11	0.795 64	3.270 10	0.717 84
Zscore(生活用品及服务)	−0.388 53	0.979 41	2.565 38	−1.091 54
Zscore(交通通信)	−0.417 45	1.327 84	1.999 79	−1.037 49
Zscore(教育文化娱乐)	−0.252 23	0.745 64	2.338 78	−2.604 44
Zscore(医疗保健)	−0.170 23	0.200 24	2.684 75	−2.455 51
Zscore(其他用品及服务)	−0.407 45	1.017 59	2.442 79	−0.602 25

表 16-16 最终的类中心的距离

Cluster	1	2	3	4
1		3.653	7.843	3.461
2	3.653		4.664	6.233
3	7.843	4.664		10.578
4	3.461	6.233	10.578	

表 16-17 给出了方差分析表,原假设为类均值相等,此处的 F 值可以用来描述分类的目的,但是不能用来判断各类均值是否有显著差异。方差分析表的结果说明这 8 个变量对分类的贡献都非常显著,无须剔除变量。

表 16-17 方差分析表

	Cluster		Error		F	Sig.
	Mean Square	df	Mean Square	df		
Zscore(食品烟酒)	7.289	3	0.301	27	24.197	0.000
Zscore(衣着)	3.325	3	0.742	27	4.483	0.011
Zscore(居住)	9.748	3	0.028	27	348.017	0.000
Zscore(生活用品及服务)	7.541	3	0.273	27	27.595	0.000
Zscore(交通通信)	7.299	3	0.300	27	24.327	0.000
Zscore(教育文化娱乐)	7.322	3	0.298	27	24.607	0.000

续表

	Cluster		Error		F	Sig.
	Mean Square	df	Mean Square	df		
Zscore(医疗保健)	7.104	3	0.322	27	22.078	0.000
Zscore(其他用品及服务)	7.098	3	0.322	27	22.009	0.000

注：F 检验应仅用于描述性目的，因为选择类群是为了最大限度地扩大不同类群中个案之间的差异。观察到的显著性水平没有对此进行校正，因此不能被解释为对聚类均值相等的假设检验。

练 习 题

一、简答题

1. 聚类分析的基本思想是什么？
2. 系统聚类法的一般步骤是什么？
3. 类与类之间距离的计算方法有哪些？

二、计算题

1. 10 名游泳运动员测试数据中的三个变量为：肩宽/髋宽×100(X_1)、胸厚/胸围×100(X_2)、腿长/身高×100(X_3)，数据如表 16-18 所示。使用系统聚类法对表中数据进行聚类。

表 16-18 10 名游泳运动员的测试数据

序号	X_1	X_2	X_3
1	125	20	44
2	121	18	43
3	120	17	42
4	124	20	45
5	122	18	43
6	120	19	44
7	121	17	41
8	122	19	43
9	122	17	42
10	121	19	45

2. 请根据表 16-18 中的数据，使用 K-均值聚类法将 10 名游泳运动员分为 4 类。

第 17 章

因子分析

多元统计分析方法是研究多个随机变量之间相互依赖关系以及内在统计规律的方法,主要包括主成分分析、因子分析、聚类分析、判别分析、对应分析、多元回归分析、典型相关分析和路径分析等。本章主要介绍最常用的因子分析。

在调查研究中,有些现象很难被直接观测,称为不可测现象,只能通过其他多个可观测指标来间接测量。比如,要测得在校大学生的能力,需要通过学年绩点、课堂参与度、课外阅读时间、比赛获奖证书等多个方面的指标来描述。但是由于这些指标都是用来描述学生能力这一个因素的,因此它们之间或多或少会有一些相关性。研究者们认为,这些指标之间的相关性是由它们共同反映的不可观测的现象决定的。从理论上来说,相关程度较高的观测指标可能受到同一个潜在变量的影响,相关程度较低的观测指标可能受到不同潜在变量的影响。

一般认为因子分析是从查尔斯·斯皮尔曼(Charles Spearman)在 1904 年发表的文章《对智力测验得分进行统计分析》开始,他提出用这种方法来解决智力测验得分问题。目前因子分析在管理学、社会学、经济学等学科中都获得了成功的应用,是多元统计分析中的典型方法之一。因子分析(factor analysis)是利用降维的思想,从研究原始变量相关矩阵或协方差矩阵的内部依赖关系出发,把一些具有错综复杂关系的多个变量归结为少数几个综合因子,并利用这些共同因子来解释原始观测指标之间的相关关系的一种多元统计分析方法。它是一种数据简化的技术,通过研究众多变量之间的内部依赖关系,探求观测数据中的基本结构,并用少数几个假想变量表示其基本的数据结构。原始的变量是可观测的显在变量(observable variable),而假想变量是不可观测的潜在变量(latent variable),称为因子。

17.1 因子分析概述

1. 因子分析的目的

因子分析的目的之一就是简化变量维数。也就是说,使因素结构简单化,希望以最少的共同因素(公共因子)对总变异量做最大限度的解释。因此抽取的因子越少越好,但抽取因子的累积解释的变异量越大越好。在因子分析的公共因子抽取中,应最先抽取特征值最大的公共因子,其次是次大者,最后抽取特征值最小的公共因子,其特征值通常会接近0。

2. 因子分析的基本思想

因子分析的基本思想是根据相关性大小将原始变量分组,使得同组内变量的相关性较高,而不同组间变量的相关性较低。每组变量代表一个基本结构,并且用一个不可观测的综合变量表示,这个基本结构就成为公共因子。对于研究的具体问题,原始变量可以分解为少数几个公共因子的线性函数和与公共因子无关的特殊因子。

因子分析可以用于对样品或变量的分类处理,在得出因子表达式后,把原始变量的数据代入表达式可以得出因子得分,然后根据因子得分在因子所构成的空间中把表示样品或变量的点画出来,这样就可以更直观地达到分类的目的。

3. 因子分析的假设前提

因子分析的假设前提是观测变量能够转换为一系列潜在变量(因子)的线性组合。因子可以与两个以上的变量相关联,也可以只与其中一个变量相关联。

4. 因子分析的基本理论与模型

1904年,为研究学生考试成绩,斯皮尔曼收集了33名学生的古典语、法语、英语、数学、判别和音乐的考试成绩,进行相关分析后得到了相关矩阵。斯皮尔曼发现相关矩阵中,不考虑对角元素时,任意两列的数值成比例。斯皮尔曼指出每一科目的考试成绩都遵循以下形式:

$$X_i = a_i F + e_i, \quad i = 1, 2, \cdots, p \tag{17.1}$$

其中,X_i 为第 i 门科目标准化后的考试成绩,其均值为0,方差为1;F 为公共因子,均值为0,方差为1;e_i 是仅对第 i 门科目考试成绩有影响的特殊因子,F 与 e_i 相互独立;a_i 称为因子载荷,a_i^2 表示公共因子 F 解释 X_i 方差的比例,称为共同度。这个公式表示每一门科目的考试成绩都被看作是一个公共因子和一个特殊因子的和。

对式(17.1)进行推广,假定每一门科目的考试成绩都受到 m 个公共因子及一个特殊因子的影响,则因子分析模型的一般形式为:

$$X_i = a_{i1}F_1 + a_{i2}F_2 + \cdots + a_{im}F_m + e_i, \quad i = 1, 2, \cdots, p \tag{17.2}$$

在式(17.2)中,$F_1, F_2, \cdots, F_m$ 表示 m 个公共因子,都满足均值为0,方差为1;e_i 与每一个公共因子都独立;$a_{i1}^2 + a_{i2}^2 + \cdots + a_{im}^2$ 表示公共因子解释 X_i 方差的比例,称为 X_i 的共同度,$-1 < a_{ij} < 1$;$\text{Var}(e_i)$ 表示 X_i 方差中与公共因子无关的部分,也称为 X_i 的特殊度或剩余方差。

X_i 和 X_j 之间的相关系数 r_{ij} 与因子载荷的关系如下:

$$r_{ij} = a_{i1}a_{j1} + a_{i2}a_{j2} + \cdots + a_{im}a_{jm}, \quad i, j = 1, 2, \cdots, p \tag{17.3}$$

也就是说,当 X_i 和 X_j 在某一公共因子上的载荷都比较大时,X_i 和 X_j 之间的相关系数 r_{ij} 也会较大,即 X_i 和 X_j 的相关性较强。

下面给出因子分析更为一般的模型。设有 n 个样品，每个样品有 p 个指标，p 个指标之间有很强的相关性。因子分析原始的变量形式如表 17-1 所示。

表 17-1 因子分析原始的变量形式

样品编号	原始观测变量			
	X_1	X_2	$\cdots$	X_p
1	x_{11}	x_{12}	$\cdots$	x_{1p}
2	x_{21}	x_{22}	$\cdots$	x_{2p}
$\vdots$	$\vdots$	$\vdots$		$\vdots$
n	x_{n1}	x_{n2}	$\cdots$	x_{np}

为了消除量纲以及数量级不同带来的影响，对样本数据进行标准化处理。式(17.2)可用如下矩阵表示：

$$\boldsymbol{X} = \boldsymbol{A}\boldsymbol{F} + \boldsymbol{e} \tag{17.4}$$

其中，$\boldsymbol{A} = \begin{bmatrix} a_{11} & a_{12} & \cdots & a_{1m} \\ a_{21} & a_{22} & \cdots & a_{2m} \\ \vdots & \vdots & & \vdots \\ a_{p1} & a_{p2} & \cdots & a_{pm} \end{bmatrix} = (\boldsymbol{A}_1, \boldsymbol{A}_2, \cdots, \boldsymbol{A}_m)$，称为因子载荷矩阵，

$$\boldsymbol{X} = \begin{bmatrix} X_1 \\ X_2 \\ \vdots \\ X_p \end{bmatrix}, \boldsymbol{F} = \begin{bmatrix} F_1 \\ F_2 \\ \vdots \\ F_p \end{bmatrix}, \boldsymbol{e} = \begin{bmatrix} e_1 \\ e_2 \\ \vdots \\ e_p \end{bmatrix}$$

满足以下三个条件的因子分析模型称为正交因子模型，不满足第三个条件的因子分析模型称为斜交因子模型。

(1) $m \leqslant p$；

(2) 公共因子与特殊因子不相关；

(3) 各个公共因子之间不相关且方差为 1，各个特殊因子之间不相关但方差可以不等。

5. 因子分析模型中几个重要统计量的意义

(1) 因子载荷 a_{ij} 的统计意义

因子载荷指因子结构中原始变量与因子分析时抽取出的公共因子的相关程度。在各公共因子不相关的前提下，a_{ij} 是 X_i 和 F_j 之间的协方差，同时也是 X_i 和 F_j 之间的相关系数。它表示第 i 个变量在第 j 个公共因子上的载荷，a_{ij} 的绝对值越大，说明第 i 个变量 X_i 与第 j 个公共因子 F_j 的相关程度越高，或者说 F_j 对 X_i 的载荷越大。

(2) 共同度与剩余方差

共同度又称共性方差或公因子方差(common variance)，是变量与每个公共因子之间载荷的平方总和，也就是因子载荷矩阵中某行因子载荷的平方和。从共同度的大小可

以判断原始实测变量与公共因子之间的关联程度。将变量 X_i 的共同度记为 $h_i^2(i=1,2,\cdots,p)$，则：

$$h_i^2 = a_{i1}^2 + a_{i2}^2 + \cdots + a_{im}^2 \tag{17.5}$$

将特殊因子的方差称为剩余方差，是原有变量的方差中无法被公共因子所解释的比例，因此衡量一个变量的特殊因子影响大小的值就是用 1 减去该变量的共同度。记 $\mathrm{Var}(e_i)=\sigma_i^2$，则 X_i 的方差为：

$$\mathrm{Var}(X_i) = 1 = h_i^2 + \sigma_i^2 \tag{17.6}$$

由式(17.6)可知，共同度 h_i^2 与剩余方差 σ_i^2 有互补关系。共同度 h_i^2 反映了全部公共因子对变量 X_i 的影响，其值越大，意味着公共因子解释变量的能力越强，因子分析的效果越好。

(3) 特征值

共同度是对所有公共因子对某一变量的方差贡献进行的考量，而特征值则是从另一个角度入手，考虑某一公共因子对所有变量的方差贡献，可以对公共因子的影响力进行判断。

特征值是第 j 个公共因子 F_j 对 X 的每一分量 $X_1, X_2, \cdots, X_p$ 所提供的方差的总和，又称为第 j 个公共因子的方差贡献，即所有变量与某一公共因子之间因子载荷的平方和（因子载荷矩阵中某一公共因子列所有因子载荷的平方和）。将公共因子 F_j 的特征值记为 $g_j^2(j=1,2,\cdots,m)$，则：

$$g_j^2 = a_{1j}^2 + a_{2j}^2 + \cdots + a_{pj}^2 \tag{17.7}$$

g_j^2 是衡量公共因子之间相对影响力的重要指标。g_j^2 越大，说明公共因子 F_j 对变量的贡献越大。将因子载荷矩阵中所有公共因子的特征值计算出来，就可以对公共因子影响力的大小进行排序，提取出相对来说重要的公共因子。

17.2　因子分析的步骤

进行因子分析通常包括如下几步：
(1) 根据研究问题选取相关性较强的原始变量；
(2) 对原始变量进行标准化并求解相关矩阵，以此来分析变量之间的相关性；
(3) 求解初始公共因子以及因子载荷矩阵；
(4) 因子旋转；
(5) 计算因子得分；
(6) 根据因子得分进行进一步分析。

1. 选取变量

进行因子分析之前要先考察原始变量之间是否存在较强的相关关系，判断原始变量是否适合进行因子分析。如果原有变量相关性非常弱，甚至变量之间相互独立，不存在信息重叠,那么也就不用再进行因子分析了。

2. 标准化并求解相关矩阵

不同的指标一般都有不同的量纲,并且有不同的数量级单位。为了使不同量纲、不同数量级的数据能够在一起进行比较,通常需要对数据进行变换处理。数据的变换方法一般有中心化处理、极差规格化变换处理、标准化处理以及对数变换处理。在因子分析中,我们采用标准化处理。标准化处理是指先对变量进行中心化变换,然后用该变量的标准差进行标准化,即变量减去均值的差除以变量的标准差。经过标准化后的变量,均值为0,方差为1,不再具有量纲,同样也便于不同变量之间的比较。

用标准化后的数据计算相关矩阵,分析变量间的相关性。如果相关系数矩阵中的大部分相关系数小于0.3,即各变量间大多为弱相关,那么原则上这些变量不适合进行因子分析;如果大部分相关系数大于0.3,那么可进行下一步因子分析。

3. 求解初始公共因子以及因子载荷矩阵

因子分析首先就要确定因子载荷矩阵,而因子载荷矩阵的求解方法主要有主成分法、主轴因子法、最小二乘法、极大似然法、α因子提取法等。

主成分(principal components)法是SPSS软件默认的方法,优点是比较简单,可以帮助我们确定因子个数,但是它的缺点是不符合因子模型的假设前提,因为主成分法会使得特殊因子之间不相互独立。研究人员在进行因子分析时,总是先采取主成分法进行分析,再尝试其他方法。主轴因子(principal axis factoring)法是对主成分法的修正,比较简单,在实际应用中比较常见。极大似然法(maximum likelihood method)是建立在极大似然估计上的统计方法,也有比较广泛的应用。

公共因子的数目需要研究者自己进行判断,公共因子数目越多,能解释的项目变量的总方差也就越大,当公共因子数目与变量数目相等时,变量的所有方差都可以被公共因子所解释。但是如果用太多因子,那么就失去了因子分析的意义——降维。

在选取公共因子的时候,我们一般有两种方法:第一是根据公共因子的特征值大于1这个准则来确定因子,称为Kaiser-Guttman准则。

在用相关矩阵以主成分法确定因子载荷的时候,公共因子的特征值会随着公共因子数目的增加而减小。因为主成分法的特点就是抽取出来的第一个因子解释所有变量方差的能力是最大的,抽取出来的第二个因子是解释剩余方差中能力最大的一个线性组合,以此类推。在我们分析变量的时候,用的都是标准化后的值,此时变量均值为0,方差为1,因此p个变量的方差和就应该是p。因为因子的特征值就是因子的方差,所以p个特征值之和就是p个因子的方差和。如果用p个因子解释p个变量,那么平均下来,每一个因子的方差就应该是1,因此每一个因子的特征值就应该是1。如果一个因子的特征值小于1,那么这个因子解释的方差比原始变量还要少,表明这个因子没有尽到它应尽的效应。因此我们在选择因子的时候,应该选择特征值大于1的因子。这就是Kaiser-Guttman准则。

第二是画碎石图(scree plot),即以因子数为横轴、因子特征值为纵轴的图,观察图中有没有突然的折变。比如增加了一个因子,特征值下降得非常明显,这就是我们应该停止的征兆,如图17-1所示。

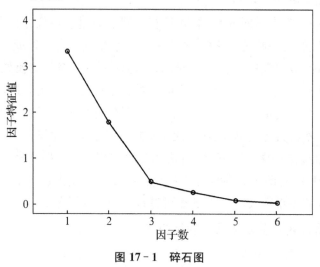

图17-1 碎石图

从图中可以看出,碎石图里第三个因子的特征值点在拐点处,也就是说从第三个点开始,特征值就趋于平缓了。所以取前两个或前三个公共因子是合理的。在实际应用中,有些研究者往往选择特征值大于1的因子(即取前两个因子)。

4. 因子旋转

因子旋转(factor rotation)是一种变换,就是旋转因子的坐标轴。得到初始因子载荷矩阵后,由于它形成的因子可能与很多变量相关,因此难以做出合理的解释,这时需要对因子载荷矩阵进行旋转,使得因子与原始变量之间的关系更清晰,有助于对公共因子进行合理命名与解释。由于不管用什么方法得出的因子载荷矩阵都不是唯一的,因此应该对因子载荷矩阵进行旋转。这样做可以使每个变量在尽可能少的因子上有比较高的载荷,让某个变量在某个因子上的载荷趋于1,而在其他因子上的载荷趋于0。也就是说,使因子载荷矩阵每列或每行的元素平方值向0和1两极分化。旋转因子轴会影响因子载荷,每个因子所能解释的百分比会变,但所有因子解释变量总方差的比例没有发生改变。

因子旋转分为正交旋转与斜交旋转,经过正交旋转而得到的新的公共因子仍然保持彼此独立的性质。而经过斜交旋转得到的新的公共因子则不再保持彼此独立的性质,但是经过斜交旋转变换后的公共因子在实际意义上可以得到更好的解释。最常用的因子旋转方法是方差最大正交化旋转方法。

图17-2是用主成分法提取出来的两个因子,但是哪个项目对应哪个因子很难解释清楚,在不改变因子之间关系(即不改变两因子轴之间的角度)的前提下,将因子轴进行旋转,如图17-3所示,因子与项目的关系就十分清晰了。因子旋转更方便我们去理解因子载荷,通过旋转,可以使因子载荷的数值向0和1两极分化,以便于快速识别公共因子主要反映的原始变量的综合含义。

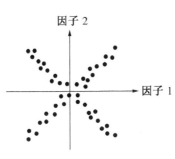

图 17-2 未经旋转的公共因子

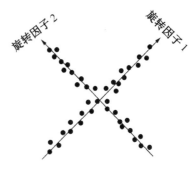

图 17-3 旋转后的公共因子

5. 计算因子得分

前面我们主要解决了用公共因子的线性组合来表示一组观测变量的有关问题。如果我们要使用这些因子做其他的研究,比如把得到的因子作为自变量进行回归分析,对样本进行分类或评价,那么就需要对公共因子进行测度,即给出公共因子的值。因子模型建立后,我们需要将变量或者样品进行分类,即计算因子得分。因子得分就是公共因子 $F_1, F_2, \cdots, F_m$ 在每一个样品点上的得分。

因子得分的计算方法有三种:一是运用回归分析的思路解决问题,二是 Bartlett 法(加权最小二乘法),三是 Anderson-Rubin 法,下面简要介绍回归分析法。

建立以公共因子为因变量、原始变量为自变量的回归方程:

$$\hat{F}_j = \beta_{j1} X_1 + \beta_{j2} X_2 + \cdots + \beta_{jp} X_p, j = 1, 2, \cdots, m \tag{17.8}$$

其中,$\beta_{j1}, \beta_{j2}, \cdots, \beta_{jp}$ 称为因子权数(factor weights)。注意,因为变量与因子都是标准化的,所以回归模型中没有常数项。解 m 次之后就可以得到所有得分函数的系数。

6. 深入分析

在上述步骤都完成后,就可以利用因子得分进行深入分析了。

17.3 因子分析的 SPSS 应用

例 17.1 为了对地区建筑业的企业经营效益进行分析,表 17-2 给出了 7 个指标,分别是企业个数 X_1、流动资产 X_2、资产总额 X_3、负债总额 X_4、主营业务收入 X_5、利润总额 X_6、资产利润率 X_7。建立因子分析模型,根据这 7 个指标使用因子分析方法对全国 31 个省、自治区、直辖市的建筑业企业经营效益进行评价。

表 17-2 2020 年各地区建筑业企业主要经济指标

地区	X_1	X_2/万元	X_3/万元	X_4/万元	X_5/万元	X_6/万元	X_7/%
北京	2 503	193 676 207	317 532 577	212 481 297	162 846 985	12 818 844	4
天津	1 932	58 717 191	74 155 181	59 063 324	45 350 162	1 452 729	2

续表

地区	X_1	X_2/万元	X_3/万元	X_4/万元	X_5/万元	X_6/万元	X_7/%
河北	2 940	62 080 426	73 928 708	54 426 890	54 363 320	2 719 719	3.7
山西	3 357	56 859 722	74 969 739	56 021 043	52 355 143	2 474 863	3.3
内蒙古	1 014	18 131 762	22 875 115	16 105 506	12 784 375	631 424	2.8
辽宁	5 635	53 359 861	64 212 061	46 704 728	36 934 641	1 712 790	2.7
吉林	2 511	24 178 801	29 641 011	19 860 813	18 794 670	1 380 722	4.7
黑龙江	2 237	19 669 460	23 082 728	16 196 673	13 350 757	647 162	2.8
上海	2 365	102 637 993	122 997 381	95 613 795	107 093 348	3 788 312	3.1
江苏	11 000	207 416 925	244 860 272	146 203 607	306 134 391	23 562 656	9.6
浙江	8 004	133 334 786	158 459 963	107 602 276	176 747 472	9 327 649	5.9
安徽	5 692	67 044 343	83 421 948	58 596 959	74 282 827	4 583 433	5.5
福建	6 774	66 615 960	80 267 653	48 945 081	112 437 079	8 050 868	10
江西	3 751	48 811 774	59 227 936	38 273 126	63 925 927	4 513 564	7.6
山东	8 081	137 501 469	165 350 371	124 759 090	140 946 998	7 497 037	4.5
河南	7 415	89 870 747	113 435 204	73 772 451	111 395 858	9 990 385	8.8
湖北	4 633	119 839 926	158 178 995	107 544 116	146 178 839	10 386 379	6.6
湖南	3 338	59 633 161	79 861 193	53 059 436	102 086 709	7 114 647	8.9
广东	7 587	202 710 815	250 196 903	188 507 786	192 909 901	10 103 114	4
广西	1 913	33 398 600	39 009 680	28 841 931	39 276 441	1 986 548	5.1
海南	250	4 213 759	4 854 960	2 829 066	4 094 561	337 784	7
重庆	3 335	56 660 732	70 489 549	50 319 115	70 869 984	5 686 040	8.1
四川	7 067	114 665 036	150 390 380	106 859 090	128 885 392	9 135 598	6.1
贵州	1 770	64 686 054	78 291 864	59 650 511	38 974 455	2 305 400	2.9
云南	3 449	57 598 151	89 298 941	57 529 816	54 493 209	4 361 717	4.9
西藏	402	6 136 233	7 601 802	5 112 006	3 555 590	297 124	3.9
陕西	3 416	84 146 532	101 068 195	77 314 284	80 005 878	4 240 870	4.2
甘肃	1 827	28 583 068	37 704 212	26 355 238	21 551 748	1 206 495	3.2
青海	383	6 075 619	8 093 314	5 590 259	6 178 320	223 484	2.8
宁夏	654	7 074 381	8 002 806	5 711 010	6 864 864	349 194	4.4
新疆	1 487	31 628 391	38 864 896	29 496 460	27 004 037	1 279 145	3.3

数据来源:《中国统计年鉴2021》。

第一步:在SPSS软件中输入相关数据,依次点击"Analyze"→"Dimension Reduction"→"Factor",打开"Factor Analysis"因子分析对话框。

第二步：将 $X_1 \sim X_7$ 7个指标放入"Variables"框中，如图17-4所示。

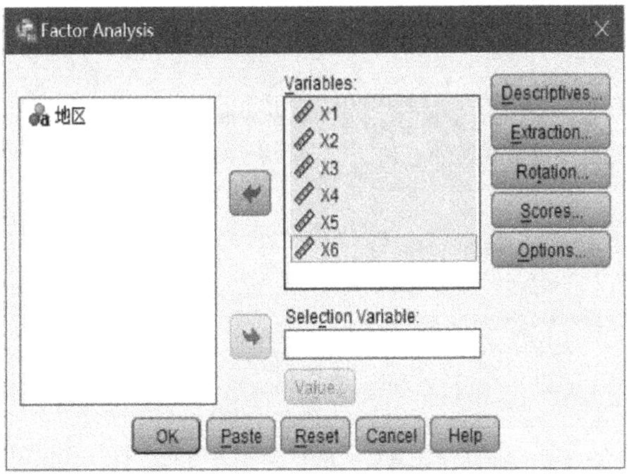

图17-4 "Factor Analysis"对话框

第三步：在"Factor Analysis"对话框中，点击"Descriptives"选项，打开"Factor Analysis：Descriptives"对话框，在"Statistics"统计量框中选择"Univariate descriptives"单变量描述性和"Initial solution"原始分析结果选项。在"Correlation Matrix"相关性矩阵框中选择"Coefficients"系数和"Significance levels"显著性水平选项，要求显示每个相关阵中相关系数为0的单尾显著性水平，选择"KMO and Bartlett's test of sphericity"进行KMO检验和Bartlett's球形检验。然后点击"Continue"回到主对话框中，如图17-5所示。

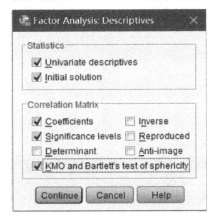

图17-5 "Factor Analysis：Descriptives"对话框

第四步：在"Factor Analysis"对话框中，点击"Extraction"选项，打开"Factor Analysis：Extraction"对话框。在"Method"下拉菜单中选择"Principal components"主成分选项；在"Analyze"框中选择"Correlation matrix"选项，输出相关性矩阵；在"Display"框中选择"Unrotated factor solution"选项，输出未经旋转的因子解，即未经旋转的因子载荷矩阵、共同度以及特征值；选择"Scree plot"选项，输出因子碎石图；在"Extract"框中选择"Based on Eigenvalue"选项，"Eigenvalues greater than"框中默认值为"1"，提取因子特征值大于1的公共因子。然后点击"Continue"回到主对话框中，如图17-6所示。

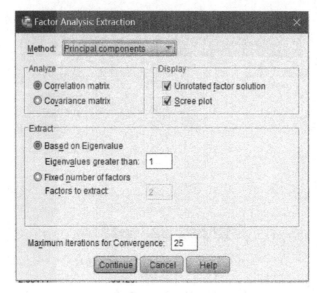

图 17-6 "Factor Analysis:Extraction"对话框

第五步:在"Factor Analysis"对话框中,点击"Rotation"选项,打开"Factor Analysis:Rotation"对话框。在"Method"框中选择"Varimax"方差最大正交旋转法选项;在"Display"框中选择"Rotated solution"旋转解和"Loading plot(s)"载荷图,输出旋转后的结果和因子载荷图。然后点击"Continue"回到主对话框中,如图 17-7 所示。

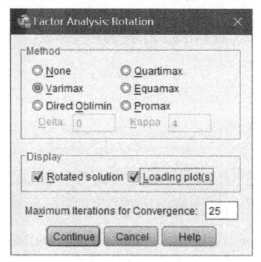

图 17-7 "Factor Analysis:Rotation"对话框

第六步:在"Factor Analysis"对话框中,点击"Scores"选项,打开"Factor Analysis:Factor Scores"对话框。选择"Save as variables"选项,将因子得分以变量形式保存至数据文件中;"Method"框中默认选择"Regression"选项;选择"Display factor score coefficient matrix"选项,显示因子得分系数矩阵。然后点击"Continue"回到主对话框中,如图 17-8 所示。

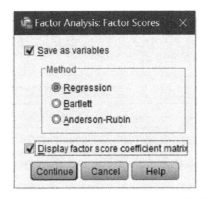

图 17-8 "Factor Analysis:Factor Scores"对话框

第七步:在"Factor Analysis"对话框中,点击"Options"选项,打开"Factor Analysis:Options"对话框。在"Missing Values"框中选择"Exclude cases listwise"选项;在"Coefficient Display Format"框中选择"Sorted by size",使得系数的显示格式为按大小排序。然后点击"Continue"回到主对话框中,如图 17-9 所示。

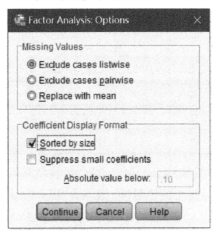

图 17-9 "Factor Analysis:Options"对话框

第八步:在主对话框中点击"OK"选项,输出结果。

表 17-3 是单变量描述统计量,依次显示了变量标签、变量均值、变量标准差和参与计算这些统计量的观测数。

表 17-3 单变量描述统计量

	Mean	Std. Deviation	Analysis N
X1	3 765.225 8	2 743.195 36	31
X2	71 514 770.48	56 658 679.69	31
X3	91 300 823.81	75 924 932.11	31
X4	63 849 896.23	51 980 062.72	31
X5	77 828 189.71	69 254 243.64	31
X6	4 973 086.968	5 045 768.133	31
X7	5.045 2	2.258 74	31

表17-4给出了各分析变量的相关矩阵,可以用来判断各变量之间的相关性,以判断是否适合对变量进行因子分析。$X_1 \sim X_6$这6个变量之间的相关性都较强,变量X_7与部分变量相关性强,与部分变量相关性弱。

表17-4 原始变量相关系数矩阵列表

		X1	X2	X3	X4	X5	X6	X7
Correlation	X1	1.000	0.750	0.662	0.636	0.841	0.807	0.523
	X2	0.750	1.000	0.982	0.977	0.941	0.875	0.256
	X3	0.662	0.982	1.000	0.992	0.893	0.848	0.219
	X4	0.636	0.977	0.992	1.000	0.860	0.789	0.145
	X5	0.841	0.941	0.893	0.860	1.000	0.963	0.495
	X6	0.807	0.875	0.848	0.789	0.963	1.000	0.608
	X7	0.523	0.256	0.219	0.145	0.495	0.608	1.000
Sig. (1-tailed)	X1		0.000	0.000	0.000	0.000	0.000	0.001
	X2	0.000		0.000	0.000	0.000	0.000	0.083
	X3	0.000	0.000		0.000	0.000	0.000	0.119
	X4	0.000	0.000	0.000		0.000	0.000	0.218
	X5	0.000	0.000	0.000	0.000		0.000	0.002
	X6	0.000	0.000	0.000	0.000	0.000		0.000
	X7	0.001	0.083	0.119	0.218	0.002	0.000	

表17-5给出了KMO检验和Bartlett's球形检验结果,KMO统计量的取值范围是0到1,越接近于1,变量之间的相关性越强,偏相关性越弱,因子分析的效果越好。一般认为,KMO统计量的值大于0.7的时候,因子分析的效果比较好;KMO的值小于0.5时,变量不适合进行因子分析。Bartlett's球形检验的原假设是相关矩阵为单位矩阵,如果做出拒绝原假设的统计决策,那么认为各变量之间具有相关性,适合进行因子分析。从给出的结果来看,KMO统计量的值为0.703>0.7,并且Bartlett's球形检验的$P=0.000<0.05$,在0.05的显著性水平下做出了拒绝相关矩阵是单位矩阵的原假设,因此认为变量之间可以进行因子分析。

表17-5 KMO检验和Bartlett's球形检验结果

Kaiser-Meyer-Olkin Measure of Sampling Adequacy		0.703
Bartlett's Test of Sphericity	Approx. Chi-square	494.642
	df	21
	Sig.	0.000

表17-6给出了公共因子解释原始变量总方差的情况,设定SPSS提取特征值大于1的公共因子,本例中提取了两个公共因子,第一个公共因子的贡献率为78.180%,前两个

公共因子的累积贡献率为94.137%。

表17-6 公共因子对原始变量总方差的解释

Component	Initial Eigenvalues			Extraction Sums of Squared Loadings			Rotation Sums of Squared Loadings		
	Total	% or Variance	Cumulative %	Total	% or Variance	Cumulative %	Total	% or Variance	Cumulathe %
1	5.473	78.180	78.180	5.473	78.180	78.180	4.626	66.090	66.090
2	1.117	15.957	94.137	1.117	15.957	94.137	1.963	28.047	94.137
3	0.296	4.226	98.363						
4	0.084	1.198	99.561						
5	0.027	0.387	99.947						
6	0.003	0.041	99.988						
7	0.001	0.012	10.000						

Extraction Method: Prinipal Component Analysis.

图17-10给出了表示各成分特征值的碎石图。通过碎石图可以看出因子1与因子2,以及因子2与因子3之间的特征值差值较大,因子3之后的特征值差值较小,因此认为提取两个公共因子可以解释绝大部分原始变量。

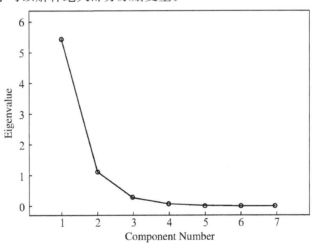

图17-10 特征值碎石图

表17-7是旋转前的因子载荷矩阵列表,是用标准化的主成分(公共因子)近似表达标准化后的原始变量系数矩阵列表。用F_1表示第一个公共因子,F_2表示第二个公共因子,则X_1可以表示为:

$$X_1^* = 0.844F_1 + 0.26F_2 \tag{17.9}$$

其他变量也可以用公共因子表示出来。

表 17-7 旋转前的因子载荷矩阵列表[a]

	Component	
	1	2
X5	0.984	0.058
X2	0.969	−0.239
X6	0.957	0.190
X3	0.941	−0.301
X4	0.913	−0.374
X1	0.844	0.260
X7	0.469	0.850

Extraction Method: Principal Component Analysis.
a. 2 components extracted.

有时,为了解释方便,需要对因子进行旋转,表 17-8 是旋转后的因子载荷矩阵列表。但是从输出结果可以看出,旋转后的公共因子解释原始变量的能力并没有得到提升。

表 17-8 旋转后的因子载荷矩阵列表[a]

	Component	
	1	2
X4	0.985	0.067
X3	0.977	0.144
X2	0.975	0.212
X5	0.857	0.486
X6	0.775	0.592
X1	0.643	0.606
X7	0.046	0.969

Extraction Method: Principal Component Analysis.
Rotation Method: Varimax with Kaiser Normalization.
a. Rotation converged in 3 iterations.

表 17-9 和表 17-10 分别是因子转换矩阵列表和因子得分系数矩阵列表。经过旋转后,因子载荷矩阵列表和因子得分系数矩阵列表都发生了变化。

表 17-9 因子转换矩阵列表

Component	1	2
1	0.898	0.441
2	−0.441	0.898

Extraction Method: Principal Component Analysis.
Rotation Method: Varimax with Kaiser Normalization.

表 17-10　因子得分系数矩阵列表

	Component	
	1	2
X1	0.036	0.277
X2	0.253	−0.114
X3	0.273	−0.166
X4	0.298	−0.227
X5	0.138	0.126
X6	0.082	0.230
X7	−0.258	0.720

Extraction Method：Principal Component Analysis.
Rotation Method：Varimax with Kaiser Normalization.
Component Scores.

有时为了更好地解释公共因子的实际意义，会选择进行斜交旋转（虽然这样违背了公共因子之间互不相关的假设），对步骤进行如下完善。

第九步：在主对话框中点击"Rotation"选项，打开"Factor Analysis：Rotation"对话框，将旋转方法从"Varimax"换成"Promax"最优斜交旋转，如图 17-11 所示。然后点击"Continue"回到主对话框中。

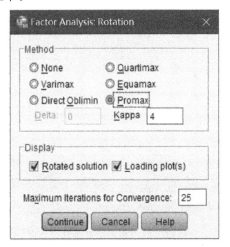

图 17-11　"Factor Analysis：Rotation"对话框

第十步：再次点击"OK"选项，部分输出结果如下所示。

表 17-11 至表 17-13 是斜交旋转的输出结果。从表 17-11 中可以看出，变量 X_4、X_3、X_2 在第一个公共因子的载荷都很大，因此第一个公共因子主要反映建筑业企业的规模。变量 X_6 和变量 X_7 在第二个公共因子的载荷很大，说明第二个公共因子主要反映建筑业企业的盈利能力。旋转后两个因子的解释能力得到了提高。

表 17-11 至表 17-13 之间的关系是：

公共因子与标准化原始变量相关矩阵＝因子载荷矩阵×因子相关矩阵

表 17-11　因子载荷矩阵列表[a]

	Component	
	1	2
X4	1.087	−0.235
X3	1.055	−0.146
X2	1.031	−0.069
X5	0.816	0.275
X6	0.691	0.421
X1	0.538	0.477
X7	−0.244	1.073

Extraction Method: Principal Component Analysis.
Rotation Method: Promax with Kaiser Normalization.
a. Rotation converged in 3 iterations.

表 17-12　公共因子与标准化原始变量相关矩阵列表

	Component	
	1	2
X2	0.996	0.460
X3	0.980	0.395
X4	0.966	0.322
X5	0.957	0.693
X6	0.906	0.775
X1	0.783	0.753
X7	0.306	0.947

Extraction Method: Principal Component Analysis.
Rotation Method: Promax with Kaiser Normalization.

表 17-13　因子相关矩阵列表

Component	1	2
1	1.000	0.513
2	0.513	1.000

Extraction Method: Principal Component Analysis.
Rotation Method: Promax with Kaiser Normalization.

表 17-14 是因子得分系数矩阵列表，由该矩阵列表可得两个公共因子关于标准化原始变量的线性表达式为：

$F_1 = 0.109X_1^* + 0.213X_2^* + 0.218X_3^* + 0.225X_4^* + 0.167X_5^* + 0.141X_6^* - 0.054X_7^*$

$F_2 = 0.277X_1^* - 0.044X_2^* - 0.089X_3^* - 0.141X_4^* + 0.158X_5^* + 0.243X_6^* + 0.628X_7^*$

表 17-14　因子得分系数矩阵列表

	Component	
	1	2
X1	0.109	0.277
X2	0.213	−0.044
X3	0.218	−0.089
X4	0.225	−0.141
X5	0.167	0.158
X6	0.141	0.243
X7	−0.054	0.628

Extraction Method：Principal Component Analysis.
Rotation Method：Promax with Kaiser Normalization.
Component Scores.

图 17-12 是以第一主成分为横轴、第二主成分为纵轴，根据表 17-11 中的数据得到旋转后的因子载荷图。从图中可以直观看出，第一个公共因子中 X_2、X_3、X_4 取得较大值，第二个公共因子中 X_7 取得较大值。

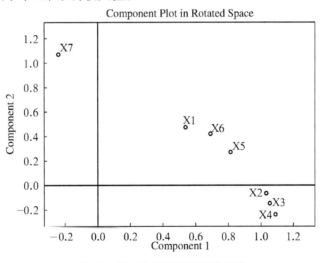

图 17-12　旋转后的因子载荷图

将生成的各地区的因子得分作为变量保存在原始数据中，如表 17-15 所示。

表 17-15　各地区因子得分

地区	FAC1_1	FAC2_1
北京	2.151 58	−0.608 87

续表

地区	FAC1_1	FAC2_1
天津	−0.295 09	−1.231 85
河北	−0.246 49	−0.565 9
山西	−0.241 74	−0.652 85
内蒙古	−0.938 19	−1.007 86
辽宁	−0.279 58	−0.620 9
吉林	−0.830 12	−0.301 87
黑龙江	−0.880 89	−0.884 06
上海	0.373 86	−0.819 73
江苏	2.558 57	2.903 54
浙江	1.123 7	0.855 28
安徽	−0.015 74	0.309 1
福建	0.056 35	1.964 74
江西	−0.396 25	0.779 16
山东	1.132 32	0.246 35
河南	0.452 39	1.662 93
湖北	0.876 61	0.701 93
湖南	−0.114 98	1.238 32
广东	2.087 68	−0.021 35
广西	−0.696 66	−0.217 73
海南	−1.259 8	0.115 92
重庆	−0.261 26	0.896 47
四川	0.864 02	0.723 92
贵州	−0.277 79	−0.982 59
云南	−0.168 01	−0.124 59
西藏	−1.157 05	−0.744 12
陕西	0.124 92	−0.358 21
甘肃	−0.751 88	−0.820 26
青海	−1.123 97	−1.051 07
宁夏	−1.142 25	−0.572 55
新疆	−0.724 24	−0.823 13

现用因子得分来代替原始数据进行分析，将各地区的得分在平面直角坐标系中画出来。

第十一步：依次点击"Graph"→"Legacy"→"Scatter/Dot"，打开"Scatter/Dot"对话框，选择"Simple Scatter"，点击"Define"，打开"Simple Scatterplot"对话框。将"FAC_1"放入 x 轴，将"FAC_2"放入 y 轴，将"地区"变量放入"Label Cases by"。点击"Options"选项，选择"Display chart with case labels"选项。返回主窗口，点击"OK"提交运行，如图 17-13 和图 17-14 所示。

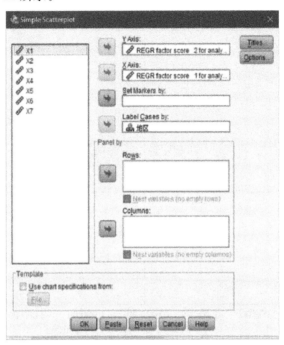

图 17-13 "Simple Scatterplot"对话框

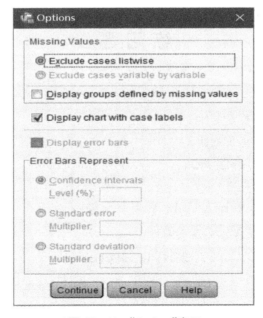

图 17-14 "Options"窗口

得到的输出结果如图 17-15 所示。由散点图可知,分布在第一象限的是江苏、福建、河南、四川、浙江、湖北、山东,说明这些省的建筑业企业的经营规模和经济效益较好,盈利能力强,尤其是江苏省,建筑业企业经营规模大且经济效益高。分布在第三象限的是吉林、广西、宁夏、云南、西藏、青海、黑龙江、新疆、内蒙古、甘肃、辽宁、贵州、山西、河北、天津,说明这些省、自治区、直辖市的建筑业企业的经营规模和经济效益较差,建筑业企业规模小且经济效益低。

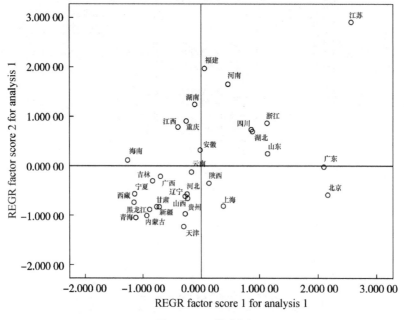

图 17-15 散点图

练 习 题

一、简答题

1. 因子分析的基本思想是什么?
2. 因子载荷的统计定义是什么?
3. 简述公共因子和因子得分。

二、案例题

美国洛杉矶大都市统计区的 12 个人口调查区关于 5 个经济指标的数据如表 17-16 所示,对表中数据进行因子分析。

表 17-16 调查数据

序号	总人口	中等学校平均校龄	总雇员数	专业服务项目数	中等房价
1	5 700	12.8	2 500	270	25 000

续表

序号	总人口	中等学校平均校龄	总雇员数	专业服务项目数	中等房价
2	1 000	10.9	600	10	10 000
3	3 400	8.8	1 000	10	9 000
4	3 800	13.6	1 700	140	25 000
5	4000	12.8	1 600	140	25 000
6	8 200	8.3	2 600	60	12 000
7	1 200	11.4	400	10	16 000
8	9 100	11.5	3 300	60	14 000
9	9 900	12.5	3 400	180	18 000
10	9 600	13.7	3 600	390	25 000
11	9 600	9.6	3 300	80	12 000
12	9 400	11.4	4 000	100	13 000

第 18 章

层次分析法

在市场竞争日益激烈的今天,企业或个人都经常面临着复杂的决策问题,不仅需要快速做出决策,而且需要解决决策问题中多种不确定性因素所带来的困难。因此,开展决策分析的理论与方法研究,不仅对管理科学的发展具有重大的理论意义,而且对解决许多复杂的决策问题也有特别重要的现实意义。

层次分析法(analytic hierarchy process,AHP)是美国运筹学家萨蒂(Saaty)教授于 20 世纪 70 年代提出的,是一种定性与定量相结合的决策分析方法,对各类型问题的决策分析具有较广泛的实用性。在一般评价中,对于一些无法测量的因素,只要引入合理的度量标度,就可以用这种方法来度量各因素的相对重要性,从而为决策提供依据。

AHP 的主要特点是通过建立递阶层次结构,把人类的判断转化为若干因素两两之间重要度的比较,从而把难于量化的定性判断转化为可操作的重要度的比较。在许多情况下,决策者可以直接使用 AHP 进行决策,极大地提高了决策的有效性、可靠性和可行性,但其本质是一种思维方式,它将复杂问题分解成多个组成因素,又将这些因素按支配关系分组形成递阶层次结构,通过两两比较的方法确定决策方案相对重要度的总排序。整个过程体现了人类决策思维的基本特征,即分解、判断、综合,克服了其他方法回避决策者主观判断的缺点。

18.1 基本概念

层次分析法常用于多属性决策问题,解决已知属性权重基数信息的决策问题。层次分析法将决策分析问题分解为各个组成因素,将这些因素按支配关系分组形成递阶层次结构,通过成对比较方式确定同一层次中各因素的重要性,然后综合决策者的判断,确定备选方案的相对重要性总排序。通俗易懂地说,层次分析法用决策者的经验判断各衡量目标之间能否实现的标准之间的相对重要程度,并合理地给出每个决策方案的每个标准的权重,利用权重求出各方案的优劣次序,比较有效地应用于那些难以用定量方法解决的问题中。

18.1.1 权向量及判断矩阵

例 18.1 高考志愿填报完成后,小明同学想出去旅游。根据网络上的攻略,小明同学初步筛选出了 $n(n \geqslant 2)$ 个地方,这 n 个地方小明都有能力前往,问题是小明想前往一个最具性价比的目的地,请大家帮助小明同学确定一个最具性价比的目的地。

遇到这类问题人们很自然地想到如何去衡量一个目的地的性价比,最简单的方法就是直接给 n 个目的地打分 $x=(x_1,x_2,\cdots,x_n)^{\mathrm{T}}$。用一个层次结构图直观表示的话,如图 18-1 所示。

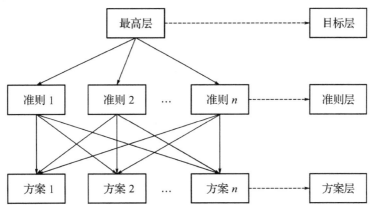

图 18-1 层次结构图

人们关注的就是 n 个目的地的得分高低,为了便于更好地体现分数的高低,通常对 $x=(x_1,x_2,\cdots,x_n)^{\mathrm{T}}$ 进行归一化处理,记:

$$\boldsymbol{\omega}=(\omega_1,\omega_2,\cdots,\omega_n)^{\mathrm{T}}=\left(x_1\bigg/\sum_{i=1}^{n}x_i,x_2\bigg/\sum_{i=1}^{n}x_i,\cdots,x_n\bigg/\sum_{i=1}^{n}x_i\right)^{\mathrm{T}}$$

若 $\omega_i \geqslant 0$,且 $\sum_{i=1}^{n}\omega_i=1$,则称 n 维列向量 $\boldsymbol{\omega}=(\omega_1,\omega_2,\cdots,\omega_n)^{\mathrm{T}}$ 为一个权向量。

显而易见,上面这种思维方法不能直观地体现出两两元素之间的相对重要程度,不妨引入一个 n 阶矩阵 $\boldsymbol{A}=(a_{ij})_{n \times n}$,其中矩阵 $\boldsymbol{A}$ 中的每一个元素 a_{ij} 都由 Saaty 教授提出的 1~9 标度方法给出,1~9 标度方法如表 18-1 所示。

表 18-1 1~9 标度方法

标度	含义
1	表示两个对象相比,具有同样重要性
3	表示两个对象相比,一个对象比另一个对象稍微重要
5	表示两个对象相比,一个对象比另一个对象明显重要
7	表示两个对象相比,一个对象比另一个对象强烈重要
9	表示两个对象相比,一个对象比另一个对象极端重要

续表

标度	含义
2,4,6,8	上述两相邻判断的中值
$\dfrac{1}{i}, i=1,2,\cdots,9$	若 A 比 B 是 i，则 B 比 A 是 $\dfrac{1}{i}$

需要注意的是，虽然根据 1~9 标度方法，我们可以得到一个判断矩阵，但是不难发现，这个判断矩阵具有很强的主观性。判断矩阵的建立十分依赖于个人的经验，因此这也是层次分析法主观性的来源，但也正因为这种主观性，才使得层次分析法的整个分析过程更贴合于人的思考过程。

根据表 18-1 的标度方法，矩阵 A 中的元素 a_{ij} 表示相对于第 j 个对象，第 i 个对象的重要程度，即相对于目的地 j，目的地 i 的重要程度。矩阵 A 也可以用权向量内的元素表示，即：

$$A=\begin{bmatrix} \dfrac{\omega_1}{\omega_1} & \dfrac{\omega_1}{\omega_2} & \cdots & \dfrac{\omega_1}{\omega_n} \\ \dfrac{\omega_2}{\omega_1} & \dfrac{\omega_2}{\omega_2} & \cdots & \dfrac{\omega_2}{\omega_n} \\ \vdots & \vdots & & \vdots \\ \dfrac{\omega_n}{\omega_1} & \dfrac{\omega_n}{\omega_2} & \cdots & \dfrac{\omega_n}{\omega_n} \end{bmatrix}=(a_{ij})_{n\times n}$$

这时称矩阵 $A=(a_{ij})_{n\times n}$ 为判断矩阵。因为元素 a_{ij} 仅代表两个对象之间的比较，所以判断矩阵 A 可以更直观地表现两两对象之间的相对重要程度，以最大限度地克服性质不同的诸多因素相互比较的困难，提高精确度。

当矩阵 A 满足：

(1) 非负性：$a_{ij}>0(i,j=1,2,\cdots,n)$；

(2) 互反性：$a_{ij}\times a_{ji}=1(i,j=1,2,\cdots,n)$，特别地 $a_{ii}=1(i=1,2,\cdots,n)$。

称矩阵 A 为正互反矩阵。

如果一个矩阵满足非负性的同时满足：

(3) 一致性：$a_{ik}\times a_{kj}=a_{ij}(i,j,k=1,2,\cdots,n)$，

称该矩阵为一致矩阵。

判断一个矩阵是一致矩阵的充要条件如下：

(1) $a_{ij}>0$；

(2) $a_{11}=a_{22}=\cdots=a_{nn}=1$；

(3) $(a_{i1},a_{i2},\cdots,a_{in})=k_i(a_{11},a_{12},\cdots,a_{1n})$。

引理 18.1 矩阵 $A=(a_{ij})_{n\times n}$ 是一个正互反矩阵，则：

(1) n 阶正互反矩阵 A 为一致矩阵，当且仅当最大特征值 $\lambda_{\max}=n$；

(2) 当正互反矩阵 A 为非一致矩阵时，一定满足 $\lambda_{\max}>n$；

(3) 当判断矩阵 A 越不一致时，最大特征值 $\lambda_{\max}$ 与 n 相差就越大。

引理 18.2 A 为 n 阶方阵，且 $r(A)=1$，则 A 有一个特征值为 $\mathrm{tr}(A)=n$，其余特征值为 0。

根据引理 18.2 可知，一致矩阵有一个特征值为 n，其余特征值为 0。此外，易证，当特征值为 n 时，对应的特征向量刚好为 $k\left(\dfrac{1}{a_{11}},\dfrac{1}{a_{12}},\cdots,\dfrac{1}{a_{1n}}\right)^{\mathrm{T}}(k\neq 0)$。

定理 18.1 矩阵 $A=(a_{ij})_{n\times n}$ 是一个一致矩阵，则它有如下性质：

(1) 矩阵 A 的秩等于 1，0 是它的 $n-1$ 重特征值；

(2) n 是矩阵 A 的另一个特征值，且矩阵 A 的任何一个列向量均为它对应特征值 n 的特征向量。

易得(2)的证明如下：

矩阵 $A=(a_{ij})_{n\times n}$，$\boldsymbol{\omega}=(\omega_1,\omega_2,\cdots,\omega_n)^{\mathrm{T}}$ 是权向量，则有：

$$A\boldsymbol{\omega}=\begin{bmatrix}\dfrac{\omega_1}{\omega_1} & \dfrac{\omega_1}{\omega_2} & \cdots & \dfrac{\omega_1}{\omega_n} \\ \dfrac{\omega_2}{\omega_1} & \dfrac{\omega_2}{\omega_2} & \cdots & \dfrac{\omega_2}{\omega_n} \\ \vdots & \vdots & & \vdots \\ \dfrac{\omega_n}{\omega_1} & \dfrac{\omega_n}{\omega_2} & \cdots & \dfrac{\omega_n}{\omega_n}\end{bmatrix}\begin{bmatrix}\omega_1 \\ \omega_2 \\ \vdots \\ \omega_n\end{bmatrix}=\begin{bmatrix}n\omega_1 \\ n\omega_2 \\ \vdots \\ n\omega_3\end{bmatrix}=n\boldsymbol{\omega} \tag{18.1}$$

定理 18.2 矩阵 $A=(a_{ij})_{n\times n}$ 是一个正互反矩阵，则：

(1) 对 A 的所有特征值按模取最大特征值，必对应一个一重的正的特征值，记为 λ^*；

(2) A 的对应特征值 λ^* 的特征向量所有分量的正负一致，记 $\boldsymbol{\omega}^*$ 为对应特征值 λ^* 的归一化后的特征向量，则 $\lim\limits_{k\to\infty}\dfrac{A^k e}{e^{\mathrm{T}}A^k e}=\boldsymbol{\omega}^*$，其中 $e=(1,1,\cdots,1)^{\mathrm{T}}\in\mathbf{R}^n$。

根据定理 18.2 可知，我们可以根据 $A\boldsymbol{\omega}=\lambda_{\max}\boldsymbol{\omega}$ 求出归一化后的特征向量，从而得到 n 个目的地的得分。

18.1.2 一致性检验

判断矩阵的一致性检验是层次分析法的核心问题。若判断矩阵不具有一致性，则将判断矩阵导出权重作为决策依据就不具有可靠性。Saaty 提出用一致性比率 CR 来检验判断矩阵是否具有一致性，若 CR≤0.1，则认为判断矩阵的一致性可以接受，否则认为判断矩阵的一致性不可接受，需要对判断矩阵进行修正。

对于一致性检验，Saaty 定义一致性指标 $\mathrm{CI}=\dfrac{\lambda-n}{n-1}$：

(1) CI=0，有完全一致性；

(2) CI 接近 0，有可以接受的一致性；

(3) CI 越大，不一致越严重。

为了衡量 CI 的大小,引入随机一致性指标 RI,如表 18-2 所示。

表 18-2 RI 指标值

n	1	2	3	4	5	6	7	8	9	10	11
RI	0	0	0.58	0.90	1.12	1.24	1.3	1.41	1.45	1.49	1.51

定义一致性比率:$CR=\dfrac{CI}{RI}$,一般认为一致性比率 CR<0.1 时,认为判断矩阵 A 的不一致程度在容许范围内,有可以接受的一致性,通过一致性检验;否则,需要重新构造判断矩阵。

18.2 层次单排序和层次总排序

18.2.1 层次结构图

在应用层次分析法时,首先需要对决策分析问题进行层次化、条理化,将一个复杂的问题拆分成一个个小问题。对于一个决策分析问题,不妨考虑这样三个问题:

(1) 决策分析问题的最终目标是什么?

(2) 决策分析问题的解决方案有几种?

(3) 从哪些方面对解决方案进行评价?又或者说利用什么准则对解决方案进行评价?

根据这三个问题,可以初步构建出一个层次结构模型,在这个模型下,复杂的问题将被分解成若干组成部分,同时这若干组成部分又按照某种关系形成若干层次,这些层次大致可以分为以下三种:

(1) 最高层:即目标层,是决策分析问题的最终目标。这一层次中通常只有一个元素,即通常只有一个总目标。

(2) 中间层:也被称为准则层、指标层,通常包含为了实现最终目标而需要考虑的各种因素所构成的若干层次。

(3) 最底层:也被称为方案层。这一层次包含了解决决策分析问题的各种方案,运用层次分析法解决决策分析问题最终就是为了得到各解决方案对解决问题的效用性。

通常情况下,层次结构模型都是以图的形式展现的,每一层次间用直线连接起来,用直线连接的两个层次中的某两个元素说明,这两个元素间存在着某种联系。如果某个元素与下一层次中所有元素均有连线,那么称这个元素与下一层次存在完全层次关系,否则称为不完全层次关系。具体的层次结构模型如图 18-1 所示。

18.2.2 层次单排序及其一致性检验

根据上述内容可知,对应于判断矩阵 A 最大特征根 $\lambda_{\max}$ 的特征向量,经归一化后记为 ω^*。ω^* 的元素为同一层次元素 $x=(x_1,x_2,\cdots,x_n)^T$ 对于上一层次因素中某一因素相对重要性的有序权重值。同一层次元素对于上一层次因素中某一因素相对重要性的有序权重值,可以通过构造一个表格方便人们得到判断矩阵,如表 18-3 所示。

表 18-3 判断矩阵列表(1)

上层某元素	x_1	x_2	...	x_n
x_1	$\dfrac{\omega_1}{\omega_1}$	$\dfrac{\omega_1}{\omega_2}$	...	$\dfrac{\omega_1}{\omega_n}$
x_2	$\dfrac{\omega_2}{\omega_1}$	$\dfrac{\omega_2}{\omega_2}$	...	$\dfrac{\omega_2}{\omega_n}$
...	...	...	...	...
x_n	$\dfrac{\omega_n}{\omega_1}$	$\dfrac{\omega_n}{\omega_2}$	...	$\dfrac{\omega_n}{\omega_n}$

在例 18.1 中,将 n 个地方两两进行重要性比较直接生成一个判断矩阵:

$$A = \begin{bmatrix} \dfrac{\omega_1}{\omega_1} & \dfrac{\omega_1}{\omega_2} & \cdots & \dfrac{\omega_1}{\omega_n} \\ \dfrac{\omega_2}{\omega_1} & \dfrac{\omega_2}{\omega_2} & \cdots & \dfrac{\omega_2}{\omega_n} \\ \vdots & \vdots & & \vdots \\ \dfrac{\omega_n}{\omega_1} & \dfrac{\omega_n}{\omega_2} & \cdots & \dfrac{\omega_n}{\omega_n} \end{bmatrix} = (a_{ij})_{n \times n}$$

求解矩阵特征值,得到最大特征值 $\lambda_{\max}$,求出对应于最大特征值的特征向量 ω,且对特征向量进行归一化得到 ω^*,这一过程即为层次单排序。如果用层次结构图来表示的话,以例 18.1 为例,可以构建一个仅有目标层和方案层的简单的层次结构图,如图 18-2 所示。

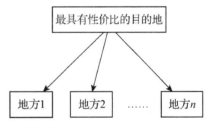

图 18-2 简单的层次结构图

仅根据方案层元素通过判断矩阵计算得到 n 个地方对目标层某一元素相对重要性的有序权重值,显而易见,对每一个判断矩阵都要进行一致性检验。

对于层次单排序的一致性检验,定义一致性指标 $CI = \dfrac{\lambda_{\max} - n}{n-1}$:

(1) $CI = 0$,有完全一致性;
(2) CI 接近 0,有可以接受的一致性;
(3) CI 越大,不一致越严重。

18.2.3 组合权向量

例 18.2 根据网络上查阅的攻略，小明同学发现可以从 $m(m \geqslant 2)$ 个方面衡量这 n $(n \geqslant 2)$ 个地方中究竟哪个地方是最具性价比的目的地。假设对这 m 个不同的方面打分并得到其归一化后的向量 $\boldsymbol{\omega}^* = (\omega_1^*, \omega_2^*, \cdots, \omega_m^*)^T$，以及在每个方面这 n 个地方的权重向量 $\boldsymbol{\omega}_i^* = (\omega_{i1}^*, \omega_{i2}^*, \cdots, \omega_{in}^*)^T$，其中 $i=1,2,\cdots,m$。请问：怎么才能从这 m 个方面计算出这 n 个不同地方的最终总得分呢？

显而易见，假设 n 个不同地方的最终得分为 $\boldsymbol{\omega}^{(1)} = (\omega_1^{(1)}, \omega_2^{(1)}, \cdots, \omega_n^{(1)})^T$，则有：

$$\omega^{(1)} = \omega_1^* \cdot \omega_{1j}^* + \omega_2^* \cdot \omega_{2j}^* + \cdots + \omega_m^* \cdot \omega_{mj}^*, j=1,2,\cdots,n \tag{18.2}$$

如果用矩阵的乘法表示 $\boldsymbol{\omega}^{(1)} = (\omega_1^{(1)}, \omega_2^{(1)}, \cdots, \omega_n^{(1)})^T$，记 $\boldsymbol{\omega}^{**} = (\omega_1^*, \omega_2^*, \cdots, \omega_m^*)$，那么有：

$$\boldsymbol{\omega}^{(1)} = \boldsymbol{\omega}^{**} \boldsymbol{\omega}_i^* \tag{18.3}$$

该向量中的每一个分量都是一个组合权重的结果，因此，也称该向量为组合权向量或综合权向量。

18.2.4 层次总排序及其一致性检验

我们知道，层次单排序只能得到同一层次元素对上一层次因素中某一因素相对重要性的有序权重值，而解决决策分析问题需要得到的是最低层中各元素（方案）对最高层总目标的有序权重值，从而方便进行方案的选择。层次总排序的权重需要自上而下地将层次单排序得到的权重进行合成，即得到一个组合权重。

假设一个层次结构模型仅由 3 个层次构成，即仅有一个目标层、一个准则层和一个方案层。假设目标层中仅有一个元素，记为 z，准则层中有 n 个元素，记为 $y_1, y_2, \cdots, y_n$，且这 n 个元素 $y_1, y_2, \cdots, y_n$ 对上一层次元素 z 的相对重要性的权向量为 $\boldsymbol{\alpha} = (\alpha_1, \alpha_2, \cdots, \alpha_n)^T$，即 $y_1, y_2, \cdots, y_n$ 的层次单排序权重值分别为 $\alpha_1, \alpha_2, \cdots, \alpha_n$（这里因为仅有一个准则层，所以 $y_1, y_2, \cdots, y_n$ 的层次单排序权重值也是层次总排序权重值，即表示从该层到最高层的所有层次单排序的权重进行组合后的权重值）。又记方案层有 m 个元素，记为 $x_1, x_2, \cdots, x_m$，它们关于 $y_j, j=1,2,\cdots,n$ 的层次单排序权重值分别为 $\beta_{1j}, \beta_{2j}, \cdots, \beta_{mj}$（与 $y_1, y_2, \cdots, y_n$ 对上一层次元素 z 的相对重要性的权向量的意义相同）。现求方案层中各元素关于总目标的权重，即计算方案层中各元素的层次总排序权重值 $\beta_1, \beta_2, \cdots, \beta_m$。为了方便计算层次总排序权重值，这里同样可以构造一个表格以方便计算，如表 18-4 所示。

表 18-4 判断矩阵列表(2)

方案层	准则层				方案层总和
	y_1 α_1	y_2 α_2	...	y_n α_n	
x_1	β_{11}	β_{12}	...	β_{1n}	$\sum\limits_{j=1}^{n}\alpha_j\beta_{1j}$
x_2	β_{21}	β_{22}	...	β_{2n}	$\sum\limits_{j=1}^{n}\alpha_j\beta_{2j}$
⋮	⋮	⋮	⋮	⋮	⋮
x_m	β_{m1}	β_{m2}	...	β_{mn}	$\sum\limits_{j=1}^{n}\alpha_j\beta_{mj}$

在一个仅有 3 个层次结构的模型中,若根据上表计算出对应的方案层每个元素对应的和,则进行归一化处理后,即可根据归一化后的数据大小判断出应该从方案层 x_1,x_2,…,x_m 中挑选哪一个元素作为目标层 z 的最佳选择。

但需要注意的是,尽管在计算层次单排序时,对每一个判断矩阵都进行了一致性检验,当且仅当该判断矩阵具有可以接受的一致性时才进行后续的计算,但在综合考察时,各层次的非一致性有可能会累积,从而在层次总排序时,使最终分析的结果出现严重的不一致性。因此,在进行层次总排序计算时,对层次总排序进行一致性检验也是保证层次分析法有效性至关重要的一步。

对于层次总排序的一致性检验,假设方案层中与准则层中某一元素 y_j 相关的判断矩阵在层次单排序中通过了一致性检验,并求得层次单排序的一致性指标为 $CI(j)$,其中 $j=1,2,…,n$,相应的随机一致性指标为 $RI(j)$,则方案层总排序一致性比率为:

$$CR = \frac{\sum_{j=1}^{n}CI(j)\alpha_j}{\sum_{j=1}^{n}RI(j)\alpha_j} \tag{18.4}$$

当 $CR<0.10$ 时,可以认为层次总排序具有可以接受的一致性。

为了不失一般性,我们可以将仅由 3 个层次构成的层次结构模型,推广至 n 层。已知第 i 层到最高层的层次总排序结果,且不论是每一层的层次单排序还是层次总排序皆已通过一致性检验,那么,第 $i+1$ 层到最高层的层次总排序运算过程类似上述仅由 3 个层次构成的层次结构模型的方案层到准则层的运算过程。

18.3 判断矩阵权向量的计算

层次分析法所要解决的问题是关于最低层对最高层的相对权重问题,按此相对权重可以对最低层中的各种方案、措施进行排序,从而在不同的方案中做出选择或形成选择方案的准则。运用层次分析法解决决策分析问题主要是计算各判断矩阵权向量,下面将介绍几种计算权向量的方法。

18.3.1 和积法(算术平均法)

和积法求权向量是一种运用广泛的近似方法,该方法通俗易懂。已知根据某一层次得到的两两对比的表格如表18-5所示。

表18-5 判断矩阵列表(3)

某元素	x_1	x_2	⋯	x_n
x_1	a_{11}	a_{12}	⋯	a_{1n}
x_2	a_{21}	a_{22}	⋯	a_{2n}
⋮	⋮	⋮		⋮
x_n	a_{n1}	a_{n2}	⋯	a_{nn}

根据表18-5,得到一个判断矩阵:

$$A = \begin{bmatrix} a_{11} & a_{12} & \cdots & a_{1n} \\ a_{21} & a_{22} & \cdots & a_{2n} \\ \vdots & \vdots & & \vdots \\ a_{n1} & a_{n2} & \cdots & a_{nn} \end{bmatrix}$$

(1) 将判断矩阵A按列进行归一化,即:

$$a_{ij}^* = \frac{a_{ij}}{\sum_{m=1}^{n} a_{mj}}, \quad i,j=1,2,\cdots,n \tag{18.5}$$

(2) 对归一化后的矩阵A^*的每一行按行加总,即:

$$A_i = \sum_{j=1}^{n} a_{ij}^*, \quad i=1,2,\cdots,n \tag{18.6}$$

(3) 对加总后的列进行归一化,即:

$$A_i^* = \frac{A_i}{\sum_{k=1}^{n} A_k}, \quad i=1,2,\cdots,n \tag{18.7}$$

因此,根据和积法得到的权向量为:

$$A^* = (A_1^*, A_2^*, \cdots, A_n^*)^T \tag{18.8}$$

其中,$A_i^* = \dfrac{\sum_{j=1}^{n} \dfrac{a_{ij}}{\sum_{m=1}^{n} a_{mj}}}{\sum_{k=1}^{n} A_k}, i=1,2,\cdots,n$。

18.3.2 几何平均法

几何平均法也是一种近似计算方法，基本步骤如下：

（1）将矩阵 A 的元素按行相乘得到一个新的列向量，即每个分量为：

$$A_i = \prod_{j=1}^{n} a_{ij}, \quad i=1,2,\cdots,n \tag{18.9}$$

（2）将新的列向量的每个分量开 n 次方，即每个分量为：

$$A_i^* = \sqrt[n]{A_i}, \quad i=1,2,\cdots,n \tag{18.10}$$

（3）对该列向量进行归一化即可得到权向量，即每个分量为：

$$A_i^{**} = \frac{A_i^*}{\sum_{m=1}^{n} A_m^*}, \quad i=1,2,\cdots,n \tag{18.11}$$

因此，根据几何平均法得到的权向量为：

$$A^{**} = (A_1^{**}, A_2^{**}, \cdots, A_n^{**})^{\mathrm{T}} \tag{18.12}$$

其中，$A_i^{**} = \dfrac{\sqrt[n]{\prod_{i=1}^{n} a_{ij}}}{\sum_{m=1}^{n} \sqrt[n]{\prod_{j=1}^{n} a_{ij}}}, i=1,2,\cdots,n$。

18.3.3 特征值法

若构造的判断矩阵 A 是一个一致矩阵，根据一致矩阵的性质可知，其必有一个特征值为 n，其余特征值为 0，且特征值为 n 时，其对应的特征向量为：

$$k\left(\frac{1}{a_{11}}, \frac{1}{a_{12}}, \cdots, \frac{1}{a_{1n}}\right)^{\mathrm{T}} (k \neq 0)$$

此时，判断矩阵的第一列就是其对应的一个特征向量。需要注意的是，要对其进行归一化处理。

若构造的判断矩阵 A 不是一个一致矩阵，但是该判断矩阵通过了一致性检验，其具有可以接受的一致性，则可以仿照一致矩阵求权向量的方法，即根据线性代数中求解矩阵特征值和特征向量的知识求解最大特征值和其对应的特征向量，具体求解特征向量的步骤如下：

（1）根据判断矩阵 A，令

$$|A - \lambda I| = 0 \tag{18.13}$$

（2）求解其最大的特征值 $\lambda_{\max}$，并求解出对应 $\lambda_{\max}$ 的特征向量 $\boldsymbol{\omega}$；

（3）对 $\boldsymbol{\omega}$ 进行归一化，即得到需要的权向量。

关于前两种求解方法的 Excel 操作见 18.5 节。

18.4 层次分析法的基本步骤及实例

在前面两节中,我们介绍了层次分析法中的必不可少的基本组成部分,在本节中,我们将详细介绍运用层次分析法解决决策分析问题的基本步骤和实例。

18.4.1 基本步骤

层次分析法的基本步骤可分为如下四步:
(1) 分析问题,建立层次分明、有条理的层次结构模型;
(2) 构造相应的层次单排序的判断矩阵;
(3) 计算层次单排序权向量并对相应的判断矩阵进行一致性检验;
(4) 计算层次总排序权向量并进行一致性检验。

需要注意的是,建立层次分明的层次结构模型与对问题分析的详细程度有关,一般不限制层次数,如图18-1所示。每一层次所包含的元素个数一般不超过9个(心理学家认为成对比较的因素不宜超过9个,即每层不要超过9个因素)。显而易见,过多的因素不易于构造判断矩阵。

一般而言,在构造准则层时,对方案评价的准则需要我们根据题目中的背景材料、生活常识及网上收集到的参考资料进行综合比较分析,从中筛选出最合适的准则。一组合适的准则,将影响最终方案的确定。同时,在拥有一组合适准则的前提下,对两两元素之间进行相互比较的相对值的取值大小,也对最终方案的确定具有决定性的作用。

18.4.2 实例

例18.3 某地银行计划从本行的人才资源库选出的3名营业部成员员工1、员工2、员工3(分别用a_1、a_2、a_3表示)中提拔一人担任领导,员工的成绩优劣水平由该员工所处的原单位进行评定,主要从6个方面进行评定:健康状况、业务水平、写作水平、紧急情况处理能力、政策理解能力、工作作风(分别用b_1、b_2、b_3、b_4、b_5、b_6表示),请运用层次分析法判断应该提拔哪名员工。

(1) 根据题意,构造如图18-3所示的层次结构图。

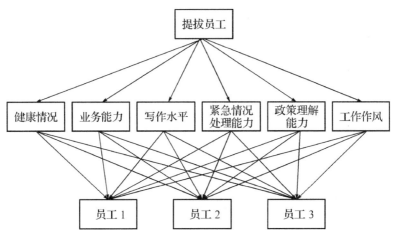

图 18-3 例 18.3 的理论层次结构图

(2) 层次单排序的判断矩阵 A 如表 18-6 所示。

表 18-6 判断矩阵列表(4)

	b_1	b_2	b_3	b_4	b_5	b_6
b_1	1	1	1	4	1	1/2
b_2	1	1	2	4	1	1/2
b_3	1	1/2	1	5	3	1/2
b_4	1/4	1/4	1/5	1	1/3	1/3
b_5	1	1	1/3	3	1	1
b_6	2	2	2	3	1	1

根据和积法和判断矩阵 A，以表格的方式表示归一化后的矩阵 A 和层次单排序的权重值，如表 18-7 所示。

表 18-7 归一化后的矩阵 A 和层次单排序的权重值

	b_1	b_2	b_3	b_4	b_5	b_6	权重值
b_1	0.16	0.17	0.15	0.2	0.14	0.13	0.16
b_2	0.16	0.17	0.3	0.2	0.14	0.13	0.18
b_3	0.16	0.09	0.15	0.25	0.41	0.13	0.2
b_4	0.04	0.04	0.03	0.05	0.05	0.09	0.05
b_5	0.16	0.17	0.05	0.15	0.14	0.26	0.16
b_6	0.32	0.35	0.31	0.15	0.14	0.26	0.25

表 18-7 权重值列即为所求特征向量的各分量的近似值。

下面进行一致性检验：

根据线性代数的相关知识，求得判断矩阵 A 的最大特征值为 $\lambda_{\max}=6.35$，求得一致性指标为 $\mathrm{CI}=\dfrac{6.35-6}{6-1}=0.07$，一致性比率为 $\mathrm{CR}=\dfrac{\mathrm{CI}}{\mathrm{RI}}\approx 0.056<0.1$，通过一致性检验，故判断矩阵 A 具有可以接受的一致性，可以进行下一步计算。

(3) 同(2)中的运算过程一致，首先写出所有员工对各准则 b_1、b_2、b_3、b_4、b_5、b_6 的判断矩阵列表，随后求得对应的权重值，如表 18-8 至表 18-13 所示。

表 18-8

b_1	a_1	a_2	a_3	权重值
a_1	1	1/4	1/2	0.14
a_2	4	1	3	0.62
a_3	2	1/3	1	0.24

表 18-9

b_2	a_1	a_2	a_3	权重值
a_1	1	1/4	1/5	0.10
a_2	4	1	1/2	0.32
a_3	5	2	1	0.58

表 18-10

b_3	a_1	a_2	a_3	权重值
a_1	1	3	1/5	0.14
a_2	1/3	1	1	0.62
a_3	5	1	1	0.24

表 18-11

b_4	a_1	a_2	a_3	权重值
a_1	1	1/3	5	0.28
a_2	3	1	7	0.65
a_3	1/5	1/7	1	0.07

表 18-12

b_5	a_1	a_2	a_3	权重值
a_1	1	1	7	0.47
a_2	1	1	7	0.47
a_3	1/7	1/7	1	0.06

表 18-13

b_6	a_1	a_2	a_3	权重值
a_1	1	7	9	0.80
a_2	1/7	1	5	0.15
a_3	1/9	1/5	1	0.05

分别对上述 6 个判断矩阵进行一致性检验，结果都通过了一致性检验，即都具有可以接受的一致性，可以进行下一步运算。

(4) 进行层次总排序权重值的计算。根据上面表 18-7 至表 18-13 共 7 个表的权重值列，直接求得 3 名员工的所得总分分别为：

$a_1 = 0.16 \times 0.14 + 0.18 \times 0.10 + 0.20 \times 0.14 + 0.05 \times 0.28 +$
　　$0.16 \times 0.47 + 0.25 \times 0.80 = 0.3576$

$a_2 = 0.16 \times 0.62 + 0.18 \times 0.32 + 0.20 \times 0.62 + 0.05 \times 0.65 +$
　　$0.16 \times 0.47 + 0.25 \times 0.15 = 0.4260$

$a_3 = 0.16 \times 0.24 + 0.18 \times 0.58 + 0.20 \times 0.24 + 0.05 \times 0.07 +$
　　$0.16 \times 0.06 + 0.25 \times 0.05 = 0.2164$

故根据层次分析法所得的结果，提拔员工 2 为领导更好。

18.5 用 Excel 求解权向量

本书主要是运用 SPSS 进行各种相关方法求解，但 SPSS 并无层次分析法的相关功能。因此，在本节中主要说明如何运用 Excel 进行层次分析法的相关运算。根据 18.3 节可知，常用的求解权向量的方法主要有和积法（算术平均法）、几何平均法和特征值法，这里主要讲解和积法、几何平均法。下面将对这两种方法的 Excel 求解步骤进行讲解。

以表 18-14 中的数据为例。

表 18-14

上一层次某元素	元素 1	元素 2	元素 3
元素 1	1	2	5
元素 2	0.5	1	2
元素 3	0.2	0.5	1

18.5.1 和积法

首先，需要运用 Excel 中的 sum 函数，得到每一列的总和，如表 18-15 所示。

表 18-15

上一层次某元素	元素 1	元素 2	元素 3
元素 1	1	2	5
元素 2	0.5	1	2
元素 3	0.2	0.5	1
总和	1.7	3.5	8

根据公式

$$a_{ij}^* = \frac{a_{ij}}{\sum_{m=1}^{n} a_{mj}}, \quad i,j=1,2,\cdots,n$$

进行归一化得到的结果如表 18-16 所示。

表 18-16

上一层次某元素	元素 1	元素 2	元素 3
元素 1	0.588 2	0.571 4	0.625 0
元素 2	0.294 1	0.285 7	0.250 0
元素 3	0.117 6	0.142 9	0.125 0

其次，运用 sum 函数求每一行的总和，然后对总和列进行归一化，即得到运用和积法求得的权向量的各分量，结果如表 18-17 所示。

表 18-17

上一层次某元素	元素 1	元素 2	元素 3	权重值
元素 1	0.588 2	0.571 4	0.625 0	0.594 9
元素 2	0.294 1	0.285 7	0.250 0	0.276 6
元素 3	0.117 6	0.142 9	0.125 0	0.128 5

由表 18-17 可以看出在同一层次的所有元素对上一层次某元素的相对重要性排序，最重要的是元素 1，其次是元素 2，最后是元素 3。

18.5.2　几何平均法

首先，使用 product 函数对每行元素进行相乘，然后运用 power 函数对所有乘积分别开 3 次方（判断矩阵的阶数），结果如表 18-18 所示。

表 18-18

上一层次元素	元素 1	元素 2	元素 3	乘积	开三次方
元素 1	1	2	5	=PRODUCT(B2：D2)	=POWER(E2,1/3)
元素 2	0.5	1	2	=PRODUCT(B3：D3)	=POWER(E3,1/3)
元素 3	0.2	0.5	1	=PRODUCT(B4：D4)	=POWER(E4,1/3)

其次，对开 3 次方列的数据进行归一化，结果如表 18-19 所示。

表 18-19

上一层次某元素	元素 1	元素 2	元素 3	乘积	开三次方	权重值
元素 1	1	2	5	10	2.154 434 7	0.595 379
元素 2	0.5	1	2	1	1	0.276 35
元素 3	0.2	0.5	1	0.1	0.464 158 9	0.128 271
总和					3.618 593 6	

根据归一化列的结果，即可得到运用几何平均法求权向量各分量的结果。由表 18-19 可以看出在同一层次的所有元素对上一层次某元素的相对重要性排序，最重要的是元素 1，其次是元素 2，最后是元素 3。

18.6　小结

层次分析法是解决一些复杂、模糊的决策问题的方法。其优势体现在：

（1）简洁实用。层次分析法把定性和定量的方法结合起来，将人们的思维数学化，在解决精确度要求不高的问题中较为实用。

（2）所需定量数据信息较少。相较于一般的定量分析方法，层次分析法所需要的定量数据量较少，计算过程不繁杂。

也正是因为层次分析法需把人们的思维进行加工、量化、处理，在运算过程中，只能通过一致性检验排除人们思维中的不一致性。因此，层次分析法必然存在一定的局限性，主要体现在：

(1) 依赖于人们的思维,即个人的主观因素过多,这主要体现在对每一个判断矩阵的构建过程中,两两元素之间的对比主要依靠人们的主观判断。

(2) 构造判断矩阵进行比较的过程是相当粗糙的,这也就决定了层次分析法不能用于精度要求过高的问题。

在运用层次分析法解决问题时,一般把一个复杂的问题抽象成目标层、准则层和方案层三部分,同时会对一些定性指标进行模糊计算。在运用层次分析法解决问题时,可能遇到的主要问题有:

(1) 如何根据问题抽象出较为合适的层次数;

(2) 如何将某些定性的量模糊化,使其可以做近似的定量分析;

(3) 对每一个判断矩阵,如何构建出一个相对更具有权威性的判断矩阵。

层次分析法的基本原理充分展现了先拆解后综合的理念,它先拆解后综合的同时,又加入了人们的主观判断,从而使得层次分析法既体现出了定性又体现出了定量,是定性分析和定量分析的有效结合,实现了对定性问题的定量处理。因此,层次分析法特别适用于难以完全定量分析的问题。

经过了几十年的发展,许多学者针对层次分析法的缺点进行了改进和完善,形成了一些新的方法和理论,像模糊决策、群组决策等。同时,针对不同权重问题,也有一些更加合适的方法出现,比如 TOPSIS 法等。

练 习 题

1. 请判断下面判断矩阵的一致性。

(1) $\begin{bmatrix} 1 & 1/2 & 1/4 \\ 2 & 1 & 1/3 \\ 4 & 3 & 1 \end{bmatrix}$;

(2) 已知只有 3 层的层次结构模型,第 2 层对第 1 层的权向量为 $\boldsymbol{\omega}^{(2)} = (0.263, 0.475)^T$,第 3 层(方案层)对第 2 层中每一元素的判断矩阵分别为:

$$\boldsymbol{B}_1 = \begin{bmatrix} 1 & 2 & 5 \\ 1/2 & 1 & 2 \\ 1/5 & 1/2 & 1 \end{bmatrix}, \boldsymbol{B}_2 = \begin{bmatrix} 1 & 1/3 & 1/8 \\ 3 & 1 & 1/3 \\ 8 & 3 & 1 \end{bmatrix}$$

请判断该层次总排序的判断矩阵是否通过一致性检验。

2. 在填报完高考志愿后,某同学打算提前购买一台笔记本电脑,已知小明同学打算从四个品牌中,购买一台性价比最高的笔记本电脑,请你运用层次分析法构建一个模型帮助小明解决这个问题。

第 19 章

结构方程模型

19.1 结构方程模型简介

结构方程模型(structural equation modeling,SEM)是一种建立、估计和检验因果关系模型的方法。它是基于统计分析技术,应用线性方程表示测量变量和潜在变量以及潜在变量之间关系的分析方法,其主要目的是通过测量变量的观测推断因变量,并根据假设检验对假设模型的正确性进行检验。其基本原理是通过对比两个甚至多个不同的方差-协方差矩阵(或相关矩阵)之间的拟合指数来判断假设模型是否符合要求。

结构方程模型是一种实证分析方法,融合了因子分析和路径分析,是当前非常流行的用于研究变量之间因果关系的一种定量分析方法。结构方程模型于 20 世纪 60 年代被提出,当时主要应用于教育学、心理学领域。到了 90 年代,结构方程模型得到了广泛的应用。

SEM 的一个重要特性是能够对抽象的概念进行估计与检验。在现实生活中,诸如智力、认识、同情心等较为抽象的概念虽然是客观存在的,但是无法对其直接进行测量,需要给抽象的概念一个操作化的定义,以便测量得到具体的数据,具体测量的变量被称为显变量、观察变量或测量变量。这些可以直接获得数据的测量变量若是受到同一个潜在概念的影响,则会具有共同性,反映在变量之间的共变关系上。如果对这些变量之间的共同性加以估计,那么所得到的能够反映该潜在概念强度的数据称为潜在变量。结构方程模型是一种强大、灵活和全面的方法,可以通过一些可观测的变量对这些无法观测的变量进行描述,研究测量变量和潜在变量之间的关系。

SEM 必须建立在一定的理论基础之上,它是一种用以检验某一先期提出的理论模型的适合性的统计技术。在 SEM 的分析过程中,从变量内容的界定、变量关系的假设、参数的设定、模型的建立与修正,一直到应用分析软件进行估计,其间的每一步都必须有清楚的理论概念或逻辑推理作为依据。SEM 适用于大样本分析。由于 SEM 所处理的变量数目较多,变量之间的关系较为复杂,因此为了保证不违反统计假设,必须使用较大的样本量,样本量达到 200 以上时,SEM 分析结果才比较稳定。

19.2 结构方程模型的组成

SEM 是由一系列变量与参数组成的,联结变量与参数的是数学方程。将研究者所关心的变量与参数用统计模型来描述,进而加以估计分析,即是 SEM 的模型界定。

19.2.1 结构方程模型的变量

由于 SEM 是一套用来分析变量间复杂的共变关系的统计方法,因此 SEM 的基本组成单位是连续变量,类别变量仅作为辅助或分组讨论的调节变量使用。

1. 测量变量与潜在变量

在 SEM 中,变量的两种基本形态为测量变量(测量指标、显变量)与潜在变量(潜变量、隐变量)。

潜在变量通常包括比较抽象的概念而无法直接观测,是由测量变量推估出来的变量,一个潜在变量必须由两个以上的测量变量来估计。在 SEM 的路径图中,潜在变量用椭圆形的符号表示。

测量变量可以直接观测,受某一个或某几个潜在变量的影响,因此又被称为潜在变量的测量指标或显变量。在 SEM 的路径图中,测量变量用长方形表示。

2. 内生变量与外生变量

内生变量是指模型中受其他变量影响的变量,也就是路径图中受到任何一个其他变量以单箭头指涉的变量。外生变量是模型中不受任何其他变量影响但影响其他变量的变量,也就是路径图中指向任何一个其他变量,但不被任何变量以单箭头指涉的变量。

SEM 中的变量可以分为内生测量变量、外生测量变量、内生潜在变量与外生潜在变量四种类型。

当一个潜在变量作为内生变量时,称为内生潜在变量(用 η 表示,读作 eta),它所影响的测量变量则称为内生测量变量(用 y 表示)。

当一个潜在变量作为外生变量时,称为外生潜在变量(用 ξ 表示,读作 ksi),它所影响的测量变量则称为外生测量变量(用 x 表示)。

外生变量为自变量,内生变量多为因变量,也可能作为影响其他变量的自变量。内生变量同时为因变量与自变量时,表示该变量不仅被其他变量影响,还可能对其他变量产生作用,即成了一个中介变量。

3. 误差变量

误差变量是不可实际测量的变量。在结构方程模型中,误差变量必不可少。内生变量的一个重要性质是具有残差,这是因为内生变量的变异量不一定能够被模型中的其他变量完全解释,不能被其他变量解释的部分为残差。测量变量的变异量无法被完全解释的残差部分称为测量残差或独特变异量。如果内生测量变量作为潜在变量的测量指标，那么残差可视为测量误差。内生潜在变量的变异量是其他变量无法解释的独特变异量，这部分变异量所反映的是模型无法有效解释内生潜在变量的部分，也就是过去回归分析的$1-R^2$，解释因素必定来自模型之外，因此称为结构方程模型的干扰项。

19.2.2 结构方程模型的参数

1. 参数的概念

参数指的是一个未知而需要进行估计的量数，是一个计量的概念，而非总体本身。参数与推论统计有关，带有"未知"与"估计"这两个基本特质。SEM 所包含的参数类型较为繁多，大都与潜在变量本身有关（例如，对总体的平均数或方差的估计），或是反映变量之间关系的参数（例如，对因素载荷、路径系数或协方差的估计）。研究者所拥有的只是样本观测数据的相关矩阵或协方差结构，利用 SEM 分析软件，可以估计这些参数数值，并进行显著性的假设检验。

2. 自由参数、固定参数与限定参数

参数就其是否有估计的需要而分成三种类型：自由参数、固定参数与限定参数。在 SEM 中，联结变量与变量之间关系的关键就是参数，必须通过统计程序加以估计的参数是自由参数；SEM 中不被估计的参数将设定为 0，视为固定参数（固定为 0），因为某些理由被设定为常数（通常是 1）而不被估计者，亦被称为固定参数；限定参数的使用大都与多样本间的比较有关，例如，某一个参数在甲样本与乙样本间设定为等值，此时的 SEM 对这两个参数仅进行了一次估计，是限定参数。由于限定参数的数据仍然是估计得出的，因此限定参数与自由参数视为模型当中必须进行估计的参数。

在 SEM 中，参数所联结的变量关系有直接（方向性）关系与非直接（非方向性）关系两种类型。直接关系表示变量之间具有假设性的线性因果关系，在路径图中用带有单向箭头的线表示。潜在变量与测量变量的关系是一种直接关系的结构参数，强度用因素载荷表示。非直接关系表示变量之间虽然具有关系，但影响方向无法辨认，用带有双向箭头的线表示。

3. 模型参数

一个完整的 SEM 包括测量模型与结构模型两部分。前者指实际测量变量与潜在变量的相互关系，后者说明潜在变量之间的关系，构成这两种模型的参数分别称为测量模型参数与结构模型参数。

在图 19-1 中，SEM 的变量关系被分成左侧的外生变量关系与右侧的内生变量关系两部分，潜在变量与测量变量的关联强度用参数 λ（lambda）表示，又称为因素载荷，所构成的模型即为测量模型。外生潜在变量与内生潜在变量之间的关系则用参数 γ（gamma）反映，内生潜在变量之间的关系用参数 β（beta）反映，由参数 γ 与 β 联结构成的模型即是结构模型。

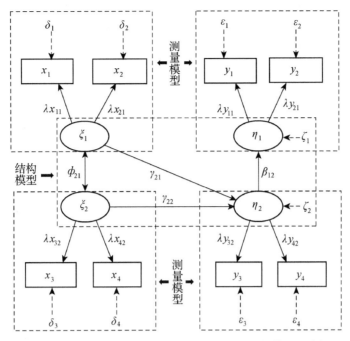

图 19-1 完整 SEM 的变量、参数和测量模型、结构模型及路径图

模型中的 δ（delta）与 ε（epslon）分别表示外生测量变量与内生测量变量被潜在变量解释不完全的测量残差，ζ（zeta）则为内生潜在变量无法被完全解释的估计误差。残差的单箭头表示其方差可以被估计，而残差之间的共变关系也可能存在，可作为自由估计参数来估计。

19.2.3 常用的变量、参数及其符号

结构方程模型中的常用变量、参数及其符号总结如表 19-1 所示。

表 19-1 结构方程模型常用变量、参数符号及其含义

矩阵（或向量）表示	矩阵（或向量）元素	符号含义
$\boldsymbol{x}$	x_i	一般指外生潜在变量的测量指标（测量变量、显变量）
$\boldsymbol{y}$	y_i	一般指内生潜在变量的测量指标（测量变量、显变量）
$\boldsymbol{\xi}$	ξ_i	一般指外生潜在变量
$\boldsymbol{\eta}$	η_i	一般指内生潜在变量
$\boldsymbol{\Theta}_\delta$	θ_δ	δ 的方差-协方差矩阵
$\boldsymbol{\Theta}_\varepsilon$	θ_ε	ε 的方差-协方差矩阵
$\boldsymbol{B}$	β_{ij}	内生潜在变量之间的关系矩阵
$\boldsymbol{\Gamma}$	γ_{ij}	外生潜在变量与内生潜在变量之间的关系矩阵

续表

矩阵(或向量)表示	矩阵(或向量)元素	符号含义
$\boldsymbol{\Phi}$	φ_{ij}	外生潜在变量的方差-协方差矩阵
$\boldsymbol{\Psi}$	ψ_{ij}	内生潜在变量的方差-协方差矩阵
$\boldsymbol{\Lambda}_x$	$\lambda_{x_{ij}}$	x 在 ξ 上的 $q \times n$ 因子载荷矩阵(因子载荷矩阵表示的是 x 与 ξ 之间的关系)
$\boldsymbol{\Lambda}_y$	$\lambda_{y_{ij}}$	y 在 η 上的 $p \times m$ 因子载荷矩阵(因子载荷矩阵表示的是 y 与 η 之间的关系)
$\boldsymbol{\delta}$	δ_i	$\boldsymbol{\delta}$ 是由 q 个测量误差组成的 $q \times 1$ 向量,一般指的是 x 关于 ξ 的方程中的测量误差
$\boldsymbol{\varepsilon}$	ε_i	$\boldsymbol{\varepsilon}$ 是由 p 个测量误差组成的 $p \times 1$ 向量,一般指的是 y 关于 η 的方程中的测量误差
$\boldsymbol{\zeta}$	ζ_i	$\boldsymbol{\zeta}$ 是 $m \times 1$ 的残差向量,用来表示内生潜在变量中未能被解释的部分

19.2.4 测量模型

结构方程模型主要由测量模型和结构模型组成。测量模型包含因子模型,即验证性因子分析,其所设计的方程称为测量方程,在结构方程模型中表示潜在变量和其指标之间的关系,也就是表示看不见的概念和可观测的变量(有时也称为项目、指标)之间的关系。测量变量是我们直接测量得到的变量,而潜在变量是不能直接测量得到的变量,它们是通过测量变量间的关系推断出来的。测量模型可用于评估测量变量之间的关系和测量误差。

图19-2展示的是结构方程模型路径图的一个个例。在一个完整的结构方程模型中,通常包含两种测量模型,即外生潜在变量的测量模型和内生潜在变量的测量模型,两种模型分别用各自的测量方程表示。

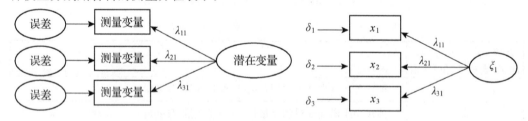

图 19-2 测量模型图

1. 外生潜在变量的测量模型方程

各种参数与变量的关系可以用一般线性方程加以描述。外生潜在变量的测量方程如下,式(19.1)反映的是个别测量变量回归方程式,式(19.2)反映的是外生潜在变量测量模型的一般方程式。

$$x_i = \lambda_i \xi_1 + \delta_i \tag{19.1}$$

$$\boldsymbol{x} = \boldsymbol{\Lambda}_x \boldsymbol{\xi} + \boldsymbol{\delta} \tag{19.2}$$

在式(19.2)中，x 通常是由 q 个外生指标组成的 $q\times 1$ 向量，ξ 是由 n 个外生潜在变量组成的 $n\times 1$ 向量，Λ_x 是 x 在 ξ 上的 $q\times n$ 因子载荷矩阵(因子载荷矩阵表示的是 x 与 ξ 之间的关系)，δ 是由 q 个测量误差组成的 $q\times 1$ 向量。也可以将式(19.2)以矩阵的形式表达出来，以更加清晰地理解方程各项构成：

$$\begin{pmatrix}x_1\\x_2\\\vdots\\x_q\end{pmatrix}=\begin{pmatrix}\lambda_{x_{11}} & \lambda_{x_{12}} & \cdots & \lambda_{x_{1n}}\\\lambda_{x_{21}} & \lambda_{x_{22}} & \cdots & \lambda_{x_{2n}}\\\vdots & \vdots & & \vdots\\\lambda_{x_{q1}} & \lambda_{x_{q2}} & \cdots & \lambda_{x_{qn}}\end{pmatrix}\begin{pmatrix}\xi_1\\\xi_2\\\vdots\\\xi_n\end{pmatrix}+\begin{pmatrix}\delta_1\\\delta_2\\\vdots\\\delta_q\end{pmatrix}$$

2. 内生潜在变量的测量模型方程

内生潜在变量的测量模型图与外生潜在变量的测量模型图类似，内生潜在变量测量方程如下，式(19.3)反映的是个别测量变量回归方程式，式(19.4)反映的是内生潜在变量测量模型的一般方程。

$$y_i=\lambda_i\eta_1+\varepsilon_i \tag{19.3}$$

$$y=\Lambda_y\eta+\varepsilon \tag{19.4}$$

在式(19.4)中，y 通常是由 p 个外生指标组成的 $p\times 1$ 向量，η 是由 m 个外生潜在变量组成的 $m\times 1$ 向量，Λ_y 是 y 在 η 上的 $p\times m$ 因子载荷矩阵(因子载荷矩阵表示的是 y 与 η 之间的关系)，ε 是由 p 个测量误差组成的 $p\times 1$ 向量。将式(19.4)以矩阵的形式表达如下：

$$\begin{pmatrix}y_1\\y_2\\\vdots\\y_p\end{pmatrix}=\begin{pmatrix}\lambda_{y_{11}} & \lambda_{y_{12}} & \cdots & \lambda_{y_{1m}}\\\lambda_{y_{21}} & \lambda_{y_{22}} & \cdots & \lambda_{y_{2m}}\\\vdots & \vdots & & \vdots\\\lambda_{y_{p1}} & \lambda_{y_{p2}} & \cdots & \lambda_{y_{pm}}\end{pmatrix}\begin{pmatrix}\eta_1\\\eta_2\\\vdots\\\eta_m\end{pmatrix}+\begin{pmatrix}\varepsilon_1\\\varepsilon_2\\\vdots\\\varepsilon_p\end{pmatrix}$$

19.2.5 结构模型

结构模型表示的是各潜在变量之间的因果关系。一个完整的结构方程模型应该包含两种潜在变量，即外生潜在变量和内生潜在变量，它们都有各自的指标。结构方程模型通常使用路径图将最初的假设模型表示出来。在结构方程模型的路径图中，显变量用方框表示，潜在变量用椭圆形框表示。通常用线条表示变量之间的关系，可以代表直接作用，也可以代表间接作用。当两个变量之间有直线连接时，称为直接联系。当两个变量之间没有直接连线，而是通过其他变量产生联系时，称为间接联系。通常构建的结构方程模型的路径图如图 19-1 所示。

在结构方程模型中，一般将反映潜在变量之间关系的部分称为结构模型，其方程表示如下：

$$\eta=B\eta+\Gamma\xi+\zeta \tag{19.5}$$

在式(19.5)中，$\boldsymbol{B}$ 是 $m\times m$ 的系数矩阵，表示各内生潜在变量之间的关系；$\boldsymbol{\Gamma}$ 是 $m\times n$ 的系数矩阵，反映外生潜在变量 ξ 和内生潜在变量 η 之间的关系；ζ 是 $m\times 1$ 的残差向量，用来表示内生潜在变量中未能被解释的部分。

结构方程的矩阵形式可表示为：

$$\begin{pmatrix}\eta_1\\\eta_2\\\vdots\\\eta_m\end{pmatrix}=\begin{pmatrix}\beta_{11}&\beta_{12}&\cdots&\beta_{1m}\\\beta_{21}&\beta_{22}&\cdots&\beta_{2m}\\\vdots&\vdots&&\vdots\\\beta_{m1}&\beta_{m2}&\cdots&\beta_{mm}\end{pmatrix}\begin{pmatrix}\eta_1\\\eta_2\\\vdots\\\eta_m\end{pmatrix}+\begin{pmatrix}\gamma_{11}&\gamma_{12}&\cdots&\gamma_{1n}\\\gamma_{21}&\gamma_{22}&\cdots&\gamma_{2n}\\\vdots&\vdots&&\vdots\\\gamma_{m1}&\gamma_{m2}&\cdots&\gamma_{mn}\end{pmatrix}\begin{pmatrix}\xi_1\\\xi_2\\\vdots\\\xi_n\end{pmatrix}+\begin{pmatrix}\zeta_1\\\zeta_2\\\vdots\\\zeta_m\end{pmatrix}$$

一个完整的结构方程模型由测量模型和结构模型组成，下列 3 个一般方程即可构成一个一般结构方程模型，这就是结构方程（structural equation）一词的含义。

$$x=\boldsymbol{\Lambda}_x\boldsymbol{\xi}+\boldsymbol{\delta} \tag{19.6}$$

$$y=\boldsymbol{\Lambda}_y\boldsymbol{\eta}+\boldsymbol{\varepsilon} \tag{19.7}$$

$$\boldsymbol{\eta}=\boldsymbol{B}\boldsymbol{\eta}+\boldsymbol{\Gamma}\boldsymbol{\xi}+\boldsymbol{\zeta} \tag{19.8}$$

所谓一般方程，是指一般性的通式，它不反映特定变量与特定参数的关系。对于特定变量与特定参数的关系，则可利用明确的方程来表示。

SEM 与传统的回归分析不同，它不仅可以同时处理多组回归方程的估计，更重要的是变量关系的处理更具有弹性。首先，在回归分析中，变量仅分为自变量与因变量，同时这些变量都是无误差的测量变量。但是在 SEM 中，变量的关系除了具有测量关系之外，还可以利用潜在变量进行观测值的残差估计。因此，在 SEM 中，残差的概念远比传统回归分析复杂。其次，在回归分析中，因变量被自变量解释后的残差被假设与自变量之间的关系是相互独立的；但是在 SEM 分析中，残差项是允许与变量之间有关联的，前提是这些特殊的假设也应具有一定的理论逻辑基础。

19.2.6 基本假设

通常情况下，在进行统计建模之前，首先会对模型提出一定的条件假设，尤其是对模型中的误差、残差提出假设，结构方程模型也不例外。

已知 $\boldsymbol{\delta}$ 和 $\boldsymbol{\varepsilon}$ 分别是外生潜在变量和内生潜在变量的测量方程的误差向量，ζ 是结构方程的残差向量。在结构方程模型中，对测量误差提出如下假设：

(1) $E(\boldsymbol{\delta})=0, E(\boldsymbol{\varepsilon})=0$ 且 $\mathrm{Var}(\boldsymbol{\delta})=c_1, \mathrm{Var}(\boldsymbol{\varepsilon})=c_2$，$c_1, c_2$ 为常数；

(2) $\boldsymbol{\delta}$ 和 $\boldsymbol{\varepsilon}$ 不存在序列相关；

(3) $\boldsymbol{\delta}$ 和 $\boldsymbol{\varepsilon}$ 与外生潜在变量以及内生潜在变量不相关；

(4) $\boldsymbol{\delta}$ 和 $\boldsymbol{\varepsilon}$ 与 ζ 不相关。

对残差向量提出如下假设：

(1) $E(\zeta)=0$ 且 $\mathrm{Var}(\zeta)=c_3$，c_3 为常数；

(2) ζ 不存在序列相关；

(3) ζ 与外生潜在变量不相关。

通常情况下，除了对各残差、误差向量提出假设外，结构方程模型还有以下假设条件：

(1) 合理的样本量，小样本量容易导致模型计算时收敛的失败进而影响参数的估计；
(2) 内生变量是连续正态的；
(3) 模型是可识别的，不可识别的模型会导致参数估计的失败；
(4) 数据的完整性，即完整的数据或者对不完整的数据进行处理。

19.3 结构方程模型的程序

运用结构方程模型分析问题，首先是根据分析目的和理论知识初步建立一个结构方程模型，然后用收集到的数据验证这个模型的合理性。SEM 分析的基本程序可以划分为模型发展、模型估计和评价两个阶段。

19.3.1 模型发展

SEM 分析的第一个具体步骤就是建立假设模型。模型建立阶段的主要目的是建立一个满足 SEM 分析概念与技术需要的假设模型，涉及理论发展、模型界定与模型识别三个概念。

1. 理论发展

SEM 的建立必定以理论为基础，并不是说 SEM 必须建立在某一个特定的理论之上，而是 SEM 的建立必须经过观念的厘清、文献的整理与推导等理论性的演绎过程，最终提出一套有待检验的假设模型。理论发展除了基于自己的知识积累与研究兴趣来推演值得探讨的研究命题之外，还需对理论文献详加检阅，以提出严谨的科学假设，或提出有待验证的理论模型。因此，SEM 分析第一阶段的主要目的是建构 SEM 理论基础。

2. 模型界定

如果研究者决定使用 SEM 来检验他所提出的假设与理论模型，那么必须配合 SEM 技术语言的规范与各项操作要求，将研究者所提出的假设与理论模型转换成 SEM。这个由理论发展到技术性模型建立的一整套程序称为模型界定。模型界定是第一个阶段当中最为具体的步骤，目的是建立可供 SEM 进行检验与估计的变量关系与假设模型。

在确定结构方程模型的最初模型时，首先要厘清模型所涉及的所有变量中外生变量和内生变量有哪些；哪些变量是测量指标，测量指标对应的变量有哪些，即搞清楚 x、y 与 η、ξ 以及 η 与 ξ 之间的关系。

在运用结构方程模型时通常用路径图表示变量之间的关系，SEM 路径图就是模型界定的具体产品。在路径图中，两两变量之间的关系用带箭头的线表示。当两个变量之间有连线时,箭头通常是从外生变量指向内生变量。当两个变量之间有相关关系时,出现在两个变量之间的是带有双箭头的线。当一个变量由一个单箭头指向潜在变量时,这个变量表示内生变量中未被解释的部分。当一个变量由一个单箭头指向测量指标时,这个变量表示的是测量误差。

在图 19-1 中,ξ_1、ξ_2 和 η_1、η_2 是潜在变量,x_1、x_2、x_3、x_4、y_1、y_2、y_3、y_4 是测量指标,δ_1、δ_2、δ_3、δ_4、ε_1、ε_2、ε_3、ε_4 是测量误差,ζ_1 和 ζ_2 是残差即内生变量中未被解释的部分。

在模型界定的过程中,除了依据 SEM 原理来设定模型之外,还要让模型具有可识别性,以使 SEM 的各项数学估计程序可以顺利运行。不过,最初建立的模型往往不是最理想的模型,因此需要对最初建立的模型进行参数估计、检验、评价、修改再评价,直至得到一个尽可能理想的模型。

3. 模型识别

运用结构方程模型分析问题之前,通常会假设模型是可识别的,不可识别的模型会导致模型的参数估计失败。因此在进行模型的参数估计之前,进行模型的识别是十分必要的。模型识别的主要任务是在最初的模型建立之后,通过样本数据考察模型中的未知参数能否得到唯一值。根据结构方程模型中所构建的方程组的个数与模型中未知参数个数之间的关系,模型可分为识别不足结构模型、恰好识别结构模型和过度识别结构模型。

(1) 参数数目与识别

识别性的问题可以模拟为解联立方程的过程。例如,对于一个二元一次方程:

$$X+Y=5$$

在没有指定 X、Y 值或提供第二组方程的情况下,符合该方程条件的 X 的解有无数个,例如,(1,4)、(2,3)都是可能解。此时,就是所谓无法识别或识别不足的情况,也就是数学上无法得到一组特殊解的情况。除非我们提出第二个方程:

$$X+2Y=10$$

此时便能够求出一组且唯一一组特殊解(0,5)。用 SEM 的术语来讲,此种提供足够的条件去求取联立方程未知变量的解的过程即是一种可以识别的情况,称为充分识别。

但是,若再提出第三个方程,例如:

$$X+3Y=20$$

此时,有两个未知数,却有三个方程,也会造成无特定解的状况,但是可以利用估计的方式求出符合这三个方程的最佳解,称为过度识别。例如,将(0,5)代入三式,分别得到 5、10、15,此解在第三个方程产生 5 的差距(残差);若改将(-1,6)代入三式,则可以得到 5、11、17,此解在三个方程产生的残差分别为 0、1、3,总和为 4。也就是说,(-1,6)是一个较佳解。

(2) 整体模型识别

决定模型识别性的具体步骤,首先是计算用以产生共变结构的观测值数目,称为数据点数目(numbers of data points,DP)。测量变量数目与样本测量变量协方差矩阵中的

协方差和方差数目有关,可利用下式来计算:
$$DP=(p+q)(p+q+1)/2$$
其中,$p+q$ 表示测量变量的数目,p 为外生测量变量的数目,q 为内生测量变量的数目。假设有 10 个测量变量,总计可以产生 10 个方差与 $C_{10}^2=45$ 个协方差,合计为 55 个数据点,DP=55。至于被估计的参数数目的计算,则涉及研究者所提出的模型的各种设定,包括回归系数、协方差和方差三类参数,这些未知的参数必须能够顺利地被估计。

可以通过比较 DP 数目与参数估计数目来判断模型的识别性,一个必要非充分的识别条件计算法则为 t 法则(t-rule),t 值代表模型中的自由估计参数数目。SEM 要能被识别,必须符合下列关系式:
$$t \leqslant (p+q)(p+q+1)/2 = DP$$
t 法则的判断原则如下:

(1) 当 $t<DP$ 时,为过度识别,类似于有过多的方程,但是只需求少数几个因素解;

(2) 当 $t=DP$ 时,为充分识别,类似用两个方程求二元因素的解;

(3) 当 $t>DP$ 时,为识别不足,如同以较少的条件求取过多的因素解,识别不足的情况将导致无法进行任何参数估计。

在充分识别的情况下,参数估计恰可以导出一组完全等值于样本观测协方差矩阵的估计协方差矩阵,因此又称为饱和模型(saturated model)。在饱和模型下,估计模型与实际模型的共变结构完全等值,卡方统计量为 0,呈现完美拟合。虽然参数估计结果稳定,也可以检测每一个个别的参数,但是无法评估整体模型的适合性,无法进行模型拟合度的假设检验。只有在过度识别的情况下,SEM 才可以利用不同的参数估计方法对参数进行优化估计,也就是从无限组解当中找到最佳解,进而从参数估计的结果当中得出对整体模型拟合度的评估,或进行模型的比较。因此,在构建结构方程模型时,最佳选择是构建一个过度识别的结构模型。

从自由度的角度分析,模型识别问题与自由度有关。结构方程模型的自由度等于方差与协方差的总数目减去要估计的参数的数目(DP$-t$)。如果自由度为负数,那么说明在该结构方程模型中,不足以估计出所需要估计的全部参数,即得不到一组合理的参数,也就是说明该模型是不可识别的模型。所以从自由度的角度来说,解决不可识别的模型的方法是增加测量项目。

如果识别不足的情况持续存在,那么建议将部分参数设定为定值,也就是不予估计,例如,将潜在变量的残差设定为 1,或是将信度理想的测量模型的参数设定为 1;或是对参数设限,或直接将参数估计从模型中移除,或去除结构参数偏低的变量,使测量数据点能够大于 t,即可顺利进行 SEM 分析。

最初建立模型时还需要注意单一指标问题。只有一个测量变量的潜在变量在结构方程模型中是不足以识别的,这是因为潜在变量是不可观测的,如果只有一个测量变量,那么该测量模型的系数和误差无论是什么都可以。所以,结构方程模型中存在单一指标问题时,通常会定义该测量模型中的系数和误差项。结构方程模型基本流程图见图 19-3。

19.3.2 参数估计

在确定构建的模型是可识别的之后，下一步是根据显变量的方差-协方差矩阵对参数进行估计。结构方程模型分析问题的基本原理是通过对比两个甚至多个不同的方差-协方差矩阵（或相关矩阵）之间的拟合指数来判断假设模型是否符合要求。假设样本指标的方差-协方差矩阵（或相关阵）记为 S，构建的模型的协方差矩阵记为 Σ，通过某方法，根据 Σ 推断出的矩阵记为 $\hat{\Sigma}$（$\hat{\Sigma}$ 的因子载荷、变量间的相互关系等与 Σ 的因子载

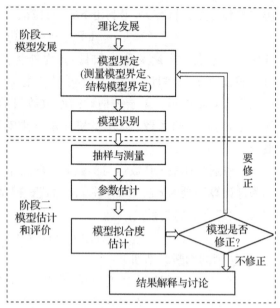

图 19-3 结构方程模型基本流程图

荷、变量间的相互关系等具有一定的关系，通常把 $\hat{\Sigma}$ 称为再生方差-协方差矩阵），最后通过比较再生方差-协方差矩阵 $\hat{\Sigma}$ 与样本方差-协方差矩阵 S 的差距来判断模型是否合适。而再生方差-协方差矩阵 $\hat{\Sigma}$ 与样本方差-协方差矩阵 S 之间的差距（定义为一种"距离"）即是拟合函数，记为 $F(\hat{\Sigma}, S)$，模型的参数估计类似于多元回归分析的参数估计，也是通过求其最小差值即拟合函数最优解来解决问题的。

样本方差-协方差矩阵 S 的形式（因为协方差阵为对称矩阵，这里以下三角的形式展现）为：

$$S = \begin{pmatrix} \Sigma_{xx} & \Sigma_{yx} \\ \Sigma_{xy} & \Sigma_{yy} \end{pmatrix}$$

$$= \begin{bmatrix} \mathrm{Var}(x_1) & & & & & & \\ \mathrm{Cov}(x_2,x_1) & \mathrm{Var}(x_2) & & & & & \\ \vdots & \vdots & \ddots & & & & \\ \mathrm{Cov}(x_p,x_1) & \mathrm{Cov}(x_p,x_2) & \cdots & \mathrm{Var}(x_p) & & & \\ \mathrm{Cov}(y_1,x_1) & \mathrm{Cov}(y_1,x_2) & \cdots & \mathrm{Cov}(y_1,x_p) & \mathrm{Var}(y_1) & & \\ \mathrm{Cov}(y_2,x_1) & \mathrm{Cov}(y_2,x_2) & \cdots & \mathrm{Cov}(y_2,x_p) & \mathrm{Cov}(y_2,y_1) & \mathrm{Var}(y_2) & \\ \vdots & \vdots & & \vdots & \vdots & & \ddots \\ \mathrm{Cov}(y_q,x_1) & \mathrm{Cov}(y_q,x_2) & \cdots & \mathrm{Cov}(y_q,x_p) & \mathrm{Cov}(y_q,y_1) & \mathrm{Cov}(y_q,y_2) & \cdots & \mathrm{Var}(y_q) \end{bmatrix}$$

其中，Σ_{xx} 是外生潜在变量的测量指标的方差-协方差矩阵、Σ_{yy} 是内生潜在变量的测量指标的方差-协方差矩阵，Σ_{xy} 是外生潜在变量的测量指标和内生潜在变量的测量指标的方差-协方差矩阵。

不同拟合函数的构造产生了不同的参数估计方法，结构方程模型的参数估计常用方

法有：广义最小二乘法、两阶段最小二乘法、一般加权最小二乘法、非加权最小二乘法、最大似然估计法、对角加权最小二乘法等。其中使用最多的是最大似然估计法，它是无偏、一致、渐近有效的估计方法，具有尺度不变性。但是，在运用最大似然估计法和广义最小二乘法时往往不考虑方差-协方差矩阵的尺度问题，且同时要求显变量连续且服从多元正态分布。这是因为如果显变量是偏态的或者峰度很高的，那么会导致估计的不准确性、错误的标准误以及较高的卡方值。当数据是非正态分布时，通常使用稳健最大似然估计法或加权最小二乘法。而没有加权的最小二乘法仅适用于变量的方差-协方差矩阵是在可比较尺度下测量得到的情况。

需要注意的是，在上述参数估计的方法中，仅有两阶段最小二乘法是不依靠迭代的，能快速计算出各未知参数的估计值，因此常用于初步参数估计。对于一般的模型，进行十多次的迭代之后拟合函数值会达到预设的拟合精度，但随着模型的复杂程度的提高，迭代次数也将随之增加。如果在迭代一定次数之后模型的拟合函数仍然达不到预设精度，那么说明这个迭代是不收敛的，即模型是没有解的，通常情况下，需要重新构建模型。

在进行参数估计时，如果想要比较因子载荷或者结构系数的重要性，需要进行无量纲化处理。协方差与相关系数之间具有一定的关系，所以无论是因子载荷还是结构系数，都可以通过矩阵的变换将测量变量或潜在变量的方差-协方差矩阵变成相关系数矩阵，从而观察其相对重要性。转换后，所得到的参数估计值越大，相对作用越大。

19.3.3　模型评价

完成参数估计之后，需要进行模型的评估与检验，以决定研究者所提出的假设模型是否能够用以描述实际观察的变量关系，这一过程称为模型拟合评估（model-fit evaluation）。拟合度是结构方程模型中最重要的评估指标，指的是假设的结构方程模型与实际数据的一致性程度。模型的拟合度越高，代表假设模型与实际数据的吻合程度越高。

结构方程模型假设检验的主要思想是：将实际收集到的样本数据运用到所假设的模型中，通过模型求解出未知参数，根据参数解出各测量变量之间的相关系数矩阵，同时，还可以通过样本直接算出这些测量变量之间的相关系数矩阵。如果所假设的模型是合理的，那么理论上这两个相关系数矩阵应该是相等的。模型评价就是根据这个思想，通过构造统计量来检验模型的拟合度。评价拟合度的指标有很多，下面具体介绍。

1. 卡方检验

SEM 的拟合度评估与其他多变量统计（例如，逻辑回归分析）的做法类似，都是用不显著的卡方值来反映理想的模型拟合度。SEM 中卡方值为拟合函数值与样本量减 1 的乘积，即 $\chi^2 = F(n-1)$，其中 n 为样本量，F 为拟合函数。卡方值反映了 SEM 假设模型的导出矩阵与观察矩阵的差异程度。拟合优度卡方检验中，如果卡方值具有统计显著性，那么表示假设模型与实际观测数据的拟合度不理想，也就是由假设模型所导出的协方差矩阵与观察矩阵相等的假设被推翻。

由于卡方分布受自由度的影响,自由度越大,卡方值越大,因此自由度越大的模型在卡方统计检验时越处于不利的地位。如果对两个模型同时进行 SEM 分析,那么得到不显著的卡方值时,自由度越大的模型越有能力反映真实的数据。由此可见,如果利用卡方数据去检验模型拟合度,除了依据卡方值越小越好的统计显著性原理之外,还需考虑自由度大小的影响。在 SEM 中,可以计算出一个卡方自由度比(χ^2/df),也称为正规卡方值,它可用于模型间拟合度的比较。正规卡方值越小,表示模型拟合度越高;反之则表示模型拟合度越低。一般而言,正规卡方值小于 2 或 3 时,模型具有理想的适配度,小于 1 则有过度适配的问题。

另外,卡方分布也与样本规模有关:样本越大,所累积的卡方值也就越大,但是大样本虽然提高了观测数据的稳定性,却也造成了卡方值的扩大。假设被拒绝的概率与自由度及样本量成正比例函数关系。当利用卡方分布检验 SEM 时,会因为参数数目与样本量的技术特性,影响假设模型的拟合度检验,因此学者们开始研发各种替代性的模型拟合指数。

2. 拟合指数

除了卡方值与卡方检验之外,SEM 还使用不同的指数来检验模型的拟合度,这些指数可能基于卡方统计量,只是修正了卡方统计的某些限制,或将不同的替代性模型作为参照,使模型拟合的程度能够被真实地反映出来。最常见的模型拟合指数有 GFI、AGFI、CFI、NFI、NNFI 等多种。

(1) 拟合指数(goodness-of-fit index,GFI):

$$\mathrm{GFI}=1-\frac{F(\hat{\boldsymbol{\Sigma}}(\boldsymbol{\Theta}),\boldsymbol{S})}{F(\hat{\boldsymbol{\Sigma}}(0),\boldsymbol{S})}$$

若 $\boldsymbol{\Sigma}=\boldsymbol{S}$,则 GFI=1 说明模型拟合度较好。GFI 值在 0~1 之间,GFI 值在 0.9 之上表明模型拟合度较为理想。

(2) 调整的拟合指数(adjusted goodness-of-fit index,AGFI):

$$\mathrm{AGFI}=1-\frac{(p+q)(p+q+1)}{2\mathrm{df}}(1-\mathrm{GFI})$$

其中,$p+q$ 为测量变量的数目,df 为自由度。需要注意的是 GFI 和 AGFI 只是对模型是否合适进行判断的指标。指数大于 0.9 时说明模型是适合样本数据的。

(3) 比较拟合指数(comparative fit index,CFI):通过与独立的模型进行对比,确定所设定的模型在拟合度方面的改善情况。其中独立的模型指的是所有变量之间都没有相关关系的模型,即将模型中所有的路径系数和外生变量之间的协方差都假设为 0,只估计其方差。

(4) 规范的拟合指数(normal fit index,NFI):

$$\mathrm{NFI}=\frac{\chi^2_{独立}-\chi^2_{模型}}{\chi^2_{独立}}$$

其中，$\chi^2_{独立}$ 为独立模型的卡方值，$\chi^2_{模型}$ 为假设模型的卡方值。因为 NFI 在样本量较小时可能会低估模型的拟合度，所以有学者提出了一种修正的非规范的拟合指数（non-normal fit index，NNFI），NFI 和 NNFI 的取值通常在 0～1 之间，其值越大越好，通常情况下大于 0.9 认为模型可以接受。

(5) 近似均方根误差（root mean square error of approximation，RMSEA）：通常 RMSEA 在 0.05 以下，说明模型的拟合度较好。

以上是结构方程模型中常用的几个拟合指数，除了上述指标，还有 AIC 和 CAIC 准则等，具体见表 19-2。

表 19-2　各种拟合指数的比较表

指标名称和性质	范围	判断值	适用情形
卡方检验			
χ^2 检验 理论模型与观察模型的拟合程度	—	$P>0.05$	说明模型解释力
χ^2/df(CMIN/DF) 考虑模型复杂度后的卡方值	—	1～3	不受模型复杂度影响
适合度指数			
GFI 假设模型可以解释观测数据的比例	0～1	>0.90	说明模型解释力
AGFI 考虑模型复杂度后的 GFI	0～1	>0.90	不受模型复杂度影响
NFI 比较假设模型与独立模型的卡方差异程度	0～1	>0.90	说明模型较独立模型的改善程度
NNFI 考虑模型复杂度后的 NFI	0～1	>0.90	不受模型复杂度影响
替代性指数			
CFI 假设模型与独立模型的非中央性差异	0～1	>0.90	说明模型较独立模型的改善程度，特别适合小样本
RMSEA 比较理论模型与饱和模型的差距	0～1	<0.05	不受样本量与模型复杂度影响
AIC 经过简效调整的模型拟合度的波动性	—	越小越好	效度复核 非嵌套模型比较
CAIC 经过简效调整的模型拟合度的波动性	—	越小越好	效度复核 非嵌套模型比较
残差分析			
RMR 未标准化假设模型的整体残差	—	<0.05	了解残差特性
SRMR 标准化假设模型的整体残差	0～1	<0.08	了解残差特性

一般而言,利用拟合指数去评价一个假设模型的拟合度时,不需要参考全部的指数,其中,在得到模型的拟合结果后,首先查看 χ^2/df 和 RMSEA 两个主要的拟合指数,当这两个指数达标后,再参考其他拟合指数。

19.3.4 测量模型的内部拟合检验

1. 内部拟合检验简介

一个测量模型能否被接受以及参数估计的优劣,除了要从模型的整体拟合来看之外,还需从模型的内在质量来衡量每一个潜在变量的适合性,又称内部拟合。这就像用方差分析进行多个平均数的差异比较时,首先要进行 F 检验,以检验平均数之间是否存在一个整体性的差异,称为整体检验,然后检验差异究竟发生在哪里。多元回归分析也是先对整体回归模型进行 F 检验,具有统计显著性之后,再进行个别解释变量的参数检验。

SEM 可以就假设模型与观察模型之间的拟合程度进行整体检验。当模型拟合性被接受之后,可以针对个别的因素质量进行检验。在验证性因子分析中,除了报告模型拟合指数之外,还必须进一步了解测量模型中的个别参数是否理想(项目信效度),各潜在变量的组合情形是否稳定可靠(构念的信效度)。如果某些参数不甚理想,那么可以借助模型修正程序去除不良题目或增加参数,以提高模型的内在拟合。在具体做法上,较多被人采用的策略包括四项检验:项目质量、组合信度、平均变异萃取量以及构念区辨力。本教材仅介绍项目质量检验。

2. 项目质量检验

构成潜在变量的观测指标(题目)必须具有相当的信效度,否则无法支撑一个潜在变量模型。测量误差越小,表示测量题目受到误差的影响越小,能够测到真分数的程度越高。在 SEM 的测量模型中,因素载荷越高,测量残差越小。测量模型中的测量残差必须具有统计显著性,才能确立一个潜在变量由一组带有测量误差的观测变量形成的这个前提。相反,如果测量误差太微弱而未达统计显著性水平(或因素载荷太高,超过 0.95),那么意味该题目足以完全反映该潜在构念的内容,测量模型的合理性即不复存在。因素载荷系数的正负号也应符合理论预期,不应出现小于 -1 或大于 1 的数值。这些条件是测量模型的基本拟合指标。

因素载荷除了反映测量误差的影响之外,还反映个别题目能够用来反映潜在变量的程度。一个足够大的因素载荷代表题目具有良好的构念效度。一般而言,当因素载荷大于 0.71 时,题目具有理想质量,因为此时的潜在变量能够解释测量变量将近 50%($0.71^2 \approx 0.5$)的变异,这个 $\lambda > 0.71$ 指标是基本拟合指标中最明确的一个判断标准。当因素载荷大于 0.63,即该因素可以解释测量变量 40% 的变异量时,是很好的状况;但当载荷小于 0.3 即该因素只能解释不到 10% 的测量变量的变异量时,是非常不理想的状况。通常可以考虑删除该题目,以提高整个因素的一致性。

一般来说，社会科学研究者所编制的量表的因素载荷都不会太大，这可能是受限于测量本质的特性（例如，态度测量的范围太广不易聚焦，构念过于模糊不易界定等）、外在干扰与测量误差的影响等。此时，$\lambda > 0.55$ 即可认为良好。

19.3.5 模型的修正

对一个模型进行评价的目的包括两个方面：一是根据模型的评价结果来判断模型是否合理，二是根据模型评价的结果继续寻求一个相对更好的模型。在估计与评价过程中，SEM 分析软件通常会提供模型调整与修正的计量信息，可以根据这些指数或统计检验数据调整先前提出的假设模型，重新反复进行估计与模型评价，这一过程称为模型修正（model modification）。什么情况下需要对模型进行修正呢？关键看模型是否具备以下几个条件：

（1）测量模型中的因子载荷和结构模型的结构系数的估计值要具有实际意义和统计意义。

（2）模型的几种主要评价指标要达到一定水平。

（3）测量模型和结构模型中所有方程的判定系数 R^2 要足够大。

除此之外，一个良好的模型还应具有以下两个条件：

（4）模型中所有固定参数的修正指数（modification indices，MI）不能过高。

（5）所有的标准拟合残差都要小于 1.96。

只有一个模型同时满足以上五个条件，才能算是一个相对较好的模型。如果一个模型缺少了上述一个或几个条件，那么应该根据实际情况进行修正。

若模型中含有没有实际意义或统计意义的参数，则一般将这些参数删除，即设定这些参数的值为 0。

若模型中某个或某些固定参数的修正指数过高，通常情况下仅需把最大或者相对较大的 MI 对应的参数改为自由参数，然后重新估计，观察是否再次进行修正，这是因为每修改一个固定参数，可能导致其他的 MI 变化。固定参数是路径图中路径上的参数仅为 0、1 或固定数字的参数。自由参数是指自由估计的参数，自由估计的参数越多，自由度越小。

若模型的评价结果中有较大的正标准拟合残差，则需要在模型中添加一个与残差对应的自由参数；若含有较大的负标准拟合残差，则需要在模型中删除一个与残差对应的自由参数。通过删除与增加自由参数，直至所有的标准拟合残差都小于 1.96。

若方程的判定系数 R^2 过小，则可能是以下一个或两个原因导致的：一是对应的测量模型中缺少与潜在变量相关性很高的观测变量，二是样本量不足。

模型的修正在实际的操作过程中是十分关键的一步，一个模型的好坏决定了结果的质量，往往一个拟合度较高的模型是经过多次修正、不断摸索获得的。

19.4 验证性因素分析

19.4.1 探索性因素分析与验证性因素分析

因素分析是指利用一组测量同一个概念的测量变量来估计背后的潜在变量。传统因素分析针对的是测量变量的背后具有哪几个潜在变量,以及潜在变量与测量变量之间的关系如何,这无法事前预知,必须进行数据收集,然后进行变量间的共变关系分析,抽取出最适当的因素,确立一个最佳的因素结构模型并为潜在变量命名。根据这一程序进行因素分析得到的潜在因素是一种经验性的潜在变量,因而被称为探索性因素分析(exploratory factor analysis,EFA)。探索性因素分析在分析之前,并未对数据的因素结构有任何预期,而是借由统计量来分析因素的结构。

而 SEM 中潜在变量的概念与内涵基于理论的推导,且潜在变量与测量变量的关系是在资料收集完成之前(事先)提出的假设性概念,然后通过收集数据,分析假设模型与观测到的数据之间的一致性或差异性来决定对于潜在变量的假设性看法是否恰当,即模型拟合分析。以此种模型进行的因素分析称为验证性因素分析(confirmatory factor analysis,CFA)。验证性因素分析在研究之初就已提出关于特定的结构关系的假设,例如,某个概念的测量问卷是由数个子量表组成的,验证性因素分析可以用来确认数据的模型是否为研究者所预期的形式,因此具有理论验证与确认的功能。

EFA 与 CFA 最大的不同在于测量的理论架构(因素结构)在分析过程中所扮演的角色与检验时机不同。对 EFA 而言,测量变量的理论架构是因素分析的产物,理论架构的出现在 EFA 中是一个事后(posterior)的概念。相对而言,进行 CFA 则必须有特定的理论观点或概念架构作为基础,然后借由数学程序来确认该理论观点所导出的计量模型是否确实、适当。理论架构对于 CFA 的影响是在分析之前发生的,其作用是作为一个事前(priori)的概念。

19.4.2 潜在变量因素分析

潜在变量因素分析就是 CFA。潜在变量反映的是研究者关心但无法直接观察与测量的现象或假设性构念。从外表来看,构念所反映的通常只是一组有相互关联的行为现象,经由研究者基于理论的推导、文献的支持或个人主观的分析与演绎而提出的理论上存在的假设。

构念得以有效地测定,需要经过下列四个程序:

第一,构念必须要有明确的操作性定义来界定其内容与范畴;
第二,用以测量构念的指标能够被明确地指出;

第三,测量同一构念的指标必须具有相当的一致性,测量不同构念的指标则有相当的区辨性,多元指标的一致性与区辨性应能从观测资料中检验得出;

第四,经由统计检验的程序,观测数据可以支持或推翻构念是否存在的假设。

上述程序称为构念有效化(construct validation),这个过程就是检验构念的测量模型的过程。当把从测量变量中收集到的协方差矩阵与由测量模型推导计算出来的协方差矩阵加以比对时,两者若相符且达到一定的程度,我们即无法推翻测量模型存在的可能性,也就是说,研究者所提出的潜在构念的概念建构获得了支持。

19.5 软件 Amos 在结构方程模型中的运用

几十年来,随着结构方程模型的运用越来越广泛,具有便捷操作面板的结构方程模型软件大量出现,这里介绍一款常用的 Amos 软件在结构方程模型中的运用。

Amos 的全称是 analysis of moment structures,IBM SPSS Amos 是一款用于结构方程模型的强大软件,是综合了因子分析和路径分析的统计工具,因此可以使用它来分析无法直接观测的潜在变量。Amos 允许我们在直观的图形中指定、估计、评估和展示模型,以显示变量之间的假设关系。使用 Amos 可以快速得到结果。

使用 Amos 进行结构方程模型分析时需要满足三个基本条件:

(1) 变量之间具有较高的关联;

(2) 模型因果关系中的"因"必须发生在"果"之前;

(3) 因果关系具有一定的理论依据。

19.5.1 Amos 界面和菜单简介

安装完 IBM SPSS Amos 之后,首先需要在如图 19-4 所示文件夹目录中找到我们需要的软件。

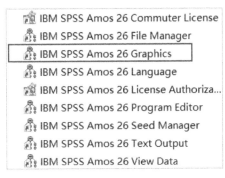

图 19-4 文件夹目录

打开对应的软件 Amos 26 Graphics,可以观察到软件对应的各功能区如图 19-5 所示。

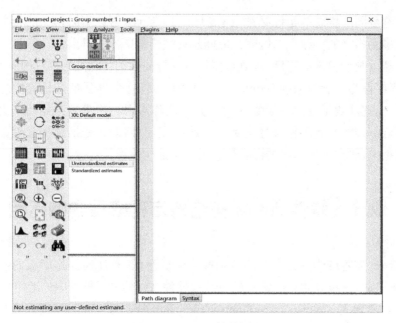

图 19-5　Amos 软件界面

点击"Edit",展现的菜单及其具体功能解释如图 19-6 所示。

图 19-6　"Edit"菜单栏

点击"View",展现的菜单及其具体功能解释如图 19-7 所示。

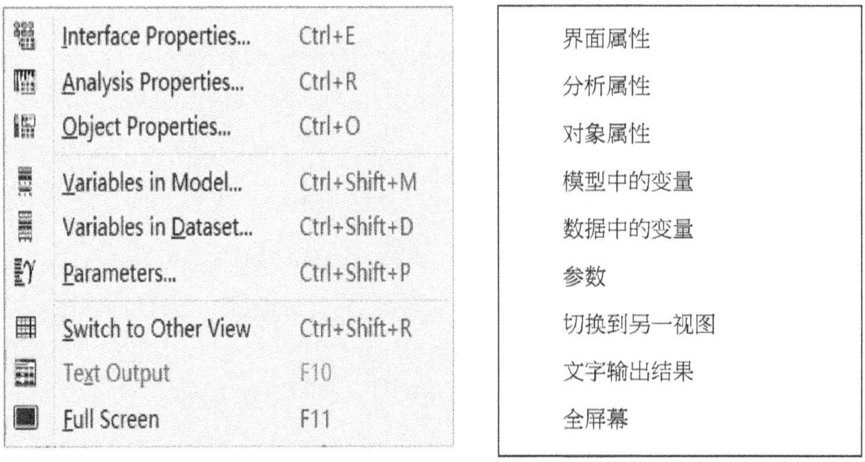
Interface Properties...　Ctrl+E
Analysis Properties...　Ctrl+R
Object Properties...　Ctrl+O
Variables in Model...　Ctrl+Shift+M
Variables in Dataset...　Ctrl+Shift+D
Parameters...　Ctrl+Shift+P
Switch to Other View　Ctrl+Shift+R
Text Output　F10
Full Screen　F11
界面属性
分析属性
对象属性
模型中的变量
数据中的变量
参数
切换到另一视图
文字输出结果
全屏幕

图 19－7　“View”菜单栏

点击“View”中的“Analysis Properties…”可以进行参数估计方法的选择，如图 19－8 所示。

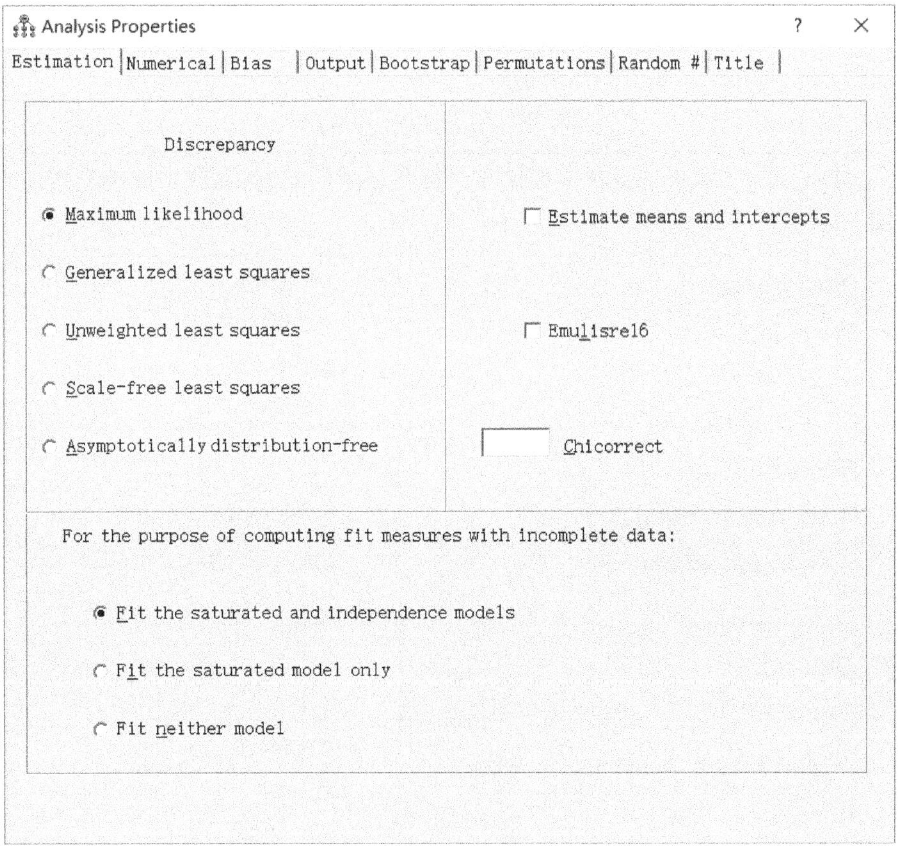
Analysis Properties
Estimation
Numerical
Bias
Output
Bootstrap
Permutations
Random #
Title
Discrepancy
Maximum likelihood
Generalized least squares
Unweighted least squares
Scale-free least squares
Asymptotically distribution-free
Estimate means and intercepts
Emulisrel6
Chicorrect
For the purpose of computing fit measures with incomplete data:
Fit the saturated and independence models
Fit the saturated model only
Fit neither model

图 19－8　“Estimation”窗口

点击“Analysis Properties…”还可以对输出结果进行选择，如图 19－9 所示。

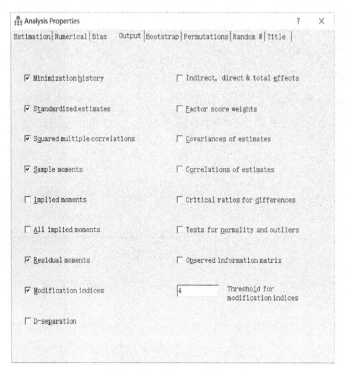

图 19-9 "Output"窗口

点击"Diagram",展现的菜单主要用来进行路径图的绘制,具体功能解释对应在图的右侧(图 19-10)。

图标	名称	快捷键	功能
▭	Draw Observed	F3	绘制观察变量
◯	Draw Unobserved	F4	绘制潜在变量
←	Draw Path	F5	绘制单向路径
↔	Draw Covariance	F6	绘制协方差
	Figure Caption		图形的标题
	Draw Indicator Variable		绘制指标变量
	Draw Unique Variable		绘制误差变量
	Zoom Out		缩放
	Zoom In	F7	放大
	Zoom Out	F8	缩小
	Zoom Page	F9	放大到整页
	Scroll		滚动条
	Loupe	F12	放大镜
	Redraw Diagram		重新绘制

图 19-10 "Diagram"菜单栏

点击"Analyze",展现的菜单及其具体功能解释如图 19-11 所示。

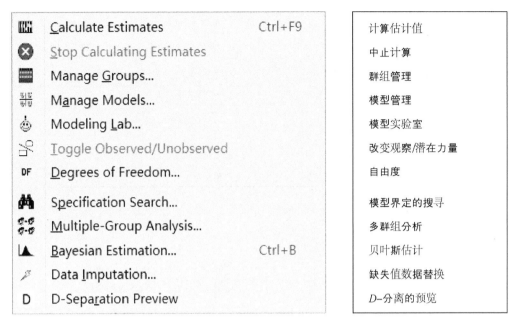

图 19-11　"Analyze"菜单栏

点击"Tools",展现的菜单及其具体功能解释如图 19-12 所示。

图 19-12　"Tools"菜单栏

点击"Plugins",展现的菜单及其具体功能解释如图 19-13 所示。

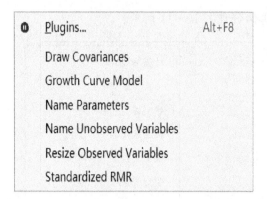

图 19-13 "Plugins"菜单栏

软件主页面的左侧是工具箱,一些常用功能的具体说明如图 19-14 所示。工具箱的右侧是便捷显示区,具体说明如图 19-15 所示。

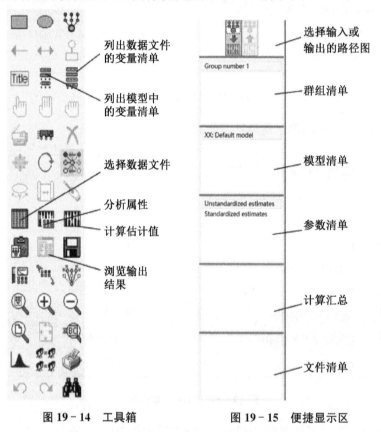

图 19-14　工具箱　　　　图 19-15　便捷显示区

19.5.2　Amos 的基本操作步骤

在进行具体操作前,对于数据文件最好通过 SPSS 转换成 .sav 格式(将数据转换成 .sav 格式,通常需要下载另一个常用的统计分析软件 SPSS),并导入数据。

(1) 首先需要构建结构方程模型的理论模型。依照研究者的理论架构，选择适当的图标与相关曲线，绘制完成一个 SEM。

(2) 确定模型中的潜在变量及每个潜在变量对应的一系列测量指标。

(3) 导入数据，在"File"中点击"Data Files"，得到如图 19-16 所示的界面，点击"File Name"，将数据导入软件。

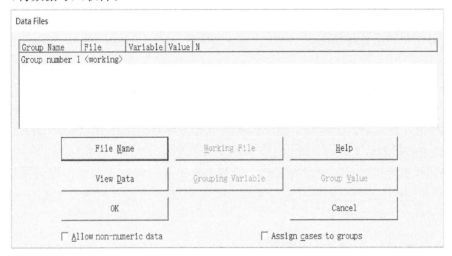

图 19-16 "Data Files"对话框

(4) 根据 Amos 工具箱的图形，绘制出结构方程模型的路径图，各测量变量可直接拖入路径图对应的图形框中，各潜在变量可在路径图对应的图形中双击得到图 19-17。潜在变量可以逐一命名，也可以利用 Amos 所提供的小工具（"Plugins"中的"Name Unobserved Variables"）快速命名，潜在变量的圆圈将自动从 F1、F2、…依次命名，误差的圆圈将自动从 e1、e2、…依次命名。

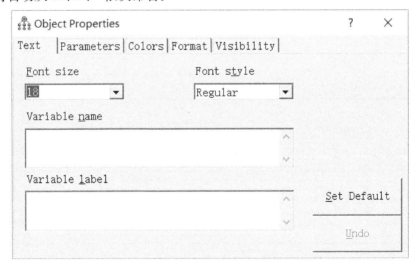

图 19-17 "Object Properties"对话框

(5) 点选"Analysis Properties"分析的性质,选择所需报告的数据,例如,选取模型修正指数、标准化估计数和截距(当数据存在遗漏值时);检查相关设定,例如,被箭头指到的潜在变量是否有增加残差变异的设定。或是各潜在变量有无适当的给定参照量尺化参数(Amos 自动将第一条因素载荷设定为 1,如果要更改,可将鼠标移到变量或路径上,右键单击"Object Properties"进行更改)。

(6) 点击"Analyze",设置所需要的属性,进行结构方程分析,并根据"Modification indices"对模型继续进行修正。

19.5.3 应用实例

例 19.1 该案例数据来源于和鲸社区共享的结构方程模型测试数据,主要分析七、八年级孩子的智力水平。为了衡量七、八年级孩子的智力水平,专家发现可以从视觉因子、文本因子和速度因子三个方面对孩子的智力水平进行考察。但是考虑到视觉因子、文本因子和速度因子都是无法直接观测的抽象概念,专家准备运用结构方程模型考察智力水平与这三个方面的关系。

(1) 构建结构方程模型的理论模型

根据题意可知,在本例中潜在变量为智力、视觉因子、文本因子和速度因子。而视觉因子、文本因子、速度因子这三个方面相互之间是有联系的。已有的研究表明,x_1、x_2、x_3 是潜在变量视觉因子的测量变量,x_4、x_5、x_6 是潜在变量文本因子的测量变量,x_7、x_8、x_9 是潜在变量速度因子的测量变量,如表 19-3 所示。我们可以构建如图 19-18 所示的结构方程模型的理论层次结构图。

表 19-3 潜在变量的测量变量表

潜在变量	测量指标
视觉因子	x_1
	x_2
	x_3
文本因子	x_4
	x_5
	x_6
速度因子	x_7
	x_8
	x_9

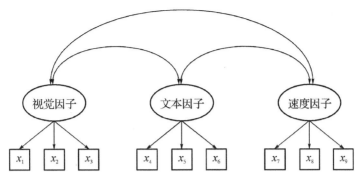

图 19-18　理论层次结构图

（2）模型的识别

模型的识别主要是计算自由度，根据理论模型可知，该模型一共有 9 个测量变量，需要估计 9 个因子权数、9 个随机误差的方差、3 个因子相关矩阵，该模型的自由度为 $\frac{9\times(9+1)}{2}-9-9-3=24$，因此判断该模型为可识别模型。

绘制结构方程模型的路径图。

首先，我们需要通过 SPSS 软件将数据导入并保存成 .sav 格式，操作如图 19-19 和图 19-20 所示。

图 19-19　在 SPSS 中导入数据

图 19-20　另存为 .sav 格式

打开 Amos,按图 19-21 所示序号导入格式为.sav 的数据文件。

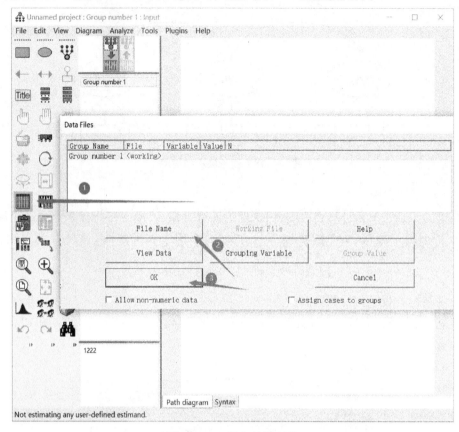

图 19-21　导入数据文件

导入数据文件后,根据理论模型绘制路径图并对相关图形命名(注意在 Amos 中,不区分大小写)。路径图如图 19-22 所示。

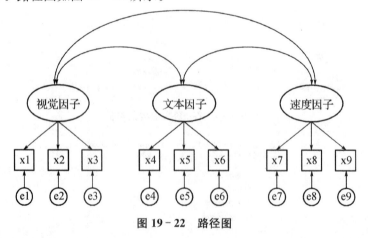

图 19-22　路径图

(3) 参数估计

按照图 19-23 设置分析属性,进行估计,参数估计结果如图 19-24 所示。

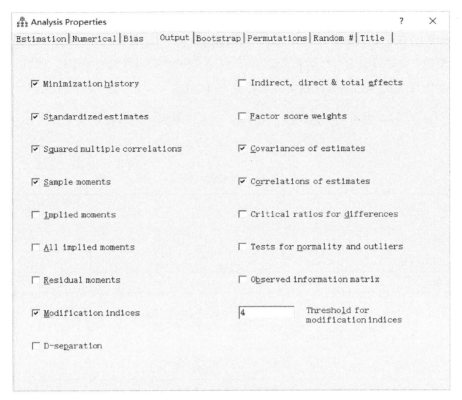

图 19-23 分析属性设置

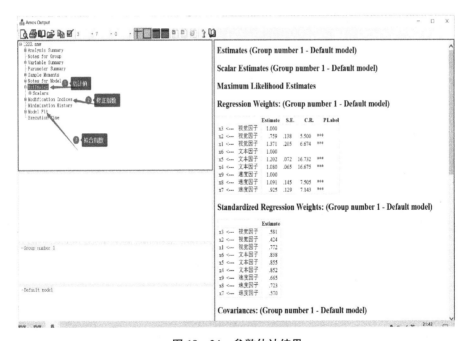

图 19-24 参数估计结果

(4) 结果分析

在 Amos 的文字输出表中,如表 19-4 所示,CMIN 表格呈现 5 个估计量:NPAR 栏为模型中待估独立参数的数目(自由参数数目);CMIN栏为模型的卡方值,其数值即为最小样本差异函数值;DF栏为检验模型自由度的数目,自由度等于样本矩提供的数据点数目与模型内待估计自由参数数目的差值;P栏是卡方检验的显著性概率值;CMIN/DF栏为卡方值与自由度的比值,是正规卡方值。表中,P值小于0.05,拒绝数据完全拟合的原假设,$\frac{CMIN}{DF}$ 处于3～5之间模型适配度良好(在1～3之间为优秀),假设模型是可以接受的。但如果我们发现假设模型中所有变量间都是相互独立的,那么这个模型应该被拒绝。

表19-4 CMIN值

模型	NPAR	CMIN	DF	P	$\frac{CMIN}{DF}(\chi^2/df)$
预设模型	21	85.022	24	0	3.543
饱和模型	45	0	0		
独立模型	9	915.799	36	0	25.439

在表19-5中,根据RMR、GFI,假设模型是可接受的且拟合效果好。根据AGFI至少大于0.9,假设模型勉强可以接受。

表19-5 RMR、GFI值

模型	RMR	GFI	AGFI	PGFI
预设模型	0.082	0.943	0.894	0.503
饱和模型	0	1		
独立模型	0.372	0.551	0.439	0.441

NFI小于0.9表示需要重新设置模型,RFI越接近于1越好,IFI大于0.9可接受拟合,TLI越接近于1表示拟合越良好,CFI大于0.9表示模型可接受,根据表19-6,假设模型皆满足条件,说明该假设模型拟合度是可以接受的。

表19-6 NFI、IFI、CFI值

模型	NFI Delta1	RFI rho1	IFI Delta2	TLI rho2	CFI
预设模型	0.907	0.861	0.932	0.896	0.931
饱和模型	1.000		1.000		1.000
独立模型	0.000	0.000	0.000	0.000	0.000

RMSEA小于或等于0.05拟合较好,小于0.1拟合可以接受,根据表19-7,该模型的拟合度是可以接受的。

表19-7 RMSEA值

模型	RMSEA	L090	H090	PCLOSE
预设模型	0.092	0.071	0.114	0.001
独立模型	0.285	0.27	0.302	0

需要注意的是，这里在进行卡方检验时并没有满足样本量应在 100～200 之间的条件，同时，根据上述各种拟合指数来看，模型的拟合程度总体处于可以接受的状态。该假设模型的主要拟合指数 $\dfrac{\mathrm{CMIN}}{\mathrm{DF}}$ 和 RMSEA 都达标，其余各指标选取部分参考即可，汇总结果如表 19-8 所示。由表可知所选取的拟合指数都达到了最低要求，该假设模型的拟合度可以接受，即样本数据与理论模型之间的拟合度是可以接受的。

表 19-8　常用拟合指数结果

统计检验量	适配的标准或临界值	检验结果数据
CMIN/DF	1～3 为优秀，3～5 为良好	3.543
RMSEA	小于 0.05 为优秀，0.05～0.08 为良好	0.092
NFI	小于 0.9 需要重新设置模型，越接近 1 越好	0.907
CFI	0.8～0.9 为良好，大于 0.9 为优秀	0.931
IFI	0.8～0.9 为良好，大于 0.9 为优秀	0.932

现在再看模型的参数估计。表 19-9 是未标准化的回归系数。其中为了识别模型，部分系数在模型识别中已固定为 1，在表格中假设检验显著的即因子权数不为 0。

表 19-9　未标准化的回归系数

路径	回归系数	标准误	临界比值(t 值)	P 值	标签
x3←视觉因子	1				
x2←视觉因子	0.759	0.138	5.5	***	par_1
x1←视觉因子	1.371	0.205	6.674	***	par_2
x6←文本因子	1				
x5←文本因子	1.202	0.072	16.732	***	par_3
x4←文本因子	1.08	0.065	16.675	***	par_4
x9←速度因子	1				
x8←速度因子	1.091	0.145	7.505	***	par_5
x7←速度因子	0.925	0.129	7.143	***	par_6

注：*** 代表 $P<0.001$。

表 19-10 为标准化回归系数，根据该表我们可以得出初步模型的标准化回归系数的方程组，这里应该采用标准化回归系数。标准化系数路径图如图 19-25 所示。

表 19-10　标准化回归系数

路径	回归系数(β 值)
x3←视觉因子	0.581
x2←视觉因子	0.424

续表

路径	回归系数(β 值)
x1←视觉因子	0.772
x6←文本因子	0.838
x5←文本因子	0.855
x4←文本因子	0.852
x9←速度因子	0.665
x8←速度因子	0.723
x7←速度因子	0.570

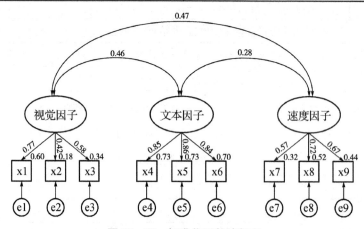

图 19-25　标准化系数路径图

（5）模型的修正

MI 指在增加前面相关路径后,修正后的卡方值的减少量。Par Change 指增加相关路径后,修正后的参数的变化量。如表 19-11 所示,需要增加的是各残差变量之间或者残差变量与潜在变量之间的路径,即违背了残差变量序列间或与潜在变量不相关的假设条件。因为增加了这些路径之后,是没有社会意义的,没有办法去解释这一条路径的意义。

表 19-11　模型的修正指数

路径	MI	Par Change
e7↔视觉因子	18.234	−0.168
e8↔e7	8.153	0.129
e9↔速度因子	4.872	−0.076
e9↔视觉因子	21.207	0.16
e4↔e7	5.863	0.098
e5↔视觉因子	7.581	−0.09
e1↔e7	5.005	−0.12

续表

路径	MI	Par Change
e1↔e9	6.318	0.119
e2↔e7	8.791	−0.181
e3↔文本因子	6.162	−0.128
e3↔e5	7.632	−0.127
e3↔e2	5.949	0.153

这里给大家展示一下，增加了 e7 与视觉因子之间的路径之后，整个模型的主要拟合指数如表 19-12 所示。

表 19-12　修正后的主要拟合指数

指标	参考标准	修正后的实测结果	修正前的实测结果
$\dfrac{\text{CMIN}}{\text{DF}}$	1~3 为优秀，3~5 为良好	2.633	3.543
RMSEA	小于 0.05 为优秀，0.05~0.08 为良好（有时也取 0.1）	0.74	0.92
NFI	小于 0.9 需要重新设置模型，越接近 1 越好	0.934	0.907
CFI	0.8~0.9 为良好，大于 0.9 为优秀	0.957	0.931
IFI	0.8~0.9 为良好，大于 0.9 为优秀	0.958	0.932

通过表 19-11 可知，虽然无法解释 e7 与视觉因子之间的路径有何意义，但是在增加了这条路径之后模型的主要拟合指数和部分参考指数都变得更好。

因此，Amos 运行的最终结果，结合结构方程模型的基本假设，本案例的最终结果如图 19-25 所示，标准化后的回归系数见表 19-10。

练 习 题

1. 简述结构方程模型的组成部分。
2. 什么是测量模型？什么是结构模型？
3. 简述结构方程模型分析的基本程序。
4. 结构方程模型评价有哪些指标？
5. 简述探索性因素分析与验证性因素分析的区别。
6. 结构方程模型的潜在变量和显变量在路径图中有什么特点？
7. 简述运用 Amos 进行结构方程模型分析的基本步骤。
8. 如果我们需要考察某城市居民对城市广场 A 的满意程度，那么应如何建立一个结构方程模型对此问题进行分析？

附 录

附录一 词汇表

一、社会调查

社会调查(social survey):直接收集社会资料或数据的过程与方法,常用的调查方法有问卷调查法、访谈调查法、实地观察法等。问卷调查是研究者借助事先设计好的调查问卷收集与某个总体有关的定量信息的一种科学活动。

测量(measurement):对事物的特征或属性进行量化描述,对非量化实物进行量化的过程。社会科学中往往通过一些操作化指标对研究对象在某些概念(如特征)上的取值进行测量。

问卷(questionnaire):为收集适于分析的信息而设计的文件,其中包括许多对调查或试验对象的特征或者反应进行测量和描述记录的题目或其他形式的项目。它是常见的调查工具之一,也用于试验研究、实地调查和其他形式的观察。

概念(concept):表示某一类具有共同属性的事物的符号,是对事物的抽象。概念具有不同的抽象层次,概念的抽象层次越高,涵盖面就越广,特征也就越含糊。概念是人类所认知的思维体系中最基本的构筑单位。

变量(variable):可以直接观察和测量的,具有一个以上取值的概念,许多概念往往包括若干个子范畴、属性或亚概念,它们反映出概念所指称的现象在类别、规模、数量、程度等方面的变异情况。变量可以分为定类变量、定序变量、定距变量和定比变量。

命题(proposition):关于一个概念的特征或多个概念之间关系的陈述,它通过这种表述,使各种社会现象和事物联系起来,形成不同的观点。比如"某人受教育程度很高"就是关于"受教育程度"这一概念的特征的陈述;"受教育程度越高的人收入水平也越高"就是关于"受教育程度"概念与"收入水平"概念之间关系的陈述。命题在形式上是能够判断真假的陈述句,正确的命题叫作真命题,错误的命题叫作假命题。命题具有不同的类型,比如公理、定律、假设、经验概括等,在社会调查中,假设是最常用的命题形式。

假设(hypothesis):关于两个变量之间关系的陈述,可以使变量间的关系得到经验的检验,或者说它是一种可以用经验事实检验的命题。在各种命题中,公理、定律、经验概括等都属于已经得到被调查研究资料证实,也就是得到实践证明的命题,而假设则是没有经过调查研究资料证实的命题,通常陈述的是两个社会现象和事物之间的因果关系或相关关系。如同变量是概念的一种特殊形式一样,假设也是命题的一种特殊形式。

研究假设(research hypothesis):研究者根据经验事实和科学理论对所研究问题的规律或原因做出的一种推测性论断和假定性解释,是在进行研究之前预先设想的、暂定的理论。简单地说,它是指在研究过程中希望得到支持的假设。研究假设是一个能够验证真假的陈述,一般用于规范的验证性定量研究之中。

二、抽样

总体(population):根据一定的目的和要求所确定的研究事物或现象的全体,或者说是一个统计问题中所涉及个体的全体。一个总体中所包含的个体数目常用大写字母 N 表示。

样本(sample):按一定程序从总体中抽取的一组个体,常用小写字母 n 表示,研究者通常希望通过对样本的研究来获得对总体的认识。

总体分布(population distribution):是总体中各元素的观测值所形成的相对频数分布。

样本分布(sample distribution):样本分布又称经验分布,是从总体中抽取一个容量为 n 的样本,由这 n 个观测值形成的相对频数分布。

抽样分布(sampling distribution):对于某一总体,我们可以得到若干个规模为 n 的随机样本,基于这些样本计算得到不同的反映某同一特征(即参数)的统计量(比如期望或方差),这些取值不同的统计量的概率分布称为抽样分布。

随机变量(random variable):随机事件的数量表现。这种变量在不同的条件下由于偶然因素影响,可能取各种不同的值,具有不确定性和随机性,但这些取值落在某个范围的概率是一定的。

累积概率分布(cumulative probability distribution):一个离散型随机变量 X 的累积概率分布是指对于所有小于等于某一取值 x_i 的累积概率 $P\{X \leqslant x_i\}$。

标准正态分布(standardized normal distribution):标准化的正态分布。其期望为 0,标准差为 1。

卡方分布(chi-square distribution):k 个独立且同时服从标准正态分布的随机变量的平方和服从自由度为 k 的卡方分布。

F 分布(F distribution):两个服从卡方分布的独立随机变量除以各自的自由度后相除得到的新的随机变量的分布。

自由度(degree of freedom):在多元回归模型分析中,观测值的个数减去待估参数的个数即为自由度。

三、统计量

统计描述(statistical description):选取一定的统计量对收集到的样本数据进行概括。

总体参数(population parameter):关于总体中某一变量取值的综合描述,即根据总体中各单位的已知量计算出来的关于总体的统计指标,它是研究者想要了解的总体的某种特征值,如总体均值、标准差等。总体的范围确定后,总体参数是确定的、唯一的,但在抽样调查时,总体参数一般是未知的。

样本统计量(sample statistic):关于调查样本中某一变量的综合描述,即根据样本中各单位的已知量计算出来的关于样本的统计指标,是不包含任何未知参数的样本的函数。抽样调查完成后样本统计量即可计算出来,但它不具有唯一性,而是随机变量。统计量用于对总体参数进行估计,可以提供有关总体参数的信息。研究者所关心的统计量主要有样本均值、样本标准差、样本比例等。

方差(variance):用来衡量随机变量与其期望的偏差程度,或者说衡量随机变量的离散程度的统计量。样本中各数据与样本平均数的差的平方和的平均数叫作样本方差。

标准差(standard deviation):各测量值误差平方和的平均值的平方根,即方差的正平方根,故又称为均方根误差,它表示个体变量值之间的离散程度。标准差与随机变量有相同的量纲。

标准误(standard error of mean, s. e.),抽样分布的标准差,即样本平均数的标准差,一般用 s. e. 来表示,是描述平均数抽样分布的离散程度及衡量均值抽样误差大小的尺度,反映的是样本平均数之间的变异。标准误用来衡量抽样误差,标准误越小,表明样本统计量与总体参数的值越接近,样本对总体越有代表性,用样本统计量推断总体参数的可靠度越大。因此,标准误是统计推断可靠性的指标。标准误不同于标准差,标准差表示个体变量值之间的离散程度,标准误是多个样本平均数的标准差。

标准分(standardized score):连续随机变量标准化后的取值,即将变量取值减去该变量的均值后除以标准差所得的取值。

标准化随机变量(standardized random variable):将随机变量以某种方式标准化之后得到的随机变量。例如,将正态随机变量各取值减去其均值后除以其标准差所得的变量就是标准化的正态随机变量。

四、区间估计

统计推断(statistical inference):依据概率统计理论利用样本信息对总体特征进行的推断,包括参数估计和假设检验两种类型。

参数估计(parameter estimation):利用样本信息对总体数量特征进行推断和估计,即利用样本统计量对总体参数进行估计。这是进行统计推断的手段之一。

点估计(point estimation):利用样本计算出来的一个数对未知参数进行估计。

无偏性(unbiasedness)：当样本统计量的期望值等于总体真值时，该统计量具有无偏性。无偏性是选择估计量的首要标准。

有效性(efficiency)：对总体参数进行估计时，在所有可能得到的无偏估计量中，抽样分布方差最小的无偏估计量就具有有效性。有效性是选择估计量的另一个标准。

一致性(consistency)：是选择估计量的第三个标准。一致性表达的是，估计量以概率方式收敛于参数真值。

区间估计(interval estimation)：与点估计相对，指通过样本计算出一个范围对未知参数进行估计。

置信度(confidence level)：也称为置信水平，指对参数落在置信区间内的把握程度，用 $1-\alpha$ 表示，置信水平越高，置信区间越大。

显著性水平(significance level)：也称为显著度，是变量落在置信区间以外的可能性，等于 α。

置信区间(confidence interval)：在一定置信水平下通过样本统计量所构造的参数的估计取值范围。置信水平为 $1-\alpha$ 的置信区间，表示这样的区间我们构造 100 次，其中有 $100\times(1-\alpha)$ 次包含真实值。

五、假设检验

假设检验(hypothesis testing)：基于样本数据检验关于总体参数的假设，这是进行统计推断的手段之一。

参数检验(parametric testing)：在总体分布类型已知的情况下，对总体分布的参数如均值、方差等进行推断的方法。先基于样本计算出检验统计量，然后判断在一定的显著性水平下，该统计量取值是否落入特定分布的拒绝域，若落入拒绝域则说明该统计量与总体参数间有着显著的差异。

零假设(null hypothesis, H_0)：又称原假设，与备择假设相对，是研究中希望推翻的假设。根据假设检验的证伪规律，通常将与希望得到支持的备择假设相反的假设作为零假设。

统计显著性(statistical significance)：在统计学上，是指统计结果相对于设定的显著性水平而言显著地区别于某个特定的假设值。统计显著性是一种人为的设定，通常不是绝对的。

P 值(P-value)：它是一个概率，是我们在假设检验中进行检验决策的依据，表明某一事件发生的可能性大小。通常以 P 值小于 0.05 或 0.01 作为统计显著的标准，其含义是样本中所观测到的差异或变量间的关系由抽样误差所导致的概率小于 0.05 或 0.01。

接受域(accept region)：检验统计量的样本空间中拒绝域之外的部分，如果基于样本计算得到的统计量取值落在这个范围内，那么我们就不推翻零假设。

单尾检验(one-tailed testing)：也称为单侧检验，它在进行假设时不仅对原假设是否成立进行了设定，还同时考虑了变化的方向。拒绝域只位于统计量分布的一侧，如当进行右侧单边检验时，拒绝域位于右侧，样本统计量只有大于临界值时才能拒绝原假设。

双尾检验(two-tailed testing)：也称为双侧检验，拒绝域位于统计量分布的两侧。此种检验在进行假设时只考虑了原假设成立还是不成立，并未设定变化的方向。比如，基于双尾检验，我们仅能研究今年的收成与去年相比是否发生了变化，而并未研究是增加了还是减少了。

第一类错误(type Ⅰ error)，也称为 α 错误，在零假设正确的情况下将其否定而出现的错误。

第二类错误(type Ⅱ error)：也称为 β 错误，在假设检验中没有否定本来是错误的零假设。因此，这类错误又叫作"取伪"错误。

方差齐性(homosedasticity)：因变量对应于不同自变量的误差项 u_i 有相同的方差。

方差分析(analysis of variance, ANOVA)：主要研究变量分布的离散属性及其来源，用于两个及两个以上样本平均值差别的显著性检验。方差分析在统计中的重要作用在于：首先，它提供了一种分析与检验多变量间复杂关系的重要方法；其次，这种分析方法的适用面广，可用于各种测量层次的自变量。根据自变量的个数，方差分析可分为单因素方差分析、双因素方差分析、三因素方差分析等。

组间差异(between-group variation)：反映各组均值的差异，它体现了随机差异的影响与可能存在的处理因素的影响之和，用各组均值与总均值的离差平方和来表示。

组均值(group mean)：基于不同分组样本计算得到的均值。

组内差异(within-group variation)：又称为随机差异，反映随机变异的大小，其值等于组内离差的平方和。

六、回归

相关关系(correlation relationship)：一个变量的变化会伴随着另一个变量的变化。相关关系是没有因果方向的，因此并不是因果关系，但是，相关关系是构成因果关系的必要非充分条件之一。

相关系数(correlation coefficient)：对两个随机变量之间线性关系强度的衡量，它与测量的单位无关，且取值落在[-1,1]这一区间。

偏相关系数(partial correlation coefficient)：在控制可能产生影响的其他变量的条件下，两个变量之间的相关系数。

复相关系数(multi-correlation coefficient)：反映一个因变量与一组自变量(两个或两个以上自变量)之间相关程度的指标，是度量复相关程度的指标，也称为多元 R，复相关系数越大，表明变量之间的线性相关程度越高。复相关系数是判定系数 R^2 的算术平方根，取值范围是[0,1]。只有一个自变量时，复相关系数等于皮尔逊相关系数 t 和标准化回归系数。复相关系数实质上是实际的观测值 Y 与预测值 $\hat{Y}$ 之间的简单相关系数。

线性(linearity)：指自变量与因变量之间的关系为单调的一次函数关系，因变量的取值随自变量变化的速率不随自变量取值的大小不同而存在差异。另外，线性也指回归分析中因变量为各回归系数的线性组合。

截距(intercept):是自变量为零时因变量的值,是函数与 y 坐标轴的相交点,即回归方程中的常数项。

斜率(slope):回归方程中各自变量的回归系数。它表示自变量变化一个单位所引起的因变量的变化量。如果是线性模型,那么在坐标图上表现为两个变量拟合直线的斜率。

随机误差项(stochastic/random error term):又称随机扰动项,是模型中的偶然误差。它不同于残差项。

残差项(residual term):回归拟合值或预测值与观测值之差。

期望(expectation):用来表示随机变量集中趋势的理论值,等于随机变量所有可能取值以其概率为权重的加权平均数。之所以被称为期望,是因为它是我们所期望出现的均值,也就是说出现这种均值的可能性比较大。样本是实际观测值,所以样本的平均数是均值,而不是期望。

条件期望(conditional expectation):当其他随机变量取特定值时某一随机变量的期望。

总离差平方和(total sum of squares, SST):因变量观测值与其平均值的离差平方和,是需要解释的因变量的变异总量。

回归平方和(regression sum of squares, RSS):通过回归模型计算得到的因变量预测值与因变量观测值的均值的离差平方和。它是由自变量变化引起的,是回归模型所解释的部分。

残差平方和(error sum of squares, ESS):因变量观测值与对应的回归模型预测值的离差平方和。它是观测值落在回归线(面)之外引起的,是模型中各自变量对因变量线性影响之外的其他因素对因变量总平方和的影响。

加权最小二乘法(weighted least squares, WLS):异方差结构已知情况下的广义最小二乘法,其基本想法是对方差较小的样本赋予较大的权数,从而使估计更为可靠。

普通最小二乘法(ordinary least squares, OLS):线性回归中求解参数的常用方法。该方法的基本思路为:根据从总体中随机抽出的样本,在平面直角坐标系中找到一条直线 $\hat{Y}_i = b_0 + b_1 X_i$,使得观测值 Y_i 和拟合值 $\hat{Y}_i$ 之间的距离最短,即两者之间残差($e_i = Y_i - \hat{Y}_i$)的平方和最小。

普通最小二乘估计(ordinary least squares estimation):一种估计方法,又称最小平方法。它通过最小化误差的平方和寻找数据的最佳拟合函数。利用普通最小二乘法可使得到的预测数据与实际数据之间的误差平方和在各种估计中最小。

预测值(predicted value):将估计的回归模型解释变量的观测值代入后计算得到的因变量值,通常用 $\hat{Y}$ 表示。

异常值(outlier):指那些特别偏离回归模型的观测案例。异常值会造成模型拟合的失败。因此,当个体 i 的因变量观测值 Y_i 是异常值时,一般它的残差会很大。

偏回归系数(partial regression coefficient):在多元回归中,当其他的各自变量都保持不变,即控制其他变量时,指定的某一自变量每变动一个单位,因变量 Y 增加或减少的数值,也称偏斜率。

标准化回归方程(standard regression equation):将自变量和因变量进行标准化(原

始数据减去相应变量的均值后再除以该变量的标准差),再进行回归得到的回归方程。相应的回归系数为标准化回归系数。

标准化回归系数(standard regression coefficient):标准化回归方程中的回归系数,也称 Beta 值。多元标准化回归方程中的回归系数为标准偏回归系数,它表示在其他自变量都保持不变,即控制其他变量时,自变量变化一个单位所引起的因变量的变化量。即便自变量的测量单位不同,同一方程中的标准偏回归系数也可以用来评价自变量的相对影响,即系数之间可以进行比较。

t 检验(t-test):利用 t 分布进行的统计显著性检验,又称 student's t 检验(student's t test)。t 检验常用于对均值的差异显著性检验,如单样本均值、独立样本均值和配对样本均值的检验。在回归分析中,用于对回归系数的统计显著性检验,即 $b=0$ 的检验,其值等于回归系数除以它的标准差。随着样本的增加,t 值收敛于正态分布的 z 值,大样本情况下也可以用 t 检验。

均方(mean square,MS):离差平方和除以相应的自由度。实际上,一般的样本方差就是一个均方,因为样本方差等于平方和 $\sum_{i=1}^{n}(Y_i-\bar{Y})^2$ 除以其自由度 $n-1$。在回归分析中,研究者感兴趣的是回归均方即回归平方和的均值(mean square regression,MSR)和残差平方和的均值(mean square error,MSE)。

F 检验(F-test):是一种在零假设之下,统计值服从 F 分布的检验。通常用于多元回归中对所有自变量回归系数都等于零的检验,即对假设 $b_1=b_2=b_3=\cdots=b_k=0$ 的检验($F=$回归均方/残差均方$=$MSR/MSE)。F 检验还可以用于三组或者多组之间的均值比较,即可以用于方差分析中,F 检验对于数据的正态性非常敏感,如果被检验的数据无法满足均是正态分布的条件,那么 F 检验的稳健性会大打折扣,特别是当显著性水平比较低时。F 检验最常用的别名是联合假设检验,此外也称方差比率检验、方差齐性检验。

卡方检验(chi-square test,χ^2 检验):统计样本的实际观测值与理论推断值之间的偏离程度,偏离程度决定卡方值的大小,卡方值越大,偏差程度越大;反之,偏差程度越小;若两个值完全相等,则卡方值就为 0,表明理论值完全符合。卡方检验主要针对分类变量,常用于定性因变量回归模型的显著性检验,类似于多元线性回归中的多元变量 F 检验。

拟合优度(goodness of fit):回归模型对观察数据的概括拟合程度,反映的是模型的效率,即模型在多大程度上解释了因变量的变化。

判定系数(coefficient of determination):回归平方和占总平方和的比例,记为 R^2。通常我们把它理解为回归方程能够解释的平方和占其总平方和的比例。判定系数被用来作为对方程拟合优度进行测量的指标,说明列入模型的所有解释变量对因变量的联合影响程度,R^2 取值在[0,1]之间,值越大表明回归方程的解释能力越强。

相关自变量(relevant independent variable):确实对因变量具有影响的自变量。模型设定中,遗漏相关自变量很可能会导致忽略变量偏误。

协变量(covariate):影响因变量的伴随变量。在试验设计中,则指试验者不进行操作处理但仍然需要加以考虑的因素,因为它会影响到试验结果。例如,在研究自变量 x 对因变量 y 的影响时,自变量 M 对因变量 y 也存在影响,则称自变量 M 为协变量。

控制变量(controlled variable):自变量以外对因变量产生影响的变量,控制变量本质上是自变量,只是这些变量不是研究者所要研究的变量,研究时不过多关注,所以又称无关变量或无关因子。只有将自变量以外一切能引起因变量变化的变量控制好,才能弄清自变量与因变量之间的因果关系。

调节变量(moderator variable):影响自变量和因变量之间关系的方向或强弱的定性或定量的变量。

偏效应(partial effect):在控制其他变量的情况下,或者说在其他条件相同的情况下,各自变量 X 对因变量 Y 的净效应(net effect)或单独效应(unique effect)。

虚拟变量(dummy variable):也称作指示变量(indicator variable),取值为 0 或 1 的变量,故也被称作 0-1 变量。

内生变量(endogenous variable):由模型内部的因素所决定的已知变量。在路径分析中,内生变量就是那些既作为影响某些变量的自变量又作为受到某些变量影响的因变量的变量。

外生变量(exogenous variable):由模型以外的因素所决定的已知变量,它是模型据以建立的外部条件。在路径分析中,外生变量就是那些只作为自变量存在的变量。

工具变量法(instrumental variable method):回归分析中,当某个自变量与随机误差项相关时,寻找一个与该自变量高度相关,但与随机误差项不相关的变量,用该变量替代模型中的自变量,进行模型的参数估计。这一替代变量称作工具变量,而这种采用工具变量得到一致性估计量的方法称作工具变量法。

截面数据(cross-sectional data):在某个时点收集的不同对象的数据,基于它,我们研究的是某一时点上的某种社会现象。

自相关(autocorrelation):不同样本单位的误差间存在着相关关系,并不相互独立。

异方差(heteroscedasticity):指的是不同样本点上误差的方差并不相等。

方差膨胀因子(variance inflation factor, VIF):回归分析中反映自变量之间存在多重共线性程度的统计量之一,它等于容忍度的倒数。对于某个自变量 X_k,其方差膨胀因子可定义为 $\text{VIF}_{xk}=1/\text{TOL}_{xk}=1/(1-R_{xk}^2)$,这里,$\text{TOL}_{xk}$ 为变量 X_k 的容忍度,R_{xk}^2 为自变量 X_k 与模型中其他自变量之间的复相关系数。

七、其他

分类变量(categorical variable):也称为定性变量或属性变量,只包含有限个可能取值或类别的变量,比如性别、职业等。分类变量也可以用随机变量来描述,比如男性和女性的数量、从事某一职业人口占整个人口的比例等。

二分变量(dichotomous variable):只有两种可能取值的变量,如性别。

二分类数据(binary data)：在统计方法上，将仅具有两类可能结果的数据称为二分类数据。

线性概率模型(linear probability model)：因变量取值为 1 和 0，分别代表事件发生和不发生，我们直接采用普通最小二乘估计对其进行参数求解所得到的模型。

发生比(odds)：被定义为出现某一结果的概率与不出现该结果的概率的比值。

比值比(odds ratio，OR)：它表达的是某一群体相对于另一群体发生某一事件的比率。

结构方程(structural equation)：一组将内生变量作为自变量并根据理论推导出的方程。

总效应(total effect)：结构方程中原因变量对结果变量的各直接效应和间接效应之和。

直接效应(direct effect)：结构方程中原因变量不通过中介变量而直接对结果变量产生的效应。

间接效应(indirect effect)：结构方程中原因变量通过中介变量而对结果变量产生的效应。也就是说，原因变量的变化引起中介变量的变化，再通过这个中介变量的变化引起的结果变量的变化量即间接效应。该变化量反映间接效应的大小和作用方向。注意，当中介变量保持不变时，间接效应为零。

固定效应模型(fixed effects model)：放弃解释组间差异，将其看作是固定不变的差异，而只关注组内差异。此模型假定各组之间的差别可以由常数项的差别来说明，在回归分析中直接体现为截距项的不同。当多个研究结果合并后的总效应具有同质性时，可使用固定效应模型。

交互项(interaction term)：在操作上，交互项就是两个或多个（一般不多于三个）自变量的乘积。在回归模型中引入交互项后，参与构造交互项的各自变量对因变量的作用依赖于交互项中其他自变量的取值。

交互效应(interaction effect)：也称为调节效应(mediation effect)或条件效应(conditional effect)，指一个自变量对因变量的效应依赖于另一个自变量的取值。回归分析中通常设定相应的交互项来探究某个自变量的条件效应。

条件效应(conditional effect)：见交互效应。

调节效应(mediation effect)：见交互效应。

因子分析(factor analysis)：统计学中常用的降维方法之一，可在许多变量中找出隐藏的具有代表性的公共因子，换言之，我们将具有相同本质的变量归为一个因子，从而达到减少变量数目的目的。

主成分分析(principal component analysis，PCA)：是一种统计方法。通过正交变换将一组可能存在相关性的变量转换为一组线性不相关的变量，转换后的这组变量称为主成分。主成分分析通过线性变换选出较少数目的重要变量，是统计建模中一种重要的维度简化技术。它的基本原理是：设法将原来的变量重新组合成一组新的相互无关的综合变量，同时根据实际需要从中选出几个较少的总和变量以尽可能多地反映原来变量的信息。

附录二 标准正态分布表

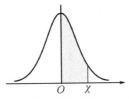

x	0.00	0.01	0.02	0.03	0.04	0.05	0.06	0.07	0.08	0.09
0.0	0.000 0	0.004 0	0.008 0	0.012 0	0.016 0	0.019 9	0.023 9	0.027 9	0.031 9	0.035 9
0.1	0.039 8	0.043 8	0.047 8	0.051 7	0.055 7	0.059 6	0.063 6	0.067 5	0.071 4	0.075 3
0.2	0.079 3	0.083 2	0.087 1	0.091 0	0.094 8	0.098 7	0.102 6	0.106 4	0.110 3	0.114 1
0.3	0.117 9	0.121 7	0.125 5	0.129 3	0.133 1	0.136 8	0.140 6	0.144 3	0.148 0	0.151 7
0.4	0.155 4	0.159 1	0.162 8	0.166 4	0.170 0	0.173 6	0.177 2	0.180 8	0.184 4	0.187 9
0.5	0.191 5	0.195 0	0.198 5	0.201 9	0.205 4	0.208 8	0.212 3	0.215 7	0.219 0	0.222 4
0.6	0.225 7	0.229 1	0.232 4	0.235 7	0.238 9	0.242 2	0.245 4	0.248 6	0.251 7	0.254 9
0.7	0.258 0	0.261 1	0.264 2	0.267 3	0.270 4	0.273 4	0.276 4	0.279 4	0.282 3	0.285 2
0.8	0.288 1	0.291 0	0.293 9	0.296 7	0.299 5	0.302 3	0.305 1	0.307 8	0.310 6	0.313 3
0.9	0.315 9	0.318 6	0.312	0.338	0.364	0.389	0.331 5	0.334 0	0.336 5	0.338 9
1.0	0.341 3	0.343 8	0.346 1	0.348 5	0.350 8	0.353 1	0.355 4	0.357 7	0.359 9	0.362 1
1.1	0.364 3	0.366 5	0.368 6	0.370 8	0.372 9	0.374 9	0.377 0	0.379 0	0.381 0	0.383 0
1.2	0.384 9	0.386 9	0.388 8	0.390 7	0.392 5	0.394 4	0.396 2	0.398 0	0.399 7	0.401 5
1.3	0.403 2	0.404 9	0.406 6	0.408 2	0.409 9	0.411 5	0.913 1	0.414 7	0.416 2	0.417 7
1.4	0.419 2	0.420 7	0.422 2	0.423 6	0.425 1	0.426 5	0.427 9	0.429 2	0.430 6	0.431 9
1.5	0.433 2	0.434 5	0.435 7	0.437 0	0.438 2	0.439 4	0.440 6	0.441 8	0.442 9	0.444 1
1.6	0.445 2	0.446 3	0.447 4	0.448 4	0.449 5	0.450 5	0.451 5	0.452 5	0.453 5	0.454 5
1.7	0.455 4	0.456 4	0.457 3	0.458 2	0.459 1	0.459 9	0.460 8	0.461 6	0.462 5	0.463 3
1.8	0.464 1	0.464 9	0.465 6	0.466 4	0.467 1	0.467 8	0.468 6	0.469 3	0.469 9	0.470 6
1.9	0.471 3	0.471 9	0.472 6	0.473 2	0.473 8	0.474 4	0.475 0	0.475 6	0.476 1	0.476 7
2.0	0.477 2	0.477 8	0.478 3	0.478 8	0.479 3	0.479 8	0.480 3	0.480 8	0.481 2	0.481 7
2.1	0.482 1	0.482 6	0.483 0	0.483 4	0.483 8	0.484 2	0.484 6	0.485 0	0.485 4	0.485 7
2.2	0.486 1	0.486 4	0.486 8	0.487 1	0.487 5	0.487 8	0.488 1	0.488 4	0.488 7	0.489 0
2.3	0.489 3	0.489 6	0.489 8	0.490 1	0.490 4	0.490 6	0.490 9	0.491 1	0.491 3	0.491 6
2.4	0.491 8	0.492 0	0.492 2	0.492 5	0.492 7	0.492 9	0.493 1	0.493 2	0.493 4	0.493 6
2.5	0.493 8	0.494 0	0.494 1	0.494 3	0.494 5	0.494 6	0.494 8	0.494 9	0.495 1	0.495 2
2.6	0.495 3	0.495 5	0.495 6	0.495 7	0.495 9	0.496 0	0.496 1	0.496 2	0.496 3	0.496 4
2.7	0.496 5	0.496 6	0.496 7	0.496 8	0.496 9	0.497 0	0.497 1	0.497 2	0.497 3	0.497 4
2.8	0.497 4	0.497 5	0.497 6	0.497 7	0.497 7	0.497 8	0.497 9	0.497 9	0.498 0	0.498 1
2.9	0.498 1	0.498 2	0.498 2	0.498 3	0.498 4	0.498 4	0.498 5	0.498 5	0.498 6	0.498 6

附录三 t 分布表

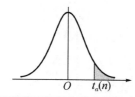

自由度	上侧面积					
	0.20	0.10	0.05	0.025	0.01	0.005
1	1.376	3.078	6.314	12.706	31.821	63.657
2	1.061	1.886	2.920	4.303	6.965	9.925
3	0.978	1.638	2.353	3.182	4.541	5.841
4	0.941	1.533	2.132	2.776	3.747	4.604
5	0.920	1.476	2.015	2.571	3.365	4.032
6	0.906	1.440	1.943	2.447	3.143	3.707
7	0.896	1.415	1.895	2.365	2.998	3.499
8	0.889	1.397	1.860	2.306	2.896	3.355
9	0.883	1.383	1.833	2.262	2.821	3.250
10	0.879	1.372	1.812	2.228	2.764	3.169
11	0.876	1.363	1.796	2.201	2.718	3.106
12	0.873	1.356	1.782	2.179	2.681	3.055
13	0.870	1.350	1.771	2.160	2.650	3.012
14	0.868	1.345	1.761	2.145	2.624	2.977
15	0.866	1.341	1.753	2.131	2.602	2.947
16	0.865	1.337	1.746	2.120	2.583	2.921
17	0.863	1.333	1.740	2.110	2.567	2.898
18	0.862	1.330	1.734	2.101	2.552	2.878
19	0.861	1.38	1.729	2.093	2.539	2.861
20	0.860	1.35	1.725	2.086	2.528	2.845
21	0.859	1.33	1.721	2.080	2.518	2.831
22	0.858	1.31	1.717	2.074	2.508	2.819
23	0.858	1.319	1.714	2.069	2.500	2.807
24	0.857	1.318	1.711	2.064	2.492	2.797
25	0.856	1.316	1.708	2.060	2.485	2.787
26	0.856	1.315	1.706	2.056	2.479	2.779
27	0.855	1.314	1.703	2.052	2.473	2.771
28	0.855	1.313	1.701	2.048	2.467	2.763

续表

自由度	上侧面积					
	0.20	0.10	0.05	0.025	0.01	0.005
29	0.854	1.311	1.699	2.045	2.462	2.756
30	0.854	1.310	1.697	2.042	2.457	2.750
31	0.853	1.309	1.696	2.040	2.453	2.744
32	0.853	1.309	1.694	2.037	2.449	2.738
33	0.853	1.308	1.692	2.035	2.445	2.733
34	0.852	1.307	1.691	2.032	2.441	2.728
35	0.852	1.306	1.690	2.030	2.438	2.724
36	0.852	1.306	1.688	2.028	2.434	2.719
37	0.851	1.305	1.687	2.026	2.431	2.715
38	0.851	1.304	1.686	2.024	2.429	2.712
39	0.851	1.304	1.685	2.023	2.426	2.708
40	0.851	1.303	1.684	2.021	2.423	2.704
41	0.850	1.303	1.683	2.020	2.421	2.701
42	0.850	1.302	1.682	2.018	2.418	2.698
43	0.850	1.302	1.681	2.017	2.416	2.695
44	0.850	1.301	1.680	2.015	2.414	2.692
45	0.850	1.301	1.679	2.014	2.412	2.690
46	0.850	1.300	1.679	2.013	2.410	2.687
47	0.849	1.300	1.678	2.012	2.408	2.685
48	0.849	1.299	1.677	2.011	2.407	2.682
49	0.849	1.299	1.677	2.010	2.405	2.680
50	0.849	1.299	1.676	2.009	2.403	2.678
51	0.849	1.298	1.675	2.008	2.402	2.676
52	0.849	1.298	1.675	2.007	2.400	2.674
53	0.848	1.298	1.674	2.006	2.399	2.672
54	0.848	1.297	1.674	2.005	2.397	2.670
55	0.848	1.297	1.673	2.004	2.396	2.668
56	0.848	1.297	1.673	2.003	2.395	2.667
57	0.848	1.297	1.672	2.002	2.394	2.665
58	0.848	1.296	1.672	2.002	2.392	2.663
59	0.848	1.296	1.671	2.001	2.391	2.662
60	0.848	1.296	1.671	2.000	2.390	2.660
61	0.848	1.296	1.670	2.000	2.389	2.659
62	0.847	1.295	1.670	1.999	2.388	2.657
63	0.847	1.295	1.669	1.998	2.387	2.656
64	0.847	1.295	1.669	1.998	2.386	2.655

续表

自由度	上侧面积					
	0.20	0.10	0.05	0.025	0.01	0.005
65	0.847	1.295	1.669	1.997	2.385	2.654
66	0.847	1.295	1.668	1.997	2.384	2.652
67	0.847	1.294	1.668	1.996	2.383	2.651
68	0.847	1.294	1.668	1.995	2.382	2.650
69	0.847	1.294	1.667	1.995	2.382	2.649
70	0.847	1.294	1.667	1.994	2.381	2.648
71	0.847	1.294	1.667	1.994	2.380	2.647
72	0.847	1.293	1.666	1.993	2.379	2.646
73	0.847	1.293	1.666	1.993	2.379	2.645
74	0.847	1.293	1.666	1.993	2.378	2.644
75	0.846	1.293	1.665	1.992	2.377	2.643
76	0.846	1.293	1.665	1.992	2.376	2.642
77	0.846	1.293	1.665	1.991	2.376	2.641
78	0.846	1.292	1.665	1.991	2.375	2.640
79	0.846	1.292	1.664	1.990	2.374	2.640
80	0.846	1.292	1.664	1.990	2.374	2.639
81	0.846	1.292	1.664	1.990	2.373	2.638
82	0.846	1.292	1.664	1.989	2.373	2.637
83	0.846	1.292	1.663	1.989	2.372	2.636
84	0.846	1.292	1.663	1.989	2.372	2.636
85	0.846	1.292	1.663	1.988	2.371	2.635
86	0.846	1.291	1.663	1.988	2.370	2.634
87	0.846	1.291	1.663	1.988	2.370	2.634
88	0.846	1.291	1.662	1.987	2.369	2.633
89	0.846	1.291	1.662	1.987	2.369	2.632
90	0.846	1.291	1.662	1.987	2.368	2.632
91	0.846	1.291	1.662	1.986	2.368	2.631
92	0.846	1.291	1.662	1.986	2.368	2.630
93	0.846	1.291	1.661	1.986	2.367	2.630
94	0.845	1.291	1.661	1.986	2.367	2.629
95	0.845	1.291	1.661	1.985	2.366	2.629
96	0.845	1.290	1.661	1.985	2.366	2.628
97	0.845	1.290	1.661	1.985	2.365	2.627
98	0.845	1.290	1.661	1.984	2.365	2.627
99	0.845	1.290	1.660	1.984	2.365	2.626
100	0.845	1.290	1.660	1.984	2.364	2.626
∞	0.842	1.282	1.645	1.960	2.36	2.576

附录四 χ^2 分布表

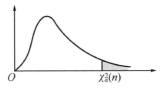

自由度	上侧面积									
	0.995	0.99	0.975	0.95	0.9	0.1	0.05	0.025	0.01	0.005
1	0.000	0.000	0.001	0.004	0.016	2.706	3.841	5.024	6.635	7.879
2	0.010	0.020	0.051	0.103	0.211	4.605	5.991	7.378	9.210	10.597
3	0.072	0.115	0.216	0.352	0.584	6.251	7.815	9.348	11.345	12.838
4	0.207	0.297	0.484	0.711	1.064	7.779	9.488	11.143	13.277	14.860
5	0.412	0.554	0.831	1.145	1.610	9.236	11.070	12.833	15.086	16.750
6	0.676	0.872	1.237	1.635	2.204	10.645	12.592	14.449	16.812	18.548
7	0.989	1.239	1.690	2.167	2.833	12.017	14.067	16.013	18.475	20.278
8	1.344	1.646	2.180	2.733	3.490	13.362	15.507	17.535	20.090	21.955
9	1.735	2.088	2.700	3.35	4.168	14.684	16.919	19.023	21.666	23.589
10	2.156	2.558	3.247	3.940	4.865	15.987	18.307	20.483	23.209	25.188
11	2.603	3.053	3.816	4.575	5.578	17.275	19.675	21.920	24.725	26.757
12	3.074	3.571	4.404	5.226	6.304	18.549	21.026	23.337	26.217	28.300
13	3.565	4.107	5.009	5.892	7.042	19.812	22.362	24.736	27.688	29.819
14	4.075	4.660	5.629	6.571	7.790	21.064	23.685	26.119	29.141	31.319
15	4.601	5.229	6.262	7.261	8.547	22.307	24.996	27.488	30.578	32.801
16	5.142	5.812	6.908	7.962	9.312	23.542	26.296	28.845	32.000	34.267
17	5.697	6.408	7.564	8.672	10.085	24.769	27.587	30.191	33.409	35.718
18	6.265	7.015	8.231	9.390	10.865	25.989	28.869	31.526	34.805	37.156
19	6.844	7.633	8.907	10.117	11.651	27.204	30.144	32.852	36.191	38.582
20	7.434	8.260	9.591	10.851	12.443	28.412	31.410	34.170	37.566	39.997
21	8.034	8.897	10.283	11.591	13.240	29.615	32.671	35.479	38.932	41.401
22	8.643	9.542	10.982	12.338	14.041	30.813	33.924	36.781	40.289	42.796
23	9.260	10.196	11.689	13.091	14.848	32.007	35.172	38.076	41.638	44.181
24	9.886	10.856	12.401	13.848	15.659	33.196	36.415	39.364	42.980	45.559
25	10.520	11.524	13.120	14.611	16.473	34.382	37.652	40.646	44.314	46.928
26	11.160	12.198	13.844	15.379	17.292	35.563	38.885	41.923	45.642	48.290
27	11.808	12.879	14.573	16.151	18.114	36.741	40.113	43.195	46.963	49.645
28	12.461	13.565	15.308	16.928	18.939	37.916	41.337	44.461	48.278	50.993
29	13.121	14.256	16.047	17.708	19.768	39.087	42.557	45.722	49.588	52.336
30	13.787	14.953	16.791	18.493	20.599	40.256	43.773	46.979	50.892	53.672
31	14.458	15.655	17.539	19.281	21.434	41.422	44.985	48.232	52.191	55.003

续表

自由度	上侧面积									
	0.995	0.99	0.975	0.95	0.9	0.1	0.05	0.025	0.01	0.005
32	15.134	16.362	18.291	20.072	22.271	42.585	46.194	49.480	53.486	56.38
33	15.815	17.074	19.047	20.867	23.110	43.745	47.400	50.725	54.776	57.648
34	16.501	17.789	19.806	21.664	23.952	44.903	48.602	51.966	56.061	58.964
35	17.192	18.509	20.569	22.465	24.797	46.059	49.802	53.203	57.342	60.275
36	17.887	19.233	21.336	23.269	25.643	47.212	50.998	54.437	58.619	61.581
37	18.586	19.960	22.106	24.075	26.492	48.363	52.192	55.668	59.893	62.883
38	19.289	20.691	22.878	24.884	27.343	49.513	53.384	56.896	61.162	64.181
39	19.996	21.426	23.654	25.695	28.196	50.660	54.572	58.120	62.428	65.476
40	20.707	22.164	24.433	26.509	29.051	51.805	55.758	59.342	63.691	66.766
41	21.421	22.906	25.215	27.36	29.907	52.949	56.942	60.561	64.950	68.053
42	22.138	23.650	25.999	28.144	30.765	54.090	58.124	61.777	66.206	69.336
43	22.859	24.398	26.785	28.965	31.625	55.230	59.304	62.990	67.459	70.616
44	23.584	25.148	27.575	29.787	32.487	56.369	60.481	64.201	68.710	71.893
45	24.311	25.901	28.366	30.612	33.350	57.505	61.656	65.410	69.957	73.166
46	25.041	26.657	29.160	31.439	34.215	58.641	62.830	66.617	71.201	74.437
47	25.775	27.416	29.956	32.268	35.081	59.774	64.001	67.821	72.443	75.704
48	26.511	28.177	30.755	33.098	35.949	60.907	65.171	69.023	73.683	76.969
49	27.249	28.941	31.555	33.930	36.818	62.038	66.339	70.222	74.919	78.231
50	27.991	29.707	32.357	34.764	37.689	63.167	67.505	71.420	76.154	79.490
51	28.735	30.475	33.162	35.600	38.560	64.295	68.669	72.616	77.386	80.747
52	29.481	31.246	33.968	36.437	39.433	65.422	69.832	73.810	78.616	82.001
53	30.230	32.018	34.776	37.276	40.308	66.548	70.993	75.002	79.843	83.253
54	30.981	32.793	35.586	38.116	41.183	67.673	72.153	76.192	81.069	84.502
55	31.735	33.570	36.398	38.958	42.060	68.796	73.311	77.380	82.292	85.749
56	32.490	34.350	37.212	39.801	42.937	69.919	74.468	78.567	83.513	86.994
57	33.248	35.131	38.027	40.646	43.816	71.040	75.624	79.752	84.733	88.236
58	34.008	35.913	38.844	41.492	44.696	72.160	76.778	80.936	85.950	89.477
59	34.770	36.698	39.662	42.339	45.577	73.279	77.931	82.117	87.166	90.715
60	35.534	37.485	40.482	43.188	46.459	74.397	79.082	83.298	88.379	91.952
61	36.301	38.273	41.303	44.038	47.342	75.514	80.232	84.476	89.591	93.186
62	37.068	39.063	42.126	44.889	48.226	76.630	81.381	85.654	90.802	94.419
63	37.838	39.855	42.950	45.741	49.111	77.745	82.529	86.830	92.010	95.649
64	38.610	40.649	43.776	46.595	49.996	78.860	83.675	88.004	93.217	96.878
65	39.383	41.444	44.603	47.450	50.883	79.973	84.821	89.177	94.422	98.105
66	40.158	42.240	45.431	48.305	51.770	81.085	85.965	90.349	95.626	99.330
67	40.935	43.038	46.261	49.162	52.659	82.197	87.108	91.519	96.828	100.554
68	41.713	43.838	47.092	50.020	53.548	83.308	88.250	92.689	98.028	101.776
69	42.494	44.639	47.924	50.879	54.438	84.418	89.391	93.856	99.228	102.996
70	43.275	45.442	48.758	51.739	55.39	85.527	90.531	95.023	100.425	104.215
71	44.058	46.246	49.592	52.600	56.221	86.635	91.670	96.189	101.621	105.432

续表

自由度	上侧面积									
	0.995	0.99	0.975	0.95	0.9	0.1	0.05	0.025	0.01	0.005
72	44.843	47.051	50.428	53.462	57.113	87.743	92.808	97.353	102.816	106.648
73	45.629	47.858	51.265	54.35	58.006	88.850	93.945	98.516	104.010	107.862
74	46.417	48.666	52.103	55.189	58.900	89.956	95.081	99.678	105.202	109.074
75	47.206	49.475	52.942	56.054	59.795	91.061	96.217	100.839	106.393	110.286
76	47.997	50.286	53.782	56.920	60.690	92.166	97.351	101.999	107.583	111.495
77	48.788	51.097	54.623	57.786	61.586	93.270	98.484	103.158	108.771	112.704
78	49.582	51.910	55.466	58.654	62.483	94.374	99.617	104.316	109.958	113.911
79	50.376	52.725	56.309	59.522	63.380	95.476	100.749	105.473	111.144	115.117
80	51.172	53.540	57.153	60.391	64.278	96.578	101.879	106.629	112.39	116.31
81	51.969	54.357	57.998	61.261	65.176	97.680	103.010	107.783	113.512	117.524
82	52.767	55.174	58.845	62.132	66.076	98.780	104.139	108.937	114.695	118.726
83	53.567	55.993	59.692	63.004	66.976	99.880	105.267	110.090	115.876	119.927
84	54.368	56.813	60.540	63.876	67.876	100.980	106.395	111.242	117.057	121.126
85	55.170	57.634	61.389	64.749	68.777	102.079	107.522	112.393	118.236	122.35
86	55.973	58.456	62.239	65.623	69.679	103.177	108.648	113.544	119.414	123.522
87	56.777	59.279	63.089	66.498	70.581	104.275	109.773	114.693	120.591	124.718
88	57.582	60.103	63.941	67.373	71.484	105.372	110.898	115.841	121.767	125.913
89	58.389	60.928	64.793	68.249	72.387	106.469	112.022	116.989	122.942	127.106
90	59.196	61.754	65.647	69.126	73.291	107.565	113.145	118.136	124.116	128.299
91	60.005	62.581	66.501	70.003	74.196	108.661	114.268	119.282	125.289	129.491
92	60.815	63.409	67.356	70.882	75.100	109.756	115.390	120.427	126.462	130.681
93	61.625	64.238	68.211	71.760	76.006	110.850	116.511	121.571	127.633	131.871
94	62.437	65.068	69.068	72.640	76.912	111.944	117.632	122.715	128.803	133.059
95	63.250	65.898	69.925	73.520	77.818	113.038	118.752	123.858	129.973	134.247
96	64.063	66.730	70.783	74.401	78.725	114.131	119.871	125.000	131.141	135.433
97	64.878	67.562	71.642	75.282	79.633	115.223	120.990	126.141	132.309	136.619
98	65.694	68.396	72.501	76.164	80.541	116.315	122.108	127.282	133.476	137.803
99	66.510	69.230	73.361	77.046	81.449	117.407	123.225	128.422	134.642	138.987
100	67.38	70.065	74.222	77.929	82.358	118.498	124.342	129.561	135.807	140.169

附录五 F 分布表

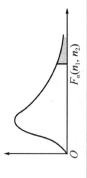

$F_\alpha(n_1, n_2)$

0.05

第二自由度	第一自由度																
	1	2	3	4	5	6	7	8	9	10	12	15	20	24	30	40	60	120	∞
1	161.45	199.50	215.71	224.58	230.16	233.99	236.77	238.88	240.54	241.88	243.91	245.95	248.01	249.05	250.10	251.14	252.20	253.25	254.31
2	18.51	19.00	19.16	19.25	19.30	19.33	19.35	19.37	19.38	19.40	19.41	19.43	19.45	19.45	19.46	19.47	19.48	19.49	19.50
3	10.13	9.55	9.28	9.12	9.01	8.94	8.89	8.85	8.81	8.79	8.74	8.70	8.66	8.64	8.62	8.59	8.57	8.55	8.53
4	7.71	6.94	6.59	6.39	6.26	6.16	6.09	6.04	6.00	5.96	5.91	5.86	5.80	5.77	5.75	5.72	5.69	5.66	5.63
5	6.61	5.79	5.41	5.19	5.05	4.95	4.88	4.82	4.77	4.74	4.68	4.62	4.56	4.53	4.50	4.46	4.43	4.40	4.36
6	5.99	5.14	4.76	4.53	4.39	4.28	4.21	4.15	4.10	4.06	4.00	3.94	3.87	3.84	3.81	3.77	3.74	3.70	3.67
7	5.59	4.74	4.35	4.12	3.97	3.87	3.79	3.73	3.68	3.64	3.57	3.51	3.44	3.41	3.38	3.34	3.30	3.27	3.23
8	5.3	4.46	4.07	3.84	3.69	3.58	3.50	3.44	3.39	3.35	3.28	3.22	3.15	3.12	3.08	3.04	3.01	2.97	2.93
9	5.12	4.26	3.86	3.63	3.48	3.37	3.29	3.23	3.18	3.14	3.07	3.01	2.94	2.90	2.86	2.83	2.79	2.75	2.71
10	4.96	4.10	3.71	3.48	3.33	3.22	3.14	3.07	3.02	2.98	2.91	2.85	2.77	2.74	2.70	2.66	2.62	2.58	2.54
11	4.84	3.98	3.59	3.36	3.20	3.09	3.01	2.95	2.90	2.85	2.79	2.72	2.65	2.61	2.57	2.53	2.49	2.45	2.40
12	4.75	3.89	3.49	3.26	3.11	3.00	2.91	2.85	2.80	2.75	2.69	2.62	2.54	2.51	2.47	2.43	2.38	2.34	2.30
13	4.67	3.81	3.41	3.18	3.03	2.92	2.83	2.77	2.71	2.67	2.60	2.53	2.46	2.42	2.38	2.34	2.30	2.25	2.21
14	4.60	3.74	3.34	3.11	2.96	2.85	2.76	2.70	2.65	2.60	2.53	2.46	2.39	2.35	2.31	2.27	2.22	2.18	2.13
15	4.54	3.68	3.29	3.06	2.90	2.79	2.71	2.64	2.59	2.54	2.48	2.40	2.33	2.29	2.25	2.20	2.16	2.11	2.07
16	4.49	3.63	3.24	3.01	2.85	2.74	2.66	2.59	2.54	2.49	2.42	2.35	2.28	2.24	2.19	2.15	2.11	2.06	2.01

续表

第二自由度	第一自由度																	
	1	2	3	4	5	6	7	8	9	10	12	15	20	24	30	40	60	120	∞

0.05 第一自由度

第二自由度	1	2	3	4	5	6	7	8	9	10	12	15	20	24	30	40	60	120	∞
17	4.45	3.59	3.20	2.96	2.81	2.70	2.61	2.55	2.49	2.45	2.38	2.31	2.23	2.19	2.15	2.10	2.06	2.01	1.96
18	4.41	3.55	3.16	2.93	2.77	2.66	2.58	2.51	2.46	2.41	2.34	2.27	2.19	2.15	2.11	2.06	2.02	1.97	1.92
19	4.38	3.52	3.13	2.90	2.74	2.63	2.54	2.48	2.42	2.38	2.31	2.23	2.16	2.11	2.07	2.03	1.98	1.93	1.88
20	4.35	3.49	3.10	2.87	2.71	2.60	2.51	2.45	2.39	2.35	2.28	2.20	2.12	2.08	2.04	1.99	1.95	1.90	1.84
21	4.3	3.47	3.07	2.84	2.68	2.57	2.49	2.42	2.37	2.3	2.25	2.18	2.10	2.05	2.01	1.96	1.92	1.87	1.81
22	4.30	3.44	3.05	2.82	2.66	2.55	2.46	2.40	2.34	2.30	2.23	2.15	2.07	2.03	1.98	1.94	1.89	1.84	1.78
23	4.28	3.42	3.03	2.80	2.64	2.53	2.44	2.37	2.3	2.27	2.20	2.13	2.05	2.01	1.96	1.91	1.86	1.81	1.76
24	4.26	3.40	3.01	2.78	2.62	2.51	2.42	2.36	2.30	2.25	2.18	2.11	2.03	1.98	1.94	1.89	1.84	1.79	1.73
25	4.24	3.39	2.99	2.76	2.60	2.49	2.40	2.34	2.28	2.24	2.16	2.09	2.01	1.96	1.92	1.87	1.82	1.77	1.71
26	4.23	3.37	2.98	2.74	2.59	2.47	2.39	2.3	2.27	2.22	2.15	2.07	1.99	1.95	1.90	1.85	1.80	1.75	1.69
27	4.21	3.35	2.96	2.73	2.57	2.46	2.37	2.31	2.25	2.20	2.13	2.06	1.97	1.93	1.88	1.84	1.79	1.73	1.67
28	4.20	3.34	2.95	2.71	2.56	2.45	2.36	2.29	2.24	2.19	2.12	2.04	1.96	1.91	1.87	1.82	1.77	1.71	1.65
29	4.18	3.33	2.93	2.70	2.55	2.43	2.35	2.28	2.22	2.18	2.10	2.03	1.94	1.90	1.85	1.81	1.75	1.70	1.64
30	4.17	3.3	2.92	2.69	2.53	2.42	2.33	2.27	2.21	2.16	2.09	2.01	1.93	1.89	1.84	1.79	1.74	1.68	1.62
40	4.08	3.23	2.84	2.61	2.45	2.34	2.25	2.18	2.12	2.08	2.00	1.92	1.84	1.79	1.74	1.69	1.64	1.58	1.51
60	4.00	3.15	2.76	2.53	2.37	2.25	2.17	2.10	2.04	1.99	1.92	1.84	1.75	1.70	1.65	1.59	1.53	1.47	1.39
120	3.92	3.07	2.68	2.45	2.29	2.18	2.09	2.02	1.96	1.91	1.83	1.75	1.66	1.61	1.55	1.50	1.43	1.35	1.25
∞	3.84	3.00	2.60	2.37	2.21	2.10	2.01	1.94	1.88	1.83	1.75	1.67	1.57	1.52	1.46	1.39	1.3	1.22	1.00

0.01 第一自由度

第二自由度	1	2	3	4	5	6	7	8	9	10	12	15	20	24	30	40	60	120	∞
1	4 052.2	4 999.5	5 403.4	5 624.6	5 763.6	5 859.0	5 928.4	5 981.1	6 022.5	6 055.8	6 106.3	6 157.3	6 208.7	6 234.6	6 260.6	6 286.6	6 313.0	6 339.4	6 365.9
2	98.50	99.00	99.17	99.25	99.30	99.33	99.36	99.37	99.39	99.40	99.42	99.43	99.45	99.46	99.47	99.47	99.48	99.49	99.50
3	34.12	30.82	29.46	28.71	28.24	27.91	27.67	27.49	27.35	27.23	27.05	26.87	26.69	26.60	26.50	26.41	26.3	26.22	26.13

续表

0.01

第二自由度	第一自由度																
	1	2	3	4	5	6	7	8	9	10	12	15	20	24	30	40	60	120	∞
4	21.20	18.00	16.69	15.98	15.52	15.21	14.98	14.80	14.66	14.55	14.37	14.20	14.02	13.93	13.84	13.75	13.65	13.56	13.46
5	16.26	13.27	12.06	11.39	10.97	10.67	10.46	10.29	10.16	10.05	9.89	9.72	9.55	9.47	9.38	9.29	9.20	9.11	9.02
6	13.75	10.92	9.78	9.15	8.75	8.47	8.26	8.10	7.98	7.87	7.72	7.56	7.40	7.31	7.23	7.14	7.06	6.97	6.88
7	12.25	9.55	8.45	7.85	7.46	7.19	6.99	6.84	6.72	6.62	6.47	6.31	6.16	6.07	5.99	5.91	5.82	5.74	5.65
8	11.26	8.65	7.59	7.01	6.63	6.37	6.18	6.03	5.91	5.81	5.67	5.52	5.36	5.28	5.20	5.12	5.03	4.95	4.86
9	10.56	8.02	6.99	6.42	6.06	5.80	5.61	5.47	5.35	5.26	5.11	4.96	4.81	4.73	4.65	4.57	4.48	4.40	4.31
10	10.04	7.56	6.55	5.99	5.64	5.39	5.20	5.06	4.94	4.85	4.71	4.56	4.41	4.33	4.25	4.17	4.08	4.00	3.91
11	9.65	7.21	6.22	5.67	5.3	5.07	4.89	4.74	4.63	4.54	4.40	4.25	4.10	4.02	3.94	3.86	3.78	3.69	3.60
12	9.33	6.93	5.95	5.41	5.06	4.82	4.64	4.50	4.39	4.30	4.16	4.01	3.86	3.78	3.70	3.62	3.54	3.45	3.36
13	9.07	6.70	5.74	5.21	4.86	4.62	4.44	4.30	4.19	4.10	3.96	3.82	3.66	3.59	3.51	3.43	3.34	3.25	3.17
14	8.86	6.51	5.56	5.04	4.69	4.46	4.28	4.14	4.03	3.94	3.80	3.66	3.51	3.43	3.35	3.27	3.18	3.09	3.00
15	8.68	6.36	5.42	4.89	4.56	4.3	4.14	4.00	3.89	3.80	3.67	3.52	3.37	3.29	3.21	3.13	3.05	2.96	2.87
16	8.53	6.23	5.29	4.77	4.44	4.20	4.03	3.89	3.78	3.69	3.55	3.41	3.26	3.18	3.10	3.02	2.93	2.84	2.75
17	8.40	6.11	5.18	4.67	4.34	4.10	3.93	3.79	3.68	3.59	3.46	3.31	3.16	3.08	3.00	2.92	2.83	2.75	2.65
18	8.29	6.01	5.09	4.58	4.25	4.01	3.84	3.71	3.60	3.51	3.37	3.23	3.08	3.00	2.92	2.84	2.75	2.66	2.57
19	8.18	5.93	5.01	4.50	4.17	3.94	3.77	3.63	3.52	3.43	3.30	3.15	3.00	2.92	2.84	2.76	2.67	2.58	2.49
20	8.10	5.85	4.94	4.43	4.10	3.87	3.70	3.56	3.46	3.37	3.23	3.09	2.94	2.86	2.78	2.69	2.61	2.52	2.42
21	8.02	5.78	4.87	4.37	4.04	3.81	3.64	3.51	3.40	3.31	3.17	3.03	2.88	2.80	2.72	2.64	2.55	2.46	2.36
22	7.95	5.72	4.82	4.31	3.99	3.76	3.59	3.45	3.35	3.26	3.12	2.98	2.83	2.75	2.67	2.58	2.50	2.40	2.31
23	7.88	5.66	4.76	4.26	3.94	3.71	3.54	3.41	3.30	3.21	3.07	2.93	2.78	2.70	2.62	2.54	2.45	2.35	2.26
24	7.82	5.61	4.72	4.22	3.90	3.67	3.50	3.36	3.26	3.17	3.03	2.89	2.74	2.66	2.58	2.49	2.40	2.31	2.21
25	7.77	5.57	4.68	4.18	3.85	3.63	3.46	3.3	3.22	3.13	2.99	2.85	2.70	2.62	2.54	2.45	2.36	2.27	2.17
26	7.72	5.53	4.64	4.14	3.82	3.59	3.42	3.29	3.18	3.09	2.96	2.81	2.66	2.58	2.50	2.42	2.33	2.23	2.13
27	7.68	5.49	4.60	4.11	3.78	3.56	3.39	3.26	3.15	3.06	2.93	2.78	2.63	2.55	2.47	2.38	2.29	2.20	2.10

续表

0.01

第二自由度	第一自由度																
	1	2	3	4	5	6	7	8	9	10	12	15	20	24	30	40	60	120	∞
28	7.64	5.45	4.57	4.07	3.75	3.53	3.36	3.23	3.12	3.03	2.90	2.75	2.60	2.52	2.44	2.35	2.26	2.17	2.06
29	7.60	5.42	4.54	4.04	3.73	3.50	3.33	3.20	3.09	3.00	2.87	2.73	2.57	2.49	2.41	2.33	2.23	2.14	2.03
30	7.56	5.39	4.51	4.02	3.70	3.47	3.30	3.17	3.07	2.98	2.84	2.70	2.55	2.47	2.39	2.30	2.21	2.11	2.01
40	7.31	5.18	4.31	3.83	3.51	3.29	3.12	2.99	2.89	2.80	2.66	2.52	2.37	2.29	2.20	2.11	2.02	1.92	1.80
60	7.08	4.98	4.13	3.65	3.34	3.12	2.95	2.82	2.72	2.63	2.50	2.35	2.20	2.12	2.03	1.94	1.84	1.73	1.60
120	6.85	4.79	3.95	3.48	3.17	2.96	2.79	2.66	2.56	2.47	2.34	2.19	2.03	1.95	1.86	1.76	1.66	1.53	1.38
∞	6.63	4.61	3.78	3.3	3.02	2.80	2.64	2.51	2.41	2.3	2.18	2.04	1.88	1.79	1.70	1.59	1.47	1.3	1.00

0.025

第二自由度	第一自由度																
	1	2	3	4	5	6	7	8	9	10	12	15	20	24	30	40	60	120	∞
1	647.8	799.5	864.2	899.6	921.8	937.1	948.2	956.7	963.3	968.6	976.7	984.9	993.1	997.2	1 001.4	1 005.6	1 009.8	1 014.0	1 018.3
2	38.51	39.00	39.17	39.25	39.30	39.33	39.36	39.37	39.39	39.40	39.41	39.43	39.45	39.46	39.46	39.47	39.48	39.49	39.50
3	17.44	16.04	15.44	15.10	14.88	14.73	14.62	14.54	14.47	14.42	14.34	14.25	14.17	14.12	14.08	14.04	13.99	13.95	13.90
4	12.22	10.65	9.98	9.60	9.36	9.20	9.07	8.98	8.90	8.84	8.75	8.66	8.56	8.51	8.46	8.41	8.36	8.31	8.26
5	10.01	8.43	7.76	7.39	7.15	6.98	6.85	6.76	6.68	6.62	6.52	6.43	6.33	6.28	6.23	6.18	6.12	6.07	6.02
6	8.81	7.26	6.60	6.23	5.99	5.82	5.70	5.60	5.52	5.46	5.37	5.27	5.17	5.12	5.07	5.01	4.96	4.90	4.85
7	8.07	6.54	5.89	5.52	5.29	5.12	4.99	4.90	4.82	4.76	4.67	4.57	4.47	4.41	4.36	4.31	4.25	4.20	4.14
8	7.57	6.06	5.42	5.05	4.82	4.65	4.53	4.43	4.36	4.30	4.20	4.10	4.00	3.95	3.89	3.84	3.78	3.73	3.67
9	7.21	5.71	5.08	4.72	4.48	4.3	4.20	4.10	4.03	3.96	3.87	3.77	3.67	3.61	3.56	3.51	3.45	3.39	3.33
10	6.94	5.46	4.83	4.47	4.24	4.07	3.95	3.85	3.78	3.72	3.62	3.52	3.42	3.37	3.31	3.26	3.20	3.14	3.08
11	6.72	5.26	4.63	4.28	4.04	3.88	3.76	3.66	3.59	3.53	3.43	3.33	3.23	3.17	3.12	3.06	3.00	2.94	2.88
12	6.55	5.10	4.47	4.12	3.89	3.73	3.61	3.51	3.44	3.37	3.28	3.18	3.07	3.02	2.96	2.91	2.85	2.79	2.72
13	6.41	4.97	4.35	4.00	3.77	3.60	3.48	3.39	3.31	3.25	3.15	3.05	2.95	2.89	2.84	2.78	2.72	2.66	2.60
14	6.30	4.86	4.24	3.89	3.66	3.50	3.38	3.29	3.21	3.15	3.05	2.95	2.84	2.79	2.73	2.67	2.61	2.55	2.49

续表

0.025

第二自由度	第一自由度																
	1	2	3	4	5	6	7	8	9	10	12	15	20	24	30	40	60	120	∞
15	6.20	4.77	4.15	3.80	3.58	3.41	3.29	3.20	3.12	3.06	2.96	2.86	2.76	2.70	2.64	2.59	2.52	2.46	2.40
16	6.12	4.69	4.08	3.73	3.50	3.34	3.22	3.12	3.05	2.99	2.89	2.79	2.68	2.63	2.57	2.51	2.45	2.38	2.3
17	6.04	4.62	4.01	3.66	3.44	3.28	3.16	3.06	2.98	2.92	2.82	2.72	2.62	2.56	2.50	2.44	2.38	2.3	2.25
18	5.98	4.56	3.95	3.61	3.38	3.22	3.10	3.01	2.93	2.87	2.77	2.67	2.56	2.50	2.44	2.38	2.3	2.26	2.19
19	5.92	4.51	3.90	3.56	3.33	3.17	3.05	2.96	2.88	2.82	2.72	2.62	2.51	2.45	2.39	2.33	2.27	2.20	2.13
20	5.87	4.46	3.86	3.51	3.29	3.13	3.01	2.91	2.84	2.77	2.68	2.57	2.46	2.41	2.35	2.29	2.22	2.16	2.09
21	5.83	4.42	3.82	3.48	3.25	3.09	2.97	2.87	2.80	2.73	2.64	2.53	2.42	2.37	2.31	2.25	2.18	2.11	2.04
22	5.79	4.38	3.78	3.44	3.22	3.05	2.93	2.84	2.76	2.70	2.60	2.50	2.39	2.33	2.27	2.21	2.14	2.08	2.00
23	5.75	4.35	3.75	3.41	3.18	3.02	2.90	2.81	2.73	2.67	2.57	2.47	2.36	2.30	2.24	2.18	2.11	2.04	1.97
24	5.72	4.3	3.72	3.38	3.15	2.99	2.87	2.78	2.70	2.64	2.54	2.44	2.33	2.27	2.21	2.15	2.08	2.01	1.94
25	5.69	4.29	3.69	3.35	3.13	2.97	2.85	2.75	2.68	2.61	2.51	2.41	2.30	2.24	2.18	2.12	2.05	1.98	1.91
26	5.66	4.27	3.67	3.33	3.10	2.94	2.82	2.73	2.65	2.59	2.49	2.39	2.28	2.22	2.16	2.09	2.03	1.95	1.88
27	5.63	4.24	3.65	3.31	3.08	2.92	2.80	2.71	2.63	2.57	2.47	2.36	2.25	2.19	2.13	2.07	2.00	1.93	1.85
28	5.61	4.22	3.63	3.29	3.06	2.90	2.78	2.69	2.61	2.55	2.45	2.34	2.23	2.17	2.11	2.05	1.98	1.91	1.83
29	5.59	4.20	3.61	3.27	3.04	2.88	2.76	2.67	2.59	2.53	2.43	2.3	2.21	2.15	2.09	2.03	1.96	1.89	1.81
30	5.57	4.18	3.59	3.25	3.03	2.87	2.75	2.65	2.57	2.51	2.41	2.31	2.20	2.14	2.07	2.01	1.94	1.87	1.79
40	5.42	4.05	3.46	3.13	2.90	2.74	2.62	2.53	2.45	2.39	2.29	2.18	2.07	2.01	1.94	1.88	1.80	1.72	1.64
60	5.29	3.93	3.34	3.01	2.79	2.63	2.51	2.41	2.33	2.27	2.17	2.06	1.94	1.88	1.82	1.74	1.67	1.58	1.48
120	5.15	3.80	3.23	2.89	2.67	2.52	2.39	2.30	2.22	2.16	2.05	1.94	1.82	1.76	1.69	1.61	1.53	1.43	1.31
∞	5.02	3.69	3.12	2.79	2.57	2.41	2.29	2.19	2.11	2.05	1.94	1.83	1.71	1.64	1.57	1.48	1.39	1.27	1.00

参考文献

[1] 风笑天. 社会研究方法[M]. 5版. 北京:中国人民大学出版社,2018.
[2] 张彦,刘长喜,吴淑凤,等. 社会研究方法[M]. 2版. 上海财经大学出版社,2016.
[3] 徐云杰. 社会调查设计与数据分析:从立题到发表[M]. 重庆大学出版社,2011.
[4] 奥沙利文,拉苏尔,伯纳. 公共管理研究方法[M]. 王国勤,等译. 5版. 中国人民大学出版社,2014.
[5] 刘兰剑,李玲. 管理定量分析:方法与技术[M]. 2版. 北京:中国人民大学出版社,2018.
[6] 陶建格. 定量管理模型与方法[M]. 武汉:武汉大学出版社,2013.
[7] 吕燕,朱慧. 管理定量分析[M]. 上海:上海人民出版社,2007.
[8] 风笑天. 定性研究:本质特征与方法论意义[J]. 东南学术,2017(3):56-61.
[9] 陈皆明. 投资与赡养:关于城市居民代际交换的因果分析[J]. 中国社会科学,1998(6):131-149.
[10] 金勇进,蒋妍,李序颖. 抽样技术[M]. 北京:中国人民大学出版社,2002.
[11] 贾俊平,何晓群,金勇进. 统计学[M]. 6版. 北京:中国人民大学出版社,2015.
[12] 卢纹岱,朱红兵. SPSS统计分析[M]. 5版. 北京:电子工业出版社,2015.
[13] 程建华,洪文. 统计学原理与应用[M]. 北京:人民邮电出版社,2013.
[14] 张小山. 社会统计学与SPSS应用[M]. 武汉:华中科技大学出版社,2010.
[15] 伍德里奇. 计量经济学导论:现代观点[M]. 费剑平,林相森,译. 北京:中国人民大学出版社,2003.
[16] 范柏乃,蓝志勇. 公共管理研究与定量分析方法[M]. 北京:科学出版社,2008.
[17] 谢宇. 回归分析[M]. 2版. 北京:社会科学文献出版社,2013.
[18] 庞皓. 计量经济学[M]. 3版. 北京:科学出版社,2014.
[19] 范柏乃,蓝志勇. 高级公共管理研究方法[M]. 北京:科学出版社,2014.
[20] 古扎拉蒂,波特. 计量经济学基础:上册[M]. 费剑平,译. 5版. 北京:中国人民大学出版社,2011.
[21] 古扎拉蒂,波特. 计量经济学基础:下册[M]. 费剑平,译. 5版. 北京:中国人民大学出版社,2011.
[22] 奥康奈尔. 定序因变量的logistic回归模型[M]. 赵亮员,译. 上海:格致出版

社,2018.

[23] 王苏斌,郑海涛,邵谦谦.SPSS统计分析[M].北京:机械工业出版社,2003.

[24] 王燕.应用时间序列分析[M].北京:中国人民大学出版社,2005.

[25] 何晓群.多元统计分析[M].4版.北京:中国人民大学出版社,2015.

[26] 罗胜强,姜嬿.管理学问卷调查研究方法[M].重庆:重庆大学出版社,2014.

[27] 徐云杰.社会调查设计与数据分析:从立题到发表[M].重庆:重庆大学出版社,2011.

[28] 朱建军.层次分析法的若干问题研究及应用[D].沈阳:东北大学,2005.

[29] 吴殿廷,李东方.层次分析法的不足及其改进的途径[J].北京师范大学学报(自然科学版),2004,40(2):264-268.

[30] 李学平.用层次分析法求指标权重的标度方法的探讨[J].北京邮电大学学报(社会科学版),2001,3(1):25-27.

[31] 徐晓敏.层次分析法的运用[J].统计与决策,2008(1):156-158.

[32] 程开明.结构方程模型的特点及应用[J].统计与决策,2006(10):22-25.

[33] 吴明隆.结构方程模型:AMOS的操作与应用[M].2版.重庆:重庆大学出版社,2010.